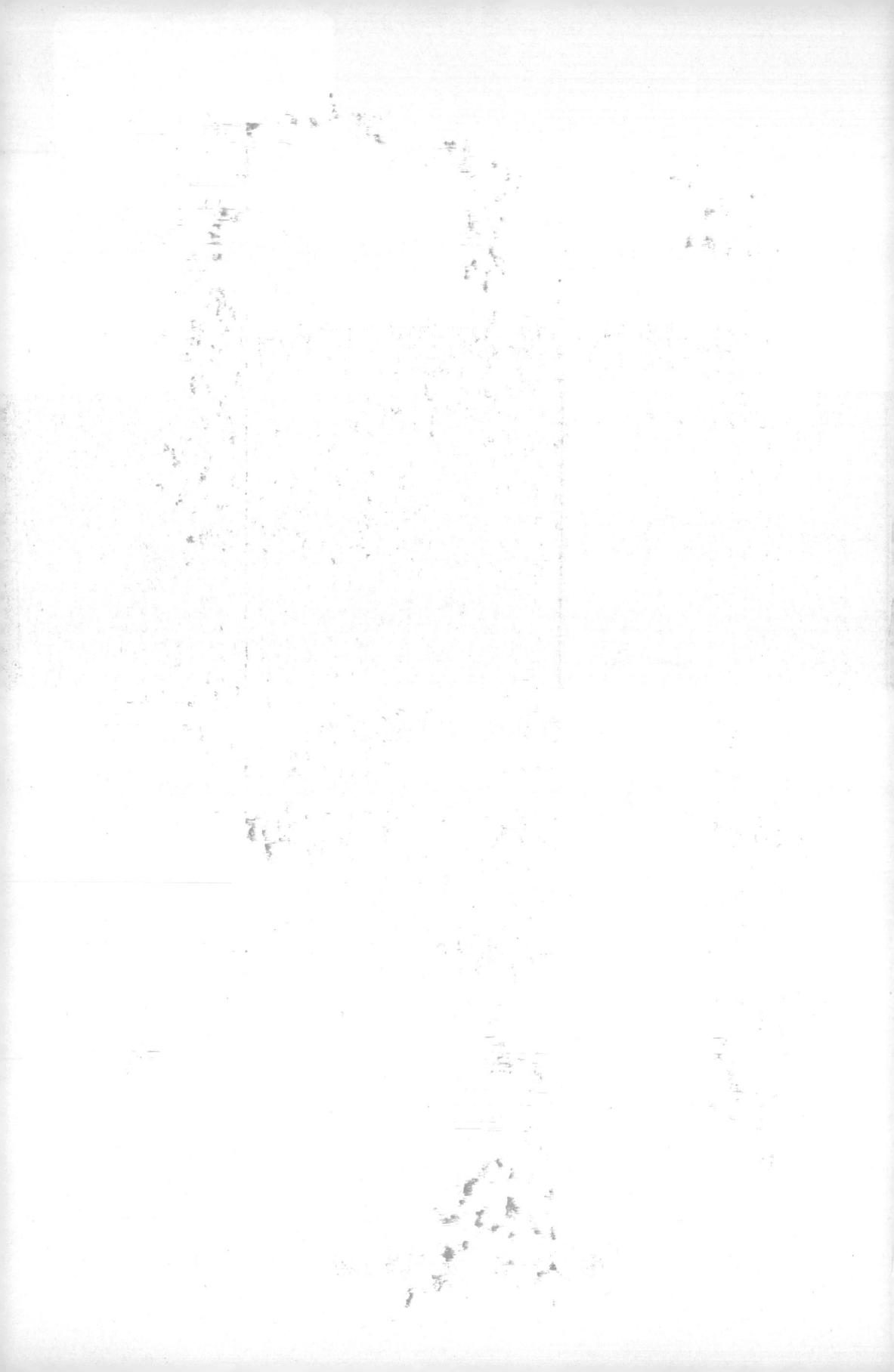

公共服务视野下的行政法

Administrative Law from the
Perspective of Public Service

贺林波　李燕凌◎著

人民出版社

序 言

在世界法制史上,《法国民法典》和《德国民法典》具有划时代的意义,是西方资本主义社会的制度基础。但是,人们往往容易忽略私法背后的公法前提,私法理性的发挥,极度依赖公法精神的理性与公法制度的建设。实际上,孟德斯鸠的《论法的精神》、洛克的《政府论》和卢梭的《社会契约论》所阐述的公法精神与制度,构成了西方资本主义法治社会的基础与前提。从这个意义上说,一个国家的公法精神与制度,是一个国家实施法治必须首先解决的问题。

西方社会主流的公法精神与制度,一般以私权保障为根本目的,强调政府对市场与社会的有限治理,严格控制政府权力的范围与行使,基本不干涉公民基于自由意志行动的结果。与主流公法精神与制度观不同,还存在另一种倡导社会平等、实现公民积极自由的公法精神与制度观。后者以维护公民实质平等为根本目的,虽然鼓励公民基于自由意志而行动,但同时提倡政府对行动的结果进行干预,以提高公民积极自由的理性程度,谋求在更高层次上实现社会公平。近两百年来这两种不同路径的公法精神与制度观之争议,推动着公法制度日益走向完备。

传统的公法精神与制度,包含着一些假定的前提,即以某些在伦理上视为正当的观念为基础,比如天赋人权、社会契约和意志自由等。或者采用的方法虽是科学性的,但是理论目的却是伦理性的,也就是说,以伦理上预设的判断对社会事实进行研究。这可能是两大主要公法精神与制度流派争论不断的根源所在。事实上,人们不可能在某些伦理观念的论战中,绝对地认定某些伦理观念是错误的,而另一些伦理观念则是正确的。正如维特根斯坦所言,"所有能够说的都一定说得清楚,不能说的人们应当保持沉默"。

公共服务视阈下的公法精神观念正是在这种历史条件下应运而生。将公法精神设定为公共服务,不仅界定了政府的社会功能和主要职责,而且明确了政府的道义责任。更重要的是,公共服务观念不具有明显的形而上学性,在伦理上也无可争议,因为任何政府成立的主要目的,必定在于提供公共服务,否则政府将没有存在的必要性。狄冀是第一个提出以公共服务观念替代传统公法精神与理念的法国法学家,他奠定了欧洲大陆国家"公共服务"流派的理论基础。遗憾的是,狄冀所倡导的公法精神,并未完全进入科学化的研究范畴。欧洲大陆国家的法学家还是将公共服务观念视为一种意识形态,没有将其作为科学研究的对象。

新公共管理运动的兴起,为公共服务观念作为公法精神的科学化研究奠定了实践基础。新公共管理运动以追求卓越效率为导向,在工具主义大旗下广泛运用科学研究方法,以阐明政府提供公共服务的方式方法和主要职能,同时对政府持续改善公共服务、提高服务效率、增进公平与福祉提出科学化要求。但是,新公共管理运动虽然从科学管理视角阐释了公共服务精神,却无法就公法精神与制度的发展,提出公平与正义的逻辑推演或伦理判断。在深入贯彻党的十八大精神,积极加强"五位一体"建设的历史背景下,加强公法精神与制度建设,以更加完善的公法体制作为规范中国社会管理与公共服务活动的基础,在中国法制发展史上,无疑是一件功莫大焉的拓荒之作。

基于这种认识,公共管理学者李燕凌教授和青年法学教师贺林波副教授两位学者,积极倡导在公共服务视野下展开公法精神与制度研究,历经数年努力,推出这套公法系列丛书,意在从法学角度阐明公共服务作为公法精神的必要性、可能性与现实性,在宪法权利观念中将其界定为政府提供公共服务职能的实现,审查现有行政法体系的基本逻辑,根据政府提供公共服务的效率与公平之要求,发现现有行政法体系之不足,调整现有行政法的基本体系,使之适应于新公法精神的要求。我认为,这种研究的现实意义,可能远远大于因为体系不完备、证论疏陋,或观点尚显粗简所带来的一切不足。

李燕凌、贺林波两位学者撰写的这套公法系列丛书,包括《公共服务视野下的公法精神》《公共服务视野下的宪法权利》和《公共服务视野下的行政法》。丛书以公共服务理念为核心,研究了公共服务理念与公法的相关性,提出了作为公法基础理论的公共服务三原则,论证了公共服务理念作为公私法划分标准相对于其他标准的优越性,全面解读了公共服务理念在基本政治、经济和社会制度中的具体表现,证明了公共服务理念与社会主义法治理念的基本理论、基本内容和基本要求的内在一致性,研究了宪法权利的理论基础和实现保障的问题。与传统的宪法权利研究不同的是,本书突破了从人的道德权利出发来论证宪法权利的理论基础,以及从法律实证主义的角度来分析宪法权利理论基础的固有范围,从政府公共服务社会功能的角度来研究宪法权利理论基础,将宪法权利视为政府应当提供的公共服务或公共品,宪法权利实现的保障性取决于政府提供公共服务或公共品的有效性和正当性。围绕公共服务理念在具体宪法权利中的表现与实现问题,试图论证公共服务理念作为宪法权利理论基础的可行性、有效性和正当性。研究了将行政行为视为行政组织提供公共服务或公共品的行政过程,并以此为依据研究行政组织在行政过程中所应当遵循的行政法律,打破了传统的行政法学研究中以行政法律关系为核心的理论框架,将传统行政法学研究中忽视的许多行政行为,比如行政决策、行政执行、行政预算、行政人事和行政绩效等纳入到行政法学的研究中,使得行政法学的研究更具现实性和针对性,使得行政法学研究更加贴合行政主体在行政职能实现过程中依法行政的现实需求。

本书属于行政法学与公共管理学的交叉学科研究范畴,无论在研究方法上还是在研究内容上都具有一定的创新性;本书的研究开拓了行政法学和公共管理学研究的新领域,使人们注意到这两个学科在各自传统研究领域所存在的局限性。本书综合运用公共管理学与法学的知识进行研究,在知识体系上有一定的新颖性。本书突破了传统公法基础理论以"权力"和"权利"观念为核心的研究范围,引入了公共服务或公共品的范畴,并以此作为现代公法的理论基础,丰富了公法基础理论的研究范围,拓展了公共管理学的研究领域,对社会主义法治实践有一定的借鉴意义。

李燕凌、贺林波两位学者都是热爱法学与公共管理学的青年才俊,又是我的同乡。他们托我为这套丛书作序,盛情难却,欣然写下这些文字。是为序!

李步云

2012 年 11 月 18 日于北京

目　录

绪　　论

一、法律体系建构的基础:逻辑与价值

法律体系的建构是应当遵循特定的逻辑,还是应当遵循一定的价值,不仅是法律领域长期争论不休的问题,也是科学理论建构过程中经常困扰人们的问题。在科学史上,人们一直在争论,科学理论的建构与发展到底是遵循逻辑,还是一种人类无法控制的盲目行为。

最先使科学理论的建构与发展成为一种理论的是著名哲学家波普尔。波普尔在研究科学理论演变历史的基础上,提出了科学理论建构与发展的证伪主义理论。他认为,每一种科学理论的建构都是一种猜想,科学家先验地设计了科学理论的基本内容。只要科学试验的结果或人类社会的实践无法证明科学理论是错误的,同时科学理论还可以合理解释试验结果或人类社会的实践,就假定该科学理论是正确的。如果在试验或实践的过程中,出现了科学理论无法解释的反例,该科学理论就被证伪了,科学家必须设计出新的科学理论。只有该理论不仅能够解释已有的试验结果或人类实践,同时也能够解释新出现的反例,才能假定新科学理论是正确的。① 通俗地说,波普尔认为,科学理论的建构与发展必定遵循猜想—证伪—再猜想的演绎式逻辑。

波普尔的观点获得了许多哲学家甚至科学家的支持,但是也遭到了一些科技史专家的批判,其中库恩的观点最具代表性。库恩认为,逻辑证伪主义是一种先验主义的观点,与科学理论发展的历史并不吻合。库恩在概括人类社会科学理论发展历史的基础上,提出了"范式"的范畴。他认为,每一个时代占据主流地位的科学理论都充当着"范式"的功能,规定着这个时代科学理论

---

① 参见[英]波普尔著:《科学发现的逻辑》,查汝强等译,中国美术出版社 2008 年版。

研究的基本前提,所有科学理论的建构与发展都在特定"范式"下进行,只到无法解释的事实越来越多,"范式"受到越来越严重挑战时,新的科学理论才有可能出现。但是新旧科学理论之间的更替并不是一帆风顺的,旧的科学理论"范式"总是压制新科学理论"范式",为图保持自身的统治地位,只有一场全新的科学"革命"才能确立新科学理论"范式"的地位。一旦新科学理论"革命"成功,新科学理论就会成为特定时代新的科学理论"范式",成为统治科学理论建构与发展的基础。① 简单地说,库恩认为,科学理论的建构与发展并不遵循特定的逻辑,而是由特定的"事实"决定的,在库恩看来,特定的"事实"实际上就是指科学"革命"。

波普尔和库恩虽然讨论的是自然科学理论的建构与发展问题,但是其结论对社会科学也是适用的。就法律发展的历史而言,《法国民法典》和《德国民法典》在制定过程中也面临着类似的争议。《法国民法典》在制定过程中,正值自然科学取得极大进步的时代,"理性"取代了"上帝"成为西方社会新的"神",人们愿意相信,"理性"是无所不能的。拿破仑曾经宣布,《法国民法典》颁布之后无须做任何修订,因为其已经穷尽了所有可能性,不存在任何形式上的漏洞。但是,司法实践很快就打破了拿破仑的神话,在《法国民法典》颁布之后不到五年时间,人们就发现了无数的法律漏洞。在《德国民法典》制定过程中,发生了著名的"法典派"与"非法典派"的论战,反映了法学家对法律体系建构的不同观念。作为论战一方,蒂堡代表了理性主义或"法典"派的观点。他认为,立法得有足够的理性能力,依据一定的法律逻辑,制定出结构严谨、逻辑清晰和简单明确的法典。这不仅有利于民族的统一,而且有利于德国法律的发展;作为论战的另一方,萨维尼代表了历史主义或"非法典"派的观点。他认为,一个国家的法律是这个国家"民族精神"的外在表现,立法者不可能有足够的理性能力将"民族精神"表述为特定形式的"法典",任何形式的"法典"都会存在漏洞,如果缺乏对"民族精神"理解,"法典"就不可能发挥统一民族国家和德国法律的作用。②

论战的结果,最终以《德国民法典》的制定告终。尽管萨维尼没有阻挡住

---

① 参见[美]库恩著:《科学革命的结构》,金吾伦等译,北京大学出版社 2003 年版。

② 参见[德]蒂堡、萨维尼著:《民法对于德意志的必要性—帝堡与萨维尼论战文选》,朱虎译,中国法制出版社 2009 年版。

《德国民法典》制定的步伐，但也不能证明萨维尼的观点是错误的。以"法律关系"范畴为核心制定的《德国民法典》，采取了与《法国民法典》完全不同的逻辑结构，在内容上大量继受了罗马法。我们应当注意到，除德国之外，许多采用了《德国民法典》体系结构的国家，并没有带来其如同在德国一样的成功。这似乎也证明了萨维尼观点的正确性，即一个国家的法律应当是一个国家"民族精神"的体现，或者说是一个国家"核心价值"观念的体现。《法国民法典》和《德国民法典》在制定过程中所发生的争论，可以概括为，法律体系建构基础在逻辑与价值之间的矛盾。逻辑是一种形式理性，很大程度上具有先验性；价值是一种实质理性，一般体现在社会实践过程中。逻辑与价值的矛盾实际上也就是形式与目的之间的矛盾。蒂堡认为，要实现德国民族的统一和国家的复兴，必须在形式上制定完善的法律制度，而形式上完善的法律制度必定能够实现民族统一和国家复兴的目的；而萨维尼则认为，德国民族统一和国家复兴目的之实现，不需要借助于形式上完善的法律制度，只需要在社会实践中认同德国的"民族精神"即可。何况人类还缺乏足够的理性能力，制定出形式上完善的法律制度，来确保民族统一和国家复兴目的之实现。

现在我们知道，形式与目的应当是辩证统一的关系，两者并不能截然分离。形式完美的评价标准应当是能否最大限度地实现预定之目的，目的本身的完美并不依赖于实现目的的特定形式，而依赖于其他实质性标准，比如萨维尼所言的"民族精神"。但是，一旦人们认同目的本身的合理性，唯一应当考虑的问题应当是，采用何种形式才能最大限度地实现目的。蒂堡和萨维尼实际上都认同德国应当实现民族统一和国家复兴的目的，但是在实现目的的形式上，两者出现了较大的争议。蒂堡坚持认为，只有形式上完美的法律制度才能实现这一目的，而萨维尼则认为，人类的理性能力还不足制定形式上如此完美的法律，以至于能够确保实现这一目的。人类只能通过实践的方式，运用从历史经验中获取的知识，才能逐渐地达成这一目的。

因此，一个国家法律体系的建构必须考虑两个层面的因素：一是价值上的因素，即一个国家的核心价值观念是什么，一个国家的人们认同何种核心价值观念；二是逻辑上的因素，即实现一个国家核心价值观念的最佳法律形式应当是什么，人们通过什么样的方式可以发现最佳法律形式。简单地说，人们认同何种目的是合理的，以及实现此种目的的最佳形式应当是什么，构成了任何国家在建构法律体系的过程中必须优先考虑的两个基础性问题,否则法律体系的建构就会陷入无穷的混乱之中。

二、行政法体系的现状:法律关系与分权制衡

行政法体系的建构也遵循了逻辑与价值关系的基本结构。在主流行政法体系中,建构逻辑基本上是"行政法律关系",建构价值则主要是"分权制衡"。就"行政法律关系"而言,其基本结构包括三个方面:一是行政主体,二是行政法客体,三是行政主体之间的权利(力)义务关系。其中,行政主体主要研究行政主体的资格问题,即达到何种条件的组织或个人就可以成为行政法上的主体,一般分为两类主体:一是行政机关,二是行政相对人。作为行政机关之构成部分的行政机构和公务员也是行政主体的研究对象,不过一般将这两类主体界定为不具备行政主体资格的主体;行政法客体主要研究行政主体之间行为共同指向的对象。行政法客体的研究目前在行政法学研究中处于弱势地位,学界没有形成统一的看法。行政主体之间的权利(力)义务关系主要研究行政机关与行政相对人之间的权利(力)义务关系,其中又以行政机关的"行政行为"为主要的研究对象。大多数主流行政法学的理论体系都是"行政法律关系"或"行政行为"为核心建构起来的。比如高教出版社出版的《行政法与行政诉讼法学》,将行政法学体系分为行政主体、行政行为、行政诉讼和行政赔偿等四个部分。① 法律出版社出版的 21 世纪规划教材《行政法与行政诉讼法学》,将行政法学体系分为行政组织法、行政行为和行政法制监督与救济法律制度等三个部分。② 两本权威教材虽然在体系上略有差别,比如高教版使用的是"行政主体"的表述,而法律出版社使用的则是"行政组织",但是两者的理论体系实际上是一致的,即以"行政法律关系"或"行政行为"作为建构体系的核心范畴,强调的是行政机关与行政相对人之间的相互关系。

以"法律关系"为核心范畴建构法律体系是大陆法系,尤其是《德国民法典》的传统,经由中国学者的研究继受,现已成为中国法律体系研究中的"主流话语",不仅中国的民商事法律以此为基础进行建构,而且在中国社会有悠

---

① 参见姜明安主编:《行政法与行政诉讼法学》,高等教育出版社 2009 年版。
② 参见应松年主编:《行政法与行政诉讼法学》,法律出版社 2009 年版。

久传统的刑法和行政法，以及纯粹属于舶来品的宪法，学者们在研究其理论体系时，都不由自主的采用了"法律关系"的范畴，形成了所谓刑事法律关系、行政法律关系和宪法法律关系等标准法学词汇。实际上，以"法律关系"为核心范畴建构法律体系的做法，具有非常明显的形式主义倾向，或者是形式理性的倾向。这一理论倾向明显受到了康德先天综合命题哲学的影响。在康德之前，存在着关于人类知识确定性的两种不同的观念：一种是以洛克为代表的"经验论"，即强调人类所有的知识均源自于经验，人类在出生之前头脑中是一块"白板"，人类生活的经验将这块"白板"涂满了人类习得的知识；另一种是以笛卡尔和莱布尼茨的"先验论"，即人类在出生之前就已经获得了若干先验的原则，人类所有确定性的知识均源自于这些先验原则的推论。康德创造性的将这两种观念合而为一，提出了关于知识的先验综合命题，即人类在出生之前必然就已经获得若干先验性原则，只是这些原则都是形式性的，比如人类在出生之前就已经具备了"质、量、度和因果关系"等先验原则，人类在出生之前并没有获得实质性的知识，人类的实质性知识必然是在先验性原则的支配下由人类的经验来获取的，也就是说，人类的经验对于知识的获取是必不可少的，但是必然是在先验性形式原则的支配下获取的。因此，康德说："缺少知性的感性是盲目的，而缺少感性的知性是空洞的。"①

正是以康德的先天综合命题为哲学依据，德国在民法典制定过程中，人们相信法律领域也存在着先验性的形式命题，这些法律命题是先天正确的，所有确定性的法律知识都必须在这些先验性法律命题的构架下通过人类的经验才能获得。在这些先验性法律命题中，德国的法律学者们通过对罗马法的研究与继受，找到了"法律关系"和"法律行为"这样两个最为基本的先验性形式命题。在"法律关系"命题中，可以分解为法律主体、法律客体和法律内容三个部分，而在法律行为中，则分解为法律行为与事实行为两个基本类型，其中法律行为又通过"意思表示"的概念进行建构，也即是如果法律主体在主观上有为某种行为的"意思"，客观上又有某种行为的"外在表示"，那么法律主体就完成了相应的具有法律意义的法律行为；如果只有某种行为的"外在表示"，而无相应的主观"意思"，那么这种行为就不是法律意义上的行为，而只可能

① ［德］康德著：《纯粹理性批判》，蓝公武译，商务印书馆 2011 年版，第 329 页。

是事实行为。以这些基本的先验式的法律概念为基础,德国创造了人类历史上能够代表人类最高理性成就的《德国民法典》,其中关于物权和合同的法律规定,都可以经由"法律关系"、"法律行为"和"意思表示"等概念而获得完美的理论解释。尤其是"法律行为"和"意思表示"的概念,对于物权法和合同法的解释是非常完美的。因为在这两类行为中,民事主体都可以根据自己的"意思"来处分属于自己的权利,民事主体的行为在特定意义上实际上就是立法行为,为自己的权利立法的行为。这种观念其实包含了"自由主义"的理念,是对市场经济中经济自由行为的法律概括。因此,有很大一部分学者认为,体现形式理性的法律其实就是自由主义的"堡垒"。

随后,"法律关系"、"法律行为"和"意思表示"的概念跨越私法的界线,进入了宪法和行政法等公法研究的领域,成为公法领域分析研究法律问题的核心范畴。人们分别以宪法和行政法律关系、宪法和行政行为以及行政主体的意思表示来探讨公法领域的基本问题。虽然公法与私法在法律目的、功能和作用,以及一些具体的规范内容上存在着显著的区别,但是站在形式理性的立场,这些差别是正常的,因为这些差别本身都是经验性的,而"法律关系"、"法律行为"和"意思表示"的概念等都是先验形式性的,经验性内容上的差别并不会影响先验形式或原则的有效性,它恰恰是康德先天综合命题的应有之义。

以形式主义或形式理性的概念来建构法律体系的做法,在德国民法典制定之初就遭到了许多法学家的反对,学者们反对法律的形式化命题具有普遍适用性,并认为仅仅根据一些先验性的法律命题是不可能建构出完全符合于一个民族国家的法律体系的。其中,萨维尼是一个主要的反对者。对他来说,一套法制不过是一个民族文化的组成部分。法律不是立法者任性妄为的结果,而是对于生发于民族精神深处的那种非人力乃天功的力量的回应。此种民族精神,是"一种特立独行的、终极性的,而且常常是神秘的本体"。① 萨维尼相信,民族精神与一个民族的生物性传承密切相关。一个民族及其国家为一个有机体,必然要经历出生、成熟、衰败和死亡。法律为此有机体的重要组成部分。"法律随着民族的成长而成长,随着民族的壮大而壮大,最后,随着

---

① [美]劳埃德著:《法理学》,许章润译,法律出版社 2007 年版,第 363 页。

民族对于其民族特性的丧失而消亡。"①一个国家法律的发展包含三个不同的
阶段,起初的阶段存在着一种法律的政治要素,在这个阶段,法律不是源自于
立法而是源自于人们的确信。在国家法律发展的中间阶段,法律除了保持着
政治的要素之外,还增加了法学家的技术要素,在这一阶段,是一个国家民族
法律文化发展的顶峰。最后,法律也会如同有机体一样,逐渐的衰败而被人们
所抛弃。通过"民族精神"的理念,萨维尼不仅拒斥了《法国民法典》在德国被
继受的可能性,而且也不赞同德国的法典化运动,尤其是以形式化概念作为制
定法典的逻辑基础,忽视一个国家民族文化背景对法律发展的影响。在萨维
尼看来,一切法律均源自于习俗,直至非常晚近才经由法学家们创立。法律拥
有如同语言一样的特征,为一定民族所特有,而不可能在全世界拥有普遍的适
用性。

　　萨维尼的反对并没有阻止德国的法典化运动,伴随着《德国民法典》的正
式颁布生效,德国开始大规模的法典化运动,公私法基本上都实现全面法典化
的目标。虽然为人们所熟知的仅仅是《德国民法典》,毕竟这部法典为世界上
多个国家所效仿,但是德国同样实现了行政法的法典化。行政法体系建构的
基本逻辑前提与民法典保持了高度的一致性,同样采用了"法律关系"的范
畴,采用了"法律行为"的概念,也采用了"意思表示"的概念,只是侧重于强调
行政行为意思表示的单方性,而不是民事行为中的双方协商性。

　　就"分权制衡"而言,其与早期资本主义社会的政治意识形态——放任自
由主义存在直接的相关性,可以说是自由主义思想在公法领域的直接体现。
在资本主义发展早期,资本主义法学家认为,政府的职能应当限制在"守夜
人"的范围之内,即限制在维护社会治安、保卫国家安全的范围之内,政府所
实施的行政行为也仅限于此,仅能够用于维护社会治安和保卫国家安全,其他
社会事务的治理则应当交由社会自治,政府不应当涉入。在这种理论前提下,
公法的主要目的在于控制公权力的行使,要求公共权力根据法律的授权来行
使,而非根据与相对人的自愿协商来行使,法律没有明确授权的,政府则无权
利行使。而无论是社会治安,还是国家安全,政府的行为所可能产生的直接结
果都与公民的权益直接相关,比如社会治安,当政府在维持社会治安时,如果

---

① [美]劳埃德著:《法理学》,许章润译,法律出版社 2007 年版,第 364 页。

采取的手段不合法,那么有可能直接侵犯公民的合法权益,政府与公民实际上还是处于一种类似于私法上的权利义务关系,政府有执法的权利,也有根据法律来执法的义务,公民有守法的义务,同时也有要求政府依法行政的权利。政府的行为也类似于民事法律行为,只有特定的政府组织才能有资格实施相应的具有法律效力的行为,政府实施的行为只要满足了相应的条件,就会发生相应的法律效力。政府行政行为的"意思表示"与民事法律行为单方行为也存在类似性,政府通过单方面的意思表示,就可以直接确定其行政行为的法律效果,而民事法律行为中的单方行为,比如对物权的抛弃,也可以通过民事主体单方面的意思表示而产生相应的法律效果。

三、政府职能发展的新趋势:重构行政法体系的必要性

然而,资本主义社会的政治实践却并没有按照自由主义理论所预想的那样,将政府的职能局限于社会治安和国家安全领域,政府在社会治理的实践中,仅仅充当"守夜人"的角色是远远不够的,现实社会治理活动的复杂性远远超过了自由主义理论家们所设想的程度。虽然古典自由主义理论家一直强调"有限政府"和"最小政府"的理念,而近现代一些自由主义理论家,如哈耶克等从"知识或信息的有限性"的角度来重新阐释"有限政府"和"最小政府"的理念,社会历史发展的实际情况是,正如哈耶克所预料的,人们根本就无法阻挡要求政府"有为"的欲念,通过现代的民主政治,政府的职能从未在自由主义所设想的层面上运作。政府的职能不仅在于维护社会治安和国家安全,同样也在于保持国家经济的稳定发展,不断提高公民的所享有的福利水平。在近现代社会中,政府的职能已经扩展至社会治理的各个方面,行政权力的触角无处不在,政府所从事的行政管理对于行政相对人而言是根本无法摆脱的,"从摇篮到坟墓"是近现代人们处于政府行政管理之下的真实写照。

随着政府职能的扩张,行政组织的规模已经远远超出了古典时期理论家们的预想,行政组织所从事的行政事务,不仅仅限于社会治安和国家安全,更重要的是还要提供更多的社会公共服务,这些服务是任何私人组织所不可能单独提供的。在政府职能限于社会治安和国家安全的时期,公众更多的关注政府行为对公众合法权利侵犯的可能性,而在政府职能大扩张,政府的主要职能在于提供公共服务的时期,人们更多的关注政府提供公共服务的数量、质量

和公平性。在政府从事社会治安和国家安全的行政事务时,政府与公民之间存在着直接的权利义务关系,这一点与私法上民事主体之间的法律关系在逻辑上是相似的,而在政府从事提供公共服务职能时,作为行政主体之一的行政组织是确定的,而作为行政主体另一方当事人的行政相对人却是不特定的,任何公民都有可能成为行政相对人,而任何公民却又无法成为唯一确定的行政相对人,这使得行政组织与作为行政相对人的公民之间无法形成直接的权利义务关系,也就是说,在政府提供公共服务的行政职能中,政府与公民之间交互性的权利义务关系并不明显,这一点与私法上民事主体之间的直接的和交互性的权利义务关系存在着显著的差别。

在这种情况下,源自于私法上的核心范畴"法律关系"、"法律行为"和"意思表示",在用于建构行政法的理论体系时就会出现严重的偏差,与政府实际所履行的社会治理职能相去甚远。比如在由高教出版社出版的权威教科书《行政法与行政诉讼法》中,将行政法的研究对象确定为行政法律关系,而行政法律关系又可以分为"行政管理关系、行政法制监督关系、行政救济法律关系和内部行政关系"等四个方面。① 在这部教科书所确定的行政法体系中,将行政管理关系视为是核心的和基本的法律关系,在这个法律关系中,重点在于作为行政管理者的行政组织与被管理者的行政相对人之间的权利义务关系,其他的三层法律关系都是为行政管理法律关系服务的,拥有次要的法律地位。而实际上,政府作为管理者,公民作为被管理者,在现代社会中仅仅是政府所从事的行政职能之一,而且不是主要的行政职能,这个职能也许是基本的,是每一个政府都应当提供的,但是在现代社会中,公民对政府有更高的职能要求,公民们不仅要求政府保持消极的不作为态度,仅仅维护社会治安和保卫国家安全,公民们也需要政府提供更多的公共服务,比如保持宏观经济的稳定发展、提供更多的公共事业服务、保证社会整体的福利水平,等等。在这些政府职能领域中,是不可能用行政管理法律关系来概括的,因为在这些领域中,并不存在直接的被管理者,公民都是作为国家福利或公共服务的享有者(或者是顾客),政府并不面对每一个具体的公民,而是面对全体的公民,提供公平的公共服务。如果政府的行为不当,它可能并不是引发某一个公民的不满,而

---

① 参见姜明安主编:《行政法与行政诉讼法学》,高等教育出版社 2009 年版。

是引发具有抽象群体性特征的公民团体的不满。政府与公民间虽然存在着权利义务关系,但这种权利义务关系由于公民作为行政主体人格的虚置而无法形成如私法上民事主体间一样的法律关系。在政府从事社会治安和国家安全事务时,如果政府直接侵犯了公民的合法权益,公民有申请救济的权利,而在政府提供公共服务时,如果政府提供的公共服务数量不够、质量不高或公平性欠缺,作为公共服务享有者的全体公民是不可能享有法定的救济权利的,因为在政府提供公共服务的活动中,全体公民都是行政相对人,但是全体公民却无法通过司法的方式来救济自己的权利。这样看来,源自于私法上的"法律关系"、"法律行为"和"意思表示"等概念是无法应用于政府提供公共服务的活动的,因为政府提供公共服务的活动并不是一项完全基于"意思表示"而为的活动,这取决于这个国家的政治体制、文化传统以及影响政府行为的其他因素。

因此,目前行政法学的研究构架似乎出现了严重的问题,即与政府实际从事的行政事务,以及人们所关注的政府"应当何为"的观念极不相符。政府也许在从事行政管理事务时,有侵犯公民合法权利的可能性,通过行政法来遏制政府滥用权力的行为也是非常重要的,但是相比于人们对政府提供更多公共服务的期待而言,人们似乎更愿意看到政府能够努力提高社会整体所享有的福利水平,以发展的眼光来看待政府的行为,而不是将政府的行为仅仅局限于"最小的规模"或"有限的政府"。一个政府的规模在扩大的同时,也能够快速地提高社会整体的福利水平,与一个政府规模维持在最小的程度,而社会整体的发展却极其缓慢相比,相信人们更愿意选择前者。而目前的行政法学研究将研究对象集中于行政管理关系,以及由此衍生的其他行政法律关系,还是受到了古典自由主义观念的影响,或者说是受到了注重形式理性的理论倾向的影响,没有关注政府从事社会治理的实际需要,以及社会发展的社会历史条件的制约和影响。这种类型的行政法学研究严重偏离了社会发展的实际情况,其有效性和合理性都存在着值得人们怀疑,人们有理由期待一种更为合理的而有效的行政法学研究,此种研究既能够贴合社会发展的实际情况,也能够有效地融合古典自由主义理论所阐述的行政法学精神。

四、行政法体系建构的新方向:公共服务与行政过程

以政府行为的"公共服务性"为视角来研究行政法为我们提供了一种全

新的研究行政法学的方向。此种研究将政府的所有行政行为定性为提供"公共服务",将政府行政行为类比于企业的服务行为,在企业的服务行为中,一切以顾客的需要为中心,全面满足顾客的需要,提高顾客对服务的价值体验,并以此为依据来改善企业提供服务的有效性和合理性。政府的行政行为也应当以公民的实际需要为中心,以全面满足公民对公共服务的需要为终极目标,提高公民对政府行政行为的价值体验感,并以此为依据来改善政府行政行为的有效性和合理性。根据这种研究视角,我们并不需要过多关注政府与公民之间的权利义务关系,而是将关注的重点集中于政府的行政行为,我们要研究何种政府行政行为才是最有可能有效和合理满足公民需要的行为,并将这种行政行为规范化和制度化,形成政府行为的统一模式。在这些研究范式中,不再将政府与公民间的权利义务关系当做主要的研究对象,而是将政府行政行为的过程当做研究的重点,以公共服务理念全面审查政府行政行为的有效性和合理性,侧重于研究诸如行政组织、行政决策、行政执行、行政人事、行政信息、行政绩效和行政责任等问题,冀希望于对政府行政行为过程的研究,达到规范化和制度化政府行政行为过程的目的,为最终提高政府的公共服务水平,提高社会整体福利作出应有的理论贡献。

　　行政法体系建构的新方向也符合法律体系建构过程中逻辑与价值之间的辩证关系。在新方向中,价值部分由"公共服务"范畴来体现,逻辑部分则由"行政过程"来体现。下文将详细解释这两个范畴。

　　(一)公共服务

　　1.公共管理视角下的公共服务

　　一般而言,公共管理学视角下的公共服务被理解为政府或非政府公共组织所提供的公共产品,与私主体所提供的私产品相对应。"公共服务"话语虽然广泛应用于理论与实务界,然而即使在公共管理学界内部亦未达成共识。就国内的情况而言,下面几种定义比较有代表性。有的学者认为,"公共服务是公共部门与准公共部门为满足社会公共需要,共同提供公共产品的服务行为的总称。"[①]在这个定义中,公共服务的前提在于社会存在公共需要,满足社

---

　　① 卓越、赵蕾著:《加强公共服务绩效评价的思考》,见《21世纪的公共管理:机遇与挑战(第三届国际学术研讨会文集)》,2008年。

会公共需要的是公共产品,提供公共产品的主体包括公共部门和准公共部门,他们的行为具有服务性。但是这个定义还存在一些疑问,比如何种需要是社会公共性需要,何种部门又可以称为公共性部门,以及何种产品可以称为公共性产品等都未能在这个定义中获得充分的解释,作者以公共性需要、产品和部门来解释公共服务,明显是一种循环定义,并未能解释公共服务范畴中的两个最重要的概念,即"公共"和"服务"。

有的学者认为,"公共服务主要是指由法律授权的政府和非政府公共组织以及有关工商企业在纯粹公共物品、混合性公共物品以及特殊私人物品的生产和供给中所承担的责任。"[①]这个定义对于上述公共服务的定义有一定程度的改进。首先是使用了"由法律授权的政府和非政府公共组织以及有关工商企业"替换了公共部门的范畴,部分程度上摆脱了对于"公共"概念的循环定义。其次,使用了"纯粹公共物品、混合性公共物品以及特殊私人物品"替换了公共产品的范畴,将公共产品划分为三种不同类型的产品,概括了公共产品存在的不同社会形态,但是,却未能摆脱"公共"概念的循环定义。最后,使用"责任"来替换"服务"的范畴,强调公共服务提供的必要性和强制性,以及与私人服务存在的差别。有的学者意识到了这个问题,提出了以公共利益来判断公共产品"公共性"的标准,认为"公共服务可以界定为以公共利益为目的提供各种物品(包括有形物和无形物)的活动。公共利益是判定公共服务的内在依据,物品只有与公共利益联系才具有公共服务的特性"。然而,公共利益本身亦是一个难以精确把握的概念,边界模糊,在很多领域与个人利益或集体利益难以区分,以公共利益来定义公共服务并不能增进人们对公共服务概念的理解与认识。

综上所述,公共管理视角下公共服务的概念,重点在于"公共性"和"服务性"。上述定义的最大缺陷在于以"公共"来定义公共服务概念中的"公共性",以"服务"来定义公共服务概念中的"服务性",实未能把握住公共服务概念的本质属性。在我们看来,公共服务的概念必须要从与相近或相对概念的比较中来寻找,探讨公共服务本身的性质或特征,无异于探讨如康德所言之神

---

① 潘鸿雁著:《公共服务社会化:政府、社会组织、社区三方合作研究》,《中共中央党校学报》2009 年第 4 期。

秘的"物自体",或维特根斯坦所言之"不可言说之领域",对此的最佳理论态度当是"保持沉默",而非强行定义。借助于比较公共服务与私人服务的差别,可以界定公共管理视角下公共服务的概念。从提供产品的主体而言,私人服务的提供者主要是出于自身利益的考虑,虽然其行为可能会给其他人或社会带来利益,而公共服务提供者不能出于自身利益的考虑来提供服务,而是必须出于社会利益的考虑来提供服务;从产品的提供方式而言,私人服务采取自愿提供,相互协商的方式,而公共服务的提供则是强制性的,没有选择余地的;从社会效果来说,私人服务主要考虑的问题是能否获利,无法获利则不可能提供此为服务,而公共服务主要考虑的并非是能否获利的问题,而是社会是否需要的问题,只要存在这种需要,即使不能获利也必须提供。

　　就公共服务类型而言,在中国主流的观念中,公共服务仅仅是指政府除经济调节、市场监管和社会管理之外的一种与"民生"直接相关的政府职能,主要是指政府提供公共品的服务,"不仅包含通常所说的公共产品(具有非竞争性和非排他性的物品),而且也包括那些市场供应不足的产品和服务"。① 从当今世界公共管理学科发展的最新趋势来看,公共服务的范围非常宽泛,不仅包括上述狭义公共服务的内容,还包括政府提供的公共安全的服务,主要是指如社会治安、生产安全、消费安全、国防安全等,其中主要是社会治安与国防安全服务。也有学者将这种类型的公共服务定义为政权性公共服务,②意思是为维护一个独立的政治社会的稳定与安全而必须要政府提供的公共性服务。

　　2.行政法学视角下的公共服务

　　一般而言,法学视角下的公共服务被理解为法律,主要是公法存在的目的或实质价值,是公法的精神或灵魂,是与公共利益、公共权力或权利等概念相对应的范畴,与公共管理视角下的公共服务概念存在明显的区别。公共管理视角下的公共服务一般是作为政府或行政分支的一种法定职能而言的,即使从最广泛的意义上来讲,公共服务也不过是涵盖立法、执法和司法等法律治理机构法定职能的概念,是这些公共机构履行的社会职能。也就是说,从公共管理的视角来看,无论政府或其他公共机构履行的是何种服务于社会的职能,公

---

　　① 陈昌盛、蔡跃洲著:《中国政府的公共服务:体制变迁与地区综合评估》,中国社会科学出版社 2007 年版,第 1 页。

　　② 参见孙晓莉著:《中外公共服务体制比较》,国家行政学院出版社 2007 年版,第 1 页。

共服务都只是一种公共治理机构必须要做的事情。然而,从法学的视角来看,政府或公共治理机构所履行的职责都是法定的,尤其是公法规范确定的,也就是说公法规范为政府或公共治理机构的公共管理活动划定了行动的边界。行动边界的确定,取决于许多因素,比文化传统、社会效果或价值理念,等等,这些因素都可以称为公法规范存在的目的或实质性价值,或公法的精神或灵魂。法学视角下的公共服务正是这种意义上的范畴,它超越了具体的、作为政府职能存在的范畴,表现为政府或公共治理机构存在或行动之规范基础的目的或灵魂。换句话说,政府或公共治理机构在公共治理的过程中,都有提供公共服务的职责或职能,这是公共服务在公共管理学中的意义。但是,政府或公共治理机构的组建、履行职责或职能的行动等各方面都必然会受到公法规范的型构或制约。公法规范本身有存在的目的或意义,公共服务就是公法规范存在的目的或意义之一。站在法学的角度上,公共服务强调公法所应当具备的两个基本属性或价值,其一是"公共性",公法规范治理的事项与社会整体有关,与每一个社会成员都有关,但又与每一社会成员的个人目的无关。私法虽然也与每一个社会成员都有关,但是私法效果的实现同时也与每一社会成员的个人目的紧密相关,不能分离;其二是"服务性",公法规范治理的目的不在于维护公法规范本身的稳定性和有序性,而在于实现更高层次的社会需要。也就是说,公法规范本身不是存在的目的,而是手段,借助于这种手段,人类社会能够实现其他的目的或需要。作为公法精神的公共服务观念包含了非常丰富的内涵,在此仅作出了一个初步的定义,目的在于强调公共服务与相类似概念的区别。

与公共服务观念最相近似的一个概念是"公共利益"。公共利益在"公共性"的属性上公共服务是完全相同的,但是"利益"却是一个中性的概念,没有包含优先性等价值上的判断。按照庞德的看法,所谓利益是指"人们在社会生活中的主张、需求与愿望"。利益是人们主观上的诉求,而不是客观化的外物,外在的东西只有在人们对其有诉求时候,才会成为一种利益。根据诉求主体的不同,利益可以划分为个人利益、集体利益和社会利益。庞德意义上的社会利益也就是公共利益,它包括一般的社会安全(如人身和财产安全)、社会制度的安全、社会的道德情感、社会资源的持续和社会进步的分享等方面,公共利益概念的最大贡献在于使人们认识到了除了个人的或集体的利益之外,还存在着抽象的社会或公共利益,这些利益对于社会结构的稳定和谐是必不可少的,公法应当实现并维护社会或公共利益。尽管如此,公共服务与公共利益还是存在实质性的区别。公共服务强调公法存在的目的或价值在于满足更高层次的社会需要,从这个意义上,公法具有从属性,或在价值上的低位性。公共利益也可能成为公法存在的目的或价值,但是公共利益本身可能会成为公法追求的最高目的或价值,公共利益可以优先于个人利益或集体利益,为了实现公共利益,公法可能会剥夺或限制个人利益或集体利益,使个人利益或集体利益从属于公法对公共利益的追求。

与公共服务观念相近的另一个概念是"公共权力"。公共权力在"公共性"的属性上与公共服务并无实质性差别,强调与社会自发形成的私权力之间的差异。公共权力一般具有强制性、程序性和公开性等特征,与私权力的非形式性的特点形成鲜明对照。一般认为,公共权力是公法治理有效性的前提之一,公法如果缺乏公共权力的支持,就如同老虎没有了牙齿,必定会失去有效治理社会的功能。然而,如同公共利益一般,公共权力也是一个中性的概念,权力本身既可以成为社会有效治理的工具,同时也可以成为社会奴役的暴力手段。如果将公法存在的基础或精神奠定在公共权力上,实无法保证公法在价值的优越性,它极有可能堕落为纯粹为统治者进行暴力统治的工具。概括而言,公共权力是一种纯粹事实上的概念,而公共服务则包含了一定程度的价值判断。

法学上对于公共服务观念的认识,经历了一个从具体到抽象的过程。在法制现代化的早期,法学家们如同公共管理学者一般是从国家职能的角度来定义公共服务观念的。

法国著名法学家奥里乌将公共服务等同于"公共事业"。他认为,公共事业是"一种为满足公众需要的,由国家组织的,固定、持续地向公众提供的服务"。这种服务具有持续性、规律性和公开性,最为重要的是有同等性,也就是向所有社会成员提供的均等提供的特征。国家提供此等服务的目的在于满足社会的集体需要。奥里乌虽然是法学家,但是他对于公共服务的定义却是公共管理意义上的,是从国家或政府的一种主要社会职能的角度来定义的,他强调公共服务提供主体的公共性,强调服务的固定性以及社会公众的集体需要,这些属性无一不是公共管理意义上的公共服务观念。由此观之,在法制现代化的早期,法学家们并没有意识到公共服务观念在法学与公共管理学上的差异,将公共服务仅仅视为国家应当提供的一项公用事业,此项公用事业还与国家的其他职能有明显的差别,比如阶级统治的职能就明显不属于公用事业的范畴。这种理论状况的出现,与作者当时所处的社会历史条件是分不开的,在资本主义社会早期,由于放任自由的个人主义观念流行,社会成员个体都只关注与自己有关的,自己能够处理并能够获得相应利益的事情,而对于个人既无能力,也无法获得相应收益的公共事业,国家既不强迫,个人也没有相应的意愿去做。但是,无人提供公共事业服务明显地影响到了社会整体的利益,也间接地影响到了每一社会成员的利益,但个人又对此无能为力,在这种条件下,人们将公共事业视为国家的一项社会职能是理所当然的。

　　首先将公共服务观念与公法联系起来的法学家是狄骥。从方法论上来说,狄骥是一个社会主义者,与资本主义社会典型的个人主义者有所不同。在狄骥看来,社会不是个体的简单结合,社会结构先于社会个体存在,表达着社会个体的在社会中的关系。这种社会结构被狄骥称为"社会连带关系"。他从实证主义哲学出发,否定社会连带关系是一种道德观念的说法。社会连带关系仅表明一个事实,人在社会中永远并只能和其他同类一起生存;人类是一个原始的自然实体,绝非人类意愿的产物,因而所有人无论过去、现在、将来都是人类群体的一个部分。人对人类群体的依赖与人的个体性不是一个先验的断言,而是一个毋庸置疑的观察结果。"人们相互有连带关系,即他们有共同的需要,只能共同地加以满足,他们有不同的才能和需要,只有通过互相服务才能使自己得到满足,因而,如果人们想要生存,就必须遵循连带关系的社会法则。连带关系不是行为规则,它是一个事实,一切人类社会的基本事实。"社会连带关系尽管在不同时代有不同表现形式,但其本身是永恒的。他肯定了杜尔克姆对相互关联性的划分和基本结论,把社会连带关系分为两种:一种是求同的相互关联性,建立在"相似性"基础之上;另一种是分工的相互关联性,建立在"劳动分工"基础之上。维系社会紧密性的力量正是建立在相似性或劳动分工的相互关联性上,该力量越强,社会就越紧密。在此基础上,狄骥认为,"任何因其与社会连带的实现与促进不可分割,而必须由政府来规范和控制的活动,就是一项公共服务,只要它具有除非通过政府干预,否则便不能得到保证的特征。"公法的主要任务就在于保证公共服务得到实现,公法构成了政府实现公共服务的义务性基础，"公共服务就是政府有义务实施的行为。"在狄骥看来，西方社会传统的公法基础建立在"财产权"的观念上，将国家视为主权者的财产，国家享有自由处分和支配的权利，即所谓"主权至上"的主权论。公法的这种基础明显与资本主义社会发展的现实不符，也与其所认定的社会连带关系的事实不符。他认为，公法的基础应当在公共服务，是在通过社会其他连带关系无法提供此类服务，或者虽能够提供，但只要有延误就会造成社会无序时，必须由政府来提供的服务。也就是说，公法不是代表主权者的意志对国家这一客体进行处分或支配，公法是规定政府必须为社会提供社会自身所无法提供的维护社会连带关系服务的法律，构成了政府提供公共服务的义性基础。

狄骥的公共服务观念相对于奥里乌而言存在着显著的改进。最为明显的是，狄骥将公共服务视为政府的主要义务，公法则构成政府义务的法定来源，公法的主要内容就在于促使政府实现公共服务，以维护社会连带关系的稳定性。狄骥由此提出了公法的基础应当由"主权论"向"公共服务论"转变的观点。应当说，狄骥的公共服务观念虽然有很大的改进，但是其并未完全摆脱公共管理意义上将公共服务视为政府主要职责的观念，他只是加入了公共服务观念的规范性基础，认为政府提供公共服务是由公法所确定的法定义务，而非由政府自由选择的行动。由此，他也奠定了公法的主要内容在于规范政府提供公共服务。狄骥明确地反对公共服务观念中包含有任何道德或价值上的考虑，认为公法的主要内容是维护社会连带关系而由政府提供公共服务，如果公法不具备此种内容，则社会连带关系将无法维系，社会也将变得无序。狄骥并没有将公共服务定义为公法的目的或实质性价值，也就是说他将公共服务只理解为政府的一项具体职能，而没有将公共服务抽象化，视其为公法的精神或灵魂。

以后的法学家根据社会的变迁，发展了狄骥的公共服务观念，但是主要关注的是提供公共服务主体的变化。狄骥将公共服务提供的主体仅限于政府，这与社会发展的事实明显不符。法国著名法学家佩泽尔就明确指出，公共服务是指"公共团体为满足普遍利益的需要而进行的活动"。在这个概念中，公共服务不再限于由政府提供，非政府公共性组织也可以提供，只要此种服务是为了满足普遍利益的需要而进行的。应当说，对于公共服务提供主体的拓展，不仅拓展了作为一项社会功能的公共服务观念,而且也拓展了公法的内容。一般认为,公法规范或制约的主体仅限于政府,公法主要与政府有关。而随着公共服务提供主体的变迁,公法的内容如果还局限于政府,而不拓展到非政府公共组织,那么非政府公共组织提供公共服务的活动既缺乏规范基础,也会出现传统公法与私法划分所无法涵盖的难题。但是,如果公法扩展到规范非政府公共组织,也会带来一些理论或实践上的难题,最为主要的是对传统公法基础理论的挑战。无论是"社会契约论",还是"统治阶级斗争论",都可能无法清楚地解释非政府公共组织所提供的公共服务在法律上的性质,或由公法来规范和制约的理论基础。似乎只有将公共服务从具体的社会功能抽离出来,抽象化为一种观念,并以此作为公法的理论基础或精神,才能完满解释社会发展的现实需要。

(二)行政过程

行政过程是构建本书理论体系的另一个重要概念,与传统行政法学中的"行政法律关系"处于同等的理论地位。行政法律关系一般具有两个层面的意思:一是抽象层面的,纯粹形式上的和逻辑性的关系,是立法者用以体现其意志的法律逻辑工具。一般情况下,行政法律关系可以区分为三个部分,即行政法律主体、行政法律内容和行政法律客体,传统行政法学一般以此基础来建构行政法学体系,立法一般也以此基础来设计行政法律条文。二是现实层面的,实质性和和社会性的关系,是人们在社会生活中实际发生的互动关系。行政法律关系的这两个层面之间存在着复杂的关系,传统行政法学理论一般认为,行政法律关系的社会性层面应当受逻辑性层面的调整,或者说社会性层面的行政法律关系应当符合逻辑性层面的行政法律关系,逻辑性层面的法律关系可以评价社会层面的法律关系(合法或违法),人们在实际社会生活中的具体行为可能导致人们在抽象层面行政法律关系的产生、变更和消灭。

行政过程是一个可以与立法过程、司法过程相提并论的概念,是政府行使行政权力的过程,与立法机关行使立法权和司法机关行使司法权的过程具有同样的意义。一般情况下,政府行使行政权力需要经过一系列步骤。在现代法治社会中,政府行使行政权力首先需要获得相应的授权,因此政府的构成、职能设定和组织规则是政府行政过程的首要步骤;在政府获得相应的行政权力之后,政府行使行政权力的过程,实际上就是政府将国家意志落实到具体层面的过程,为此,政府首先需要进行行政决策,以确定政府实施一定行为的具体方案,然后是执行行政决策,执行过程中涉及对行政人力资源的调整与管理,对行政信息的收集与公开,受政府行政预算的限制,受政府行政绩效的考核,达不到绩效要求时需要承担行政责任。由于政府角色的公共性,政府的行政过程并不能与其他私营组织的行政过程相提并论,私营组织的行政过程是自负其责,行政过程不合理将可能导致私营组织缺乏竞争力,最终可能破产。但是政府的行政过程,却是由社会全体成员共同承担责任。如果政府的行政过程主观随意性大,受领导个人权威的影响严重,那么政府治理社会失败的责任是由社会共同承担。因此,政府的行政过程必须法治化,以法律限制或控制政府行政过程的任意性和主观性,保证政府行政过程的科学性与合理性。政府行政过程涉及的主要行为可以分为行政决策、行政执行、行政人事、行政信息、行政预算、行政绩效和行政责任,下文将分别对这些基本范畴进行界定。

行政决策是国家行政组织在处理行政事务时,为实现国家的意志(法治国家主要是法律),达到预期的目标,根据一定的情况和条件,运用科学的理论与方法,掌握大量信息的基础上,遵循行政组织作出决议的法定程序,对所要解决的问题或需要处理的行政事务所作出的决定。一般而言,行政决策具有主体的特定性、过程的法定性和最终决定的强制性等特征。根据不同的区分标准,行政决策体制也存不同的类型。根据行政决策的最终决定权威的不同,行政决策体制可以分为首长制和委员会制。首长制行政决策是指行政决策的最终决定权掌握在某一个行政领导手中的行政决策体制,委员会制行政决策是指行政决策的最终决定权掌握在两人以上组成的委员会手上,委员会一般采用合议制或多数决定制的方式行使行政决策的最终决定权。根据行政决策权使用的特点不同,行政决策体制可以区分为集权制与分权制。集权制是指行政决策的权力集中于某些上级行政组织,下级行政组织只有实施行政决策的权力的行政决策体制,分权制是指各级行政组织在一定的范围内各自享有特定的行政决策权的行政决策体制。现代政府的行政决策行为是一套高度复杂的行为体系,至少包括三个方面的要素系统:第一是行政决策中枢系统,主要任务是确定决策目标,选择决策方案;第二是行政决策信息系统,主要任务是获取、处理、储存和传输信息;第三是行政决策智囊系统,主要任务是提供可替代性的行为方案,评价行政方案的合理性。

行政执行是指行政组织为了实现行政决策所制定的公共政策,运用各种措施或手段作用于公共政策对象,使公共政策内容实现的行动过程。行政执行与行政执法并不相同。行政执法是指行政相对人违反行政法律,享有行政执法权的行政组织将行政法律适用于行政相对人的过程,比如给予行政处罚、进行行政强制或取消行政许可等。也就是说,行政执法主要强调行政组织与行政相对人之间的法律关系,不关注行政组织的其他执行行为。实际上,行政执行的范畴远大于行政执法。在现代法治国家中,政府一般遵循以下行为逻辑,即法律—公共政策—行政执行。法律是政府行为的总体框架,政府必须服从法律的治理。但是,成文法国家制定的法律一般比较抽象,如果需要落到实处,必须经过政府的行政决策,以形成公共政策。在公共政策制定之后,行政组织将公共政策变为现实的活动就是行政执行。因此,可以说行政执行包含了行政执法,而行政执法仅仅是行政执行构成内容之一。行政执行的执行对象虽然是公共政策,但是在现代法治国家中,行政执行的第一原则还是"依法行政",也就是政府的行政执行行为必须符合国家行政法律的规定,不得违法行政。

行政人事是指政府从政权建设和社会经济发展的全局高度,以国家政权的力量,对整个社会的人事活动进行规划、引导、规范、调控的宏观管理和对政府工作人员的直接管理。行政人事具有政府人力资源管理与开发的职能,它主要包括两方面内容:一是政府通过制定一系列法规、政策、措施,对全社会人力资源开发的事务,进行规划、决策、组织、协调、控制等;二是对政府工作人员进行管理,包括政府工作人员的选拔、录用、考核、任免、奖惩、培训、工资、福利、退休等管理活动。尽管理论界和实务部门大多将行政人事行为等同于行政组织,但是实际上两者存在本质上的差别。行政组织研究的内容主要分为三个部分,即行政组织结构、行政组织目标和行政组织规则,重点在于对行政组织结构如何保障行政组织目标的实现。行政人事主要是对行政组织内的行政领导和公务员进行人力资源管理,也包括对社会人力管理资源的间接宏观管理,目的在于约束被管理者的行为,提高被管理者的素质,激励被管理者的潜能。

行政预算也被称为政府预算,是政府对财政收入与支出的一种计划。作为预算的一种类型,行政预算或政府预算具有预算的一般性特征和社会功能,但是由于行政组织本身的特殊性,行政预算也具有不同于一般预算的特征。行政预算具有法治性。在大多数以民主作为基本政治理念的国家中,行政预算实质上是一项由立法机关批准的具有法律性质的行政行为。行政预算一般由政府进行财政收入与支出的计划和预测,再提交给立法机关,在中国是由全国人大,在西方国家由国会或议会进行审议,一旦审议通过,行政预算就成为有法律效力的行政预算法案,对政府的财政收入与支出行为有法律上的约束力;行政预算具有公共性。行政预算的公共性体现在,实现稀缺资源的最优使用仅仅是其目标之一,而且在某种意义上还不是最主要的目标,行政预算的政治性目标的重要性有时远远超过其经济性的目标。通过行政预算,政府可以实现社会各利益主体之间的利益平衡或社会资源配置上的公平,保证国家的长治久安;行政预算具有技术性。行政预算中对于公共财政收支规模的设计是一项技术化程度非常高的活动,与宏观经济管理活动密不可分;行政预算具有归一性。所谓归一性,是指政府的财政收入与支出,除特殊情况之外,都必须纳入行政预算的范围。

行政信息是政府所传递的,为特定媒介所存储或记录,为行政相对人所接受的信号。在 2007 年国务院制定的行政法规《中华人民共和国信息公开条例》中,行政信息"是指行政机关在履行职责过程中制作或者获取的,以一定形式记录、保存的信息"。在这个定义中,行政信息中的"行政"不仅是一种特定的组织——行政机关,而且也指行政机关履行职责的活动或行为。在行政机关履行职责的过程中,会传递两种不同的信号,一种是行政机关自身制作的,另一种是行政机关基于自身的优势而获取的。不管是哪种信号,行政机关都会以一定的方式存储或记录这些信号,使这转化为信息。有学者认为,行政信息是指各级人民政府及其职能部门以及依法行使行政职权的组织在管理或提供公共服务的过程中制作、获得或拥有的信息。行政信息区别于其他信息的关键特征在于,行政信息是行政机关在进行行政管理或提供公共服务的过程中制作、获得或拥有的信息。无论是行政管理还是提供公共服务,都需要行政相对人接受管理或公共服务,在这个过程中,行政机关必须向行政相对人传递信息,否则行政管理或提供公共服务的活动根本就无法进行。

行政绩效是政府的一整套行为管理体系,既包括了政府或行政组织基本目标的设计与确定,也包括了根据量化指标对政府或行政组织的工作过程、结果或效率等各方面所进行的评估,还包括了改进政府或行政组织工作绩效的手段和措施等。更为重要的是,行政绩效包含着若干重要的政治理念,其基本目的在于使政府以较少的支出获得较高的效率,抛弃自满的情绪抛弃权力是政府应得的观念,建立进取和权力是被授予的观念。我们要改变现状,重塑政府,恢复它的活力。除此之外,行政绩效内含着一些基本精神,即政府绩效评估以绩效结果为本,谋求政府部门之间的合作、政府部门与公众之间的广泛沟通与交流。它以服务质量和社会公众的需求为第一评价标准,蕴涵了公共责任和顾客至上的观点。因此,整体上而言,行政绩效的概念至少可以作两个方面的解读:一方面,行政绩效是行政管理的一种重要的方法,或者是行政管理的一种重要工具,通过这种工具,可以有效地提高政府或行政组织的工作效率和质量。这是关于行政绩效概念的最为一般化的理解。另一方面,行政绩效体现了政府与公众之间的一种全新的关系,即以公众需要为核心的新公共服务关系,政府或行政组织绩效改善的终极目标就是提供尽可能最好的公共服务。

行政责任是根据政府功能的不同来划分的一种责任类型,一般与立法责任和司法责任相提并论。从最一般意义上来看,行政责任是指与公共行政管理和行政法相关的一切责任,从性质上可以基本区分为政治、道德和法律责任等。也就是说,行政责任是与公共行政管理活动相关的,在法治的社会中,由行政法规定的一种责任,此种责任与立法机关在立法过程中的立法责任,以及与司法机关在司法活动过程中的司法责任存在着功能上的明显区别。有学者认为,行政责任是政府及其构成主体行政官员(公务员)因其公权地位和公职身份而对授权者和法律以及行政法规所承担的责任。此种定义进一步明确了行政责任的基本性质,即由行政主体的"公权地位和公职身份"所决定的责任,在这个意义上,行政责任与公共行政权力的行使紧密相关的,公共行政权力不意味着恣意,而意味着责任。但遗憾的是,此定义中使用了一个非常模糊的词"政府"。政府一词本身就包含了狭义和广义上的不同用法,从狭义上来说,政府仅指公共行政机关,而从广义上来说,政府是指政权机关,即所有的公共权力机构,在现代国家中,一般包括行政、立法和司法三大机构,政府的责任不一定就是行政责任。因此,行政责任可以基本界定为,是指行政机关及其工作人员因其公权地位或公职身份而应当承担的政治、法律和道德等方面的责任。

（三）行政法体系建构新方向研究的重要意义

从公共服务的视角研究行政法，从学科的角度来看，属于跨学科的交叉研究，即公共管理与行政法学的交叉学科研究。公共管理学科以政府或其他公共组织的公共管理活动为研究对象，以政治与行政的二分作为基本的逻辑前提，以目标—手段的合理性为主要的研究方向，也就是说，政治确定公共管理活动所要实现的目标，而公共管理活动决定实现目标的最佳手段。一般情况下，效率是公共管理活动最为主要的价值体现，但是由于公共管理活动所拥有的"公共性"，公平和民主等也是公共管理活动的重要价值体现。行政法学以政府或其他公共组织的行为模式为研究对象，以实然与应然的二分为基本的逻辑前提，以政府或其他公共组织实然的行为符合应然的行政法律法规为主要的研究方向，也就是说，行政法学主要研究政府或其他公共组织的行为符合法律规定的可能性和可行性。一般情况下，合法性或"依法行政"是政府或其他公共组织行为的首要价值，此外，考虑到法律漏洞的必然性与社会现实的复杂性，政府或其他公共组织行为的"合理性"、"公平性"或"公正性"等也是行政法的重要价值。从上述分析来看，公共管理学科更多的是一种实质理性的体现，因为其研究的主要问题是，管理手段对于实现特定目标的合理性和有效性，而行政法学更多的是一种形式理性的体现，因此其研究的主要问题是，如何保证政府或其他公共组织的行为符合特定法律规范的要求。在两者所主要体现的价值上也存在着较大的差别，公共管理学科主要关注公共管理活动的效率问题，当然也必须考虑公平和民主性等问题，而行政法学主要关注"合法性"或"依法行政"的问题，当然也必须考虑"合理性"、"公平性"和"公正性"等问题。公共管理研究的目的似乎在于如何创建一个有效率而同时体现民主政治要求的政府，而行政法学研究的目的似乎在于如何创建一个法治的同时体现民主政治要求的政府。

行政法学与公共管理学的交叉研究具有重要的理论和现实意义。首先，作为行政法学研究对象行政法与作为公共管理学研究对象的公共管理活动之间存在着规范与事实的关系，行政法学与公共管理学的交叉研究有利于打破规范与事实之间的鸿沟，使两门学科的发展相得益彰。"规范"与"事实"之间的逻辑鸿沟问题，由英国著名哲学家休谟首先提出，随后成为困扰理论界的一个难题。规范强调的是"应当何为",代表了人们理念世界,而事实强调的是"实际为何",代表了人们的现实世界。在传统的哲学观念中,人们总是以事实上的"实际为何"来论证规范上的"应当何为"的正确性,或者反过来,以规范上的"应当何为"来论证人们在事实上"实际何为"的正确性或不正确性。而休谟却认为,规范上"应当何为"的判断,属于全称性和主观性判断,其正确性不可能通过事实上的"实际为何"来证明,事实上的判断总是局部性的和片面性的,从逻辑上来说,局部或片面的判断不可能证明全称式判断的正确性,因为事实上的判断不可能穷尽。虽然休谟认为只有规范上的判断才能完全证明另一种规范判断的正确性,事实判断也只能通过其他事实判断来证明,但是休谟却认为,人类根本就无法摆脱以事实来论证规范,或以规范来论证事实的证明方式。休谟本人提出的功利主义哲学观,本身就是以人们情感上的事实来证明道德判断证明性的明证。也就是说,规范与事实之间虽然在逻辑上存在着相互不可能论证的难题,但是在社会实践中,却可以成为支配人们行为动机的重要因素,如果利用得当,还会收到良好的效果。行政法学研究的对象是行政法,行政法主要是规范政府和其他公共组织的行为的法律,对于行政法应当将何种行为模式树立为政府或其他公共组织应当遵守的规范,行政法本身并不能给出完美的答案。也许行政法学家可以接受一些先验的原则,作为行政法规范的知识来源,比如"依法行政"、"法律关系"和"意思表示"等,但是从这些原则来推论,我们所能获得的关于行政法的认识也仅仅限于行政法规范的逻辑结构或形式化原则而已,对于政府或其他公共组织应当实际上如何行为,也就对于行政法的具体内容,这些先验性原则并能给我们提供更多的认识。公共管理学研究的对象是公共管理活动,公共管理主要解决的问题是如何保证政府或其他公共组织能够有效率的实现政治上所确立的社会治理目标,也就是如何实现以最小的社会成本达到最大的目标收益的问题。为实现公共管理活动的高效化,提高公民对公共管理活动的参与程度,实现公共管理活动的高度民主化都可能成为服务于公共管理高效的手段,因为参与程度和民主化程度高有利于公民接受特定的公共管理活动。然而,公共管理活动完全以高效化为目标,很容易忽视公共管理活动的本质性特征—公共性,也容易忽视一些带有先验性的道德或法律原则,比如"公平"、"正义"和"人权"等,可能导致功利主义观念下经常出现的问题,即为了实现"最大多数人的最大幸福"，而以侵害少数人的"权利"为代价，或以特征少数人的利益为代价来换取社会整体福利的提高或公共管理活动的高效化。从这个角度来说，公共管理活动除了以高效化为首要目标之外，还必须接受规范的限制，必须在规范限制的范围内活动，才能确保公共管理活动本身的"公共性"和"政治正确性"。借助于行政法学与公共管理学的交叉研究，可以为行政法学提高行政法规范内容的合理化来源，为公共管理学提供法律或政治上正确的规范性框架，这对于两者来说，都是一件非常有利的事情。

其次，公共服务观念为行政法学和公共管理学的交叉研究提供了最佳的理论契合点，为行政法学研究提供了一个全新的理论视角，有利于深化人们对于行政法的理解和认识。在主流的行政法学中，其理论基础一般源自于古典的宪政主义，以"天赋人权"、"社会契约"、"人民主权"、"有限政府"、"民主自由"和"程序正义"等宏大叙事方式表述的政法理论。这些理论一般起源于文艺复兴时期，在特定的时代起到了重要的作用。它为资产阶段革命提供了理论依据，为资本主义的发展扫清了来自于神学和君权神授观念方面的障碍，为全世界的宪政建设作出了巨大的理论贡献。然而，这些观念的存在与发展，其最大的作用在于为人类社会的发展提供了一种完全不同于神学和封建意识形态的新意识形态，树立了人作为国家政治生活的主体性地位，消除了人有差等的等级意识观念。然而，这种宏大叙事的理论观念却无法为政府或其他公共组织的社会治理活动提供实际的帮助，人们并不能从这些宏大理论中获得关于如何有效进行社会治理的方法和措施。西方发达资本主义国家在社会治理上的成功，根本不可能完全归功于对这些宏大理论的接受与支持，因为同样继受和支持这些观念的一些亚非拉国家，政府进行社会治理的水平远远达不到西方资本主义国家一般的水平。与其说是这些宏大理论实现了西方资本主义国家政府的高效社会治理，还不如说是社会治理的技术性手段和措施帮助实现了这一点。在西方资本主义国家，一个容易被人忽视的事实是，伴随着政治上意识形态观念的大变革，同时发展而来的是对世界影响更为深远的科学技术革命。正是以事实为基础的科学技术的发展，不仅在经济上使西方资本主义国家得到了前所未有的快速发展，而且也在社会治理上使得政府的社会治理水平得到了很大的提高。实际上，早在一百多年前，法国著名公法学家狄冀就指出，指导公法学发展的观念早已不再是"人民主权"和"社会契约"等宏大叙事的理论了,而是更为务实的,更具科学精神的"公共服务"观念。① 政府存在的唯一目的就是提供公共服务,对政府及其行为进行持续改善的终极目的正在于不断提升政府提供公共服务的质量和水平。公共服务不仅是政府的唯一职能,也是政府存在的唯一目的。作为政府的唯一职能,公共管理学研究的主要问题是如何提高政府或其他公共组织提供公共服务的效率,即在消耗一定社会成本的前提下如何尽量提高政府或其他公共组织提供公共服务的质量和水平。作为政府存在的唯一目的,行政法学研究的主要问题是,如何使约束和规范政府或其他公共组织行为的行政法体现公共服务的性质,何种类型的行为模式是具有公共服务性的,何种行为模式具有更高的公共服务性,等等。在此,我们可以发现行政法学研究的一个新的理论出发点,即从政府或其他公共组织行为的公共服务性入手来分析其行为所应当具备的规范性。它与注重政府或其他公共组织与行政相对人之间的权利义务关系拥有完全不同的逻辑结构,在法律关系的逻辑结构中,人们只能获得有关于行政主体之间的权利义务的分配关系,却无法了解何种分配是合理的,或行政法为何需要这种分配方式。而在公共服务的逻辑结构中,人们可以从政府或其他公共组织的行为方式中,知晓其行为的合理性,人们只需要考量政府或其他公共组织的行为是否具有公共服务性,是否在不断提升公共服务性水平,就可以判断政府或其他公共组织行为的合理性、正确性和合规范性。行政法学的这一研究视角,将行政法学的研究拉回到政府或其他公共组织行为本身是否合乎实质理性的层面,而非仅仅关注政府或其他公共组织的行为是否合乎形式理性的要求,这对于行政法学的发展来说,是一个巨大的创新。

最后,从实践的层面来看,以公共服务的观念研究行政法学,既可以完美贴合中国的政治意识形态,也可以解决"依法行政"难以落实的难题。在中国主流的政治意识形态中,"为人民服务"一直是政府行政行为的价值要求或体现,这一点是无可争议的。但是,"为人民服务"本身也是一种具有宏大叙事风格的表述,对于政府或其他公共组织的社会治理行为难以提供明确的指导。因为在"为人民服务"这个术语中,"人民"一词就是一个抽象的政治性词汇,一般与"敌人"相对作为对称语,又可以剥削阶级作为对称语,在具有不同国

---

① 参见[法]狄冀著:《公法的变迁》,郑戈译,辽宁文艺出版社 2001 年版。

情的国家中，"为人民服务"难以体现服务的"公共性"，也无法进行定性和定量的科学化研究。然而，如果我们将"人民"理解为一个国家中除公共治理机构之外的所有人，那么"为人民服务"的精神与公共服务的观念是一致的，只是公共服务的观念更好的体现了服务的公共性，借助于现代西方经济学与管理学的知识，也更容易进行科学化研究，为政府行政行为提供明确的技术性指导。也就是说，公共服务的观念与为人民服务的内在精神是一致的，只是公共服务相对于为人民服务的概念是一个更好的可以科学化的理论工具。自中国正式确立建设社会主义法治国家的治国方略以来，学界普遍认为，依法治国的关键在于依法治权，而依法治权的核心又在于依法行政。中国推进法治化的主要难题在于难以控制拥有行政权力的政府不违法行政，政府滥用行政权力是中国现阶段实现法治化的最大障碍。在确定依法治国的治国方略之后，中国在依法行政方面的主要工作在于制定大量与行政相对人合法权益直接相关的行政法，比如行政许可法、行政处罚法、行政执行法和治安管理法等，或者是制定保障行政相对人救济权利的行政法，比如行政复议法和行政诉讼法。应当说，行政法的立法与研究工作集中于这个方面，是看到了中国社会实现法治所面临的首要问题，即政府行政行为的任意性大，公民的合法权益不受法律保护，引起的民愤民怨比较大，行政立法和研究工作应当首先解决迫在眉睫的问题。不仅如此，经过十多年的努力，中国的行政立法和研究工作已经收到了很好的成效，它至少唤醒了公民的权利意识，也加强了政府依法行政的观念。但是，我们要看到，目前的行政立法和研究工作只涉及了行政法治的表面，而没有达到行政法治的实质部分。中国是一个行政主导的国家，政府的行政职能关涉到社会每一个层面，除了与行政相对人产生直接关系的行政事务之外，还有大量的行政事务只与行政相对人存在着间接的关系，比如政府对教育和医疗事业的管理、对能源、交通和通信等事业的管理以及对国家宏观经济决策的管理等，这些行为虽然不直接与每一个具体的行政相对人发生关系，但是政府的行为将会实实在在的影响每一个人，对每一个人的生活前景产生重要的影响。相对于前者，这种类型的行政行为由于不直接与具体的行政相对人发生关系，因为其更容易为公民所忽视，或者即使重视，具体的公民也缺乏足够的动力来关注。然而，相对于前者，此种类型的行政行为，对公民合法权益的影响更为深远，因为前者可能只与部分行政相对人发生关系，而这种行政行为却与每个公民都会发生关系。更重要的,这种行政行为由于缺乏具体行政相对人的关注,也更容易使政府滥用行政权力,将政府当做一个拥有特殊利益的集团或阶层,使政府行为失去公共性。中国政府实现依法行政的难点也许并不在于如何以法律规定的方式来对待行政相对人,而在于以法律来约束政府在行政过程中的所有行为,即使这些行为不与公民的合法权益发生具体而直接的关系。从公共服务的观念来研究行政法学,有助于理论界将行政法学研究的重点,从政府与行政相对人之间的法律关系,拉回到注重政府在行政过程中的所有行政行为的规范性上,有助于实现政府行政过程的全面法治化,加速政府依法行政的进程,破解依法行政在实践中的难题。

(四)已有研究之批判

1.传统行政法学研究

大陆法系国家的行政法学一般深受私法学观念的影响,以"法律关系"作为建构法律体系的基本逻辑前提,强调行政主体之间的权利(力)义务关系。法国和德国的行政法普遍采用了行政主体、行政行为和行政救济与责任的立法体例,其中又以行政行为作为立法中的核心观念。私法中的行为一般以意思自治为核心,有法律效力之私法行为的认定,则采用主观真意与客观行为或结果相一致的原则。行政行为也是如此,行政行为的效力也要求政府主观意志与客观行为保持一致。大陆法系建构法律体系的这些基本范畴,大都以欧陆哲学中的"意志自由"作为理论基础,强调作为主体的人有选择行为的自由,法律应当保障人作出选择的意志上的自由。

中国的行政法学基本上继受了大陆法系国家的行政法学观念,以"法律关系"和"行政行为"作为建构行政法学理论的基础。在中国使用范围最广泛的一本行政法学教科书中,明确指出行政法是调整行政关系的法律,行政关系可以区分四种,即行政管理关系、行政法制监督关系、行政救济关系和内部行政关系。相应的行政法学的体系是由行政主体法、行政行为法和行政救济与监督法构成。[①] 在另一著名的行政法学教科书中,行政法被定义为与行政有关的法律规范的总称,具体而言,是有关行政主体、职权、行为及程序、违法及责任和救济关系等法律规范的总称。这个定义中,虽然没有以行政法律关系

---

① 参见姜明安主编:《行政法与行政诉讼法》,高等教育出版社 2009 年版。

作为定义行政法的核心范畴,但是在随后的阐述中,将行政法律关系同样区分为行政管理关系、行政法制监督关系、行政救济与责任法律关系。行政法学的体系也划分为行政组织法、行政行为法和行政法制监督与救济法。两本教科书中所研究的行政法律主要集中于行政机关组织法、公务员法、行政执法、行政许可、行政给付与奖励、行政处罚、行政征收、行政监督检查、行政裁决、行政合同、行政复议、行政诉讼和行政赔偿法。

英美法系国家采用了完全不同的行政法学体系。在英美法系国家中,行政法的内容基本上区分三个部分,即行政权的委任、行政程序和违宪审查。行政权的委任主要涉及行政权的来源及范畴,一般情况下,在这些国家中,只有经过议会授权,政府才享有相应的行政权力,在政府履行行政职能方面,一般以建构有限政府为基本理念,强调"法无明文授权不得为"的原则;行政程序主要涉及政府行政行为过程的正当性,也可以称为"正当程序",要求政府在实施行政行为时,必须坚持行为在程序上的正当性,保障公民的参与权、知情权和抗辩权等权利。政府在行政程序上的违法将导致政府行政行为的无效,即使政府行政行为产生了良好的社会效果也是如此;违宪审查是英美法系国家最具特色的与行政法相关的制度,任何受到政府行政行为影响的人,只要认为政府的行为违反了宪法的规定或精神,都可以启动违宪审查诉讼,要求最高法院对政府的行为是否违宪进行审查,最高法院的裁决是最终的发生法律效力的裁决。英美法系国家的行政法学一般以维护个人自由,构建有限政府、以权力制约权力作为基本理念。在个人自由的观念上,与大陆法学国家所坚持的意志自由也有所不同,英美法系国家的强调的个人自由,是人个行动不受非法和非正当限制的自由,并非是指个人意志是否自由,在这些国家的法学家看来,个人意志是否自由是一个纯粹的哲学命题,法律上应当保障的自由只可能是个人行动的自由。

2.公共服务法治化研究

在大陆法学国家,首先对传统行政法学提出质疑的是法国著名法学家狄冀。在其名著《公法的变迁》中,狄冀首先阐述了传统公法的理论基础,认为私有产权制度是传统公法的在理论上的渊源。在封建社会时期,私有产权制度体现为领地制,封建领主对土地享有产权,佃农与领主之间存在着双重关系,首先是关于土地的租赁关系,其次是人身依附关系,领主承诺给佃农以人身上的保护,佃农则承诺在有战争需要时服兵役。领主在其领地上所享有的管理权、裁判权等公法意义上的权力,都是以领主对领地的私有产权作为前提的。其次,狄冀认为,在进入资本主义社会之后,封建领主作为一个阶级逐渐消失了,取而代之的是资产阶级。在资产阶级的意识形态中,对于国家有两个重要的观念,一是人民主权,二是社会契约。人民主权意味着人民是国家的主人,社会契约意识着政府授权人民的委托享有治理国家的权力。在狄冀看来,人民主权实际上也是私有产权制度的翻版,与领主对领地的产权没有本质上的区别,只是在资本主义语境下,国家的领地产权所有者被替换为抽象主体——人民。所有的公权力,包括但不限于立法权、行政权和司法权等都源自于人民的主权。应当说,人民主权与社会契约的观念对于推动资本主义社会的发展起到了重要的作用,但是在狄冀看来,资本主义社会发展到一定阶段之后,这种人民主权和社会契约的观念已经不太符合解释公法发展的现实。在现代公法制度中,政府的行政职能越来越多,相应的行政权力也越来越大,政府的行政行为对公民生活的影响与资本主义社会早期已不可同日而语,抽象的人民主权和社会契约观念对现代公法新的发展趋势无法作出合理的解释。狄冀认为,只有将现代公法的理论基础奠定为"公共服务",才能对现代公法发展的新趋势进行合理解释,以此为理念,狄冀用"公共服务"的观念试探性地对法国的公法制度进行了系统地解释。①

英美法系国家在 20 世纪 20 年代发生大规模经济危机之后,随着凯恩斯主义的兴起,公法理念也发生了剧烈的变化。最典型的变化是,"有限政府"的理念逐渐为"公共服务型"政府所取代,政府行政的观念为"公共行政"的观念所替代。古典政治经济学所支持的政府职能观念,局限于维护社会治安和保卫国家安全,在凯恩斯主义及福利经济学的支配下,英美法系国家的政府职能全面转化为提供公共服务或公共品,对国家经济进行宏观调控。在英美法系国家,法律与公共政策的区别并不明显,政府决策所制定的所有公共政策必须经过议会的批准才能实施,在这个意义上公共政策同样具有法律上的效力,或者说也是法律的一种类型。因此,英美法系国家的行政法基本上可以区分为两个方面:一是行政程序法,主要涉及政府行政行为的程序性规范;二是公

---

① 参见[法]狄冀著:《公法的变迁》,郑戈译,辽宁文艺出版社 2001 年版。

共政策,主要涉及政府职能的行使。行政程序法是英美法系国家传统或标准意义上的行政法,受宪法中"正当程序"原则的规范。公共政策则是英美法系国家现代意义上的行政法,受"公共服务"理念的引导。①

国内对公共服务的研究大都集中在公共管理领域,探讨公共服务的提供机制、战略管理、财政管理、均等化和伦理管理等方面。也有学者对公共服务的法制化问题进行了初步的研究,探讨了公共服务的法理基础,认为西方社会的公共服务建立在社会契约论的基础之上,而中国的公共服务则建立在为人民服务的理念上;提出了公共服务的核心理念,认为保障人权、维护公共利益和契约主义是指导公共服务提供的基本精神;讨论了公共服务生产与供给的制度安排,公共服务运行的法律制度和伦理规范,提出了推进中国公共服务法治化的若干途径。② 在作者的观念中,并未将公共服务视为行政法的基础或精神,而是强调公共服务是政府的一项职能,提出应当将政府的公共服务职能法治化。

3.行政过程法治化研究

行政过程法制化研究在英美法系国家中大多混合在行政程序的研究中,其中既有行政过程(程序)正当性研究(美国行政法的主要研究内容),也有行政过程(程序)的科学性和民主性研究。行政过程的科学性研究一般体现在管理学和社会的研究中,比如有学者指出,实现公共行政的科学化,可以综合运用管理、政治和法律的途径,其中法律途径主要是对管理和政治的途径进行规范,提高公共行政科学性的规范水平。③ 行政过程的民主性研究则与宪法与政治学研究结合在一起,强调行政过程应当体现国家政治意识形态的基本观念,要保证公民的参与权、知情权和抗辩权,行政过程应当与国家政治过程保持一致。④

---

① 参见[美]沃伦著:《政治体制中的行政法》,王丛虎等译,中国人民大学出版社 2010 年版。

② 参见曹建光著:《公共服务的制度基础—走向公共服务法治化的思考》,社会科学文献出版社 2010 年版。

③ 参见[美]罗森布鲁姆著:《公共行政学:管理、政治和法律的途径》,张成福译,中国人民大学出版社 2010 年版。

④ 参见[美]费斯勒著:《行政过程的政治:公共行政学新论》,陈振明译,中国人民大学出版社 2010 年版。

　　大陆法系国家中对行政过程法治化进行独立研究的国家主要是日本、法国和德国都未有行政过程法治化的独立研究。日本学者远腾博也教授认为，传统行政法学注重行政法的解释论研究，不探讨行政制度本身的合理性问题，坚持古典政治行政理论中"人民主权"、"社会契约"和"三权分立"的基本观念。然而，现代社会中，政府早已不再独享社会管理的职能，社会各主体参与社会管理的过程日渐增多，传统的行政法学理论已不再适应政府职能转换的需要，因为行政法并非调整政府自身的利益，而是调整社会整体利益的场所或机制，因此，现代行政法学必须以政府行政过程的合理性作为研究的起点。也就是说，在远腾博也教授看来，行政过程应当成为现代行政法研究的理论或逻辑前提。在日本还有相对比较温和的关于行政过程的观念，盐野宏和大桥洋一教授提出，行政过程虽然在行政法中有重要的地位，但是行政过程还是必须立基于传统行政法学理论，作为行政法解释理论的一部分。这两位教授并不倡导以行政过程作为重建或重构行政法学体系的观点。①

　　国内对于行政过程法治化的系统研究相对较少。最早提到行政过程法律化的是由吉林人民出版社于 1988 年出版的《行政学词典》，在这本词典中，对行政过程进行了定义和解释，认为行政过程是政府实施行政管理的一般途径，通常计划决策、组织执行、控制监督信息反馈等环节。认为行政过程并不单纯是技术性过程，而是制定和实现政策的政治过程。实现行政过程的科学化、现代化和法律化，是提高行政效率的重要途径。在国内学者的行政学研究中，也有提及行政过程的，张力荣所著的《中外行政制度比较》中，单独论及了政府的行政过程，并比较了不同国家政府行政过程的差异。到目前为止，从行政法学角度来研究行政过程的并不多见，行政过程的研究主要还是集中于行政学或公共管理学领域。相对而言湛中乐先生所著的《现代行政过程论》可以说是开创了行政过程法治化研究的先河。在这本著作中，作者论述了行政过程的含义及对于行政法学研究的重要意义，讨论了行政过程的模式类型、特征及选择问题，重点研究了行政过程参与主体、原则和制度构建问题。② 比较遗憾

---

　　① 参见湛中乐著：《现代行政过程论——法治理念、原则和制度》，北京大学出版社 2005 年版。

　　② 参见湛中乐著：《现代行政过程论——法治理念、原则和制度》，北京大学出版社 2005 年版。

的是,作者并未对行政过程的具体法律制度进行阐述。国内还有学者从比较法的角度研究了行政过程法治化的问题。张千帆教授在《比较行政法:体系、制度与过程》一书中,将行政法学体系区分为行政组织、行政过程和法律控制等三个部分,重点探讨了行政过程的法治化问题。① 但是,作者同样没有对政府行政过程的具体法律制度进行分析与研究,研究重点集中于行政过程法律制度的比较研究。

五、研究框架、思路与创新之处

本书的研究属于开拓性研究,意图以政府或其他公共组织的行政过程作为行政法学的研究对象,而不是以行政主体之间的法律关系作为行政法学的研究对象,试图以公共管理学的视角探讨政府或其他公共组织在行政过程中的行政行为的合理性,来达到以行政法规范政府或其他公共组织行政行为的目的,最终实现依法行政的目标。全书除"绪论"之外,共分为八个部分。

第一章,主要阐述行政组织的基本概念,以及行政组织与行政主体和公务员等相关概念之间的关系,探讨行政组织法的理论基础,研究中国当前行政组织法的现状及存在的问题,着力于建构以公共服务观念视角下合理的行政组织结构,意图提出若干完善中国行政组织法的建议。

第二章,主要阐述行政决策的基本概念,以及行政决策与相关概念之间的关系,探讨行政决策法的理论基础,研究中国当前行政决策法的现状及存在的问题,意图根据公共服务的观念解构行政决策的合理化程序,并提出若干完善行政决策法的建议。

第三章,主要阐述行政执行的基本概念,以及行政执行与行政强制执行等概念之间的关系,探讨行政执行法的理论基础,研究中国当前行政执法的现状及存在的问题,意图根据公共服务的观念解构行政执行行为合理化的行为模式,并提出若干完善行政执行法的建议。

第四章,主要阐述行政人事的基本概念,以及行政人事与行政领导、行政主体和行政人力资源管理等相关概念的,探讨行政人事法的理论基础,研究中国当前行政人事的现状及存在的问题,意图根据公共服务的观念解构行政人

---

① 参见张千帆、赵娟、黄建军著:《比较行政法:体系、制度与过程》,法律出版社 2008 年版。

事行为合理化的行为模式,并提出若干完善行政人事法的建议。

第五章,主要阐述行政预算的基本概念,以及行政预算与行政征收、行政支付等相关概念的关系,探讨行政预算法的理论基础,研究中国当前行政预算法的现状及存在的问题,意图根据公共服务的观念解构行政预算行为合理化的行为模式,并提出若干完善行政预算法的建议。

第六章,主要阐述行政信息的基本概念,以及行政信息与相近概念之间的关系,探讨行政信息法的理论基础,研究中国当前行政信息法的现状及存在的问题,意图根据公共服务观念解构行政信息行为合理化的行为模式,并提出若干完善行政信息法的建议。

第七章,主要阐述行政绩效的基本概念,以及行政绩效与相关概念的关系,探讨行政绩效法的理论基础,研究中国当前行政绩效法的现状及存在的问题,意图根据公共服务观念解构行政绩效行为合理化的行为模式,并提出若干完善行政绩效法的建议。

第八章,主要阐述行政责任的基本概念,以及行政责任与行政赔偿、行政复议和诉讼等相近概念之间的关系,探讨行政责任法的理论基础,研究中国当前行政责任法的现状及存在的问题,意思根据公共服务观念解构行政责任行为合理化的行为模式,并提出完善行政责任法的若干建议。

本书的研究大致遵循以下理论逻辑:首先,从公共管理学的视角,将政府或其他公共组织的行政过程解析为行政组织、行政决策、行政执行、行政人事、行政预算、行政信息、行政绩效和行政责任等八个方面。这一行政过程虽然并非是每个行政组织都必然要经历的过程,但是几乎所有的行政组织在行政过程中都必须要做其中的某些行政行为。其次,侧重于从行政组织本身的实施行政行为的合理性来探讨行政行为的规范性要素,而非从行政组织与行政相对人之间的权利义务关系来探讨行政行为的规范性要素。因此,此项研究是一项注重实质理性的研究,而非注重形式理性的研究。最后,考虑到中国行政立法的现状,上述行政过程中的行政行为,大多数都没有正式的国家立法,只有部分行为有一些层次较低的立法或者是完全形式化的立法,比如行政组织法中有《政府组织法》,行政人事法中有《公务员法》,行政信息法中有《政府信息公开条例》,行政责任法中有《国家赔偿法》,等等,对上述行政行为的研究都从概念的界定开始,以明确研究的具体范围,同时明确区分与其他行政法学研究的界线。然后,探讨上述行政行为规范化和制度化的必要性,研究其规范化和制度化的理论基础,分析当前中国规范化和制度化的现状,并借助于公共管理学的基本理论,试图提出完善规范上述行政行为法律的若干建议。

第一章　行政组织法

第一节　行政组织法的主要范畴

一、行政组织

（一）组织

组织通常是指一种社会群体,这个社会群体为了共同的目标,相互协作、相互配合。在英文中组织是 Organization,词根是 Organ,意指有机体或器官,由于人体是由各种器官按照规则为了实现人体的功能而结合在一起的整体,因此组织的意思与人体由各种器官组成的意思有实质上的共通性。在社会科学中,组织是以人为基本构成要素的社会性实体,可以与人这种实体相提并论。组织的历史与人类社会的历史同样悠久,从人类社会起源开始,组织就出现了,伴随着人类社会的演化而演化,到了近现代,组织已经成为一种对支配或主导人们生活的基本形态,没有人不是处于一定的组织之中,脱离了组织的人也基本上无法在这个社会中生存。在社会科学中,对于组织的研究已经形成了一个专门的领域,不仅传统上意义上的社会学、经济学和管理学对组织进行研究,还有诸如历史学、人类学、心理学、政治科学以及法学等都对组织进行了学科范围内的研究,形成了颇具规模的组织理论。

最先对组织进行科学化研究,对组织进行明确定义的是马克斯韦伯。马克斯韦伯对组织进行了明确的界定,区分组织的基本类型,更为重要的是,他提出了以组织目标的理性程度不同对组织类型进行划分的观念,对官僚组织的研究尤为独到。到目前为止,理论界以于组织的定义并没有形成统一的看法,但是一般认为,组织至少包含以下几个基本要素:第一,组织的基本构成要素是人。这是组织区别于动物群体最关键的特征,某些动物虽然也以群体的方式共同生活中在一起,但是动物群体是不可能构成组织体的;第二,组织必须以实现一定的目标作为存在的基本理由。这是组织之所以存在,之所有为人类社会所需要的唯一理由。组织必定是为实现某种目标,而且此种目标必须借助于组织这种人的群体才能实现,或者才能更好地实现。组织的目标性也是区分组织类型的关键要素。一般情况下,组织可以区分为政府、军队、公司、政党、行业组织、专业协会、工会、慈善机构、宗教组织等,每一种组织都有其要实现的目标,比如政府存在的目标是实现社会的有效治理,军队存在的目标是为了防止侵略,保卫国家安全,公司存在的目标是为更好的组织生产获得利益等,当一个组织不再以其存在的目标作为理念时,这个组织也就丧失了其存在的理由,或者已经转换为其他类型的组织;第三,组织包含着系统的因素。这是组织区别于一般的人类群体的关键因素。在一般的人类群体中,没有明显的组织结构,没有规范组织运转的规则,也没有形成组织边界的规范,缺乏组织与社会整体或环境之间互动关系。而作为一个组织,必须具有明显的结构化或功能化特征,组织中的每一个特定部分都要履行相应的职能或功能;在组织中,明显存在规范组织整体行为,以及组织各构成部分之间行为的规则,保证组织按照预期方向运转;在组织中也存在着识别性规则,可以将组织内成员与组织外成员区分开,也可以将组织体与社会整体区分开;第四,组织的行为具有双重性。组织的行为一般可以区分为对外和对内两种,组织对外的行为是抽象意义上的,虽然实质上是由具体的个人作出的,但是却象征性将这种行为归属为组织作出的行为;组织对内的行为即组织内部的行为,为保证组织正常运转的行为。

（二）行政组织

行政组织也可以称为政府组织或政府,是人类社会所有组织体中最为重要,也最为典型的一种组织,一般是政治学和法学研究的基本组织类型。在马克思的政治理论中,行政组织是从政治社会学的角度来理解的。马克思认为,人类社会发展到一定阶段,私有制出现之后,人类社会产生了以生产资料占有为标准社会分层,占有生产资料的社会阶层一般是统治阶级,否则就是被统治阶级。行政组织正是统治阶级为维护自己对生产资料的占有,而创造的一种组织体。行政组织拥有强制性的政治权力,可以创造警察、军队和监狱等其他政府组织体,以便更好地维护统治阶级的统治地位。马克思的行政组织理论具有明显的伦理性,如果从纯粹中立的视角来看待行政组织,现代的社会科学领域一般将行政组织视为一种履行公共职能或提供公共服务的组织体,与营利性或公益性的公司或慈善组织分别履行不同的社会角色。

现代社会科学还对行政组织的类型进行了明显的区分。一般情况下,从人类社会已有的行政组织类型来观察,行政组织可以区分为以下几种:第一,金字塔状或单一核心的行政组织。在这种行政组织中,有一个主体处于组织的最顶端,享有至高无上的权力,组织中的其他主体都服从于这个主体,或者是间接服从这个主体,从形态上来看,表现为金字塔状的三角结构;第二,平行或委员会制的行政组织。在这种行政组织中,并没有单一的核心,组织内的所有成员均享有平等的地位,一般采用少数服从多数或一致同意的方式来决定组织行动的方案;第三,矩形或多核结构的行政组织。在这种行政组织中,存在着多个权力核心,相互之间存在着制约与配合的基本关系,只有相互协调一致才能保证组织的正常运转;第四,生态或循环结构的行政组织。在这种行政组织中,组织中的各成员表现为生态学上的食物链关系,组织中的一个部分制约着另一个部分,同时又受组织中其他部分的制约,最终形成一种稳定的相互制约相互依赖的组织结构。

除此之外,有些学者还分析了行政组织保持稳定性的决定因素或条件。马克斯韦伯认为,行政组织的稳定性必须依赖于组织中的权威,当组织中的权威消失时,组织就是解体。在考察人类政治史的基础上,马克斯韦伯提出了维持行政组织稳定的三种主要行政组织类型:第一种是魅力型,韦伯也称为克里斯玛型,是依赖于行政组织中个人英雄式的壮举而获得的政治权威,一般存在于原始社会中;第二种是传统型,是依赖于单一的社会制度,主要是政治权利继承制度而获得的政治权威,主要存在奴隶和封建社会中;第三种是官僚型,韦伯也称之为理性权威的行政组织类型,在这种行政组织中,并不依赖于个人英雄式壮举,也不依赖于政治权力的继承制度,而依赖行政组织制度的理性来获取权威。行政组织制度的理性可能是实质理性的,但更多的是形式理性的。所谓实质理性,是指政治目标的理性,主要是指政治目标在伦理上的正当性或可接受性。所谓形式理性,是指达到预期目标的手段合理性。韦伯认为,现代社会中行政组织的权威,需要借助行政组织所坚持的意识形态的正确性来维持,但是更为重要的是,行政组织运转的制度本身是适合于达成预期目标的。

在现代社会中,行政组织需要达到的最大目标是控制行政权力的行使,行政组织的官僚制或科层制是非常适合于实现这一政治目标的手段或措施,近现代西方国家的法治,与行政组织的官僚制或科层制存在着直接的关联。

二、行政组织与近似概念的关系

在行政组织法的研究中,行政机关和行政主体是两个出现频率非常高的概念,行政组织与两者有一定的联系,但区别也是非常明显的。

(一)行政机关与行政组织

在实行三权分立的西方资本主义国家,行政机关有特定的含义,是指政府的三大分支机构立法、行政与司法机构中的行政机构,行使行政职能,也就是行使执行法律的职能,而立法机构则行使制定法律的职能,司法机构行使适用法律的职能。在中国,行政机关是一个法律术语,经常出现在有关的法律条文中,例如《宪法》第八十五条规定:"中华人民共和国国务院,即中央人民政府,是最高国家权力机关的执行机关,是最高国家行政机关。"《行政诉讼法》第二条规定:"公民、法人或者组织认为行政机关和行政机关工作人员的具体行政行为侵犯其合法权益,有权依照本法向人民法院提起诉讼。"然而,我们似乎难以根据实行三权分立的西方资本主义国家对于行政机关归类来对中国法律条文中的行政机关进行定义。在实行三权分立的西方国家,行政机关没有制定法律的权力,而中国的部分行政机关却有这一职能;在实行三权分立的西方国家,行政机关是唯一行使行政职能,即执行法律职能的机构,而在中国,行使行政职能的机构除了行政机关之外,还有大量的事业单位,也在行使国家的行政职能。因此,那种认为我国行政机关是根据权力机关的决定和依托,依照宪法和有关法律的规定组织起来,依法对国家行政事务进行组织和管理的执行机关就是行政机关的看法是不正确的,认为依照宪法和法律规定行使行政职能的机构就是行政机关的看法也是不正确的,因为这都无法完全涵盖中国行政机关的全部范围。

一般认为,行政机关在中国的法律条文中有特殊的含义,无法直接照搬西方国家对于行政机关的定义。然而,遗憾的是,在任何一部中国法律文本中均无对行政机关的明确定义,这直接导致了理论界对于行政机关定义的诸多争议。但是,如果我们结合中国的实际情况,从设置目的、工作性质和组织形态等方面进行定义,就可以得出一些关于行政机关在中国语境下的特殊判断。

首先,行政机关是由二人以上构成的一种组织体。这一点强调的是行政机关是一个组织体,一个组织体意味着构成组织体的人数在两人以上,构成组织体的成员之间存在着一定的组织分工,履行着组织的不同功能或职能(这些功能或职能被称之为职位),构成组织体的成员之间根据彼此之间的功能或职能的区分相互配合、相互制约,共同完成组织体所需要完成的任务。比如,国务院总理是国务院这一组织体中的一个职位,当选国务院总理的人就是国务院的最高领导,这是由国务院这一组织体对于国务院总理职位的功能设置决定的,但是国务院总理本身并不是行政机关。

其次,设置行政机关的目的在于行使行政职能。一般而言,在一个实行法治的国家中,行政职能主要就是依据宪法和法律的规定对社会事务进行管理的职能,从性质上来说,属于宪法和法律的执行活动,从功能上来说,属于对某些社会事务进行管理,以达到社会和谐有序的状态。这一点是区别立法机关与司法机关的关键所在,立法机关的主要职能在于制定法律,为社会事务的管理确定行为规范体系或标准,司法机关的主要职能在于适用法律,将法律适用于具体的社会纠纷中,并以此来解决社会纠纷。司法职能与行政职能的主要区别在于,司法职能只在社会发生纠纷之后,无论是宪法或法律上的纠纷,还是基于事实认识的纠纷才能启动,而行政职能是主动地实施宪法和法律所要求的事项,无论社会发生纠纷与否(虽然部分行政职能中也包含有解决纠纷的机构,如行政裁决和行政调解等,但是行政职能主要还是以实施宪法和法律为主)。

最后,行政机关是独立行使管理职能、担当一定行政事务,享有一定行政权力,管理行为的法律后果归属于国家的组织。行政机关具有相对的独立性,虽然其事务由通过其内部机构和公务员来完成,但是不能以行政机关的名义来行事,不能对外开展活动,只有行政机关才能代表国家或地方独立进行管理,管理的法律后果自然也由国家来承担,而不由行政内部机构或公务员来承担。为达此目的,行政机关一般由宪法或法律配置一定的行政权力,以对相应的社会事务进行管理,比如治安管理、经济管理和文化管理等,当然还包括行政组织内部管理、协作、参谋和咨询等事务的管理。行政机关的这个特征明确地将行政机构与公务员区别开来,行政机构是行政机关的内部机构,不能独立地对外开展管理活动,只能以行政机关的名义开展活动,而公务员是行政机关行政活动的实行行使人,但是公务员不能以个人的名义对外行使行政管理活动,而只能以行政机关的名义,当然由此产生的法律后果也相应地不需要由行政机构或公务员来承担。

从上述分析来看,行政机关在中国的行政体制中具有特定的含义,特指政府内部具有独立法人资格,行使一定行政职能的组织。相对于行政组织内涵而言,行政机关主要强调组织的独立性和功能性,不注重组织的结构性、目标性和边界性。在行政法学的观念中,行政机关一般被视为享有独立法人资格,能够独立承担相应责任的主体,对于行政机关的目标、结构和行为则不予研究,将这些内容视为行政管理学研究的内容。由此,我们可以发现行政组织与行政机关是两个完全不同的概念,从静态的角度而言,行政组织的范畴远大于行政机关,构成政府的任何机构都可以被视为行政组织,而只有具有法人资格的政府构成部分才有可能被称为行政机关。从动态的角度而言,行政机关的概念并不强调组织的目标、结构和行为,将其视为行政管理的任务,行政组织则是一个兼具人、目标、系统和行动的概念,无论是外延还是内涵,行政组织都远大于行政机关。

(二)行政主体

相对于行政机关而言,行政主体是一个法学理论上的概念,在宪法和行政法的条文中并没有关于行政主体的任何表述,行政主体一般只出现在行政法的理论著述中。就行政主体这一概念而言,中国的行政法理论深受大陆法系的法律关系理论的影响。法律关系理论最早出现了德国,德国的民法学者发展出了具有高度抽象性的法律关系理论,用来描述私法的基本逻辑结构。在法律关系中,一般可以区分为三个部分,即法律主体、法律客体和法律权利与义务。根据法律关系的逻辑结构,德国诞生了世界上最伟大的法典之一《德国民法典》。随后,法律关系这一范畴开始全面向其他法律部门扩展,行政法律体系的构建也深受法律关系范畴或理论的影响。行政主体就是行政法律关系中依法享有国家行政职权,能代表国家进行行政管理并独立参加行政诉讼的组织,具体而言:

首先,行政主体是行政法律关系中享有国家行政职权,代表国家进行行政管理并独立参加行政诉讼的组织,而不是指行政法律关系中的作为行政管理对象或参与者的组织或个人。在行政法律关系中,后者也是行政法律关系中的主体之一,即所谓行政相对人。这就意味着行政主体不等同于行政法主体,行政主体只是行政法主体的一种。行政主体可能在各种行政法律关系中存在,但在各种行政法律关系中,它只是关系的一方主体,与另一方主体或对方主体共同构成相应关系的双方。例如,在行政管理关系中,行政主体与行政相对人构成关系双方主体;在行政法制监督关系中,行政主体与行政法制监督主体构成关系双方主体;在内部行政关系中,与国家公务员等构成关系双方主体。行政主体虽然只是行政法主体的一种,但却是行政法主体中最重要的一种。这是因为行政主体在行政管理法律关系中占有主导地位,而行政管理法律关系在行政法律关系中又占有主导地位,其他行政法律关系大多是因行政管理法律关系的发生、存在而发生和存在的。另外,行政主体几乎出现于所有的行政法律关系中,而行政相对人只可能出现于少数或部分行政法律关系中。比如,行政相对人一般只在行政管理法律关系中作为行政法主体,国家公务员一般只在内部行政法律关系中作为行政法主体。作为研究行政组织的法律,一般情况下也只研究行政主体,而不研究行政相对人,对于行政相对人的研究主要在私法中研究。

其次,行政主体也不等同于行政机关,行政机关只是行政主体中的一种,当然是最重要的一种,除此之外,还存在法律、法规授权的组织,也可以行使行政职权,充当行政主体。行政主体与行政机关的区分是非常重要的。行政主体是行政法律关系一方当事人的总称,在行政管理法律关系中,与行政相对人相对,是行政相对人的对称;在行政法律监督关系中,与行政法制监督主体相对,是监督主体的对称。而行政机关只是行政法律关系具体当事人称谓,与法律、法规授权的组织,以及法律关系对方当事人的公民、法人、其他组织等并列。另外,行政主体是一种行政法学,也即是理论上的概念,是行政法学为研究行政法律关系而对关系参加人进行抽象而创造的概念。行政机关主要是一具体的法律概念,用以指称享有某种法律地位,具有某种权利和义务的法律组织。更为重要的是,行政主体与行政机关是包容关系,前者包含后者。尽管行政主体在行政主体中占有极大的比重,但毕竟行政机关不是行政主体的全部,行政主体除了行政机关之外,还包括法律、法规授权的组织。

就中国行政法而言,从实践中反映出来的情况分析,行政主体的范围大致包括:(1)国务院;(2)国务院组成部门;(3)国务院直属机构;(4)经国务院授权的办事机构;(5)国务院部委管理的国家局;(6)地方各级人民政府;(7)地方各级人民政府的职能部门;(8)经法律法规授权的派出机关和派出机构;(9)经法律法规授权的行政机关内部机构、议事协调机构和临时机构;(10)法律法规授权的其他组织。就上述这些行政主体,可以依据不同的标准进行分类。首先,可以根据行政职权的来源不同,分为职权行政主体和授权行政主体。职权行政主体是依据宪法和法律的规定,在其成立时就具有行政职权并取得行政主体资格的组织。如中央和地方各级人民政府及其工作部门。授权行政主体是因宪法、组织法以外的法律法规的规定而获得行政职权,取得行政主体资格的组织。如行政机关的内部机构,经授权的事业单位等。从严格意义上说,国家的一切权力属于人民,任何组织的行政职权都是由人民授予的。但是,从实践意义上来说,职权行政主体为国家正式的行政机关,属行政组织序列,而授权行政主体或者为行政内部机构或者为行政机关以外的组织,如事业单位等。职权行政主体自成立之日起就取得行政主体资格,而授权行政主体常在成立之后,经法律法规授权才成为行政主体。其次,可以根据管辖范围的不同,分为中央行政主体和地方行政主体。这实际上是对行政权力的一种纵向划分。中央行政主体是指其行使行政职权的范围及于全国的组织。如国务院、国务院各部委等。地方行政主体是指行政职权的范围及于本行政区域的组织。如地方各级人民政府及工作部门等。

行政主体资格是指获得行政主体法律地位,成为独立行使行政职能,享有行政权力,承担相应法律责任的条件。一般情况下,行政主体要获得相应的法律资格必须满足以下条件:(1)行政主体的设立有法律依据,属于国务院行政组织序列;(2)行政主体的成立经有权机关批准;(3)行政主体已被正式对外公告其成立;(4)行政主体已有法定编制和人员;(5)行政主体已有独立的行政经费;(6)行政主体已具备必要的办公条件;(7)行政主体有法律法规的明确授权。只有满足了这些条件的组织,才有可能成为行政主体,行使行政职能,享有行政权力,独立承担行政法律责任。行政主体资格的确认具有重要的意义:首先,对行政主体资格的确认,有助于明确一个组织的法律地位。一个具有行政主体资格的组织才能对外管理,相对人对非行政主体实施的行政行为没有服从的义务。其次,对行政主体资格的确认,有助于确定行政行为的效力。行政行为合法要件之一就是实施行政行为的主体必须是行政主体。第三,对行政主体资格的确认,有助于确认行政诉讼的被告。在法治的国家中,这点尤为重要,因为对行政主体的行为进行监督的最有效的方式之一,就是允许相对人提起行政诉讼,对行政主体的行为进行合法性审查。而冥想的前提之一,就是行政主体必须具备合法的主体地位。

从上述行政主体概念的分析来看,行政组织与行政主体完全不同。行政组织是一种实质性的定义,而行政主体则完全是一种逻辑上的定义。行政主体一般以"法律关系"理论作为定义的基础,认为行政主体是行政法律关系中拥有行政权力的一方主体,是与行政相对人(不拥有行政权力,一般处于服从地位)对应的主体。行政主体概念的界定主要是为了更好地确定与行政相对人之间的权利义务关系,达到权利义务清晰、责权利明确的状态。因此,行政主体完全是一种逻辑上的定义,不对行政主体的目标、结构和行为方式进行研究。与此不同的是,行政组织是一种实质性的定义,行政组织与行政相对人的权利义务关系只是行政组织定义的一部分,除此之外,行政组织的定义还包含组织结构、组织目标和组织行为的内容,不仅研究具有独立法人资格的行政主体,而且也研究不具备法人资格的行政主体的构成机构。在马克思的行政组织理论中,行政组织是实现统治阶级意志的工具,而在新公共服务理念中,行政组织是提供公共品或公共服务的公共性组织。概括而言,行政主体与行政组织的区别在于,行政主体强调政府在逻辑形式上的特征(主要是考察相关组织是否具有法律资格),而行政组织强调政府的在实质上的特征(主要考察相关组织提供公共服务的可能性与正当性)。

三、行政组织法的概念与类型

何谓行政组织法,在学界并没有统一的认识。在大陆法系的国家中,传统的行政法著作通常都设有"行政组织"或"行政组织法"的篇章,专门研究行政机关的性质、地位、职权、职责及组织体系的问题,有的还同时研究公务员制度,包括公务员的性质、地位、任务、公务员的权利、义务和责任等。[①] 而英美法系的行政法著作,通常都不设"行政组织"或"行政组织法"的专篇或章节,

---

① 参见陈新民著:《行政法学总论》,三民书局 1991 年版。

而只是附带地研究行政机构的问题。在他们看来,"行政组织问题属于行政学而不属于行政法学研究的范畴,行政法学的研究对象应当限于行政权力和对行政侵权的救济。"①

我国的行政组织法研究主要受大陆法系国家的研究,甚至主要是日本学者或台湾地区学者的研究。日本学者关于行政组织法的定义为中国许多行政法学者所继受。有日本学者认为,"行政组织法是指关于国家、地主公共团体及其他公共团体等行政主体的组织及构成行政主体的一切人的要素(公务员)和物的要素(公物)的法的总称。"②而我国有学者认为,"行政组织法是关于行政机关和行政工作人员(公务员)的法律规范的总称,是管理管理者的法。"③虽然在表述上存在一些差异,但是其实质内容却是一致的。还有中国学者从法律关系的角度来定义行政组织法,比如有学者认为,"行政组织法是规范和调整行政组织关系的法律规范的总和。"④法律关系的范畴亦是大陆法系中最为核心的一个范畴,大多数法典都以此为逻辑出发点进行体系上的建构,其亦是分析行为人之行为合法与否的重要理论工具。

具体而言,我国行政法研究中关于行政组织法的定义大致可以区分为以下几个部分:第一,行政组织法是规范行政组织过程的法律。行政是国家管理不可缺少的重要组成部分,如何来组织行政,是统一管理还是分散行政,将事务纳入行政管理的范畴,设置哪种类型的行政机关进行管理等,都是组织行政过程中不可回避的问题。另外,对行政的组织是由立法机关控制,还是交由行政机关负责,如何保证行政组织过程中的民主、公正和理性,如何进行行政改革,这些问题都需要从法律上解决,都属于行政组织法的范畴。第二,行政组织法是控制行政组织的法律。这是行政组织法最核心的内容之一,也是当代依法治国中依法行政不可回避的问题。行政组织一旦为有权机关设定,就要受到法律的严格制约。如行政组织的规模不得随意增长,行政组织的结构不得随意改变,行政机关的职能不能随意增减。规范行政组织和规范行政的组织过程同样重要,只不过对行政组织规范具有静态意义,而对行政的组织过程

①　[美]施瓦茨著:《行政法》,徐炳译,群众出版社1986年版,第2页。
②　杨建顺著:《日本行政法通论》,中国法制出版社1998年版,第213页。
③　应松年、朱维究著:《行政法总论》,工人出版社1995年版,第115页。
④　张焕光、胡建淼著:《行政法学原理》,劳动人事出版社1989年版,第151页。

的规范则呈现出动态性。第三,行政组织法是与组织行政和行政组织有关的法律规范的总称。我国对行政组织加以规定的有宪法、法律和法规等。如《国务院组织法》,《地方各级人民代表大会和地方各级人民政府组织法》等。行政组织法不是指单一的法律,而是有关等些法律法规的集合。在行政组织法治比较发达的国家,都有一套完备的行政法规组织体系。目前在我国,行政组织法的体系主要由三大部分构成:一是上述两部法律层面的组织法,二是各单行法律中关于行政权和行政组织的规定,三是其他关于行政组织的规范性文件。相对于行政组织法体系完备的国家而言,我国的行政组织法体系不太完整,许多层面的行政组织规范性文件还停留在政策的层面,而没有进入法律的层面。

就中国行政组织法的体系而言,可以区分为中央行政机关组织法、地方行政机关组织法以及其他行政组织法等三大基本类型。

(一)中央行政机关组织法

根据《宪法》和《国务院组织法》的规定,中央行政机关由国务院、国务院组成部门、国务院直属机构、国务院办事机构以及部委管理的国家局构成。国务院是由国务院总理、副总理、各部部长、各委员会主任、审计长和秘书长构成的组织体。根据《宪法》规定,国务院为中央人民政府,是最高国家权力机关的执行机关,是最高国家行政机关。在行政组织系统中,国务院处于最高地位,能够领导、组织、指挥、协调全国的行政管理工作,能够在内政、外交上代表中国政府活动;国务院组成部门包括各部、委、人民银行和审计署。根据 2003 年全国人大通过的《国务院机构改革方案》,国务院现有外交部等 28 个部、委、行、署。根据其职能不同,划分为宏观调控部门、专业经济管理部门、教育科技文化社会保障资源管理部门和国家政务部门;国务院直属机构是指国务院设立的主办各项专门业务的行政管理部门。根据 2003 年的国务院机构改革的决定,国务院现设有中华人民共和国海关总署等 18 个直属机构和一个直属特设机构,即国有资产监督管理委员会。国务院直属机构在级别上低于国务院组成部门,其负责人也不是国务院的组成人员,一般由国务院自行设置,无须国家权力机关的批准,主管业务相对单一,不具有综合性;国务院办事机构是指国务院设立的协助总理办理专门事项的辅助性机构。根据 2003 年国务院机构改革的决定,国务院设有国务院外事办公室等 7 个办事机构。办事机构的主要职能是协助总理办理具体事务,一般不享有独立对外管理的权力;国务院部委管理的国家局是指国务院设置的主管专门业务,由部委归口管理但又具有相对独立性的行政机关。按照2003年国务院机构改革的决定,国务院设有10个部委管理的国家局。国家局与受其管理的部委之间尚无法律规定。根据国务院有关文件的精神,国家局的业务受所在部委领导,人事、编制和行政事业经费等由国家局自己负责。

中央行政机关在整体上所享有的行政权力,以及中央各行政机关各自享有的行政权力,目前从《国务院组织法》及其他规范性法律文件中还找不到法律依据,也就是说,中央行政权力的配置目前在法律上处于空白状态,在实践中可能由国务院参与协调来配置的行政权力范围及大小。

(二)地方行政机关组织法

根据《宪法》和《地方各级人民代表大会和地方各级人民政府组织法》(以下简称《地方组织法》)的规定,地方行政机关由地方各级人民政府及工作部门组成,此外地方各级人民政府及工作部门还设有大量的派出机关和派出机构。地方各级人民政府划分为省、市、县、乡镇四级。地方各级人民政府是地域性的行政决策和指挥机关,负责本行政区域内行政事务的管理,并领导下级行政机关。地方各级人民政府既要对本级人民代表大会负责,也要对上一级国家行政机关负责。县级以上的地方各级人民政府在本级人民代表大会闭会期间,对本级人民代表大会常务委员会负责。全国地方各级人民政府都是国务院统一领导下的国家行政机关,都服从国务院的领导;地方各级人民政府的工作部门是指根据《地方组织法》的规定,由县级以上地方各级人民政府根据工作需要和精干的原则,设立的职能工作部门。其中省级人民政府工作部门的设置由本级人民政府报国务院批准,其他各级人民政府工作部门的设置,由本级人民政府报请上一级人民政府批准。地方各级人民政府的工作部门既对本级人民政府负责,受本级人民政府的统一领导,也受上级人民政府主管部门的领导或指导;派出机关和派出机构是指一级地方人民政府在本行政区域内设立的派出行政组织。根据《地方组织法》的规定,一般分为三类:一是行政公署,二是区公所,三是街道办事处。目前行政公署和区公所在地方行政机构改革过程中,大多已取消。地方派出行政组织的设置主要是根据工作需要而设立的,职能相对比较单一。

在《地方组织法》的规定中,对于地方各级人民政府及工作部门的行政权力范围,包括与中央行政机关之间的行政权力划分,没有明确的表述;对于地方各级人民政府及工作部门的设置与组建,也缺乏明确的法律支持。中央行政机关与地方行政机关之间的法律关系,还比较模糊。

(三)其他行政组织法

法律、法规授权的组织是指依具体法律、法规授权而行使特定行政职能的非国家行政机关组织。法律、法规授权的组织是非国家行政机关组织,不具有国家机关的地位,它们只有在行使法律、法规所授行政职能时,才享有国家行政权力和承担行政法律责任,在非行使法律、法规授权时,只是一般的民事主体,享有民事权利和承担民事义务。法律、法规授权的组织行使的是特定行政职能,而非一般行政职能,也就是说,它们行使的行政职能仅限于法律、法规明确规定的某项具体职能或某种具体事项,其范围通常比较狭窄,而且极其有限。法律、法规授权的组织其权力来源并非来自于组织法,而是来自于具体法律、法规的授予,此项授权通常有期限限制,或有条件限制,在完成特定的行政事务之后,授权也就结束了。

法律、法规授权组织的作为行政主体,具有重要的意义。首先,这是民主体制下的必然产物。在民主的政体之下,国家的行政职能要体现人民的意志,就不能将行政职能或权力集中在国家行政机关行使,只有将行政职能扩展到全社会,授予某些组织以行政职能或权力,才能够更好地反映民意。其次,这是现代国家社会分工细化的必然要求。在现代国家中,随着社会分工越来越细,国家行政所管理的事项也越来越多,古典时代的有限政府理念已不可能适用现代社会的要求,全权式"行政"国家的出现在现代社会具有必然性。然而,在此等全权式行政国家中,如果将行政权力集中于国家行政机关,势必会增加纳税人的负担,官僚主义横行,权力滥用也很难得到遏制,而将行政权力分散,有利于行政权力的灵活运用,和便于人民群众的监督。最后,在现代社会,将某些行政职能或行政权力授予特定组织行使,从技术上来说,能够更好地实现行政的目的。在现代社会,行政管理的职能所需求的技术性越来越强,而行政机关一般缺乏相应的技术力量,社会中的某些民事机构则致力于某些技术的研发,对这些技术的使用有绝对的话语权,如果将行政权力授予这些组织行使,将更有利于行政管理的过程的技术化和专门化发展。

在中国目前的行政组织法体系中,还没有明确规定被授权组织的条件。根据行政法的基本原则和法理,一般情况下,被授权组织的所需要的条件为:第一,被授权组织应当与所授权行使的行政职能无利害关系。比如法律、法规不能授权参与市场竞争的企事业单位组织管理与市场竞争有关的行政事务;第二,被授权组织应当具备了解和掌握与所行使行政职能有关的法律、法规和有关技术知识的工作人员;第三,被授权组织应当具备所授权行政职能行使所需要的基本设备和条件;第四,对于某些特别行政职能,被授权组织还应当具备某些特别的条件。

从法律、法规授权的实践来看,我国法律、法规授权的组织大体包括以下几类:(1)社会团体。包括工会、共青团、妇联、残联、个协和律协等。比如《工会法》授权工会保障职工合法权益,对企事业单位、机关侵犯职工合法权益的问题可以派出代表进行调查;对职工伤亡事故和其他严重危害职工健康的问题,亦有权参加调查,向有关部门提出处理意见。(2)事业与企业组织。比如,根据《教育法》规定,授权公立学校及其他公立教育机构招收学生或者其他受教育者,对受教育者进行处分,对受教育者颁发学业证书,聘任教师及其他或职工以及对之进行处分等。对于授权企业的,比如《烟草专卖法》规定,授权全国烟草总公司和省级烟草公司行使下达卷烟产量指标的行政职能。(3)基层群众自治性组织。在中国,基层群众自治性组织主要包括村民委员会和居民委员会两类。根据《村民委员会组织法》的规定,授权村民委员会办理本村的公共事务和公益事业,调解民间纠纷,协助维护社会治安,协助乡、民族乡、镇的人民政府开展工作,维护村民合法权益。《城市居民委员会组织法》规定,居民委员会办理本居住地区的公共事务和公益事业,调解民间纠纷,协助维护社会治安,协助人民政府或它的派出机关做好与居民利益有关的公共卫生、计划生育、优抚救济、青少年教育等项工作。

第二节 行政组织法的理论基础

一、行政组织法的功能

所谓功能,是指作为整体之构成部分对于整体所欲实现之目的的促进作用。比如手的功能就是指手作为人体之一部分对于人体所欲实现之维系生存之目的的促进作用。行政组织法的功能是指行政组织法作为行政法体系的一部分对于行政法整体所欲实现之目的促进作用。在中国的行政法体系中,行政法学者一般将行政法分为行政组织法、行政行为法、行政监督和行政救济法四个部分,行政法的根本目的在于维护社会各项事务的安全与稳定。因此,在中国行政组织法的功能主要在于,行政组织法对于实现行政法维护社会各项事务的安全与稳定的促进作用。具体而言包括:

（一）确认行政组织的合法主体地位

行政组织法的首要功能应当是确认行政组织的合法主体地位。行政法的根本目的在于维护社会各项事务的安全与稳定,为达此目的,每一个社会都必然需要一个具有公信力的唯一主体,来对社会各项事务进行管理,为人们的行为提供可以参照的标准。如果一个社会中存在多个不同的主体,并且这些主体都可以就社会各项事务的管理提供权威性意见,那么生活于这个社会中的人们将无所适从,不知道应该遵从哪一个组织的意见或决定,才能够给自己的行为带来稳定的预期。在这种情况下,社会各项事务的安全与稳定必然受到严重的影响,这是人类社会发展至今,经过长期的历史实践所总结出来的必然规律。而几乎所有的人类社会在选择进入政治社会之后,都选择由唯一的统治或治理机构对社会进行治理,也从事实的层面证明这一观点的正确性。行政组织法正是以法律规范的形式,明确宣告何种组织才是这个社会唯一拥有合法地位的,能够对这个社会各项事务进行治理的组织,这种以法律规范形式所传达的宣告,具有外在性,能够为这个社会中的所有人轻而易举的了解,也具有公信力,能够很容易为这个社会中的所有人轻而易举的相信。通过这种法律规范式的宣告,生活在这种社会中的人们,就可以很容易地区分合法社会治理组织与非法组织（比如黑社会）,能够为人们的行为提供稳定的心理预期。

（二）授予行政组织合法的行政权力

权力是一种拘束力,或者是一种能够对人们的行为产生制约作用的影响力。马克斯韦伯认为,人类社会的形成与权力是密不可分的,在一个中心权力没有形成的社会,这个社会的结构或秩序就难以维系。从历史上来考察,人类社会的权力经历了三个过程,人类社会中首先出现的权力是克里斯玛型或魅力型的,是在人类社会的早期,各部落在战争的过程中,由于英雄式的人物的杰出表现而赢得的获得人们普遍服从的权力;其次是传统型或家族式的权力,是在人类社会进入一定阶段之后,人们普遍认为只有某些家族及其后代才有资格对社会进行统治或治理,由这种习惯所确认的权力就是传统型的权力;最后一种是理性型或法治型的,这种权力的来源既不依赖于个人的魅力,也不依赖于社会习惯的确认,而是依赖于理性的法律。在这种社会中,人们首先服从的是理性的法律,然后由理性的法律所确定的社会统治或治理者才享有社会统治或治理的权力。在一个现代的国家中,这种与组织有关的理性法律就是所谓的科层制,由法律设定岗位和职责,法律对每一个任职者都有法定的要求,每一个职位都只对任职者的能力或道德提出要求,并不要求任职者有任何魅力,等等。① 实际上现代社会中的行政组织法都是以马克斯韦伯所言的科层制为基础的,尽管在科层制的形式上存在一些差别。因此,行政组织法的功能之一就是授予行政组织以合法的行政权力,这种授予以法律规范来表达,使人们能够很容易地发现谁享有这个社会中合法的治理权力,能够为人们服从行政组织的权力治理提供心理学基础。

(三)规定行政组织所应当遵循的基本价值

人类社会的每一个特定阶段对于行政组织都有一些基本的价值要求,因为行政组织既然是社会中唯一合法的社会治理组织,唯一的享有合法权力的社会治理组织,如果行政组织本身不遵循一定的价值,那么行政组织实现行政法之维护社会安全与稳定的目的就不可能实现,因为行政组织可能会被这个社会的人们所抛弃。有学者认为,现代社会中行政组织所应当遵循的基本价值为民主、理性和公正。这意味着行政组织法应当保障公民对行政组织过程的直接参与,行政组织过程应当体现民意的要求;行政组织的建构应当是理性的,组织的类型、组织的享有的权力、行政组织规模的大小等问题都应当通过反复的调查、研究、论证;行政组织的建构应当是公正的,因为行政组织不同一起其他民间组织,它具有公共性,行政组织的建构与运行的结果与每一个都息息相关,行政组织建构与运行的不公正将会对人们的服从产生重要的影响。②

---

① 参见福克思著:《政治社会学》,华夏出版社 2008 年版。
② 参见应松年主编:《行政法与行政诉讼法学》,法律出版社 2009 年版。

二、行政组织法的体系

行政组织法的体系是指根据一定的标准,对行政组织法进行分类整理所形成的行政组织法整体。根据标准的不同,行政组织法可以区分不同的体系,每一种行政法体系都遵循着特定的分类逻辑。最常见的一种行政组织法体系是将行政组织法分为行政机关组织法、公务员法和公物法三个部分。其中,行政机关组织法是规范行政组织本身的法律,一般规定行政组织的职责、职能、权力和程序等事项,相当于科层制中对于岗位职责的设定;公务员法是规范行政组织中人的因素的法律,行政机关组织法虽然规定的岗位职能及其他相关事项,然而行政组织中的任何行政行为最终还得依靠具体的人的行为来实施,对于人的选任与管理对于行政机关组织最终目标的达成是非常重要的;公物法是规范行政组织中物的因素的法律,公物不同于私物,私物可以遵循物权法的规定,以自由处分为基本原则,而公物乃全社会共有之物,其占有、使用、收益和处分必不能如同私物一般,直接由某个或某些公务员以自由意志来决定,其必定须遵守一定的法则,这些法则体现了民主和公正的基本要求。① 这种分类体系明显地受到了大陆法系国家的影响,而且是受到了这些国家民法典编写结构的影响。在罗马法的传统中,法律可以典型地区分为人法和物法。行政组织法对于这种分类标准的继受,就大陆法系的国家而言,当然具有一定的合理性,因为在这些国家中拥有认同此种分类标准的悠久传统。

但是,在中国也有学者纯粹从组织的角度对行政组织法进行分类,构建行政组织法体系。他们认为,这样一种体系应当包括以下四个层次:第一层次是制定《行政组织基本法》。该法规定行政组织法的基本原则、行政组织形态、行政主体制度、地方法律分权、行政组织程序、违反行政组织法的责任等问题;第二层次包括三个部分,第一个部分是制定《国务院组织法》和《中央行政机关设置标准法》,第二个部分是制定《地方行政组织基本法》,规定地方的基本问题,第三个部分是制定《其他公务组织法》对其他公务组织涉及的共同问题作出原则规定;第三层次是在上述三类法律之下,进一步作具体性立法,以落实三类法律的原则性规定;第四层次是在第三层次的基础上,由国务院以及地方根据具体情况作进一步的规定,如国务院可制定各行政机关设置法规,省市

---

① 参见应松年主编:《行政法与行政诉讼法学》,法律出版社 2009 年版。

等地方各级可根据法律制定地方性组织法规。① 这种分类体系考虑了中国政治实践的实际情况，采取了从抽象到具体的纵向立法体制，可以大致确保中国的行政组织法体系在逻辑上的完整性。从结构上来说，这也符合中国政治权力运行的实际格局，中央享有最高的政治权力，地方与中央之间形成典型的科层关系，整个政治权力的格局表现为以某一点为中心的发散形态。

三、行政组织法的基本原则

行政组织法的基本原则也就是行政组织法的基本精神，在一个国家中，法律的基本精神一般也就是指一个国家对于法律的意识形态，即统治阶级对于国家机器运行的体系化的观念。中国行政组织法的基本原则可以概括如下。

（一）人民主权的原则

人民主权的原则源自中国宪法的规定。《宪法》规定，中华人民共和国的国体为人民民主专政，政体为人民代表大会制。国家的一切权力来自于人民，人民有权创造和选择基本的行政组织形式，有权根据自身的需要设定行政权，也有权决定设置哪些行政机关。非经人民的同意行政机关不得自行设置，非经人民的授权行政机关不得自行享有职权。人民的意志通过国家权力机关以立法的形式体现，在这种意义上，人民主权的原则对于行政组织的指导作用在于，行政组织的任何内容，都应当由人民代表大会及其常务委员会制定或通过的法律来创造或允许，任何个人或其他组织都没有自由任意决定的可能性。这一原则也决定了社会主义国家的行政组织与阶级社会的行政组织的实质性区别，在有阶级的社会中，统治阶级根据自身的意志就可以决定行政组织的任何内容，并不需要经过人民的同意或许可。

（二）党的领导原则

党的领导原则也可以从中国《宪法》的"序言"中找到依据。在中国《宪法》"序言"中，以中国一百多年来革命的实践历程证明，没有共产党就没有新中国，只有中国共产党的坚强领导，才能引导中华民族走向独立、富强和繁荣。党的领导是行政组织的根本保证，离开了党的领导，行政组织就会迷失方向，就会失去社会主义性质，这是中国行政组织建设的根本经验。党对行政组织

---

① 参见应松年主编：《行政法与行政诉讼法学》，法律出版社 2009 年版。

的领导,主要体现在指导思想,也就是在路线方针和政策上的领导。中国共产党通过制定路线方针和政策,引导中国行政组织按照党确定的目标方向发展,这就要求在行政组织建构和运行的过程中,要始终坚定不移地贯彻党的路线方针和政策,把人民主权原则与党的领导原则紧密结合起来,将人民的意志和党的意志紧密统一起来,在党的领导下不断开创中国特色的行政组织法创建与实践的新局面。

(三)法治原则

法治是人类共同的价值追求。从字面意义上来说,法治就是法律之治,即通过法律来治理国家。在法治的状态下,所有公民与社会组织皆依法行事,公民个人享有宪法和法律保障的广泛权利,同时也负有相应的法律义务;立法、司法、行政等权力部门都在法律框架内有序运行,依法律产生,受法律约束,对法律负责,国家的权力与公民的权利都通过法律得到合理配置。是人类迄今为止探索出来的治理国家的最合理模式。实施法治是社会文明进步的重要标志,是人类社会的共同价值追求。法治一词,在西方为"rule of law"或"legality"。古代思想家亚里士多德首先提出了法治的观念,认为法治包含两层含义:一是已经制定的法律获得了人们普遍的服从;二是人们所服从的法律又应该是制定得良好的法律。实际上,这个定义描述了法治的外在形式与内在含义的两个明显特征,作为法治的外在形式,表现为人们普遍地服从法律,作为法治的内在形式,人们服从的法律必须良好,不是恶法,不是落后、残酷的法律。行政组织法作为行政法体系中的重要法律,也应当受法治原则的指导。行政组织法贯彻法治原则的具体表现为,行政组织的创设、职能的配置、职权的授予以及行政组织的规模等所有与行政组织运行有关的内容,都应当由法律明确规定,而不应当由任何个人或其他组织任意决定。不仅如此,决定行政组织创设与运行的法律还必须是制定得非常良好的法律,此种法律必须能够很好地实现行政法的整体目标,必须能够服务于法治社会的社会治理大局,同时也能够获得人们的普遍赞同。

(四)分权原则

分权原则是现代行政组织法中的一个非常重要的原则,其理论依据主要包含两个方面。其一是,行政组织之间实行分权,可以更好地控制行政组织的行政权力,防止行政组织滥用行政权力。这是控权的分权模式,在西方国家尤其是美国最为流行,在这些国家的意识形态中,行政组织分权的唯一目的就在于如何通过设置不同行政组织权力之间的相互制约,来达到控制行政组织的行政权力不滥用的最终目的;其二是,行政组织之间实行分权,可以更好地实现行政组织创设的目的。行政组织创设的主要目的在于对社会进行治理,维护社会秩序,保证社会安全,维持社会稳定,保证社会和谐稳定有序的发展,人民安享社会发展的成果。社会发展的基本规律是,社会发展的速度与社会分工的细化呈现出正相关的关系,社会发展越好越快,社会分工就越细越专业。与之相关的是行政组织也应当适应社会发展的需要,以行政组织的分工来应对社会分工细化和专业化的发展需要。无论采取何种理论作为行政分权的指导性原则,分权原则都是现代社会行政组织中的一个核心原则,世界各国基本上都有相应的行政组织分权模式,虽然在分权的具体方式上存在区别。有些国家采用的是联邦制的分权形式,如美国和德国等;有些国家采用地方自治的分权形式,如联邦制的美国、德国和英国等;目前中国采用的是权力下放的分权形式,由中央行政机关下放一部分行政权力于地方,由地方实施行政管理事务。

(五)效率原则

效率原则可以从两个角度来进行描述。其一是从成本收益的角度来描述,如果在相同的成本条件下,能够产生较大的收益,或者在相同的收益条件下,能够以成本较小的方式实现,那么这种行动方式的选择就是有效率的。对于行政组织法而言,如果一种行政组织的结构或行为方式,相对于另一种行政组织的结构或行为方式,能够达到更好的社会效果,且消耗更少的社会资源,那么这种行政组织的结构或行为方式就是有效率的。其二是从机会成本与收益的角度来描述的。由于时间是不可逆的,在一段时间内做一件事情,就意味着不可能同时做另一件事情,在一段时间内所做事情的收益,由于可以选择另外一件事情可能带来更大的收益,所以就必须送去这种收益,才可以算作是这段时间内所做事情的真实收益。这种因为不可能在同时做不同事情,而必须放弃的收益就是所谓机会成本,如果一个人的选择总是表现为机会成本巨大,那么可以说这个人的人生是无效率的,甚至可以说是失败的。对于行政组织法而言,就是选择了一种行政组织的结构或行为方式,而没有选择另一种行政组织结构或行为方式而必须付出的成本,如果一个国家的行政组织结构或行为方式的机会成本总是巨大的,那么可以说这个国家的行政组织法是效率的。效率原则对于行政组织法意义重大,这不仅是因为人类社会的资源是有限的,人类没有挥霍的本钱,更在于行政组织是一个公共性组织,其使用的资源来源于社会,也就是来源于全体社会成员,如果行政组织本身没有效率,这实际上是在浪费全体社会成员的财富或资源,而使用这些资源或财富的行政组织却是这个社会中的极少数,这涉及严重的政治伦理问题。

第三节　中国行政组织法现状与完善

一、中国行政组织法存在的问题

(一)行政组织的行政权力配置不清晰

行政组织所享有的行政权力是行政组织履行行政职责,实施相应社会事务治理的前提条件。只有明确了行政组织能够对哪些社会事务进行治理,能够采取何种方式来治理,以及明确与其他行政组织对于相关社会事务治理的关系,行政组织才能够对相应的社会事务进行治理,才能够实现设置行政组织的最终目的。中国的行政组织,基本上可以区分为中央与地方行政组织,无论是中央还是地方行政组织,都由若干行政工作部门构成。因此,中国行政组织的行政权力配置问题基本上分为三个方面,一是从整体而言,行政组织所享有行政权力的配置;二是中央行政组织与地方行政组织之间的行政权力配置;三是行政工作部门之间的行政权力配置问题。

第一,关于行政组织从整体上所享有的行政权力,实际上是指作为政权组织之一的行政分支与立法与司法或其他分支之间的政权配置问题。根据中国《宪法》第八十九条规定,国务院享有下列职权:"(一)根据宪法和法律,规定行政措施,制定行政法规,发布决定和命令;(二)向全国人民代表大会或者全国人民代表大会常务委员会提出议案;(三)规定各部和各委员会的任务和职责,统一领导各部和各委员会的工作,并且领导不属于各部和各委员会的全国性的行政工作;(四)统一领导全国地方各级国家行政机关的工作,规定中央和省、自治区、直辖市的国家行政机关的职权的具体划分;(五)编制和执行国民经济和社会发展计划和国家预算;(六)领导和管理经济工作和城乡建设;(七)领导和管理教育、科学、文化、卫生、体育和计划生育工作;(八)领导和管理民政、公安、司法行政和监察等工;(九)管理对外事务,同外国缔结条约和协定;(十)领导和管理国防建设事业;(十一)领导和管理民族事务,保障少数民族的平等权利和民族自治地方的自治权利;(十二)保护华侨的正当的权利和利益,保护归侨和侨眷的合法的权利和利益;(十三)改变或者撤销各部、各委员会发布的不适当的命令、指示和规章;(十四)改变或者撤销地方各级国家行政机关的不适当的决定和命令;(十五)批准省、自治区、直辖市的区域划分,批准自治州、县、自治县、市的建置和区域划分;(十六)依照法律规定决定省、自治区、直辖市的范围内部分地区进入紧急状态;(十七)审定行政机构的编制,依照法律规定任免、培训、考核和奖惩行政人员;(十八)全国人民代表大会和全国人民代表大会常务委员会授予的其他职权。"

概括而言,国务院享有立法权,只是立法的层级低于全国人大及常委会,其制定的法律的名称为"行政法规"。实践中,对于全国人大及常委会没有制定法律的,国务院可以接受委托或授权先行制定行政法规。但是,对于在何种情况下委托或授权,以及在何种情况下撤销委托或授权,宪法没有明确的规定,国务院组织法也没有明确的规定。这种立法现状在实践中导致的问题是,国务院制定的许多行政法规并没有宪法或法律上的依据,但是却能够长期有效的存在,这在某种意义上说,实际上是国务院对全国人大及常委会立法权力的一种侵犯。国务院对于各项社会事务享有行政治理的权力,《宪法》第八十九条详细列举了国务院可以行使行政治理权力的各项社会事务,内容无所不包。对于民事主体能够自治处理的事务,《宪法》第八十九条并没有涉及,这种法律设计存在着一个潜在的风险,即国务院可能会充当一个全权性的社会治理机构,没有为民事主体的自治留下任何活动的空间,也就是说,在行政权力的公共治理与民事主体的自我治理之间没有划分明确的界线。

第二,关于中央行政组织与地方行政组织的之间的行政权力配置,实际上就是指中央行政组织与地方行政组织之间的分权问题,也就是中央行政组织与地方行政组织对于各项社会事务的管辖问题。根据《宪法》第八十九条第(四)项的规定,这个问题由国务院决定,也就是说,在这个问题上,并不需要宪法或法律的明确规定,也无须报请全国人大或常委会的同意,而直接由国务院决定。至于国务院基于何种理由来分配中央与地方的行政权力,宪法或法律没有任何明确的要求。根据《地方组织法》第五十四条的规定,地主各级人民政府也即是地方行政组织,除不享有立法权、提案权、国防和外事权之外,享有与中央行政组织即国务院相同的行政权力,在立法的语言表述上,地方各级行政组织所享有的职权与中央行政组织一样,也是采取按职能区分的方式来表述的。除此之外,地方行政组织还有一项中央行政组织不享有的职能,也就是"办理上级行政机关交办的其他事项"。从这个意义上来说,在中国的行政组织行政权力的分配上,中央与地方行政组织几乎不存在分权的情形,除非某些社会事务治理不适宜由地方行政组织来办理,比如行政立法、提案、国防和外事等。唯一的例外可能在于中央与地方对于征税权力的配置上。根据《国务院关于分税制财政管理体制的规定》,征税权力分为国税与地税两种,分别由中央行政组织和地方各级行政组织享有,与之相应的一些财政经费的支出也分别由中央和地方分别负责,做到财权与事权的统一。根据这一规定,中央财政承担以下费用:国防费、武警经费、外交和援外支出、中央级行政管理费、中央统管的基本建设投资、中央直属企业的技术改造和新产品试制费、地质勘探费、由中央财政安排的支农支出、由中央负担的国内外债务和还本付息支出以及中央本级负担的公检法支出和文化、教育、卫生、科学等各项事业经费支出。然而,即使如此,地方行政组织的权力还不享有最终的决定权,根据规定,最终的决定权还是在于国务院,也就是说国务院可以最终决定地方各级行政组织对于各种行政费的收支。

第三,关于行政工作部门之间的行政权力配置问题,是指作为政府的国务院或地方人民政府,也国务院各地方政府的各工作部门之间行政权力的分配问题,各工作部门之间的行政权力的分配问题,以及上下级行政工作部门之间的行政权力分配问题。根据《国务院组织法》和《国务院机构改革方案》的规定,作为国务院组成部门的行政工作部门的设置与调整由全国人大审议批准,国务院其他机构的设置与调整由国务院决定。在上述两部法律文件中,只是说明了行政工作部门的设置及理由,对于各行政工作部门具体享有的行政权力,以及与其他行政工作部门之行政权力的界线,却没有任何的规定。如果要发现上述行政工作部门行政权力的来源,则必须从具体的单行法律或法规中去寻找。比如,公安部的行政权力来源来自于《刑事诉讼法》,教育部的行政权力来自于《教育法》,等等诸如此类。值得注意的是,上述法律不仅是授予行政权力的法律,同时也是作为行政相对人行政义务来源的法律,也就是上述法律不是专门的授予相应职权的法律,而是具有综合性的法律。考虑到上述法律并没有具体明确到国务院的哪个行政工作部门享有行政权力,而是使用了"相关部门"或"有关部门"的表述,在实践中经常出现的问题是,到底哪个部门享有该行政权力其实并不十分明确。再考虑到中国的行政层级可以区分为中央、省、市、县和乡镇五级,具体执行法律行政工作部门可能处于非常基层的位置,如市县和乡镇等,对于上下级行政工作部门之间如何分配特定事项之内行政权力也是一个未明确的问题。另外,国务院本身的组成中,包括总理、副总理、国务委员、各部和委员会主任、办公厅、特设机构、直属机构和其他机构,这些机构的设置与调整由国务院自己决定,并未形成相应的法律文件,人们无法从规范性文件中了解国务院设置这些机构的理由,也可能无法清晰地知道这些机构所应当和实际享有的行政权力。

(二)行政组织的管理体制具有任意性

所谓行政组织的管理体制是指行政组织之间对于社会各项事务的治理的分工体系化模式或方式。一般情况下包含两个问题:一是对于社会各项事务的分类管理,即确定哪些社会事务归哪个行政工作部门管理的问题,理论上一般使用"事权"划分来表述;二是对于社会各项事务的地域管理,即确定在哪些地域范围之内社会事务归哪个行政工作部门管理的问题,理论上一般使用"地域管辖权"的划分来表述。根据这种理论上的区分,我们可以分析其他国家的行政管理体制,然后就可看出中国行政管理体制存在的任意性问题。

在美国的行政管理体制中,联邦政府也就是美国中央行政组织,在"事权"上与州政府也美国地方行政组织存在着明显的区分,归属于联邦政府管理的社会事务,州政府无权过问和管理,反之归属于州政府管理的社会事务,联邦政府无权过问和管理,在社会事务分类管理的基础上,州政府与联邦政府之间并不存在领导与被领导的关系,联邦政府只能通过司法途径或其他特别调查措施对州政府实行监督,这种监督是双向的,也就是说州政府也可以通过司法途径监督联邦政府的越权行为。在地域管辖上,只要是由联邦政府管理的社会事务,联邦政府一般在州政府所在地设立相应的分支机构进行管理,不借助于州政府的协助。在政府运行的经费分配上,也与"事权"的分配完全一致,法律确定由哪一级政府管理的社会事务,相应的经费也就由这级政府支付。比如,美国的联邦调查局(FBI),主要管辖跨州的犯罪或危害国家安全的犯罪,在全美各地都设有分支机构。而美国各州的警察局则管辖各州刑法所规定的犯罪类型,与 FBI 之间并不存在领导与被领导的关系,而是各自管理各自职权范围之内的事项,互不越权。

在德国的行政管理体系中,联邦政府也就是德国中央行政组织,在"事权"上与美国存在着显著的差异,基本可以分为两类:一类是专属于联邦政府管理的社会事务,州政府无权过问,如外交与国防事务;另一类是联邦政府与州政府都有权管理的社会事务,但是在职能上存在着显著的区分,联邦政府主要负责法律与政策的制定,而州政府则负责法律与政策的执行。虽然在有些社会事务中,联邦政府也负责执行工作,或委托地方行政组织执行,但是联邦与地方政府之间基本的区别在于决策职能与执行职能的有效区分上。在"地域管辖"上,中央行政组织与地方行政组织不存在有效地区分,两者都有权进行管理,但是参与管理的方式有所不同,一个侧重于决策,另一个侧重于执行。

中国目前实行的行政管理体制,无论在"事权"区分上,还是在"地域管辖"上都没有清晰地区分,行政管理体制很大程度上并没有很大的稳定性,上级行政组织或领导的任意决定都有可能改变相应的行政管理体制。因为,我国在法律上予以明确的是所谓双重领导体制。我国中央对地方的双重领导体制形成于新中国成立初期。1954 年制定的《地方组织法》第四十条就已明确规定:"省、直辖市人民委员会的各工作部门受人民委员会的统一领导,并且受国务院主管部门的领导。"1979 年制定的《地方组织法》继续肯定了该制度。该法第四十条规定:"省、自治区、直辖市的人民政府的各工作部门受人民政府统一领导,并且受国务院主管部门的领导或者业务指导。"其中,地方政府的领导主要是在机关设置、人事管理、经费使用和管理行为的控制方面;而国务院主管部门的领导则主要体现在政策上的领导,以及项目批准和管理上,但对地方行政机关没有直接的控制权。在"事权"的划分上,中央行政组织有管辖权,地方行政组织也有管辖权,并且中央与地方的管辖权在功能上的区分并不太明显,除了国务院的工作部门主要是作为决策组织出现外,其他地方行政组织的上下级之间似乎并没有明确的功能区分,都包含有决策和执行的工作职能。而在"地域管辖"上,则更没有明确的区分,地方行政组织可以管理的社会事务,上级或中央行政组织也有权管理。至于中央与地方,或上级与下级在社会事务管辖上的区分,很大程度上则取决于中央或上级行政组织的随意决定。

（三）行政组织的结构不合理

行政组织的结构是指行政组织由哪些具体类型的行政组织构成、行政组织设置的层级层次以及管理幅度的大小问题。在行政组织的结构中，设置何种类型的具体行政组织，一般有明确的理论依据，目前世界上各国主要依据的是行政职能的划分，将行政职能划分为决策、执行、监督和咨询四种，行政组织类型的设立上也相应地设置为决策组织、执行组织、监督组织和咨询组织。行政组织的层级与管理幅度，一般以管理效率为基本原则，以实现有效管理为根本目标。

我国目前采用的国务院组成部门、直属机构、办事机构的分类标准是否科学，值得探讨。按照《国务院行政机构设置和编制管理条理》的规定，国务院组成部门履行国务院基本的行政管理职能；国务院直属机构主管国务院的某项专门业务，具有独立的行政管理职能；国务院办事机构协助国务院总理办理专门事项，不具有独立的行政管理职能。国务院部委管理的国家局主管特定业务；国务院议事协调机构承担国务院行政机构的重要业务工作的组织协调任务。遗憾的是学术界对这种分类很少讨论。为什么一些行政机关被设置成国务院的组成部门，而另一些被设置成直属机关或办事机关，国务院组成部门、直属机关和办事机关在法律地位上有何区别，受国务院的控制程度有何不同，这些问题都缺乏深入研究。我国中央行政组织在组织层次和管理幅度上存在以下问题：第一，组织层次过多。中央行政组织的组织层次为：总理—副总理—部长—副部长—局长—处长—科员等。和国外相比，我国中央行政组织的层次多两个：一是副总理，二是副部长。他们处在总理和部长之间，或部长与司局长之间，分管某一方面或几方面的工作。组织层次过多，与我国的副职制度有关。在西方国家，副职的设置多是虚职，主要辅助正职负责人的工作，而不是一个组织层次。只有当正职负责人缺位时，副职代理正职工作，才真正发挥作用。如日本的次官制度。日本的次官分政务次官和事务次官，政务次官负责执行带有政治性的任务，其主要职责是协助大臣处理一般政务，参与制定政策和实施计划。在大臣出访或不在时，代理大臣职务。而事务次官则由一般职的公务员充任，辅助大臣处理省内的事务，监督一些所属部局和机关的工作。与西方国家相反，我国的副职多为实职，而且人数较多。由于副职的产生不完全基于正职领导人的意愿,并且大部分行政事务由多个副职分管,因而在一定情况下,副职的存在成为正职管理的牵制力量,在协助的同时,又常常妨碍正职领导人的工作,从而导致内耗和行政效率的降低。

(四)行政组织的规模过大,效率低下

行政组织的规模是指设立行政组织的数量的多少,以及相应的所需要的公务员数量的多少的问题。行政组织的规模是一个决定行政效率的至关重要的问题,规模过大,则机构林立,人浮于事,规模过小,则难以实现有效管理。

新中国成立后进行的 8 次大的机构改革,其主要目的之一就是为了裁减机构和精简人员。中央行政组织规模一再失控的主要原因是缺乏有效的控制手段。从国外的情况看,控制政府规模的手段有两种:第一种是立法控制。即通过立法来设置行政机关和限制公务员的定员。在这方面比较成功的是日本。在日本,无论是中央行政组织中的府、省、厅、委员会的设置,还是地方垂直分支机关的设置都要通过立法进行。另外,国家行政组织的总定员由法律规定,各行政机关的定员由法令规定,任何人不得突破。由于法律具有刚性约束的特点,因此对控制政府的规模起到了很好的作用。第二种是预算控制。即通过控制行政机关的行政经费来控制行政机关的人员总额。如在美国,专设总统办事机构行政和预算管理局,负责确定各联邦政府部门和政府机构的活动经费预算,报国会批准。这样,每个机构的活动经费基本上是固定的,人员编制与人均占有的活动经费成反比,人员庞杂则必然导致经费短缺,效率低下。

在我国,对政府规模的控制主要通过行政手段进行。无论是行政机关的设置,还是行政机关的人员定额主要由政府决定,唯一的例外是国务院组成部门的设置要经过国家权力机关批准。如果行政需要扩编,则需要征得编制管理部门的同意。和国外的情况不同,我国的中央政府规模既缺乏法律控制,也缺乏预算制约。相反,我国的行政经费从属于人员定额。各行政机关的行政经费与人员定额成正比,致使各部门争相扩大其机构、人员规模,机构、人员的恶性增长得不到有效控制。我国自 1998 年以来,中央行政组织进行了大规模的改革,其中,合并了许多行政机关,中央行政机关的内部司局减少 25%,人员裁减 47.5%,但从目前中央行政组织的设置实际情况来看,中央行政机关的数量仍然过大。国务院除办公厅外,设有 29 个部、委,17 个直属机构,6 个办事机构,10 个部、委归口管理的国家局以及 20 个议事协调机构。行政机关设置过多,必然导致职能分散,需要花费大量的时间、精力在各部门之间进行协调,而且极易导致职能交叉,相互扯皮,影响行政效率。从国外的经验和管理的合理性角度看,国务院直接领导的行政机关宜在 20 个以内。此外,可设置一些有相对独立性的归口管理机关,负责大宗事务及特定事务的管理。2008 年又启动了大部制的改革,进一步调整或缩减了国务院工作部门的规模,调整了部分工作部门的工作内容,收到了一定的效果,其长期效果还有待观察。

(五)行政组织法的理论基础薄弱

相对于上述行政组织法在规范上所表现出来的问题而言,我国行政组织法的理论基础存在的问题更大。

在中国的行政法学中,对于行政组织法的研究一般以所谓行政主体为题进行研究,讨论行政主体的概念、范围、职责和职权等问题。而对这些问题的讨论又局限于从中国现有的行政法律体系中寻找实在法依据,而不讨论现有行政法律体系中对于行政主体规定是否合理,以及现有行政主体方面的法律规定的理论是什么。可以这样说,中国现有的行政组织法的理论研究主要是一种逻辑上的研究,或者是一种教义学上的研究。从逻辑上来说,一般以法律关系为核心范畴,讨论法律主体在法律逻辑上的基本问题,如主体的权力资格与行为资格、主体的行为能力以及委托或授权等问题;而从教义学上来说,一般以现有法律规范为基础,对这些法律规范进行字义上的解读,从而得出中国行政组织法的一般判断。

在中国还存在有另一种研究行政组织法理论基础的倾向,那就是以政治哲学或意识形态观念为基础来研究中国行政组织法的理论基础。"实事求是"和"实践是检验真理的唯一标准"是中国政治意识形态中对待理论的基本态度,而"为人民服务"则是中国政治意识形态中对于行政组织提出的根本伦理要求。从这两个前提出发,很多学者讨论了中国行政组织法的理论基础,认为中国行政组织法的理论基础应当建立在实践的基础之上,不应当从形而上学的体系中推导出适用中国的行政组织法模式,而应当在实践中发现、检验并最终找到最佳的行政组织法模式。而中国行政组织的根本使命在于"为人民服务",一切权力行使的最终归属都应当是为了人民过上更好地生活。应当说,以此作为行政组织法的理论依据,是有积极价值的,至少为行政组织法的发展提供了前进的方向。但是,这种理论最大的问题在于,它是以一种宏大叙事的方式来表述的,缺乏对于行政组织细节的论证,由此带来的问题也就是它可能极度缺乏可操作性,对于现实的行政组织改革及立法都不具有实际的指导意义。在行政组织法实践的过程中,这种理论的典型表现是,行政组织的改革与发展表现非常盲目,稳定性和可预期性都相当的差,人们并不能确切地知道,行政组织的发展将来可能朝向何方。

实际上,行政组织法的理论基础问题,应当与行政组织的合理性问题紧密相关,国内一些学者将行政组织的合理性问题视为行政管理或行政学上的问题,而将行政组织法的理论基础视为行政法学的问题,人为地割裂两者之间的联系,才导致了中国行政组织法目前在理论基础上薄弱的现状。目前看来,一条有效地解决问题的途径是,将行政或公共管理学上的行政组织的合理性与行政法学中的行政主体的规范性问题结合起来,才有可能为中国的行政组织法奠定良好的理论基础。

二、新公共服务观念下的行政组织

从公共管理学的角度来说,"组织是人类活动协调、合作的形式,其目的在于克服人类个体体能和智能的限制,达成某些群体的共同目标。从历史发展来看,组织产生的最初原因,乃是基于人类生存的需要。随着人类社会的发展,组织已成单纯的生存功能,转变为复杂多元的政治、经济、社会和文化等功能。……公共组织,从广义上而言,凡是不以营利为目的,而是服务于大众,提高公共利益为宗旨的组织。从狭义上来看,乃是行使行政权,达成公共目的组织。"①从这个意义上来说,行政组织虽然不等同于公共组织,但是其是最主要的公共组织。人类自进入政治社会以来,经历了奴隶制、封建制、资本主义和社会主义等几大社会类型,在每一个社会类型中,行政组织不仅是不可缺少的,而且也是政治生活中最核心的问题之一。自人类社会进入资本主义社会之后,自由、民主和法治等观念的出现,直接导致了到目前为止人类社会治理过程中最为理性的行政组织模式,即传统公共行政范式下的行政组织,也即是

---

① 张成福、党秀云著:《公共管理学》,中国人民大学出版社 2001 年版,第 130 页。

韦伯所言的"官僚制"。在当代社会中,随着社会的快速发展,"官僚制"面临的挑战越来越大,遭遇的问题也越来越多,在这种情况下,一种以新的理念为基础的行政组织范式出现了,即公共服务观念下行政组织。本书将在此部分讨论两大范式下的行政组织理论,并以此检讨中国行政组织存在的问题,并对此进行理论上的评价。

(一)传统公共行政范式下的行政组织

传统公共行政范式一般具有以下三个特征:第一个特征是采用了政治与行政的二分法。政治过程决定的是法律或政策的内容,不同的政治体制和不同的政治意识形态观念下,由政治过程所决定的法律或政策内容必定是不同的。在这种范式看来,政治过程充满了意识形态和价值判断,没有任何科学性可言。行政则是完全不同于政治的过程,行政主要是对法律或政策的执行,也就是将由政治过程决定的法律或政策的内容落到实处,这一过程唯一需要注重的是效率,也即是以最小有成本收到法律或政策落实的最大效果,在这个意义上,这不是一个政治的问题,也不是一个意思形态的问题,而是一个管理科学的问题,是有可以通过合理设置行政组织的结构来实现的。不仅如此,行政过程还应当尽力避免受政治过程的不正当影响,努力保持其执行法律或政策的中立性和科学性。

第二个特征是行政组织普遍采用了韦伯所言的"官僚制"或"科层制"。一般具有以下特征:(1)合理的分工:明确划分每一个组织成员的职责权限并以法规的形式严格固定这种分工是官僚制的重要特征之一。韦伯认为,组织根据分工要求规定每一职位均有特定权责范围,这样不仅有利于组织成员通过训练掌握专门技能,更有利于提高组织的工作效率。(2)层级节制的权力体系:官僚制组织是一个等级实体,具有等级与权力一致的特征,其中,将各种公职或职位按权力等级组织起来,形成一个指挥统一的指挥链条,沿着自上而下的等级制,由最高层级的组织指挥控制下一层级的组织直至最基层的组织,于是便形成了官僚制组织中层级节制的权力体系。在韦伯看来,这种层级节制的权力体系可以使组织中的每个成员都能够确切知道从何处取得命令以及把命令传达给何人,它有助于克服组织管理中的混乱现象,提高组织的工作效率。(3)依照规程办事的运作机制:在官僚制组织中,管理工作不是随心所欲地进行的,官僚制组织通常要制定一整套规则和程序来规范组织及其成员的管理行为,以保证整个组织管理工作的一致性和明确性。韦伯认为,这些规则和程序是根据合理合法的原则制定的,它们具有稳定性,可以保证官僚制组织的合理性、合法性、稳定性和连续性。(4)形式正规的决策文书:在官僚制组织中,一切重要决定和命令都应当形成正式文件下达,并且要记录在案,用毕归档,为此,官僚制组织要设立一个妥善保管一切记录和文件的"档案馆"。韦伯认为,官僚制组织的这一特征使得组织独立于个人之外。在他看来,以文件形式下达决定和命令,有利于下级组织及其成员明确所下达的任务、规范要求和应履行的权责;而就上级来说,由于其对所属部门和个人的任务分配比较明确具体且已记录在案,因而也便于加强必要的控制,有利于组织有效实现其目标。(5)组织管理的非人格化:韦伯认为,人的个人情感和好恶等非理性因素常常会影响其理性、合法性和客观性,进而会助长亲情、裙带和偏爱等关系,而这一切都会严重干扰和妨碍组织管理工作的有效开展。因此,在官僚制组织中,管理工作是以法律、法规、条例和正式文件等来规范人的行为的,人们在处理公务时只应考虑合法性、合理性及有效性,而不应考虑任何私情关系。(6)适应工作需要的专业培训机制:官僚制发展的一个重要标志就是专业管理人员的增加以及在各业务部门中专家人数的增加。韦伯指出,官僚制是建立在高度分工和专业化基础之上的,为了有效处理纷繁复杂的事务和解决各种各样的问题,各个部门均有一套稳定且详细的技术规范要求,因此,组织在各个领域都必须配备专家和技术人员,以适应工作需要。随着社会的进步和科技的发展,官僚制组织必须为其成员提供各种必需的专业培训,以使其具备和增强处理事务和解决问题的能力,进而提高其服务数量和质量,从根本上提高组织的工作效率。(7)合理合法的人事行政制度。根据韦伯对理想型官僚组织的分析,它显然属于一种典型的行政组织。他认为,从技术观点来看,这种纯粹的官僚集权式行政组织能够最大限度地发挥效率,因此这种组织是对人进行绝对必要控制的最合理的手段,在精确性、稳定性、严格的纪律性和可靠性等方面都比其他组织形式要优越,它能够正式应用于各种行政管理任务中。韦伯认为,官僚制具有巨大的优越性,具体体现在四个方面:严密性;合理性;稳定性;普适性。①

---

① 参见[美]奥罗姆著:《政治社会学导论》,张世青等译,上海世纪出版集团 2006 年版。

第三个特征是普遍运用管理学理论使行政组织的管理具有很强的科学性。现代管理学理论科学化的过程始于著名管理学家泰勒,泰勒认为,只有按照以下方式进行管理才能实现管理的科学化,即(1)科学管理的中心问题是提高劳动生产率;(2)提高劳动生产率关键在于为工作挑选第一流的工人;(3)实行标准化原理;(4)实行刺激性的工资报酬制度;(5)工人和雇主两方面都必须来一次精神革命;(6)把计划职能同执行职能分开,变原来的经验工作法为科学工作法;(7)实行职能工长制;(8)在组织机构的管理控制上实行例外原则。① 将科学的管理学理论运用于行政组织的管理,就是要强调行政组织的中心问题在于提高行政管理的效率,为此需要挑选第一流的工作人员(公务员),对公务员的工作实行标准化的管理,实际有刺激性的层级制,将行政决策与执行的职能分开由不同的机构完成等。依赖于这些原则的实施,西方资本主义国家的行政组织完成了一次历史性的行政组织革命,取得了巨大的成效。

(二)公共服务观念下的行政组织

传统公共行政范式下的行政组织是一种理性的结构,基于效率而设计的组织结构,在带来积极效果的同时,也带来了一些难以避免的副作用。第一,决策集中造成了组织管理上的恶性循环。在官僚制或科层制组织结构中,决策机构与执行机构相互分离,决策由单一的机构负责,执行则由其他机构负责。在这种组织结构中,决策机构可能难以保持对执行机构的信任,为解决信任问题,则需要加强监督,另行设立监督机构,而监督机构本身也存在信任问题,即监督机构由谁来监督的问题,于是又要设立新的机构解决此问题,循环往复,最终造成的结果可能是机构林立,权力越来越集中,上下级之间出现严重的不信任的紧张关系。第二,专业化分工的科层制原则可能造成组织机构之间紧张关系。专业化分工原是为了提高工作效率而设计的组织结构,与提高劳动生产率的专业化分工在原理上是一致的。然而,专业化分工可能带来的问题包括两个方面,消极方面表现为以本专业为主导的"本位主义"观念,积极方面表现为谋求以专业决策向政治决策方向的转变。第三,标准化存在负面影响。标准化的工作模式原为提高工作效率而设计的,通过简单化工作

---

① 参见[美]泰罗著:《科学管理原理》,胡隆旭等译,中国社会科学出版社1984年版。

流程,将工作流程中的事务标准化,可以减少员工在工作中的思维时间,从而提高工作效率。然而,标准化使员工思维简单化的同时,也遏制了员工的创新动机,从而可能出现反效率,另外,标准化的工作方式也可能无法应对新生事物,而出现反效率。第四,与第三点相关的是,科层制可能会极大地遏制组织学习,在标准化的工作流程中,整个组织或员工都没有创新性学习的动机,而是固守成规,倾向于保守的工作态度。第五,也是最重要的一点,科层制与现代民主政治的价值格格不入。科层制的典型特征其实是精英统治和权力集中,而民主制的核心在于多数人之治,民主制必须坚持的原则是统治必须基于被统治者的同意,而科层制中的员工则并非源自于民选,也不对选民负责,只对科层体制负责。在政治与行政二分的体制下,行政上的科层制很容易通过其专业化的管理知识,理性中立的管理态度赢得民众的信任,从而取得与政治体系对抗的资本,甚至不受政治决策的影响,为科层体制或官僚体制本身赢取特权利益,也就是民众俗称的“官僚主义”。第六,从人格完善的角度来说,科层制容易妨碍公务员人格的完善,甚至出现一些病态人格。科层组织中的行为理性、专业化分工、权力集中和严密控制的价值观,与人追求主动、自主、创造、负责等人格成长的趋向是相背的,公务员如果长期处于这种工作环境中,容易滋生消极顺势、心理逃避与幼稚等心理病态。这实际上就是马克思所言的“异化”,个人面对强大的体制,感受不到个人存在的价值,而只能顺应体制的要求,成为实现集体价值中的弱小一员。长期处于此种环境中,也容易出现防卫型人格,对于人世间最美好的情感感受,完全与利益挂钩,对己有利者则老练世故、热情照应,对己无益者则冷漠无情。

自20世纪80年代以来,西方资本主义国家为了应对官僚制或科层制所带来的无法应对的一系列社会治理危机,对行政组织进行了大规模的改革。由传统的、官僚的、科层制的和缺乏弹性的行政组织,转身市场导向的、顺应变化的、具有极高弹性的行政组织结构。这股改革的浪潮被称为“新公共管理”或“新公共服务”运动。“新公共服务”运动对行政组织的改革主要体现在:企业管理技术的应用;强化行政管理的顾客导向;在行政组织中引入市场和竞争机制。从本质来说,这股浪潮涉及的是政府与市民关系的本质性变化,在传统的公共行政模式下,政府与公民的关系是管理与被管理的关系,而在“新公共服务”的模式下,政府与公民的关系是服务与被服务的关系。

具体而言,根据霍顿的看法,新公共管理或新公共服务具有以下特征:第一,采取理性途径的方式处理问题,亦即在设定政策目标及阐明政策议题时特别强调战略管理所扮演的角色及作用;第二,重新设计组织结构,目的在于使政策制定与执行相分离,并且对服务的传输都必须建立起一个赋予责任的行政单位;第三,改变组织结构,促进官僚体制更为扁平化,授权给管理人员,以利绩效目标的实现;第四,依据经济、效率、交通等标准来衡量组织成就。发展绩效指标,使组织的成就被加以比较和测量,并据此进步提供信息来作为未来决策的参与;第五,改变现行的政策,强调与市场及企业价值相适合的文化;第六,运用人力资源管理技术,淡化集体主义色彩而采取个人主义途径;第七,建立弹性、回应性及学习的公共组织,倡导公共服务导向,回应人民真正的需求来提供公共服务;第八,以契约关系取代传统的信托关系。在传统公共行政模式下,人民授权行政组织为一定的行政管理行为,此乃信托关系,于双方的权利义务关系并不太明确,在新公共服务的模式下,要求政府与人民之间达成明确的服务契约,以确定双方的权利与义务关系。[①]

根据以上特征,新公共服务运动所倡导的行政组织结构主要有以下几种:第一种为委员会制。委员会制不同于首长负责制,其决策是由一群具有相关经验与背景的人所共同决定并各自行使其不同的职能。委员会可以是暂时的,也可以是永久的,需要根据所承担的任务来确定。委员会制相对于首长制的优势在于,可容纳各方面的意见,保证决策的民主化和科学化;可以相互监督和相互牵制,有利于遏制腐败;相互分工又合作,减轻工作负担,有利于提高工作效率;不易受到上级的非正常干涉。但是,也存在责权不统一、相互推诿、倾轧和排挤,以及办事力量不集中和难以保守秘密等问题。第二种为自我包含的组织结构。这种结构是指于正式的层级之外,专门成立的为达成某种特别任务或目标的分支部门,此部分拥有完成任务所需要的所有资源与专才,且不受正式层级的约束。这种组织结构可以简化组织机构之间的协调整合问题,对于庞大的组织尤为有效,有利于特事特办,有利于上级组织机构的监督,由于其目标单一明确,也非常有利于完成特定的任务。但是也存在着资源无法共用共享、降低管理的专业技术性和容易造成部门间的恶性竞争的问题。

---

① 参见张成福、党秀云著:《公共管理学》,中国人民大学出版社 2001 年版,第 17 页。

第三种组织结构为矩阵式组织。这种组织又称为专案组织,是指为达成某种特殊的工作而进行的团队组合,也就是为解决某种特殊问题所建立的团队或工作小组,任务完成之后工作人员归还原来的部门。此种组织结构具有以下优势:可促进整合复杂与相互依赖的活动,可降低传统官僚制的本位主义影响,可提升专业人员的有效分配,可提高适应外在环境的能力,可营造民主管理的环境与气氛,有利于员工激励,任务明确,有利于完成任务。但也存在决策复杂化、权力难平衡以及角色冲突等问题。

(三)中国行政组织的理论评价

从历史上看,中国自秦始皇建立统一的中央集权式的国家之后,先后建立了世袭官僚体制和科举官僚体制并行的行政组织体制。其中科举官僚体制的出现意在避免世袭官僚体制只注重宗法关系所带来的弊病,冀希望于通过文化考试来选拔政府官员,以解决世袭官僚体制中的任人唯新,拉帮结派的问题。然而,科举考试的主要却局限于儒家思想,虽然也考试策论,即处理现实政治问题的应对之策的考试,但不是主要内容,使得科举考试并没有收到按专业化分工选拔人才的目的,反而是强化了官僚体制中以宗法关系为基础的管理体制,行政组织的结构及运行都以宗法关系为前提,而不是以明确的组织制度为前提。韦伯曾指出,中国古代行政组织的制度实际上是一种反官僚的组织制度,本质是一种以宗法关系为基础世袭制,不具备任何理性的基础,这种行政组织在管理注重人情关系,在技术上是于分落后的,本质上而言是一种专制或"人治"政治的必然结果。而韦伯所言的官僚制或科层制实际上是现代民族国家、法治、工业化、合理化、专业的技术官僚(文官)制度相联系的产物,是人类对于行政组织理性化思考的结果,与法治紧密相关,又与近两百年来资本主义国家全面工业化密不可分。

新中国成立后,从制度上打破了以宗法关系为基础的行政组织结构,取消了世袭官僚体制和科举官僚体制,建立了以中央政府即国务院为核心的国家行政组织,基本具备了韦伯所言的现代官僚体制的雏形,并取得了社会主义建设和改革的前所未有的巨大成就。但是,即使如此,中国的行政组织并未完全形成一种如韦伯所言的"非人格化"的组织体,在很多方面,中国的行政组织还具有强烈的人格化的特征,也就是说,生活在中国的人们能够强烈感受到是中国行政组织中的某个人或某些人在行使行政权力,而不是行政组织作为一个组织体在行使行政权力,这说明中国的行政组织还具有很强的"人治"的色彩,行政组织的效能与行政组织所使用的人员存在着密切的关系,一个能力强的公务员,也许能够决定一个行政组织的效能,反之也是成立的。在行政组织的效能实现中,起作用的不是整个组织体,而是组织体的某个人或某些人。具体表现为:第一,机构设置的随意性,机构的增设与变更,往往以首长意志为转移,导致机构重叠职能交叉权责不清。第二,人员使用的主观性,人员的录用往往不是依照严格的程序与手续,人员的晋升不是严格根据知识技能和岗位需要,而是各种非正式关系起作用。第三,制度的稀缺,偏好政治说教和道德自律。导致许多法律无法可依无章可循,人治现象严重。第四,组织整合失灵和小团体主义盛行。部门主义本位主义,上有政策下有对策泛滥。横向上,严格的分工造成了部门之间壁垒森严,难以沟通合作;纵向上,组织内部层层授权,下级只能对上级负责,整个系统呈现出金字塔式结构,部门之间只有在金字塔顶端才能相遇。发展为一种高度分散的隔离组织,包括部门之间的隔离、部门和职员的隔离、机构和顾客的隔离以及机构和供应商的隔离。第五,领导者独断专行和神秘主义,一些领导者揽权独尊,权力成为压制排除异己的工具或假公济私贪污腐化的手段。第六,公共责任的漠视或逃避、失职、越权、滥用职权衙门作用等不负责任的现象司空见惯。第七,资源浪费,效率低下,机构的臃肿人员的膨胀使资源的使用缺乏严格的计算与控制效率低下,管理中许多不确定因素导致选择范围的模糊和官僚成本的增加。

中国行政组织出现上述问题的原因是多方面的,其中影响最大的是文化上和制度设计上的原因。从文化上来说,虽然新中国成立以后从法律制度上取消了以宗法关系为基础的世袭和科举官僚制,但是两个千多年文化的积累却很难随着新组织法律制度的建立而完全消除,宗法关系继续以潜规则的形式在支配着新组织制度的运行,构成了新组织制度背后的幽灵。中国人注重人情关系,注重以家族、地域观念来衡量人们之间的亲疏远近,并自然而然地将这种亲疏远近关系带入规范人们行为的法律关系之中。在中国人的观念,法律制度不可能得到同等的适用,人们对待陌生人的态度,与对待熟人的态度是绝对不同的,这一点不会被他人谴责,而不这样做的人才会被他人谴责,并可能会被其他人疏远,赶出他们的社交圈;从制度上来说,中国行政组织的制度设计本身就存在着严重的问题,在本节第一部分对于中国行政组织法存在问题的描述中,如果我们将这些缺陷与韦伯所言的科层制所具有的特征相对照,就会发现中国的行政组织离成熟的官僚制或科层制还有很远的距离。在韦伯的官僚制或科层制中,最为核心的要素是组织体中各组织机构存在合理且明确的分工,并且这种分工是以管理工作专业化为基础的,而中国的行政组织法存在的最大问题恰恰在于行政权力的配置不清晰,各行政组织之间的分工比较模糊,必须得依赖领导或上级行政组织的任意决定才能决定最终的分工,而这种决定也是临时性的,不具有长期稳定性和法定性。这又涉及韦伯科层制的第二个核心要素,即行政组织的非人格化特征明显,而中国的行政组织在这一点上是恰恰又是最为缺乏的。在韦伯的科层制中,还有一个明显的特征,那就是法律明确规定组织及公务员的工作范围和职责,在这个范围之内,相应的组织或人员有相对独立的法律地位,上级行政组织或领导不能予以干涉,只能在事后进行监督。而在中国的行政组织中,由于人格化明显,领导者个人的意志往往具有比法律规定更为重要的地位,上级行政组织或领导任意干涉本属于下级组织范围之内的事务比比皆是,作为下级的行政组织或公务员缺乏相对的独立性。

有一种现象可能会构成对上述见解的反驳。那就是中国的行政组织在面临重大社会事务处理时往往相对于官僚制或科层制更有优势,比如中国在遭遇 2008 年汶川大地震之后的救灾与重建令全世界瞩目的表现,以及中国在 2008 年举办北京奥运会所带来的前所未有的成功,等等。这些都是中国的行政组织以其特有的体制或灵活性才有可能带来的成功,由于这些活动的根本目的在于"为人民服务",这似乎使人觉得中国的行政组织已经符合新公共管理或新公共服务关于行政组织的理念了。首先,必须得承认中国行政组织的这种体制确实具有上述的优势,而且还取得了巨大的成功。但是,如果我们从另一个角度来解读,就会发现其存在问题。实际的情况是,中国行政组织在面临重大社会事务时,并没有明确的法律规定中国行政组织应该采取何种行动,行动的采取更多的是一种随意的决定,这虽然在很大程度上保证了体制在应对问题上的灵活性,但由于缺乏法律规范的明确指导,行政组织在具体实施这些临时性措施时随意性很大,对于资源的调配和使用,对于人力资源的配置等问题都非常随意,虽然在能够最终解决社会问题,但是付出的社会成本可能非常高。比如 2010 年广州亚运会主办期间,广东省政府在运作这一项目的过程中,预算经费只有 20 亿人民币,而实际使用的经费却超过了 1000 亿元。广州亚运会给人们带来深刻印象的同时,是广东省财政,实际上是广东省人民为此付出巨大的代价。出现这种现象的原因,还是在于组织制度设计上的缺陷,西方资本主义国家所倡导的新公共管理或新公共服务运动,是在韦伯官僚制或科层制的基础之上发展而来的,也就是说,整个国家的行政组织还是得以官僚制或科层制为基础,只有在科层制或官僚制无法应对社会发展需要的时候,才进行新公共服务观念下的行政组织改革,也就是说,新公共服务观念下的行政组织改革,必须以法治为前提,而不是放弃法治,实施以人治为基础行政组织改革。

三、完善行政组织法的建议

中国行政组织的体制及现状,目前还处于具有人格化特征的前官僚制或科层制阶段,然而中国行政组织改革的理念却非常具有前瞻性,既有朝着官僚制或科层制方向发展的趋势,也包含了最新的以公共服务为理念的,打造"服务型政府"的趋势。中国行政组织改革目标是建立办事高效、运行协调、行为规范的行政管理体系,完善国家公务员制度,建设高素质的专业化行政管理干部队伍;并根据精简、统一、效能的原则,转变政府职能,实现政企分开,调整和撤销那些直接管理经济的专业部门,培育适应社会主义市场经济发展的社会中介组织,从根本上解决机构重叠、政企不分、官商不分、决策混乱的问题。改革目标中所确立的专业化分工、提高行政效率、转变政府职能等目标,都与科层制或官僚制的基本特征相吻合。从社会发展的现实状况来说,中国社会目前所处的历史阶段也与西方资本主义国家早期存在相似的地方。从经济上来说,中国目前处于从计划经济向市场经济过渡的阶段,处于商品经济快速发展的早期阶段,这给行政组织的经济管理职能带来了前所未有的挑战;从文化上来说,中国自古以来就有"官本位"的文化,人民参政议政的意识不强,在行政管理上极度依赖行政组织,这不利于中国行政组织的理性化的改革,容易造成行政组织的日益膨胀,不利于行政组织的监督制约。立基于这样的现实,中国行政组织的完善应当从以下几个方面着手。

(一)完善行政组织法体系,确立行政组织法独立的法律地位

完善行政组织法体系,确立行政组织法独立的法律地位,是实现依法行政

目标,建设社会主义法治国家的关键要素之一。要实现这个要求,首先,必须在组织观念上注重理性精神的培养,倡导民主、法治、绩效、普世的工作精神和工作方式,提倡实事求是的客观化工作作风,提倡绩效主义的分配原则。其次,要充分借鉴组织理论的研究成果,根据行政管理的层次和控制幅度,以及权责相统一的组织原则,理顺各级政府的组织结构关系,对政府内部组织进行合理分工,尤其注重纵向层级与横向部门之间的合理分工。最后,要尽快制定行政组织法,形成行政组织法的完整体系,促进行政组织依法行政。通过将行政组织法制化,把各级行政组织及工作人员,尤其是行政领导的职务、职责、职权、工作内容、工作程序、工作方法,以法律的方式固定下来,避免行政管理过程中的随意性和主观性。中国虽然已经颁布了《公务员法》和《中央人民政府组织法》,但是《公务员法》是行政主体法,而非行政组织法,《政府组织法》主要强调政府组织的构成与职权,对于政府组织的目标与行为却没有规定,而是交由各级政府自主决定,比如对于政府如何实现即定管理目标,基本上被视为是一种行政管理活动,而不是一种受行政组织法约束的法律活动。这与中国传统的行政管理观念有关,也与现在行政法学界只强调行政主体与行政相对人的权利义务关系有关。加快制定行政组织法,完善行政组织法体系有利打破行政法学即有的理论格局,也能够将依法治国的治国方略朝深层次推进。

(二)按照官僚制或科层制的要求,完善中国行政组织法的基本内容

官僚制或官僚主义在中国的政治语境中具有贬义,根据《辞海》的解释,官僚主义是指,"脱离实际、脱离群众、做官当老爷的领导作风。如不深入基层和群众,不了解实际情况,不关心群众疾苦,饱食终日,无所作为,遇事不负责任;独断专行,不按客观规律办事,主观主义地瞎指挥等。有命令主义、文牍主义、事务主义等表现形式。官僚主义是剥削阶级思想和旧社会衙门作风的反映。"实际上,中国政治语境中所理解的官僚制或官僚主义是以"人治"为基础的官僚体制,强调社会治理的主要对象是"民",对行政领导或公务员的行政权力限制较少,放任其主观随意行政,即使为己牟取私利也是如此。现代西方社会的官僚制或科层制,则是以"法治"为基础的,是一种完全法治化的文官制度,主要目的是通过良好制度的设计,控制政府行政权力的行使,以保证行政组织具有准确性、稳定性、可靠性和纪律性的优点,能够最大限度地排除个人的恣意武断、主观随意性或感情用事的工作作风。相对而言,中国当前的行政组织体制还远未达到西方社会典型的"官僚制"或"科层制"的标准,行政组织中各构成部分虽有基本的职能划分,但是受行政领导个人权威的影响较大而缺乏良好的独立性,专业化也未得到彻底贯彻,行政组织的各部门经常被临时性的整合在一起行使某种法律上并无授权的行政职能,行政组织中各部分之间相互制约的能力较差,行政领导的个人权威影响较大,某些行政事务只要行政领导同意,行政组织的其他机构就无法对此进行制约或控制。因此,为实现依法治国的战略目标,中国的行政组织法必须根据"官僚制"或"科层制"的基本原则进行修正,具体而言可以从以下几个方面入手:(1)明确行政组织及各部门的职能,确定其相应的职能目标。这是科层制行政组织的前提或基础,每一个行政组织及构成部门都是为行使特定职能而存在的;(2)保证行政组织及构成部门的独立性,保证行政领导和公务员工作的独立性,不受其他行政组织或上级行政领导的不正当干预,形成能够相互制约、相互配合的行政组织体制;(3)提高行政组织及各部门工作的专业化分工程度,尽量减少行政组织的层级,形成专业化的,扁平状的行政组织结构,提高行政组织的工作效能。

(三)根据社会主义法治理念的要求,加强现代化的行政组织文化建设

西方国家的法治文化和官僚制的行政体制,建立在西方国家个人主义的意识形态之上,强调个人的独立自主性,以及个人之间平等的契约关系。社会主义法治理念吸收了西方国家法治文化的精髓,以马克思主义基本原理作为理论基础,坚持党的领导的基本原则,强调人民当主是法治的政治本质。总而言之,社会主义法治理念是立足于中国国情所提出的适合于中国社会的法治理论,与西方国家建立在个人主义基础之上的法治有本质上的区别,中国的法治以集体主义作为根本的意识形态。然而,集体主义的思想观念很容易就与传统文化中的讲人情观念相混淆,实践中也容易受到传统"差序格局"社会结构的影响,在法治的过程中,只讲小我的利益,缺乏大我的精神,甚至容易演化为拉帮结派和窝里斗的政治格局。实际上,集体主义是一种高度理性的政治理念,要求社会中的每个公民都有高度理性化和抽象化的思维方式,能够在思考社会问题时,努力排除个人偏见的影响,从社会整体角度出发考虑问题。正如卢梭在《社会契约论》中所论述的,每一个公民在排除了偏见的前提下,就可以完全从理性的角度来考察社会治理的问题,最后会形成"公意"对社会的治理。行政组织文化是行政组织制度的重要构成部分,一个良好的行政组织法律制度只有受正确的行政组织文化的支配,才能收到预期的效果。当前中国的行政组织制度,在运行过程中一直受到传统政治文化的影响和支配,行政组织结构中也具有明显的"差序格局",行政组织制度没有得到普遍的适用,远未达到理性化适用的程度。因此,行政组织法律制度构建的重要任务就不仅仅是制度层面的设计与实施,精神层面的行政组织文化建设也具有同等的重要性。

第二章　行政决策法

在新公共服务或新公共管理的范畴中,行政决策是行政组织的主要职能之一,即公共政策的制定(Policy Making),行政组织的另一种主要职能是行政执行,即公共政策的执行(Business Eexcution)。著名管理学家西蒙认为,行政决策是政府行程过程的核心,是决定政府工作绩效的关键,只有行政决策是正确的,才能保证政府工作绩效水平的提高。由于西蒙倡导传统上的"事实与价值"相分离的方法论,使得西蒙的观点无法突破传统行政学理论的框架。拉斯韦尔的政策科学发展了西蒙的观点,倡导以决策的科学性来提高政府部门管理的效率,形成了公共管理学领域的所谓 P 途径研究。公共管理的 P 途径研究并未完全脱离传统政治学—行政学研究的框架,强调决策过程的民主性多于科学性。为此,一些管理主义者提出,公共政策的制定应当借鉴商业组织管理的经验,强调决策过程的顾客导向、授权式参与和质量管理等,也就是所谓的 B 途径研究。在当代行政决策领域的研究中,P 途径和 B 途径研究有日益融合的趋势,基本形成了稳定的理论结构。然而,作为决策政府工作绩效水平最为核心的内容之一,行政决策的法治化研究却未与行政决策理论研究保持同步,大多数国家都未将政府的行政决策行为制度化,行政法学界亦未对此问题给予足够的关注。本章将结合行政决策的理论研究,对行政决策法进行初步的探讨。

第一节　行政决策法的主要范畴

一、决策的概念与特征

当代美国人类学家 E.霍贝尔在论及概念的重要性时写道:"一个探索者

在任何领域中总是从创造该领域中有用的语言和概念开始的。语言和我们的思想是不可分割地交织在一起,在某种意义上讲,二者是同一的。"①毛泽东同志在《实践论》中也论述了概念的重要性:"概念这东西已经不是事物的现象,不是事物的各个片面,不是它的外部联系,而是抓着了事物的本质,事物的全体,事物的内部联系了。概念同感觉,不但是数量上的差别,而且有了性质上的差别。"②实际上根据现代语言哲学的观点,概念或范畴是人们描写"事实"的工具,其本身也是一种客观存在的"事实",借助于概念或范畴与外在世界之间的描写关系,人类可以通过概念或范畴来理解或解释外在世界。

决策(Decision Making)通常被认为是一种精神过程或认知过程,在这个过程中,人们需要在一些具有相互替代性的方案中进行选择,决策的结果必然导向一个最终的选择,其或者是一种行为,或者是一种观点。比如有学者认为,决策"是指人们为了实现特定的目标,运用科学的理论和方法,系统地分析主客观条件,在掌握大量的有关信息的基础上,提出若干预选方案,从中选出最佳方案"③。还有学者认为,决策"是指主体依据对客观需要和其所代表的利益得失的判断,及对满足这种需要与利益所必须而且可能采取的策略与手段的权衡,作出对策性的决定"④。也有学者认为,决策"是人们在社会实践的基础上,根据对客观规律及其发挥作用的各种条件的认识,为了实现一定的目标而自觉进行的选择行动方案的过程"⑤。无论作出何种定义,决策所包含的必然要素是"选择",在某种意义上决策就是指人们最终的"选择",上述定义的差别仅仅在于,人们在作出最终"选择"的过程中,何种因素是决定性或关键性的。

决策活动的"选择"性,也就决定了决策的另一个必然要素,即决策的主体只可能是人类,人类之外的其他生物都不可能有任何类型的决策活动。动物是依赖本能而生活的,动物的本能活动完全是一种无主观意识的精神活动,在动物的主观世界中,不存在多种具有可替代性的方案,也不存在从可替代性

---

① [美]霍贝尔著:《原始人的法》,严存生等译,法律出版社2006年版,第2页。
② 《毛泽东选集》第一卷,人民出版社1991年版,第285页。
③ 夏金华:《墨子论决策方法》,《行为科学》1999年第2期。
④ 郭道晖:《论立法决策》,《中外法学》1996年第3期。
⑤ 《马克思恩格斯全集》第23卷,人民出版社1979年版,第202页。

方案中进行最优选择的主体意识,即使动物最终的活动相对于人类的某些选择而言,在结果上要好,但是这也不能证明动物是有"选择"意识或决策行为的。马克思指出:"蜘蛛的活动与织工的活动相似,蜜蜂建筑蜂房的本领使人间的许多建筑师感到惭愧。但是,最蹩脚的建筑师从一开始就比灵巧的蜜蜂高明的地方,是他用蜂蜡筑蜂房以前,已经在自己的头脑中把它建成了。劳动过程结束时得到的结果,在这个过程开始时就已经在劳动者的表象中存在着。"①

根据研究重点的不同,决策在不同学科中的含义也是不同的。在心理学中,决策是一种典型的人类心理活动,决策的过程实际上体现的就是人们对某些事物的需求、偏好和价值倾向,所谓的最优选择实际上也就是决策者自己认可的相对于自身而言最能满足其需求、偏好和价值观念的选拔;在认知学中,决策被认为是人与环境之间的一种持续性的互动过程,在这个过程中,人们从环境中获得相应的信息,指导自己的行动,同时自身的行动也在影响着环境的变化;在形式逻辑学中,决策是指个人作出决定的行为逻辑,这种逻辑将导向理性和规律性的选择。虽然决策在不同学科中有不同的定义,但是有一点却是共同的,那就是决策必定是一种解决问题的活动,除非有令人满意的解决方案出现,决策活动就不会终止。另外,从各学科对决策的定义来看,决策本身既可能是理性的,也可能是感性的,既可能是从既定前提中进行推论的,也可能是从隐含前提中进行了推论的,也就是说,理性和逻辑前提并不是决策过程中的必然要素。一个显而易见的例子是,在日常生活中,人们作出决策的过程往往很少经过深思熟虑,大多数人都是凭感觉或习惯直接作出决定。只有在特定的环境中,比如在老师教学的过程中,老师要求学生对某一问题进行了思考并回答,人们才会理性的思考问题,作出自认为最优的选择。

然而,在大多数意义上,决策还是指一种专业化很强的精神活动,比如医生的治疗决策和经济学家的不确定信息下的决策,等等。从这个角度来说,我们认为决策可以定义为:决策是指人类在认识世界和改造世界的过程中,通过对自身需求的充分认识和对客观世界的反复实践,按照自身的价值标准,对多种能够满足自身需求的方案作出最优选择的活动。作为一种专业化的认识活

① 《马克思恩格斯全集》第19卷,人民出版社1963年版,第406页。

动,决策具有以下特征:

(一)决策是人类独有的一种认知活动

决策是一种高级认知活动,是人类的主观意识主动适应客观环境的典型表现,从哲学上来说,决策是一种主观与客观结合的人类活动或行为。作为人类认识世界的一种方式,决策产生是具有主观性的,决策的过程与人们头脑中的思想、观念、意识和目的密不可分,这是人类决策活动的前提,没有这些主观上的前提,就不可能有任何类型的决策活动。但是,决策也不是一种先验的人类精神活动,决策不是一种从先验原则中推论选择合理性的活动或行为,决策过程中虽然存在着推理活动,然而此种推理是以人类的经验为基础的,也就是说,决策过程中不可避免地包含着客观的内容。首先,决策所需要解决的问题,或决策过程中所需要认知的对象是客观的,这是由人类必须不断适用客观环境需要所决定的;其次,人类的需要也是客观的。在人类所有的需求中,最底层的需求满足生理欲望的需求,这种需求与其他生物没有本质的区别,是必然具有客观性的;人类最高级需求是自我实现的需求,也就是达到何种人生目的的需求,根据马克思主义基本原理,这些需求并不是生来就有的,而是由社会历史条件决定的,处于何种历史条件下,就会有何种自我实现的最终需求,从这个角度而言,人类的需求必然也是客观的。

(二)决策必然包含着价值判断

决策不仅是一种认知活动,也是一种价值判断活动。在决策的过程中,人们除了要获得关于决策对象和自身需求的知识之外,人们还需要判断何种观念或行为能够地为人们所接受,前者涉及的问题是知识的“真”与“假”的问题,后者涉及的问题是“美”与“丑”或“善”与“恶”的问题,前者依赖于人们的认知活动,后者则依赖于人们的价值判断活动。所谓价值,在马克思看来是指:“价值,这个普遍概念是从人们对待满足他们需要的外界物的关系中产生的”。① 也就是说,价值问题虽然与人类认知的“真假”关系不大,但是由于人类的需要并不仅仅局限于“真假”,还包括诸如“美丑”和“善恶”方面的需要,在某种意义上,“美”和“善”甚至是人类在社会生活的主要需求。决策并不仅仅是一种关于事物认知是否真实的活动,决策也是一种关于何种认知是否正

---

① 李德顺著:《价值论》,人民出版社 1991 年版,第 126 页。

确的活动。正确的认识除了要以真实作为基础之外,更需要获得人们普遍的认同。决策过程中的价值判断表现在:第一,人们必须判断决策结果对人们需求的满足程度,对人全面发展的意义与作用;第二,人们必然会选择有利于自身价值观念的行动方案;第三,只有符合人们价值观念的选择才会获得人们的理解与支持。

(三)决策具有多元性

决策是人们对解决特定问题选择最优解决方案的一种活动,决策过程中涉及事物认知的真假和美丑善恶的判断问题,人们必须从多种替代方案中选择最优的方案,在某种意义上,决策就是一种最优化的选择活动。然而,最优化的选择取决于人们的"偏好"。所谓"偏好"是指不同的人对于不同事物的价值评价有主观上的倾向,比如在"名"与"利"的选择中,有人偏好"名",而有人则偏好"利"。偏好是由个体的需要和利益所决定的,有学者指出:"主体的需要和利益,客体现实的本性和规律,这两者作为最深的基础决定着人们的评价标准,制约着人们提出和把握什么样的'应该'与'不应该'。"①就个人决策而言,决策的多元性是非常明显的,同一个问题或同一种场景,在同样的可供选择的行为方案中,不同的人作出的最优选择可能是不同的,因为每个人的"偏好"有差异,最优的选择实际上只是能够最佳满足个人"偏好"的选择。就集体决策而言,决策的多元化更加明显。在一个特定的群体中,由这个群体来选择最优的行为方案,明显取决于群体成员个人的"偏好",随着群体成员的构成发生变化,群体选择的最优行为方案也会发生相应的变化。就一个国家而言,决策的多元性也是明显的,同一个问题的最优行为方案,由于不同国家的传统文化、社会意识和国情不同,最终选择的最优行为方案必然也是不同的。

(四)决策具有能动性

决策是一种高级的人类精神活动,是人类运用理性主动改造客观环境以满足自身需求的活动,从这个意义而言,决策具有明显的能动性。所谓能动性,"说的是自觉的活动和努力,是人之所以区别于物的特点。"②决策的能动

---

① 李德顺著:《价值论》,人民出版社 1991 年版,第 136 页。
② 《毛泽东选集》合订本,人民出版社 1982 年版,第 455 页。

性是决策区别于一般的科学认知活动的关键特征。科学研究的主要目的在于认识世界运行的基本规律,以指导人类的生产生活。科学研究以"决定论"作为逻辑前提,也就是说,科学研究的目的在于发现世界运转的规律,而不是创造或改变世界运转的规律。决策活动以科学研究的结论作为前提,但是却与科学研究存在本质上的区别。人类的决策活动的主要目的并不是为了认识世界,而是为了改造世界,也就是说,决策活动将利用科学研究的结论来改造世界,使世界的运转更适合于人类的生存与发展,能够更好地满足人类的需要。

二、行政决策的概念

行政决策也可以被称为政府决策,是政府在诸多替代方案中进行最优选择的行为。相对于个人决策,行政或政府决策要复杂得多。首先,个人决策所要实现的目的除受法律限制之外,基本上不受任何其他限制,行政或政府决策除受法律限制之外,还要受政府角色的限制,这种限制在法律上可能被表述为"公共利益"、"公共福利"或"公共性"等。其次,个人决策中的最优化由个人的"偏好"决定,个人对自身的选择享有完全自主的权利,行政或政府决策中的最优化却是由"公共偏好"决定的,"公共偏好"本身是一个非常复杂的范畴,有人承认"公共偏好"的存在,而有人却完全否认"公共偏好"存在的可能性。如果政府持有否认"公共偏好"存在可能性的观念,那么也就同时否认了行政或政府决策能够选择最优行为方案的可能性。最后,个人决策的结果,无论是选择了最终的行为还是观念,除非违反了法律的规定,个人无须为此承担法律上的责任,从伦理学上来说,个人错误的决策恰恰是人成长过程中必然会经历的一部分。然而,行政或政府决策的结果,不仅其最终选择的行为或观念在法律上有效力,而且对于错误的决策或给国家或社会带来损害的决策,也需要决策宪法或法律上的责任,政府或人民也许也能够从错误的决策中学习到国家治理的经验,但是人们却难以容忍政府作出错误的行政决策,政府必须为此承担法律或政治上的责任。

因此,行政或政府决策可以从以下几方面进行研究或定义。

首先,行政或政府决策的主体具有特殊性。在原始社会中,由于国家还未出现,也就不存在行政或政府决策活动。原始社会中与现代意义上的行政或政府决策活动可以称为"公共决策",在一个原始氏族或部落中,由有资格能力的社会成员共同协商来决定氏族或部落的重大事务。私有制的出现,导致阶级的分化,由统治阶级主导的国家随即也出现了。在奴隶制和封建制社会中,国家与政府的观念是合而为一,国家即政府,政府即国家,在君主制国家中这一点尤为明显,作为政府首脑的君主经常宣称"朕即国家"的观念,强调君主即是政府的首脑,也是国家的主人。因此,可以推论在奴隶制和封建制社会中,行政或政府决策实际上也就是君主个人的决策,决策的目的可能具有一定的公共性,但是这种公共性也是为了君主能够更好地维护其统治地位;在资本主义社会中,国家与政府首次被分离了。在一些古典政治学家看来,国家是全体社会成员达成"社会契约"结果,是"公意"的具体体现,而政府是由全体社会成员委托成立的,成立政府的目的在于解决集体行动不方便的困境,持续改善集体的福利水平。因此,在资本主义社会中,行政或政府决策就具有现代的意义,行政或政府决策必须以实现国家意志或利益作为根本的出发点,而国家意志或利益也就是社会全体成员的共同意志或共同利益。行政或政府决策的主体也相应地分离了,政府是作出具体行政决策的主体,而全体社会成员或代表全体社会成员意志或利益的机构也是行政决策的主体之一。在不同的国家体制中,行政决策的这两种主体有不同的表现形式,比如在美国,政府是作出行政决策的当然主体,但是国会两院却是政府行政决策的批准主体,没有国会两院的批准,政府的行政决策不具备相应的法律效力。

其次,行政决策的内容和目的具有特殊性。行政决策的内容是公共事务,目的是为了实现公共偏好的最优选择。公共事务与政府的职能直接相关,在古典政治学中,政府的职能集中于社会治安和国家安全,政府在公共事务方面的行政决策也相对单一,主要是通过社会治安维护社会稳定,通过军队管理保障国家安全等。随着新公共服务观念的兴起,政府的职能得到了很大的扩张,政府不仅应当维护社会秩序和保障国家安全,还需要向社会公众提供医疗、失业、养老和教育等诸多公共服务,政府的行政决策也相应的变得越来越多,越来越复杂。公共偏好是一个充满争议的范畴。在经济学中,一般使用帕累托最优原则来衡量公共偏好的最优选择,也就是社会成员中某一部分群体利益的改善如果没有损害其他成员的利益,那么公共偏好的最优选择还未实现,只有当改善任何一部分群体的利益时,必然会损害其他社会成员的利益时,才实现了公共偏好的最优选择。反对帕累托最优原则的观点主要集中于该原则的前提,即假设社会成员的每一个人都有相同的偏好,才会出现当改善部分成员利益时,其他社会成员利益受损的状况。如果社会中每一个成员拥有不同的个人偏好,那么帕累托最优原则无疑是一个虚假的结论,是不可能实现的。有学者还运用逻辑的方式证明了这一点,得出了所谓"阿罗约不可能定律"。而在政治学讨论中,承认公共偏好存在的经典论述无疑是卢梭。卢梭将人们的个人偏好分为两种:一种是与个人生活经历相关的经验偏好,另一种是纯粹抽象的理性偏好,经验上的偏好虽然各不相同,但是作为一个人,理性上的偏好却是相同的,人们在理性上的共同偏好可以形成所谓的"公意",政府的行政决策应当体现"公意"的要求。当然,也有不承认理性偏好共同性的观念,比如哈耶克就认为,国家或公共意志是一个虚假的观念,只有个人意志才是真实的,个人是一种利己与利他相混合的动物,一个人不可能纯粹以理性出发来思考社会问题,一个人必然是以自身的利益或经验出发来思考社会问题,这就决定了个人的偏好绝不可能是相同的,社会也绝对不可能以公共偏好最估化的方式运转,社会只可能是自生自发的,在"无形的手"的神秘力量支配下,拥有不同个人偏好的社会成员能够自动地实现社会秩序的稳定与和稽。公共偏好近这种争议,决定了政府或行政决策的复杂性和特殊性,持有不同观念的社会或政府必然会采取不同的政府或行政决策模式。

最后,行政决策的程序具有特殊性。程序一般是指在相同的条件下、运用相同的方式来解决相同或相似问题的行为或行动系统。程序的发明与人类所面临的某些问题有关,一般情况下,当某些问题重复出现时,经过经验的积累,人们可以找到最好的解决办法,如果问题再次出现,人们就可以直接使用已经找到的最优办法进行解决,而不再需要重新实践以发现最好的解决办法。因此,从这个角度而言,程序实际上是人类社会降低学习成本,提高社会效率的一种有用工具,通过强化程序的规范性,能够保证人们在面临相同或相似问题时,采用即有的最好解决办法,避免个人主观任意判断的可能带来的随意性和不确定性。比如应急救助程序、医疗程序和计算机程序都是如此,医疗程序能够保证医生在诊断病情时,全面而合理的判断可能的病情,进而提出最优的治疗方案,计算机程序则是利用其重复场景解决问题的优势,大大提高了人类社会工作的效率。一般情况下,只要问题的前提条件相同,问题的相似度越高,运用程序解决问题就越有优势。反之,如果问题的前提条件不同,问题的相似度也不高,那么程序解决问题的优势就不太明显。因此,可以推断,计算机程序解决问题的效率是最高的,因为计算机本身的特点就适合于解决相同问题,而法律程序解决问题的效率就不太高,因为每一个法律问题都有其特殊性,人们即使遵守了同样的法律程序,也不一定能够得到相同的法律结果。还有一些程序,由于需要解决的问题差异太大,不仅问题无法解决,还有可能出现更为恶化的结果,如果人们面对一些以前从未面临过的问题,却以先前固定的程序来解决时就可能出现这种状况,比如 2003 年的"非典",由于中国以前从未遇到过这种问题,当按照传统的行政程序来处理这一问题时,非典疫情已经在中国大面积流行,直到采取新的紧急措施才有效地控制了非典疫情的进一步蔓延。

但是,行政决策程序却具有一定的特殊性。行政决策程序也具有一般程序所拥有的特征,对于常规问题的解决,行政决策程序也具有降低学习成本,提高人们行为预期和工作效率的作用。在中国古代君主的行政决策中,经常采用常规朝见、皇帝宣召、公文往来、钦差查访、皇帝出巡和特务监督等程序,在行为方案的设计中,通常是由大臣通过议政的程序提出,君主享有最终的决定权。应当说,即使是在中国古代社会中,行政决策的程序在处理常规问题时还是很有效率的,因为它至少提高了一种行为规范,使参与行政决策的主体知道采取何种行为来达成最终的选择,减少了行政决策过程中的不确定性和任意性。然而,行政决策的大多数任务可能都不是解决常规性问题,而是突发性问题或新问题,行政决策只有采用特殊的程序才能应对这些问题,否则程序就不仅不可能解决问题,反而会危及到问题的解决。在中国古代君主的行政决策中,也考虑到了这个问题,而采取一些特别程序,主要包括:第一,上天之变。根据气候或自然灾难的发生状况来决定是否采取一定的行动,如明太祖多次因"天象示警"而命令将士们严守边疆;王莽以敬重天意作为改制汉代的借口等;第二,祖宗之法。根据开国君主实行过的政策或所做的训示来决定是否采取一定的行动,如明臣马文升曾说:"法莫严于祖训",表明祖训在王朝施政中有重要的地位;第三,先王之政。以古代明君的做法来决定是否采取一定的行动,如董仲舒提出的"春秋之道,奉天而法古"的原则就是如此;第四,圣人之言。即以儒家圣人的言论作为决定采取行动的根据,如明朝思想家李贽提出,行政决策应当"咸以孔子之是非为是非"。中国古代君主决策中的特别程序,明显不具有科学性,这与当时的社会历史条件和科学发展水平是分不开的。在现代社会中,解决突发性事件或新问题的行政决策特别程序,一般都需要广泛利用现代科技发展的成果,比如计算机辅助决策技术、专家论证和试验推广等。当代行政决策特别程序中对现代科技成果的广泛利用,可以有效地提高行政决策程序的科学化水平,提高了行政决策程序解决非常规问题的能力。

行政决策程序与普通程序还存在一个最关键的区别,那就是行政决策程序必须体现一定的政治伦理或价值属性。普通程序一般以简化工作流程、提高工作效率作为根本目的,但是行政决策却是政府的一项至关重要的职能,行政决策程序必须体现政府的公共性质或政治意识形态理念。在美国的法律程序中,所有程序的价值属性是应当具有"正当性",也即是所谓"正当程序"。"正当程序"至少包含以下三种价值属性,即知情、正义和参与。所谓知情,是指所有法律行为的信息应当告知与此相关的人,保证他们能够在信息充分的条件选择最优的行动方案;所谓正义,是指应当保证参与法律行为的各方主体有平等的法律地位,任何可能存在偏见的主体不能同时充当裁判者与行动者等,概括而言,法律程序的正义价值旨在保证法律行为参与者的平等对话权,消除任何可能产生偏见的情形;所谓参与,是指法律程序应当保证法律主体能够完全有效地参与到法律行为之中,法律程序的参与性旨在尊重法律主体的人格尊严,有效地收集建议或意见,为法律问题的处理提供替代性的解决方案,为最优方案的选择奠定基础。值得注意的是,行政决策程序的价值属性与一个国家的政治意识形态直接相关,美国"正当程序"的理念也不一定能够适用于其他国家的行政决策程序,一个国家行政决策程序应当体现的价值属性必须从适合于这个国家的政治意识形态中去寻找。中国行政管理体制与美国存在较大的差别,美国采用的是纵向分权与横向分权相结合的体制,地方的自主权较大,立法权和司法权能够对行政权进行有效地制约,而中国主要采用"条块结合"的分权体制,中央与地方存在直接的管理关系,地方的自主权较小,呈现出"金字塔"状的管理体制。在这种前提下,中国的行政决策程序应当在借鉴美国"正当程序"的基础上,发展出适合于中国国情的,体现中国政治意识形态的行政决策程序。

第二节　行政决策法的理论基础

行政决策是现代行政组织最为重要的行政职能之一,也是一种非常重要的行政行为。然而,在现行主流的行政法学理论体系中,却没有关于行政决策行为的任何理论上的地位,大多数行政法学理论体系,将行政立法行为等同于行政决策行为,或将抽象行政行为,即规定普遍性行为模式的行政行为等同于行政决策行为。从法律制度的层面而言,基本也没有关于行政决策行为的法律规范,行政组织的行政决策行为大都处于"无法无天"的状态。这不能不说是有中国行政法体系的一个巨大缺陷,我们认为,在中国确立行政决策法律制度是非常必要的,不仅如此,中国的行政决策制度还应当体现中国社会政治意识形态观念。

一、行政决策法治化的必要性

(一)行政决策法治化是社会主义市场经济体制改革的必然要求

市场经济与法治之间存在直接的关联,甚至有学者认为,市场经济就是法治经济。市场经济的核心精神是市场自由,参与市场的主体享有高度的自主决策权,可以自主决定生产何种商品,生产多少商品以及如何生产商品,也可以自主决定消费何种商品,消费多少商品和如何消费商品。正是通过市场主体的自主决策,市场才能真实反映生产者与消费者之间的互动,价格才能真实反映市场中商品的供求状况,起到调整或合理配置经济资源的作用。在市场经济体制下,商品的供求关系能够自动的实现平衡,仿佛有一只"无形的手",支配着市场的运转。现代的经济学认为,市场也存在"失灵"的情况,比如市场具有外部性,市场无法提供公共性产品以及无法保证市场主体的诚信,等等。市场"失灵"有可能危及到市场经济的良性运转,在市场有可能失灵的领域必须有政府干预的介入。然而,政府干预也可能存在"失灵"的情况,主体表现为,权力寻租、过度干预和公共品提供缺乏效率等。权力寻租与政府掌握行政权力有关,一切拥有权力的主体都有实现自身利益最大化的倾向,政府也不例外,如果缺乏有效地制约,政府可能会滥用行政权力,从市场经济的运行中获取不当利益,成为市场经济中的特权阶层,危及市场经济运转的核心精神—平等;过度干预也与政府权力的扩张有关。哈耶克认为,在西方现代民主体制下,由于政府面临着定期选举的压力,为争取到更多的选票,往往对市场经济的运转进行直接干预,以换取特定社会群体对政府的支持。公共品提供缺乏效率是政府失灵的主要表现之一,主要是在公共品提供时,政府角色具有垄断性,缺乏与其有竞争关系的供给主体,导致供给不足或供给过量。另外,由于公共品提供的费用由国家财政支出,政府在提供公共品时往往缺乏成本意识,导致公共品提供效率低下。政府失灵以市场经济的正常运转危害极大,只有通过法治才能解决。行政决策是政府的主要行政行为之一,尤其是在市场经济干预和公共品提供方面,行政决策具有决定性影响。对市场采取何种干扰措施,提供何种公共品等问题都需要政府作出合理的决策。如果放任政府对这些问题采取自由决策或自主决定,那么就极有可能加重政府失灵的状态,影响国家经济发展的速度与水平。只有将行政决策法治化,将政府的行政决策行为纳入法治化的轨道,规范政府行政决策程序,才能确保政府作出合理的行政决策行为,促进最优行为方案的选择。

在改革开放的过程中,由于缺乏行政决策制度,行政决策法治化水平低下,导致政府作出的一些行政决策产生了严重的后果。比如,有一个年财政收入不到6000万元的贫困县,为了培育所谓骨干企业,在城郊圈地50亩,贷款3000万修建化工厂,工厂刚建到一半,就因资金缺乏而被迫停止建设,一停就是五年,最后拆迁了事,造成了极大的资源浪费。[1] 再如,重庆市万州区有一个国家重点工程"川东天然气氨碱",工程预算30亿元人民币,1994年开工建设,1997年停工,耗资13.2亿元,1998年被国家发展计划委员会责令停建,损失13亿元,不仅如此,还有许多农民因这个工程失去了土地。这个工程失败的原因,有学者总结,是因为中国行政决策体制不健全,决策缺乏民主性和科学性。[2]

(二)行政决策法治化是依法行政的核心要求

建设社会主义法治国家是我国的治国方略,依法行政是建设社会主义法治国家的关键,依法治国实质上就是依法治官或依法治政府。在传统的行政

---

① 参见吴志雄:《"高起点"莫成"大失误"》,《人民日报》2000年5月22日。

② 参见吴畏:《投资失误警钟为谁而鸣》,《改革先声》2000年第4期。

法学中,将焦点集中于政府与行政相对人的权利义务关系上,强调政府在处理与行政相对人的关系时,应当遵守法律的规定,不得违法行政,在法律没有明确授权的情况下,应当采取合理的行为行使行政行为。不可否认的是,政府与行政相对人之间的权利义务关系是依法行政工作的重点之一,然而只强调这一点,却是一种忽视中国国情和世界发展趋势的观念。在西方国家的法治传统中,受放任自由经济主义的影响,政府在社会治理中只履行有限的功能,社会治理中的很大一部分由社会自治。政府的有限性决定了政府只在维护社会治安和国家安全等事务上才会与公民发生权利义务关系,在其他领域,政府既不对市场运行进行干预,也不会社会自治事项进行干预,因而基本上不会与公民发生法律上的权利义务关系。在这种情况下,依法行政工作需要重点处理的问题无疑是政府与公民之间的权利义务关系,政府应当服从法律的限制,不得随意干预公民自治。然而,随着社会的发展,即使在西方国家,政府职能早已突破了传统意义上职能范围,扩张到宏观经济调控、社会意识形态控制和公共服务提供等方面。在这些政府工作中,很难发现传统意义上的政府与公民直接的权利与义务关系,政府的工作无疑是必需的,但是政府的行为却不与任何一个公民发生直接的关系,而是间接的影响着公民在经济社会中的角色与地位,比如政府提供的医疗服务,对社会公众的影响是非常大的,但是政府在履行这种功能时,却不与任何具体的个人发生直接的权利义务关系。在这种情况下,社会公众并不能采用传统意义上的司法手段对政府滥用权力的行为进行控诉。另外,中国的行政体制也不是传统意义上西方国家政府所拥有的体制,中国拥有高度集权的行政体制传统,政府对社会治理的介入是全权性的。市场经济体制的改革,迫使政府的行政职能发生了一定的变化,政府不再直接经营企业,主要进行宏观经济调控。但是,相对于西方国家的行政体制,中国政府所履行的行政职能远比西方国家政府要多。在西方国家的传统行政法都已逐渐不再适应政府职能发展的需要时,我国的行政法还在单方面强调政府与行政相对人之间的权利义务关系,对于政府其他职能的法治化却未予以足够的注意,这可能是导致中国行政法学研究水平长期徘徊不前的原因之一。

行政决策是政府在履行新职能过程中最重要的行政行为,基本上所有政府新职能的履行都需要先经过政府的行政决策。行政决策也不是传统意义上的行政行为,它一般不与社会公众发生直接的权利义务关系,根据现行行政法理论,社会公民对政府的行政决策行为了没有诉权。比如,在内昆铁路修建的过程中,由于缺乏前期调查,在全面铺轨的开始后,才发现铁路经过国家级自然保护区。为此,地方政府不惜将县城车站改址,三度停工累计240天,停工损失达1300万元。再如福建省某市,在修建一条高速公路的过程中,为了避免一棵千年古榕的毁灭,让正在施工的高速公路改道,以绕开古榕树,为此,国家新增投资1000多万元,而这种损失在设计过程中就完全可以发现。对于政府行政决策所产生这些损失,实际上浪费的是公民的纳税收入,与每一个公民息息相关,但是根据现行的行政法,没有任何一个公民可以对此提起诉讼,以制止政府的浪费行为。① 但是,不可否认的是,政府的行政决策对国家的经济建设和社会发展有非常重要的作用,对每一个社会公民的利益都有可能产生影响。如果不将行政决策行为法治化,那么在现代社会的条件下,依法行政国家法治目标是不可能实现的。

(三)行政决策法治化是提高政府绩效和降低社会成本的现实要求

随着政府职能的转变,政府所承担的公共服务职能越来越多,古典政治理论所支持的基本上由社会自治的事务,在现代社会中却由政府来治理。最典型的表现是,政府应当提供医疗、失业救助、养老保险和公共教育等公共服务,政府还应当运用财政或货币工具,对市场经济运行进行宏观调控。除此之外,传统上由政府提供的公共服务,如社会治安和国家安全等,在现代社会中,也变得日趋复杂,政府必须采取相应的措施以应对日益复杂的世界局势。无论何种政府事务,都需要政府预先作出判断,形成决策性意见,才能有效地解决问题。传统上完全由政府首脑形成决策的方式,已不适应现代社会发展的需要。现代社会所需要解决的问题太过于复杂,远远超出了任何个人的知识范围,只有充分利用现代科技的发展成果,发挥群众的智慧,才有可能发现最优的行为方案。否则政府工作的绩效可能会非常的低下,社会运行的成本也比较高。凡事预则立,不预则废,行政决策工作实际上相当于现代政府工作中需要"预"的部分,也就是要做好工作规划或计划。如果政府的行政决策工作随意性较大,则相当于政府的行政工作缺乏规划性或计划性,目标散乱,影响政

---

① 参见沈小平:《决策失误的"学费"该谁付?》,《中华合作时报》2000年12月2日。

府工作的绩效水平。另一方面,由于现代社会中,政府对社会和市场的干预程度越来越深,由于政府行政决策工作随意性较大,也会导致市场主体对政府的行为缺乏预见性,增加了公民与政府之间的信息沟通成本,同时由于政府工作的任意性较大,也增加了公民与政府之间的交往成本,有大量的社会资源被浪费在公民与政府的摩擦上。如果将行政决策工作法治化,那么将有效地改善这种状况。通过行政决策制度化,可以降低政府行政决策工作的随意性,也可以有效提高公民对政府行为的可预见性,增加政府工作的透明度,从而有效提高政府工作的绩效水平,也能够有效降低社会运行的成本。另外,行政决策制度化,也可以增加行政决策的科学性和民主性,间接地起到提高政府绩效水平和降低社会成本的作用。

二、行政决策法的价值基础

在传统公共行政的模式下,行政组织采取的官僚制或科层制,其最大的优点在于,行政组织表现为非人格化的特征,行政组织的行为极度标准化,能够给行政相对人提供足够稳定的心理预期,行政组织中的任何个人都无法单凭自己的意志就能够决定行政行为的最终结果,只有行政组织体制才能决定。正如第一章所述的,官僚制或科层制的行政组织,是市场经济要求减少政府任意干预经济运行的制度反映,也是法治社会中实现民主、自由等人权价值的必然要求。这样一种要求体现在行政决策程序方面,就是要求行政决策程序实现规范化和法制化,使行政决策程序不因人而异,不因事而异,不因时而异,保持行政决策程序的相对稳定性,并以此对行政决策主体的决策权进行控制,以避免其滥用。然而,行政决策程序的规范化和法制化,以及由此带来的保守性,并非行政决策程序制度的唯一价值基础。如果只强调此种价值基础,那么就有可能将一种不非理性的、不公正的甚至专制的行政决策程序以法律规范的形式固定下来,再借助于体制化的科层制官僚系统来运转,那么任何人的命运都是悲惨的,因为人们也许可以和某个人或某些人进行抗争,但是人们却可能并不擅长于和抽象的体制抗争。正因为如此,20世纪80年代兴起的新公共服务或新公共管理运动,提倡要建立顾客导向的行政管理模式,一切以顾客(公民)的实际需要为前提,行政组织应当以最小的代价或成本满足顾客(公民)的需要。实际上,新公共服务或新公共管理倡导的新理念,在很大程度上是对传统公共行政模式的一种反对,在传统公共行政中,行政组织的运转受体制的控制,公民的需要必须转化为体制内的问题才能获得处理,否则就不可能受到关注,新公共服务或新公共管理运动试图纠正这一倾向,努力提高行政组织实施行政行为的效率。应当说,这一个非常不错的努力方向,是对传统公共行政模式的一种必要纠正,但是正如有些学者声明的,新公共服务或新公共管理在本质上不同于企业的管理或企业为顾客提供服务,因为企业是以营利为目的组织体,其满足顾客需要的前提是顾客能够有能力购买其提供的服务,否则企业将无法生存。而行政组织是公共组织,不是以营利为目的,而是以提供公共服务为目的,除了满足效率的要求之外,行政组织提供公共服务的公正性也是一个必须要考虑的问题,甚至是在与效率价值发生冲突时而必须给予优先性的价值。因此,在新公共服务或新公共管理的理念下,行政决策程序制度,作为约束行政组织行为的规范基础,也必须也公正和效率作为其内在的价值要求。下文将讨论这两种价值。

(一)行政决策法的公正价值

公正或正义,是社会制度的价值体系中最为重要的价值之一,有些学者甚至将其视为首要的价值。罗尔斯认为,"公正(正义)是社会制度的首要价值,正像真理是思想体系的首要价值一样。……某些法律和制度,不管它们如何有效率和有条理,只要它们不正义,就必须加以改造或废除。"①作为现代社会中政府的主要职能,行政决策法律制度也应当体现公正或正义的基本价值,尽管行政决策法律制度拥有与其他社会制度完全不同的特征,但是行政决策法律制度应当具有公正性或体现正义的要求是毫无疑问的。

然而,法律或社会制度的公正或正义却是一个充满争议的话题,从古至今,人们从未停止过对何为公正或正义的争论。概括而言,理论史上大致有两种基本类型的对公正或正义的观念,一种是实体公正或正义,另一种是程序公正或正义。实体公正或正义强调,法律或社会制度对社会资源的配置应当符合公正或正义的标准,也就是说,人们实际上所能够享有的权利和承担的义务应当是公正或正义的。柏拉图是一位典型的实体公正主义者,他从人的本性出发,论证了拥有不同品质的人应当在社会中拥有不同的社会地位,其中拥有

---

① [美]约翰·罗尔斯:《正义论》,何怀宏译,中国社会科学出版社1988年版,第1页。

智慧的人应当成为统治者,拥有勇敢品质的人应当成为国家的守卫者,而拥有节俭品质的人应当成为国家的生产者,社会地位或资源的分配就应当根据人们品质的不同进行配置,只有如此才能保证社会的公正或正义。亚里士多德基本认可了柏拉图的公正观,不过他不认可柏拉图的应当根据个人品质进行分配的观点,而是认为应当根据社会的实际情况来进行分配,将社会地位或资源平等的分配给社会主体,但是却强调个体之间的差异,即相等的分配给相同的人,不相等的则分配给不相同的人。实体公正或正义论在现代社会的最著名的诠释者是美国当代哲学家罗尔斯,他首先定义了公正或正义所要解决的首要问题,即"正义的主要问题是社会的基本结构,或者准确地说,是社会主要制度分配基本权利和义务,决定由社会合作产生的利益之划分的方式"。①接着他提出了分配基本权利和义务的两大正义原则,第一个原则是,最大范围的政治权利平等原则,强调人们在政治上的权利不仅要最充分的享有,同时也应当绝对平等的分配,不应当有任何差别对待;第二个原则是,经济和社会权利的最少受益者的最大利益原则,强调经济资源和社会地位的分配,应当从最少受益者的角度出发来考虑,只有在保证最少受益者的最大利益的前提下,才能实施机会均等的分配原则,以保证人们在起跑线上的平等,消除社会结构或个人先天性不平等因素给人们生活带来的不利影响。当代另一位著名法理学家博登海默也是一位实体公正或正义论者,他认为,"正义所关注的是如何使一个群体的秩序或社会的制度适合于实现其基本目的的任务……满足个人的合理需要和要求并促进生产进步和社会内聚性的程度。"②在他看来,正义或公正是法律或社会制度的一种属性,是能够适合于满足社会基本目的,满足个人合理需要和要求,并能够促进生产进步和社会内聚性的价值属性。

程序公正或正义起源于罗马法中的"自然正义"观念。在罗马法兴盛的时代,以及欧洲中世纪中期,"自然正义"观念已经成为一项非常流行的价值标准,成为评判自然法、万民法和神判法的基本准则。自然正义的观念后来在英国的普通法中获得了前所未有的重视,成为指导英国普通法的基本原则。在英国的普通法中,特别强调程序上的正义权利,即所谓"程序先于权利",和

① 　[美]约翰·罗尔斯:《正义论》,何怀宏译,中国社会科学出版社1988年版,第1页。
② 　[美]E.博登海默:《法理学—法哲学及其方法》,邓正来、姬敬武译,华夏出版社1987年版,第239页。

"正义先于真实",也就是说,只能经过法定的程序,人们才能够真实享有权利,否则权利就处于完全自然的状态,难以获得国家的保护。在社会纠纷发生之后,处理纠纷的过程,与科学研究的过程并不相同,科学研究强调发现事实的"真实性",为此可以灵活的调整科学研究的程序,然而,法院裁决案件的过程虽然也以查清事实为前提,但是却必须遵守相应的程序,以确保当事人的程序权利,即使为此牺牲案件的"真实性"也是如此。英国普通法所注重的程序正义或公正由两项基本原则构成:"(1)任何人不得作自己案件的法官;(2)应当听取当事人的意见并须给予所有与案件有直接利害关系的人以充分陈述的机会。"①

美国法律继承并发展了英国普通法中的程序正义或公正的观念,提出了所谓"正当程序"的理念。美国联邦宪法第五修正案规定,"非经正当程序,不得剥夺任何人的生命、自由或财产",而第十四修正案则要求各州也必须遵守正当程序的规定,不得违反正当程序的要求剥夺公民的生命、自由与财产权利。正当程序的内涵,根据美国《布莱克法律辞典》的解释,是指:"任何权益受判决结果影响的当事人都有权获得法庭审判的机会,并且应被告知控诉的性质和理由,……合理的告知、获得庭审的机会以及提出主张和辩护等都体现在'程序性正当程序'之中"。也就是说,只要任何人的权利有可能受到公权机关的影响,当事人至少应当获得以下被公正对待的权利,即获得公正审判的机会、对控诉性质和理由的知情权利以及提出主张和进行辩护的权利,等等。根据美国国内理论和实践界的看法,正当程序一般可以区分为实体性正当和程序性正当两种基本类型。实体性正当程序主要是对联邦和各州立法机构(议会)的立法程序所提出的公正或正义要求,国会或各州议会在立法过程中必须满足正当程序的要求;程序性正当程序主要是对法律实施过程提出的公正或正义要求,政府或法院在执法或司法的过程中应当满足正当程序的要求。联邦最高法院大法官杰克逊认为:"程序的公正和合理是自由的内在本质,如果可能的话,人们宁愿选择通过公正的程序实施一项暴力的实体法,也不愿意选择通过不公正的程序实施一项宽容的实体法。"美国正当程序的观念对世界各国的法律制度有非常大的影响,随着《世界人权公约》的颁布,正当程序

---

① 陈瑞华著:《刑事审判原理论》,北京大学出版社 1997 年版,第 346 页。

的观念逐渐成为一项判断人权保障的基本标准,联合国刑事司法规则基本上以正当程序观念作为基本的指导原则。

一些学者从关注人类自身的前途和命运出发,开始研究程序本身的公正性或正义性问题。罗尔斯在《正义论》一书中认为,程序正义有三种基本形态:即纯粹的程序正义、完善的程序正义和不完善的程序正义。他认为,正义的首要问题是,如何设计一个社会的基本结构,对人们的基本权利和义务进行合理的分配,对社会和经济的不平等以及以此为基础的合理期望进行调节。要解决这个问题,就必须摆脱偏见对人们思想观念的影响,人们必须基于纯粹理性来思考这一问题,为此他提出了"无知之幕"的概念,要求人们在纯粹理性的环境下作出选拔。纯粹的程序正义正是基于"无知之幕"的观念提出的,他认为,纯粹的程序正义是指,不存在关于正义的独立衡量标准,只存在一种正确或公平的程序,只要这种正当的程序得到实际的执行,那么,由该程序得出的结果就应被视为正当和正确的,无论这是一种什么样的结果。也就是说,程序本身的公正性或正义性就可以决定结果的公正性或正义性;完善的程序正义是指,存在着决定结果是否合乎正义的独立标准,这个标准与程序本身相分离,也存在着使符合这一标准的结果得以实现的程序。也就是说,结果本身有衡量的正义标准,程序是否公正或正义需要借助结果是否公正或正义来判断。不完善的程序正义是指,在程序之外存在着衡量正义的客观标准,但是却不存在实现正义结果的程序。罗尔斯对程序正义的研究非常重要,他将程序公正或正义从实体公正或正义中分离出来,证明程序本身也具有相对独立的公正性或正义性,这使人们意识到,程序并不是完全为实体服务的,程序本身就有值得尊重的价值。程序的这些独立价值包括,参与、公平及保障人格尊严等,程序也许会达到正义或公正的结果,但是这并不能证明程序也是公正或正义的。

对于程序公正的具体内容,可以从不同的角度进行概括,存在着许多不同的观点。戈尔丁认为,程序正义至少表现为三个方面,具体表现为九项原则:第一,中立性原则:自己不能成为自己的法官;最终的结果中不应当包含纠纷解决者个人利益;纠纷解决者不应有支持或反对某一方的偏见。第二,对抗性原则:各方当事人的诉讼都应当获得平等的关注;纠纷解决者应听取双方的辩论;纠纷解决者应只在另一方在场的情况下听取一方意见;各方当事人都应得到公平机会来对另一方提出的论据和证据作出反应。第三,逻辑性原则:解决案件的诸项条件应以理性推演为依据;推理应当论及所提出的论据和证据。谷口平安认为,程序正义最基本的内容或要求是确保与程序的结果有利害关系或者可能因该结果而蒙受不利影响的人都有权参加该程序并得到得出有利于自己的主张和证据以及反驳对方提出之主张和证据的机会。[①]

行政决策行为是一种兼具实体性与程序性的行为。行政决策的实体性体现在,行政决策的结果,一般表现为具体公共政策的制定与实施,与每一个公民的切身利益直接相关。行政决策的程序性表现在,行政决策的过程,应当遵循决策的基本规律,体现国家的政治意识形态,保证公民充分的参与权与知情权,特殊情况下甚至应当保证公民的救济权。因此,行政决策法的公正价值,不仅仅是程序上的价值,也应当具备实体法上的公正价值。具体而言,我们认为行政决策法公正价值可以概括为以下几个方面。

1.行政决策法的应当具备科学性

行政决策法的科学性是指,政府的行政决策行为应当符合人类的理性思维特征,实事求是,以客观实际情况作为决策的基础。美国著名的管理学家西蒙指出,"一项科学的决策至少应经过以下几个步骤:搜集信息提出决策目标;调查研究咨询论证;制定多种预选方案;研究决定最优方案;实施方案;实施方案过程中的信息反馈。"[②]西蒙决策过程的研究,是在总结人类思维经验的基础上提出的,具有很强的科学性,符合人类认识世界和改造世界的一般过程。实践是人类获取、检验知识或真理的唯一途径,人类在实践的过程中,总会遇到一些难题无法即时解决,导致自身需求无法满足,这给了人类创造知识解决问题的动机。在这种动机的支配下,人类通过观察外在现象,总结现象的规律,找到解决问题的办法。通过不断地试错,人类也会不断地完善解决问题的办法,最终找到完美解决问题的方案,促进人类知识的进步。人类思维的这种特征,完全符合唯物辩证法对于人类认识论的判断,即人类认识世界的过程是一种波浪式前进、螺旋式上升的过程。

西蒙总结的决策过程是科学的,不仅是因为它符合人类认识和改造世界

---

① 陈瑞华著:《刑事审判原理论》,北京大学出版社1997年版,第384页。

② 乔革宇著:《略论行政决策的科学性和民主性》,《郑州航空工业管理学院学报》(社会科学版)2002年第2期。

的理性过程,而且也是因为决策过程中搜集信息、调查研究和作出最终选择或决定最优方案是客观的,而非主观臆断的。在古代社会的一些传统决策模式中,决策所依据的理论或信息往往以上天之意、梦境或占卦等不具有科学依据的信息或理论为前提或基础。现代社会中的决策,必须利用一切可以利用的科学手段来完成信息收集工作,比如利用计算机信息系统来收集和处理信息,利用各行各业的专家来完成决策事项的调查研究和咨询论证,利用试点或理论模型运行的效果来决定方案的最优选择,等等。另外,在信息客观化的基础上,现代社会中的决策所依据的理论也必须是经过实践检验的真理,而不是主观臆测的理论。现代社会中决策的科学性还体现在,决策过程或方式并非固定不变的,根据决策事项的性质不同,决策过程或方式也有所区别,对于日常性的或常规性的事项,一般决策简便决策程度,提高决策工作的实效性,对于复杂的或新颖的决策事项,则采取完备的或全面的决策程序,比如注重前期方案设计、中期实施监督以及后期的信息反馈与方案修订等。行政决策是现代社会中最重要的决策类型之一,因为行政决策具有强烈的公共性,决策的结果将直接影响到公民的切身利益。因此,行政决策应当比普通决策更加注重科学性,不仅应当具备普通决策的科学性要素,而且应当比普通决策更慎重,更加注重行政决策收集的客观性和完整性,更加注重决策过程的合理性,更加注重决策实施结果的反馈与修订,将决策过程中的主观因素降至最低层面。

2.行政决策法应当具备民主性

行政决策法的民主性是指,行政决策过程应当保证公民的广泛参与,应当要体现社会公众的集体意识或公共意识。现代政治一般以两个观念作为逻辑前提,其一是人民主权,其二是社会契约。人民主权的观念强调国家政治权力来源于人民所拥有的自然权利,而非来源于"神授";社会契约的观念强调政府的统治权力来源于人民的授予,而非来源于暴力的优势。这两种观念构成现代政治运转的基础,凡是体现这两种观念的政治制度都可以说是具有"民主性"的政体,尽管不同国家的具体政治体制存在着较大的差别。无论何种民主政体,都必须承认的一点是,人民有权利参与政府各项事务,政府有义务满足人们的权利要求,尽管各个国家的人民参与政府事务的方式存在着较大的差别。民主的意义在于,政府是为人民服务的,政府并不享有最高的不受限制的政治权力,只有将政治权力运用于为人民服务才是正当的。实现民主的具体政治体制,从根本上来说,都是为了保证政府能够实现为人民服务的目的,或者限制政府异化为谋取自身利益的特权阶层。行政决策是政府的主要行政行为之一,对社会公众的切身利益影响巨大,因此,政府行政决策行为应当具备民主性是没有疑义的。从形式上来看,行政决策行为的民主性一般表现为两个方面:第一,行政决策过程中的信息收集、替代方案的提出等工作,应当广泛听取社会公众的建议或意见,尊重社会公众对社会公共事务发表意见的权利。这既是行政决策民主性的体现,也是实现行政决策科学化的方式之一;第二,行政决策过程中的最优方案选择,应当按照少数服从多数的原则进行表决,尊重社会公众对公共事务的参与权,并在行政决策的过程中体现社会公众的真实需求。

　　除了形式上的要求之外,要体现行政决策的民主价值,还必须有实质上的要求。首先,行政决策过程应当反映各社会各利益主体真实的利益诉求。行政决策的过程实质上属于利益格局调整的过程,最终决策方案的选择,可能会造成既得利益者的损失,也可能扩大不同主体之间的利益差别,从而引发剧烈的利益冲突,引发社会动乱。因此,行政决策过程必须真实反映各社会利益主体真实的利益诉求,最终决策方案的选择,应当根据帕累托最优原则进行选择,即在不损害任何一方既得利益的前提下,调整利益分配的格局,促进社会整体福利水平的提高;其次,行政决策过程应当真实反映各社会利益主体博弈的结果。行政决策过程实质上也是一种博弈的过程,博弈的基本要求是,各博弈主体应当在遵守游戏规则的前提下进行博弈,相互之间即存在竞争关系,也存在合作关系,只要各方都遵守了博弈规则,那么最终的博弈结果也是可以接受的。行政决策过程的民主性,要求各利益主体在行政决策法的约束下展开博弈,既要真实的反映各方的利益诉求,也要反映各利益主体真实的博弈结果,也就是在博弈过程中为最终占据优势的结果。行政决策法就真实体现行政决策过程中利益主体博弈的结果,这是行政决策法实质民主性的必然要求。

　　3.行政决策法应当具备公开性

　　行政决策过程公开,是行政决策法应当遵守的一项基本程序规则,是指行政决策的任何一部分都应当向社会公开,保证社会公众可以通过合理的方式获知行政决策过程的所有信息。行政决策公开可以区分形式公开与实质公开。形式公开是指行政决策过程中的信息收集、咨询论证和决策结果等决策事项的公开。形式公开有利于提高社会公众对行政决策参与的积极性,满足公众对行政决策信息的知情权,使社会公众获得公平参与行政决策过程的机会;实质公开是指政府应当将行政决策最终选定的方案公开,同时要公开说明选择的理由。实质公开实际上就是指行政决策决定主体公开行政决策理由,公开的目的在于,政府有机会向社会公众说明行政决策的理由,宣传政府在行政决策过程中坚持的价值观念,消除社会公众对政府决定的误解,也给予社会公众以理解或质疑政府的动机的机会,这既有利于政府公共政策的执行,也有利于政府及时纠正行政决策的可能发生的错误,同时这也是对政府进行有效监督的一种方式。汉密尔顿认为,"阳光是最好的防腐剂",当将政府行政决策的全过程,尤其是政府作出行政决策的理由予以公开时,能够最大限度的遏制政府腐败的发生。

4.行政决策法应当保证决策者的相对独立性

行政决策过程中应当保证决策者在决策中的相对独立性,决策者在决策过程中不应当受到其他权力的不正当干预,决策者应当有权力自主作出最终的决定。行政决策者的相对独立性是行政决策过程公正性的重要体现之一,只有保持了决策者的相对独立的地位,决策者才能基于客观事实或信息对需要决策事项进行客观的评估,不受利益主体的不正当影响,完全基于客观事实或信息,以及所需要遵循的基本原则作出最终的决定。在目前中国的行政体制下,行政决策者的相对独立性要注意以下几点:第一,政府与党的决策权应当相对独立。党在行政事务上的决策权主要体现在政治路线与宏观调控上,对于具体的行政决策事项,则应当交由政府自主决定,只要政府的行政决策决定没有违反党的基本方针政策,就应当保持政府行政决策的相对自主性或独立性。第二,行政决策的决策者应当与公共政策的实施者保持相对的独立性。如果公共政策的实施者参与行政决策的制定或选择,则可能会将自身的偏见带入行政决策的过程中,影响行政决策的公正性。保证决策者与执行者的相对独立性,还有利于行政决策信息的及时反馈,以对行政决策进行必要的修正。第三,行政决策的决策者应当不受媒体报道的不正当影响,也就是说,行政决策主体应当与媒体保持相对的独立性。媒体可以对行政决策过程进行独立的报道与评论,决策者也可以独立作出决策,这样既有利于媒体对行政决策进行监督,也可以保证媒体不受决策者控制,从而真实反映行政决策的相关信息。第四,行政决策的决策者应当与其他决策参与主体保持相对的独立性。行政决策的民主性要求社会公众广泛参与行政决策过程,这可能会导致决策者对"民意"的误读,或者受利益集团的控制。决策者应当广泛听取决策参与主体的建议和意见,但是不应当受决策参与主体的不正当影响,应当依据客观事实或信息,以及党的方针政策进行独立判断。

5.行政决策法应当具备一定的制约性

行政决策法的制约性是指,决策者应当承担违反决策程序作出决策的法律责任,即使行政决策的结果可以接受也应当承担违反程序的法律责任;只要依据法定决策程序作出决策,即使行政决策的结果存在负面影响,只要决策者主观上没有恶意,且无过错就不应当承担法律上的责任。行政决策行为的公正性评价一般从两个方面进行,一是从行政决策的结果公正性来评价,二是从行政决策的过程来评价。以行政决策结果的公正性作为评价行政决策行为是否合理,是否应当承担相应的法律责任,容易导致行政决策行为的异化。一般情况下,行政决策所需要解决的问题以非常规问题为主,本身所包含的不确定性因素较多,可控的因素较少,如果完全以最终实施效果的公正性来评价行政行为,就可能出现以不可归责决策者的因素来确定决策者的法律责任的情况,这本身就是不公正的。在中国的行政体制下,如果强行以实施结果的公正性作为评价行政决策行为的依据,还可能导致决策者与实施者相互串通,弄虚作假,虚报或隐瞒实施的结果。但是,如果完全放弃以实施结果作为评价标准,也会出现放纵决策者随意作出行政决策的行为,给国家经济社会发展带来严重的不利影响。相对而言,以行政决策过程是否公正来评价行政决策者的决策行为比较合理,只要行政决策程序本身满足了科学化、民主化、公开化和独立性的要求,就说明规范化行政决策过程本身是合理的,能够在很大程度上避免主观随意决策的发生,只要决策者严格地遵守了行政决策的规范,即使行政决策的结果可能在实体上是不公正的,也不能追究决策者的法律责任。因为行政决策所需要解决的问题本身就具有较大的不确定性,即使出现不可控的情况,也是行政决策行为必须要接受的后果。

(二)行政决策法的效率价值

一般情况下,效率反映的是人们在达成某种目标或任务的过程中,所消耗的时间或物质资源的不同比例,在达到同样目标或任务时,如果耗费了较少的时代或物质资源,就可以说是相对有效率的,如果耗费了相对于人类知识水平或努力程度而言最少的时间或物资资源,就可以说绝对有效率的。效率不同的学科中有不同的定义,最经常运用的两个领域是物理学和经济学。在物理学中,效率一般以理想值与实际值之间的比例来衡量,越接近理想值的,就说明越有效率。比如能源使用效率,一般都有一个能源利用的理想值,大多数情况下设定为100%,如果某种机械利用能源而达到的数值只有70%,就可以说这种机械的效率是70%。效率更多地是运用于经济学中,用来衡量经济资源的配置情况。相对于物理学中的效率概念,经济学中效率概念要复杂得多,因为物理学中的效率衡量是完全客观的,而经济学上的效率衡量由具有较大的主观性,或者说正是由于主观性的存在,才有经济学上效率的概念或范畴。从市场主体的角度来研究效率,主要考量的是市场主体在投入与产出之间的比例问题,投入越小,产出越大,就说明市场主体的市场行为越有效率。在经济学中,市场主体的投入与产出都可以量化为货币,精确为数字,这是经济学中的效率概念优于其他社会科学的主要因素。从社会整体的角度来研究效率,经济学上一般使用帕累托最优的范畴,假设每一个市场主体都是"理性经济人",会对市场价格作出理性的反应,市场出现供求平衡时,各市场主体的效用实现了最大化,社会资源得到了最优利用,没有浪费,也没有利用不充分。从理论上描述,帕累托最优原则是指,市场中的资源配置已经达到了以下状态,即提高任何一个人的效用状况,都将以损害其他人的效用状况为代价。

行政决策的效率问题涉及三个不同的方面,其一,政府作为行政决策的主体必须以尽量小的投入做到最大的产出,也就是说,政府在行政决策过程中必须充当理性经济人的角色;其二,行政决策行为的产出与一般市场主体经济活动的产出存在实质性的区别,政府必须将可能产出的经济效益与社会效益计算在产出之中;其三,政府作出行政决策,必须以帕累托最优作为决策的指导性原则,尽量在不损害既得利益群体利益的前提下,调整利益分配格局,以实现社会资源配置的帕累托最优状态。

1.行政决策行为的投入与产出分析

任何制度的运行都是需要成本的,如果制度运行产出的效益不高,那么就可以说这个制度是没有效率的。比如,如果经济规模很小,经营范围单一,经营主体也比较少,那么经营主体并不需要制定管理制度来规范经营行为,完全由其自主决策是最有效率的一种方式,因为在这种情况下,如果制定相应的制度,产出不会发生任何变化,但是制度运行却需要成本。相反,如果经济规模很大,人员也比较多,那么制定管理制度也许是必要的。因为虽然制度运行需要成本,但是管理制度的运行能够带来相对于没有管理制度而言更大的收益,只要这种收益能够大于制度运行的成本。

行政决策行为也是如此,政府的行政决策行为是否需要制度化,明显取决于行政决策制度运行的成本与可能的产出之间的比例。如果行政决策需要解决的问题相对简单,或者是常规化的日常工作,那么存不存在行政决策制度对最终的产出没有明显的影响,因此在这种情况下,行政决策行为并不需要制度化,制度化反而会增加成本支出,影响政府工作的效率。只有在行政决策需要解决的问题非常复杂且重大,才需要将行政决策制度化,形成规范化的行政决策过程。因为规范化的行政决策过程的产出可能远高于非规范化的行政决策过程,在抵消行政决策制度运行成本之后还有足够的盈余。行政决策制度运行的经济成本一般可以分为两个方面,一是制度正常运行所需要支出的费用,如工作人员的工资支出、信息调查处理支出、专家论证与咨询费用支出以及会议支出等,这可以称为"必要的制度成本";二是没有遵守制度而导致出现的机会成本,如没有遵守行政决策制度而导致严重的社会后果,以及社会公众对政府守法的信任危机,等等,这可以称为"不必要的制度成本"。一般情况下,"不必要的行政决策制度成本"包括以下几种情况:(1)行政决策目标认识错误。对行政决策所需要解决的问题没有认识清楚而启动决策程序,导致无谓的制度运行支出;(2)违反行政决策制度。虽然启动了行政决策制度,但是却不遵守制度,为实现其他目的任意违反制度,导致制度运行成本支出没有产生相应的效益;(3)选择了错误的行政决策方式。由于对行政决策所需要解决的问题认识不正确,导致选择错误的行政决策方式,使政府行政决策发生错误,或者没有实现最优化的选择。

行政决策制度运行除了存在经济性成本支出之外,还存在精神性或社会性成本支出,这些成本支出难以量化,但是却是实实在在的成本支出。这方面的成本支出主要是,政府在决策过程中不遵守行政决策制度所导致的负面评价,以及进而可能引发的政府信任危机。具体而言,这个方面的成本主要包括:(1)政府不遵守法定决策制度的精神成本。政府不遵守法定决策制度与法治国家的治国理念不相符,由此会引发公众对政府实行"人治"的负面评价,导致政府的信任危机,影响其他政府制度的正常运行;(2)政府不遵守决策制度而又导致决策严重失误时的精神成本。如果政府在决策过程中不遵守行政决策制度,同时又导致严重社会后果时,社会公众会对政府的决策能力产生消极评价,对政府产生严重信任危机。精神性决策成本随着行政决策制度的启动而产生,但是它不随着决策制度的终结而终结,它也不容易用量化的指标来测量,但是它的影响是长久而深远的。

行政决策制度运行的产出也可以分为经济效益与社会效益两个方面。就经济方面的效益而言,主要包括:(1)行政决策制度运行所制定的公共政策在实施之后所产生的经济效益,比如修建三峡水库所产生的经济效益;(2)行政决策制度运行所导致的机会成本支出减少,减少的机会成本支出相对而言就是行政决策制度运行的经济效益,比如运行行政决策制度形成公共政策的过程,支出部分制度运行成本,但是经济效益却非常明显,而如果不运行行政决策制度则可能形成错误的公共政策,导致严重的社会后果,浪费大量的社会资源,被浪费的这部分经济资源,就是所谓机会成本支出。机会成本支出所形成的经济效益具有一定的偶然性,也就是说,即使运行行政决策制度,也不一定会有非常好的效益,而不运行行政决策,也不一定不会有好的效益。但是,相对而言,运行行政决策制度形成正确公共政策的几率远高于非制度化行政决策,因为行政决策制度能够保证行政决策的科学性、民主性和独立性等公正性特征,避免行政决策行为沦为为特权阶层谋私利的工具。行政决策制度运行还有社会效益方面的产出,主要是制度运行导致稳定的行为预期,对政府决策的信任以及政府实施法治的正面评价,等等。行政决策制度运行在社会效益方面的产出难以进行量化评估,这是衡量行政决策制度运行效率的难点之一。

2.行政决策制度运行效率的影响因素

行政决策制度运行的成本与产出尽管某些方面存在衡量或评估上的困难,但是我们还是可以一般性考察行政决策制度的运行过程,发现影响行政决策制度运行效率的基本因素。我们认为,影响行政决策制度运行的基本因素包括以下几项。

(1)行政决策的周期。

行政决策周期是指行政决策程序从启动至终了的全过程,包括行政决策目标的确定、行政决策信息的收集、行政决策方案的制定和行政决策方案的选择等步骤。一般而言,行政决策周期时间越短,行政决策制度运行成本支出越少。但是,行政决策周期过短,有可能会影响行政决策所制定公共政策的正确性和适应性,也有可能影响社会公众对行政决策的参与程度,进而影响行政决策制度运行的社会效益。因此,行政决策周期的选择需要在成本与收益之间进行平衡,以找到最佳的行政决策周期。

(2)行政决策的繁简。

行政决策的繁简是指行政决策所需要经过的环节,或者是指行政决策的结构化程度。一般情况下,行政决策环节越少,结构越简单,行政决策制度运行成本支出越少,反之则越高。但是,在某些情况下,行政决策环节的复杂与简便程度与行政决策的结果有一定的相关性,复杂的行政决策制度也许会带来正确的公共政策出台,从而产生较大的经济效益和社会效益。因此,行政决策的繁简也是需要在投入与产出之间进行平衡的问题。

(3)行政决策的正确程度。

行政决策制度运行的最终结果,是形成公共政策。公共政策是否正确,是否能够解决相应的问题,是衡量行政决策效率的重要因素。但是,行政决策的正确程度衡量不仅在实践中,理论上也有很大的难度。原因在于,行政决策的正确程度评估,只能在公共政策实施以后才能进行,属于事后评估或事后监督。实际上,行政决策制度运行与不运行所导致的产出差异,到目前为止,理论界还没有发现有效的工具进行衡量或评估,只能根据政府决策的实践或经验进行大致的估计。尽管如此,从常识上来看,行政决策的正确程度与行政决策制度运行的效率明显是直接相关的。

3.行政决策的帕累托最优原则

行政决策制度运行的最终成果一般以公共政策的形式存在,主要用以解决社会治理过程中面临的重大社会问题。行政决策制度中应当包含一种可以对公共政策持续修正的机制,以确保公共政策实施的结果能够逼近帕累托最优原则。帕累托最优原则要求,公共政策对社会利益格局的调整,应当在不损害任一利益主体的前提下,持续改善其他社会利益主体或社会整体的福利水平。帕累托最优原则仅仅是一种理论上对社会资源配置的最佳效率观念,并不对社会资源配置的贫富分化问题进行伦理性评价,它是以承认不损害社会主体的既得利益为前提,并在此基础上对社会利益格局进行调整,以达到社会资源配置效率最佳的状态。现代经济学,尤其是信息经济学一般认为,帕累托最优状态的达到是一种理论上的设计,以社会主体的信息充分且对称为前提,对政府而言,如果要使公共政策的实施结果达到帕累托最优状态,作为决策者的政府必须掌握充分且全面的社会信息,包括公共政策实施过程中可能面临的不确性信息。哈耶克认为,这种信息充分且全面的状态,是不可能达到的,任何一个主体(除非上帝)都不可能拥有这种能力。但是,即使如此政府也不可能放弃行政决策,放弃以公共政策调整社会利益格局的手段或措施。人类的智慧虽然不足在政策设计时都完全达到帕累托最优的状态,但是人类的理性却可以通过实践,在错误中发现逼近帕累托最优状态的方法。因此,行政决策制度必须包含一种容错和纠错的机制,注重公共政策实施中的信息反馈,以实现帕累托最优状态为基本原则,在实践中对公共政策的内容进行持续性调整,以促进公共政策实施结果最佳效率的实现。

第三节　中国行政决策法的现状及完善

一、中国行政决策法的立法与研究现状

(一)中国行政决策法的立法现状

如果根据《中华人民共和国立法法》(以下简称《立法法》)的规定,将法律界定为全国人大及常委会、国务院及各部委、自治区、直辖市和省级人大及政府以及省会市和国务院认定的较大市人大及政府所制定的规范性文件,包括法律、行政法规、行政规章、地方性法规和地方政府规章等形式,那么到目前为止,中国还没有一部上述意义上的行政决策法律制度。但是,如果将法律内涵作宽泛的理解,凡是政权机关发布的,对人们行为有普遍约束力的规范性文件都可以称为"法律",那么中国是存在行政决策方面的法律制度的,只是这种关于行政决策的规范性文件,效力层级不高,普遍性也不如通常意义上的"法律"。

1.与行政决策有关的党的文件

在中国的政治体制下,中国共产党中央委员会的文件具有很高的规范性效力,对于法律的制定、公共政策的出台都有决定性的影响,是法律和公共政

策制定的指导性原则。党的文件虽然不能直接作为法律规范适用,但是在法律或公共政策适用过程中,党的文件所蕴涵的精神却是解决法律或公共政策的基本依据或精神。在行政决策方面,最早的与行政决策有关的文件是,1980年邓小平同志发表的《党和国家领导制度的改革》的重要讲话。在这份党的文件中,提出了要对中国的政治体制进行改革,分析了我国政治制度存在的五大弊端,分别是官僚主义、权力过分集中、家长制、干部领导职务终身制和特权现象。这些弊端总体而言,都与行政决策制度不健全有关系,行政决策的权力掌握在少数领导干部手上,主观随意性较大,缺乏有效的监督。邓小平同志认为,"我们过去发生的各种错误,固然与某些领导人的思想、作风有关,但是组织制度、工作制度方面的问题更重要。"①要解决行政决策中存在的这些问题,只有将行政决策行为制度化,"必须使民主制度化、法律化,使这种制度和法律不因领导人的改变而改变,不因领导人的看法和注意力的改变而改变。"在邓小平同志的领导下,基于行政决策制度化的思想,党的十三大在强调政治体制改革时指出,制度建设"对于党的决策的民主化和科学化……十分重要",党的十四大报告提出,"要加速建立一套民主的科学的决策制度",党的十五大报告提出,"要把改革与发展的重大决策与立法结合起来。逐步形成深入了解民情、充分反映民意、广泛集中民智的决策机制,推进决策科学化、民主化,提高决策水平和工作效率",党的十五届四中全会提出,在"建立和健全国有企业经营管理者的激励和约束机制"时,要加快建立"决策失误追究制度"。党的文件对行政决策制度化的阐述,为行政决策体制改革奠定了坚实的理论基础,为政府的行政决策行为提供了规范性的指导,在政府的行政决策实践中起到了巨大的作用,促进了社会主义市场经济体制改革的顺利推进。

2.与行政决策有关的法律规定

到目前为止,中国并没有国家层面的专门的、由全国人大及常委会和国务院制定的与行政决策相关的"法律",关于行政决策的法律规定散见于宪法和其他法律条款中,或者可以从宪法或其他法律条款推论出与行政决策相关的规范。在宪法层面,《中华人民共和国宪法》第二条第一款规定,"中华人民共和国的一切权力属于人民。"第三款规定,"人民依照法律规定,通过各种途径

①《邓小平文选》第二卷,人民出版社 1994 年版,第 333 页。

和形式,管理国家事务、管理经济和文化事业,管理社会事务。"对于行政决策职权的划分,《宪法》第三条第三款规定,"中央和地方的国家机构职权的划分,遵循在中央的统一领导下,充分发挥地方的主动性、积极性的原则。"对于行政决策失误责任追究,《宪法》第五条第二款规定,"一切国家机关和武装力量、各政党和各社会团体、各社会组织都必须遵守宪法和法律。一切违反宪法和法律的行为,必须予以追究。"就行政决策的监督而言,《宪法》第四十一条第一款规定,"中华人民共和国公民对于任何国家机关和国家工作人员有提出批评和建议的权利;对于任何国家机关和国家工作人员的违法失职行为,有向有关国家机关提出申诉、控告或检举的权利,但是不得捏造或者歪曲事实进行诬告陷害。"对于行政决策权力配置和行政决策会议制度,《宪法》第八十六条第二款规定,"国务院实行总理负责制。各部、各委员会实行部长、主任负责制。"第八十八条规定,"总理、副总理、国务委员、秘书长组成国务院常务会议。"除此之外,《国务院组织法》、《地方各级人民代表大会和人民政府组织法》对行政决策的体制有更为具体的规定。

在法律层面,虽然没有针对行政决策的专门条款,但是在某些法律规范中可以发现与行政决策有关的规范。《中华人民共和国价格法》(以下简称《价格法》)第二十二条第一款规定,"政府价格主管部门和其他有关部门制定政府指导价、政府定价,应当开展价格、成本调查,听取消费者、经营者和有关方面的意见。"第二十三条规定,"制定关系群众切身利益的公用事业价格、公益性服务价格和自然垄断经营的商品价格等政府指导价、政府定价,应当建立听证会制度,由政府价格主管部门主持,征求消费者、经营者和其他方面的意见,论证其必要性、可行性。"《价格法》的规定,实际上对政府物价部门提出了行政决策制度化方面的要求,要求物价部门制定价格决策时,应当注意决策的客观性和民主性。再如,在《行政诉讼法》中规定,人民法院可以对行政主体的具体行政行为进行司法审查,《中华人民共和国行政复议法》规定,行政复议机关可以对部分抽象行政行为进行审查。这些规定虽然能否适用于行政决策行为还有疑义,因为行政决策行为到底是具体行政行为,还是抽象行政行为,行政法学界还未有充分研究,司法实践过程中也未出现类似的案例,但是这些制度的存在为建立行政决策行为的追责机制奠定了基础。另外,《刑法》中的"玩忽职守罪"也可以通过宽泛解释而适用于行政决策行为。

（二）中国行政决策制度的研究与实践现状

1.行政决策制度的理论研究

中国行政决策制度的理论研究,从现有的文献来看,应当是起源于万里同志的一篇论文,《决策民主化和科学化是政治体制改革的一个重要课题》,在这篇著名论文中,万里同志指出,"我们至今仍没有建立起一整套严格的决策制度和决策程序,没有完善的决策支持系统、咨询系统、评价系统、监督系统和反馈系统,决策的科学性无从检验,决策的失误难以受到及时有效的监督。"在万里同志的支持下,行政决策制度研究获得了理论界的重视,1986 年 7 月中国社会科学院召开了全国软科学研究工作座谈会,在中国理论界第一次对行政决策科学化的问题进行了专题性的深入探讨,提出中国行政决策体制改革应当以"决策科学化、民主化"为目标。在这次研讨之后,中国行政决策制度的理论研究逐渐深入,学者们从不同的角度探讨了行政决策制度化的问题。首先,部分研究从行政学和政治学的角度来探讨行政决策制度化的问题,研究了行政决策制度科学性和民主性应当具备的特征,论证了行政决策制度科学化和民主化的基本内涵。这些研究成果对政府机构改革起到了巨大的作用。这期间主要的论著有,杨建平的《从决策体制入手推进政府改革》,王勇的《论行政决策的民主化和科学化》等。其次,部分研究从管理学的角度探讨行政决策过程的合理性,此类研究一般综合运用社会学、统计学等学科的知识,以计算机技术为辅助工具,研究行政决策的科学方法,比如,陈晓红教授的《层次模型法决策》、赵晓东的《不完全竞争条件下双向决策模型》等都属此类。最后,还有一部分研究从实践经验出发,探讨一些重大行政决策失误案例,分析决策失误的原因,研究相应的解决办法等。

2.行政决策制度在实践中的应用

自党中央提出行政决策程序科学化和民主化的目标以来,政府的行政决策行为日益规范化,针对重大的事项,政府一般都能够自觉启动行政决策制度,努力实现行政决策科学化和民主化的目标。比如,三峡工程建设的行政决策就具有科学化和民主化明显特征。党中央首次提出要进行三峡工程建设是在 1958 年的南宁会议和成都会议,当时毛主席提出了建设三峡工程的设想,由周恩来总理主持了的三峡工程建设的论证,形成了三峡水利枢纽和长江流域规划的总体意见。但是,党中央和国务院并没有急于启动这一巨型工程的建设,在综合考虑了各项社会历史条件之后,该工程建设被搁置了。直到1986年,党中央国务院再次启动了三峡工程建设项目的论证,国务院水电部组织全国各个方面的专家,分多个专题对工程进行详细论证,之后国防科工委又组织全国数百个科研单位的上千名科技人员进行重点科技攻关,并在此基础上重新编制了三峡工程可行性研究报告。为获取三峡工程建设的全面信息,党中央国务院决定在20世纪70年代初在长江三峡中下游修建葛洲坝水利工程,作为三峡工程建设的科学试点项目,在葛洲坝水利工程修建并运营的过程中,积累了宝贵的第一手资料。在此基础上,1990年国务院正式成立了三峡工程审查委员会,邀请各方面的顶级专家对三峡工程建设可行性报告进行全面审查,形成了审查意见,最后提请七届全国人大五次会议上表决,获得通过,由此才正式启动三峡工程的建设项目。从目前三峡工程运行的效果来看,三峡工程的行政决策无疑是非常正确的。

二、中国行政决策制度存在的问题

(一)行政决策制度化水平低

在中国的法律体系中,只有宪法、法律、行政法规、地方性法规和地方性规章可以被称为"法律",由相应的享有立法权的机构制定。除此之外,各级党委、政协和社会团体等机构都不享有立法权,虽然也可以制定规范性文件,但是权威性相对"法律"而言比较低。在西方国家的政权结构中,一般采用三权分立的政治体制,作为享有行政权的政府一般没有直接发布具有法律约束力的法令或规范性文件,所有具有法律效力的规范性文件必须经过议会或国会的批准,政府在没有获得议会或国会批准的情况下不得自行实施,否则就构成违宪,有可能引发宪法危机。中国的政权结构与西方国家不同,中国并不是以"三权分立"作为政权划分或配置的基础。在中国政权结构中,各级党委享有非常重要的政治权力,全国人大是宪法规定的最高权力机构,政府在行政事务的管理方面拥有非常大的权力。在中国享有立法权的政府只配置到省会市或国务院认定的较大市,较小的市、县、和乡镇人大和政府都没有立法权,只有实施法律的行政权。在这种政权体制下,有几类政权机构行为实际上在行使立法权,一是各级党委发布的纲领性文件,二是享有立法权的政府不以法定方式发布规范性文件,三是不享有立法权的政府以"红头文件"的形式行使立法权。这几类非法律的规范性文件,虽然不具有"法律"的资格或身份,但是实际上充当着与法律相类似的社会治理功能。中国的行政决策行为制度化水平低体现在两个方面:一是各级政府根据行政决策制度制定的公共政策一般不享有"法律"的身份,在中国目前的政权体制下,这些公共政策并不需要经过各级人大有常委会的批准,而是由作出决策的政府自主决定,或由上级政府批准决定;二是行政决策制度本身没有"法律"化,而是由各级党委政府自行制定规范予以约束,此类制度基本上不向社会公开,社会公众对行政决策制度及其运行知之甚少。行政决策目前的这种制度化水平,导致行政决策规范更像是政府内部的一种管理制度,既与各级人大及常委会无关,社会公众也无从知晓。行政决策的这种制度化水平显然与政府的公共性角色不符,也与中国"依法治国"的理念不符。

(二)行政决策制度缺乏合理性

即使作为一种政府内部的管理制度,目前的行政决策制度还存在着缺乏约束与纠错机制的问题。从管理学的角度来说,一种制度的有效性必须依赖制度本身的合理性,以及保障制度有效运行的制约和监督机制。行政决策制度的合理性以尊重行政决策行为的一般规律为前提,注重行政决策行为的科学性,要对行政决策行为的信息调查收集、问题归纳定性、替代方案的提供、最优方案的选择以及实施过程中的信息反馈与修正进行全程规范。不仅如此,还必须保证行政决策的每一个步骤或环节都必须发挥实质性的作用,而不是仅仅在形式上遵守行政决策的科学流程。除了科学性要求之外,行政决策制度的合理性还必须以尊重现行政治意识形态为前提。在当今社会,世界上大多数国家都是民主政体,尽管在具体的民主形式上有差异。因此,行政决策制度必须体现行政决策的民主性,保证社会公众对行政决策过程的参与权,保证社会公众对行政决策信息的知情权。

行政决策制度缺乏制约和监督机制是导致制度运行实效性不高的另一个重要原因。行政决策制度的制约与监督机制相对于政府的其他行政行为而言,建立的难度较大。最主要的原因在于,行政决策所需要解决的问题本身不确定性较大,人们很难辨别一项公共政策实施的结果较差,究竟是公共政策的内容不科学,还是政府在实施过程中存在问题,亦或是公共政策实施的条件或环境发生了决策时难以预料的变化。也就是说,公共政策的实施结果具有很大偶然性,人们很难在政府的行政决策行为(正确或错误)与公共政策实施的结果之间建立直接的因果关系,这其间可以影响公共政策实施结果的因素太多了,而且还有许多不可控的因素。这可能是中国行政决策制度缺乏制约和监督机制的主要原因,制度设计的目的可能在于,应当给政府的行政决策保留足够的自由裁量空间,以免不恰当地对作出行政决策的政府及行政领导追究责任。然而,这实际上是误解了行政决策制度中的制约与监督机制,制约与监督机制并不完全是从公共政策实施结果开始启动的,而是行政决策过程中启动的,制约与监督的重点在于政府作出行政决策的过程,而非公共政策实施过程与结果。只要政府在行政决策过程中严格遵守了行政决策制度,即使公共政策的实施结果不太好,政府也不用为此承担责任。

(三)行政决策制度与决策价值理念存在冲突

中国目前的行政决策制度与决策价值理念存在诸多冲突。决策公正价值的内涵包括科学性、民主性、公开性、独立性和制约性等,考察我国现有的行政决策制度,发现其与决策的公正价值存在诸多冲突。第一,行政决策主体独立性不强。行政决策过程中,涉及的主体包括决策信息收集整理者、论证与咨询者、最终方案的决定者以及实施信息反馈者。在中国的行政决策制度中,上述各种主体的独立性不强,大部分主体都与政府存在着隶属关系,难以发表独立的建议或意见。比如政策研究中心或信息中心属于政府的事业单位,人员由政府安排,经费由政府支付。参与决策咨询或论证的专家或社会团体,虽然在工作上与政府没有隶属关系,但是政府往往掌握着专家选择的决定权,使专家意见难以体现独立性。第二,行政决策的决定者与实施者没有分离。行政决策的决策者即公共政策的制定者,与公共政策的实施者都为同一主体(一般情况下是政府及其相关工作部门)。由于两者没有分离,实施者往往以先入为主的观念来指导行政决策的实施,不利于发现在行政决策实施过程中出现的问题。即使发现了问题,也可能会因为政绩的考虑而拒绝根据行政决策制度对公共政策进行修正。第三,行政决策的主观随意性较大,缺乏规范性和稳定性。党的文件虽然对行政决策行为有纲领性的指导,但是这种指导一般比较抽象,难以对政府行政决策行为形成具体的指导,各级政府在理解和执行党的文件过程中差异比较大。在某些地方政府,行政决策可能完全异化为一种决策形式,进行行政决策的唯一目的只是为了证明行政领导的个人意见是正确的,以行政决策的外在形式来固化行政领导的个人意志。第四,行政决策过程民主性不强。虽然在部门行政法律中,比如《价格法》规定了政府行政决策应当举行听证会,但是在大部分行政决策事务中,行政决策制度没有提出强调性的听证要求,或社会公众参与要求。社会公众缺少反映自身诉求的法定途径,政府决策部门也缺乏听取社会公众建议或意见的法定形式。第五,行政决策过程公开性不高。虽然我国由国务院颁布了《政府信息公开条例》,对政府信息公开进行了规范,要求政府将特定行政信息予以公开,保证社会公众的知情权。但是,对于行政决策全过程的信息,法律并没有提出强制公开的要求,社会公众也缺乏决策信息公开方面的救济权利。第六,行政决策的制约监督性处于空白阶段。到目前为止,行政决策制度未建立责任追究机制,对于违反行政决策制度所作出的公共政策,只要公共政策实施的结果较好,就不会追究政府决策部门的行政责任,而只要公共政策实施结果不好,即使政府决策部门遵守了行政决策制度,也难以摆脱行政责任的追究。这种以事后结果论成败的责任追究机制,不利于行政决策制度的建立与完善,也与行政决策制度的公正价值相悖。

决策效率价值的内涵包括,决策成本与效益之间的最优比例以及决策结果的帕累托最优状态实现情况等,考察中国的行政决策制度,发现其与决策的效率价值存在许多冲突。第一,行政决策周期没有任何限制。现有行政决策制度对于行政决策制定公共政策的时间没有任何程序上的限制,由政府决策部门自主决定。这可能导致政府决策部门长期处于议而不决的状态,消耗大量的决策成本,导致行政决策制度效率不高。第二,行政决策制度的适应性不强。现有行政决策制度中决策方式单一,没有区分常规决策与重大复杂事项决策,对所有的决策事项采取同样的决策模式,导致常规事项决策复杂化,重大复杂事项决策简单化,导致出台的公共政策应对性较差。第三,行政决策制度不注重决策的社会效益。在行政决策过程中,无论是理论还是实务界,普遍关注行政决策制度运行的经济效益层面,对社会效益层面关注较少。第四,行政决策制度注重结果而不注重过程的正当性,导致行政决策行为评价异化。第五,行政决策过程缺乏帕累托最优原则的指导,公共政策不注重从整体上来调整利益格局。党中在国务院对社会资源配置的基本政策是"效率优先,兼顾公平"。各级地方政府决策部门对效率和公平的理解出现偏差,将效率等同于实体经营单位的经营效率,将公平等同于社会资源的绝对平等配置。而实际上,效率与公平应当从社会资源的整体配置上来理解,效率应当是帕累托最优原则意义上的效率,公平是在不损害既得利益者的前提下的共同富裕,两者在本质上其实并不矛盾。现有的行政决策制度在运行过程中,往往将效率与公平视为相互矛盾的范畴,认定提高效率就是以损害公平为代价的,或者说实现公平就不可能实现社会资源配置的有效率状态。行政决策制度中的这种精神或理念,对行政决策制度的效率有严重的负面影响,是导致行政决策制度无效率的主要原因之一。

三、中国行政决策法律制度的完善

中国行政决策制度存在的问题在政府决策实践中产生了一些负面影响,比如政府决策受行政领导个人意志影响严重,"三拍"(决策前拍脑袋、实施中拍胸脯和实施后拍屁股)决策比较多,社会资源浪费非常严重,政府决策者行政责任追究困难,等等。只有完善中国行政决策法律制度,才能解决政府决策实践中存在的这些问题。我们认为,应当从以下几个方面入手来完善中国行政决策制度:

(一)确立行政决策法独立的法律地位

在目前中国的行政法体系中,一般以政府与行政相对人之间的权利义务关系为基础,对行政法进行定位。由于行政决策法并不与行政相对人发生直接的权利义务关系,因而在现行的行政法体系中,行政决策制度一般被视为政府内部的行政管理制度,而不是行政法律制度。行政法体系中对行政决策制度的定位,明显受大陆法系中"法律关系"范畴的影响,虽然区分了公法与私法,但是公法却基本沿用私法中的法律结构,主要是主体之间权利与义务关系法律结构,没有虑及政府单方行为的独特性,以及政府行为在性质上的公共性。在英美法系中,并不注重法律规范中的"法律关系",而是注重法律在形式上的特征,只要有宪法的授权,凡是由议会或国会批准的规范性文件都离有法律的身份或地位,即使不同法律文件之间在内在逻辑上存在很大的区别也是如此。近年来,大陆法系国家公法与私法有相互融合的趋势,或者说是法律一体化的趋势,公私法之间的划分不再重要。在这种趋势下,大陆法系国家的公法有了快速的发展,早已突破传统的以"法律关系"为逻辑前提的法律结构,在公法中引人了许多只有在英美法系国家中才存在的法律制度。行政决策法律制度就是如此,在英美法系国家中,行政决策法律制度一般出现在行政程序法律制度中,作为行政程序法的一部分。行政决策法律制度在中国尚没有独立的法律地位,与中国行政法学界固守传统法学观念有直接的关系,认为行政决策行为不适宜由法律来规范,因为行政决策行为难以在政府与社会公众之间建立直接的权利义务关系。实际上,如果我们站在当今世界法律发展的总体趋势来看,上述观念是缺乏合理依据的。要解决政府决策实践中存在的问题,当务之急是及早确立行政决策制度在中国行政法体系中的应有地位。

(二)扩大行政决策法的适应性

在现行的行政决策制度中,没有对行政决策制度的适应性进行明确的规定,对于决策主体也未予以界定。根据政府行政决策惯常的做法,一般是由党委政府领导班子组成的常委会作出相应的行政决策,对于何种事项应当由常委会进行讨论决定,其他主体如何参与行政决策都没有明确的规定。我们认为,要改变这种状况,应当从以下几个方面扩大行政决策法的适用范围:第一,扩大行政决策的主体范围。不仅将党委政府班子组成的常委会设置为当然的决策主体,也应当将政府下属的政策研究机构或信息中心设置为必要的参与主体,同时将由专家和社会公众代表组成的专家团或民意代表团设置为选择参与的主体。不仅如此,还要设置各种决策主体在行政决策中所享有的权力、权利和职责,规定承担参与行政决策的方式,以及承担行政决策责任的条件等。第二,区分不同的行政决策方式,扩大行政决策制度适用的范围。行政决策制度应当设置多种行政决策方式或程序,规定不同的决策事项应当启动不同的行政决策方式或程序,针对不同的行政决策方式或程序设置不同的程序要件,规定不同的程序权利与义务。对常规性事项,采取简易或特别决策程序,对于重大事项则采取普通决策程序。除此之外,行政决策制度还应当对常规性与重大性决策事项进行明确的界定,并设置决策程序参与人的救济途径。第三,将行政决策法扩大适用到公共政策执行领域,建立行政决策的反馈机制。针对目前政府决策过程中反馈性较差的特点,行政决策制度应当建立有效的信息反馈机制,及时修正行政决策所制定的公共政策,提高行政决策的实效性。第四,完善行政决策法的责任机制。在现行的行政决策制度中,注重事后监督,不关注事中监督。也就是说,责任承担主要以承担实体法责任为主,不追究决策主体的程序法责任。也就是说,对于决策主体严重违反行政决策程序的行为,只要行政决策的结果是好的,不仅不追究决策主体的法律责任,某些情况下甚至还给予褒奖。行政决策法应当努力改善这种状况,不仅应当加强对决策主体造成严重后果的责任追究,而且也应当制定违反行政决策程序的法律责任制度,以确保决策主体严格遵守行政决策法律制度。

(三)提高行政决策法的科学性与民主性

行政决策法的基本内容应当以决策行为的一般规律为基础,充分利用决策科学的知识,按照决策信息收集整理、决策问题归纳、替代方案设计、专家论证咨询、最优方案选择和信息反馈修正等几个步骤来设计行政决策的法律结构,避免强行套用"法律关系"的范畴来设计行政决策法的制度结构。行政决策的立法设计了要充分考虑中国的政治体制和政治意识形态,增进行政决策法的民主性。在中国目前的政治体制下,中国并不适宜采用西方国家惯用的行政决策民主化的制度,因为中国没有职业的政治家,也没有如西方国家一般的常设议会机构。中国更适宜于采用民意调查,举行听证会等方式来提高社会公众对政府行政决策的参与程度。行政决策法要解决的主要问题在于,如何设计一种良好的民意调查或举行听证会的方式,以避免政府行政决策走过场。

第三章　行政执行法

中国主流的行政法学通过以行政行为为核心范畴建立形式化的理论体系，这一点与大陆法系国家中以法律行为为核心范畴建构法律体系在逻辑上一致的。在私法中，法律行为概念一般又以"意思自治"和"意思表示"为核心范畴进行体系建构。大陆法系国家的公法也继受了私法中的这一传统，以行政行为作为公法（其中主要是行政法）的核心概念建构行政法的理论体系。然而，此种扩张是否合理还存有不少的疑问。其中最重要的一点是，私法中法律行为的主体一般享有意思自治的权利，而公法中行政行为的主体却可能非常缺乏意思自治能力，在某些行政行为中，虽然可能存在自由裁量权，但是也必须在合适的范围内行使。可以说，行政行为在部分情况下都是一种单方行为，行政主体针对具体事件行使行政权、单方面作出直接产生法律效果的行为，并不需要与行政相对人进行意思上的沟通，在法定的情形下，行政主体单方面作出行政行为也是无可选择的或缺乏意思自治的。然而，在现代社会中，行政所承担的社会功能已经远远超出了传统公共行政模式下维护社会秩序的消极功能，扩张到为社会提供丰富的公共服务（如医疗、养老和失业等）的积极功能方面。在此种情形下，再以单方面行使行政权的行政行为为核心范畴建构行政法体系是否合适就值得人们怀疑。现行的行政法学理论体系也许需要一个更具包容性的核心范畴进行重构，这个核心范畴既具有建构行政法学理论体系的逻辑基础，同时也具有适用社会发展态势的现实基础。我们认为，以行政组织的行政过程为基础来建构行政法学体系，具备了以上所述的优势。行政过程一般以行政决策为先导，以行政执行为核心，以行政人事、绩效和责任等方面作为激励，共同构成了一个完整的行政过程所需要的核心要素。上章对行政决策的研究，本章对行政执行的研究就是这一建构逻辑的体现。

第一节　行政执行法的主要范畴

一、行政执行的概念

行政执行,是指行政组织根据宪法和法律的规定,将法律和公共政策的内容实施于具体社会事务的活动或行为。具体而言,行政执行具有以下几个方面的特征:

首先,行政执行的主体是行政组织,而非行政主体。在行政法学的一般观念中,行政主体是享有独立法律地位,能够以自身名义实施一定行为,并由自身承担相应法律责任的行政组织。行政执行的主体并非行政法学一般观念中的行政主体,而是指行政组织。这意味着行政执行的主体既包括了行政主体,即享有独立法律地位能以自身名义行为的行政组织,也包括不具有独立法律地位,不能以自身名义行为的行政主体的构成组织和公务员,甚至包括行政主体授权或委托的其他组织或个人。在行政法学的一般观念中,只考虑谁有资格行使在法律上有意义的行为,谁为行为的后果承担责任,而不考虑行政主体所实施行为的实施过程。实际上,行政主体要实施在法律上有意义的,以自身名义作出的行为,必须要行政主体各构成部分的相互配合或制约,否则行政主体的任何行为不仅在法律上不可能,在事实上也不具有可能性。

其次,行政执行的依据是法律或公共政策。法律或公共政策一般具有普遍性,不针对任何特定的人或特定的事,也具有抽象性,不针对具体的人或具体的事。行政执行就是将具有普遍性和抽象性的法律或公共政策适用于特定的和具体的社会事务上,使法律或公共政策产生实际的法律效果,实现"书面的法和政策"向"现实的法和政策"的转变。行政执行的依据不仅包括法律,也包括公共政策。法律是通过立法行为形成的规范性文件,而公共政策则是通过行政决策而形成的规范性文件,根据上章的论述,公共政策的形成,也即是行政决策的过程也必须受法律的约束或控制,公共政策的内容必须符合法律的要求。虽然存在着这样的实质上的差别,但是公共政策与法律在行政执行过程中,具有相同的地位,两者都构成了行政组织实施一定行为的依据。在传统公共行政的模式下,行政的主要职能是维护社会治安,行政执行的则主要集中在执行维护社会治安方面的法律,比如中国的警察和其他行政组织主要执行的依据是《中华人民共和国治安管理法》等。在新公共服务或新公共管理的模式下,行政组织的职能提到了极大的扩张,维护社会治安仅仅构成了行政组织的职能之一,甚至不是主要的职能,现代社会中,人们对于行政组织提出了许多新的职能要求,其中主要是为社会整体提供更多的公共服务,以提高人们的生活质量,增进人们生活的幸福感,如教育、医疗、养老、失业和消除贫困,等等。在这些职能方面,法律只可能提供非常一般和抽象的要求,而更为具体的和可操作性的要求则必须通过行政组织的行政决策来决定,由此形成的规范性文件就是所谓的公共政策。公共政策与法律一样,也构成了行政组织实施一定行为必须要遵守的规则。

最后,行政执行的对象是特定的和具体的。与行政决策的对象不同,行政执行的对象必然是特定和具体的。在新公共服务或新公共管理的运动中,存在着两种不同的公共管理途径:一种是政策途径,即所谓 P 途径;另一种是执行途径,即所谓 B 途径。政策途径强调的是公共政策形成过程的科学性和民主性,执行途径强调的是执行过程的有效性和可接受性。行政决策的结果不针对任何特定的人或事,而行政执行的结果则必然针对特定的人或事。两者在逻辑上存在着必然的联系,就如同科学理论与科学实验的关系一般,科学理论描述世界存在与运行的一般规律,不针对特定的事物及其关系,而科学实验则侧重检验科学理论的真实性或正确性,通过对特定或具体事物之间关系的发现,来验证科学理论的真实性或正确性。

二、行政执行与相近概念的区别

(一)行政执行与行政执法

学界对于行政执法的含义存在着不同的理解。概括起来,主要存在着以下几种观点:第一,行政执法是指行政机关的一切行政行为,也就是指行政机关依法对国家事务进行组织和管理的全部活动。"它包括了全部的执行宪法和法律的行为,即包括中央政府的所有活动,也包括地方政府的所有活动,其中有行政决策行为、行政立法行为以及执行法律和实施国家行政管理的行政执行行为。"[①]这种观点行政执法由行政决策、行政立法和行政执行等三种不

---

① 许崇德、皮纯协主编:《新中国行政法学研究综述》,法律出版社 1991 年版,第 293 页。

同的行为构成。第二,行政执法是行政机关执行法律的行为,既包括抽象行政行为,也包括具体行政行为,但一般又仅指具体行政行为,"即指主管行政机关、法律法规授权的组织和行政机关委托的组织依法采取的具体直接影响相对一方权利义务的行为;或者对个人、组织的权利义务的行使有履行情况进行监督检查的行为。"①这种观点将行政执法等同于依法具体影响相对一方权利义务的行为,或监督此种行为的行为。第三,行政执法是指行政机关及其执法人员为了实现国家行政管理目的,依照法定职权和法定程序,执行法律、法规和规章,直接对特定的行政相对人和特定的行政事务采取措施并影响其权利义务的行为。行政执法与制定人们行为规则的行政立法相区别,也与解决行政争议的行政司法相区别。② 这种观点强调行政执法的依据是法律、法规和规章,同时强调行政执法与行政立法和司法的区别;第四,行政执法的含义因使用的场合不同而不同。其一,为说明现代行政的性质和功能而使用行政执法。在此场合,行政执法即等于行政。其二,为区别行政的不同内容而使用行政执法。在行政法学的研究中,许多学者习惯于将行政的内容一分为二或一分为三。一分为二即将行政的内容分为行政立法和行政执法。一分为三即行政的内容分为行政立法、行政执法和行政司法。在这种场合,行政执法保是行政行为的一类。其三,作为行政行为的一种特定方式而使用行政执法。行政行为有各种各样的方式,如许可、审批、征收、给付、确认、检查、奖励、处罚和强制等。在行政实务界,人们一般习惯于将监督检查、实施行政处罚和采取行政强调措施一类行为方式称为行政执法。③ 这种观点根据语境的不同,来区分行政执法的不同含义,在无实在法律体系对行政执法进行定义的前提下,这种区分无疑有很大的合理性。

虽然存在上述争议,但是学界以及实务界还是对行政执法的含义有一定程度的共识,包括以下几个方面:第一,行政执法的主体是行政主体。行政执法是行政主体行使职权的活动,只有行政主体才能够以自己的名义独立地进行行政执法活动、承担行政执法的法律后果。被委托的组织虽然也能够进行行政执法活动,但必须以委托行政机关的名义进行执法,而且行政执法的法律

---

① 应松年主编:《行政法学新论》,中国方正出版社 2004 年版,第 161 页。
② 参见杨惠基:《行政执法概论》,上海大学出版社 1998 年版,第 2—3 页。
③ 参见姜明安:《论行政执法》,《行政法学研究》2003 年第 4 期。

后果只能由委托行政机关承担。第二,行政执法的内容是直接影响或间接涉及行政相对人的权利、义务。行政执法必然影响或涉及行政相对人的权利、义务。根据对相对人权利义务影响程度的不同,行政执法的内容可以分为直接影响,如行政许可和行政处罚等,以及间接影响,如行政监督检查等;第三,行政执法的对象是特定的。与抽象行政行为的对象是不特定的不同,行政执法的对象是特定的,包括特定的人和事。

从对行政执法的上述概述来看,行政执法与行政执行的概念非常相似,但是两者是不同的,至少存在着以下区别:第一,从主体上来看,行政执法强调主体必须是行政主体,这是一个根据法律关系的范畴而使用的概念,只有具备相应资格的行政组织才能成为行政主体,并以自己的名义行事,并承担由此带来的法律责任。行政执行并不强调主体必须是行政主体,而是行政组织,包括不能以自己名义行事的行政组织,甚至是公务员都可以成为行政执行的主体,不仅如此,只有如此扩张,行政执行才具有区别于行政执法行为的意义。行政执法对于行政主体的强调,主要研究的是作为主体的法律资格以及责任承担的问题,而行政执行强调行政组织的多样性,主要研究的是行政执行行为的合规范性和合理性。也就是说,一定的行政行为也许是由有法定资格的行政主体作出的,但是这并不能保证该行为是合规范和合理的,而行政执行的研究可以帮助人们认识到这一点。第二,行政执法行为强调行为的依据是法律、法规或规章,而行政执行强调行为的依据,不仅包括法律、法规或规章,还包括公共政策,甚至还包括行政组织内部基于科层制由有权组织或领导下达的命令或要求。法律、规范或规章一般具有普遍性和抽象性的特征,行政组织在执法的过程中,实际上很难将普遍性和抽象性的法律、法规或规章应用于具体的行政事务。在实际的行政过程中,行政组织为了应用法律、法规或规章,而必须由行政组织分解任务,下达指令,由行政组织各构成部门或公务员分工负责,才能将法律、法规或规章应用于具体的行政事务,而这一过程是能否确保行政组织的行为符合法律、法规或规章要求的关键所在,对此进行研究,完全不同于主流行政法学对于行政执法的研究。另外,在现代国家中,除了有法律、法规和规章之外,还有公共政策的执行也是行政组织的主要职能,对于公共政策的执行,即使从字面上来分析,使用行政执法的概念来涵盖也是不合适的。

（二）行政执行与行政行为

行政行为一词最早出现于法国行政法学,但作为一个涵义明确的、特定的理论概念,却是由德国行政法学家梅叶尔提炼概括出来的。他认为,行政行为是指行政机关运用公共权力,对具体行政事务适用法律、作出决定的单方行为。① 然而,到目前为止,学界对于行政行为的含义并未形成统一的看法,至少存在以下几种不同的观念:第一,行政行为是指行政机关的一切行为。也就是说,凡是行政机关的行为,包括行政机关运用行政权所作的事实行为和非运用行政权的所作的私法行为,都属于行政行为。这种区分方式明显受到了三权分立的政治学说的影响,在古典的西方政治学概念中,政权分为立法权、行政权和司法权三种,而行使行政权的行政机关所作的任何行为都被视为是行政行为。第二,认为只有行使行政权的行为,即运用行政权所作的行为才是行政行为,"行政行为系指行政机关或组织的构成人员依法规推行职务及执行方案或计划的活动;换言之,亦是公务人员推行下令及处理公务的活动。"②在这种观念中,行政行为是行政机关及构成人员行使行政权的任何行为,但不包括不行使行政权的行为。第三,认为行政行为包括全部有公法意义的行为。也就是说,行政行为既包括抽象行政行为,也具体行政行为。抽象行政行为是为不特定行政相对人设定行政法上权利义务的行为,具体行政行为是为特定行政相对人设定行政法上的权利义务行为。③ 第四,认为行政行为是行政主体就具体事件所作的公法行为。行政行为仅指具体行为,不包括行政主体对不特定人或事所作的抽象行为,而且不包括对内部行政相对人所作的内部行为和行政契约行为。比如有学者认为,"行政行为,是指行政主体依法行使国家行政权,针对具体事项或事实,对外部采取的能产生实际法律效果使具体事实规则化的行为。"④

从上述学者们对行政行为定义的分析来看,行政行为一般具有以下特征:第一,行政行为是行政主体单方作出的行为。行政行为是运用行政权对公共利益的一种集合、维护和分配,只能代表公共利益的行政主体的一种单方面意

---

① 参见翁岳生著:《行政法与现代法治国家》,(台湾)详新印刷公司 1979 年版,第 3 页。
② 张金鉴著:《行政法学新论》,(台湾)三民书局 1984 年版,第 166 页。
③ 参见罗豪才主编:《行政法学》,北京大学出版社 1996 年版,第 105 页。
④ 杨建顺著:《关于行政行为理论与问题的研究》,《行政法学研究》1995 年第 3 期。

思表示。也就是说,行政相对人是否应当承担某种公共负担,能否利用某种自然资源和公共设施,其行为是否侵犯了公共利益及是否应受到制裁,均取决于行政主体的意志而不取决于行政相对人的意志。在这一点上,行政行为明显区别于民事法律行为,民事法律行为采取意思自治的原则,民事法律行为的法律效力由各民事主体之间的合意决定。第二,行政行为具有强制性。行政行为是法律的一种实施,是法律在相应领域或事项上的表现,法律的强调性必然体现为行政行为的强制性。就行政主体而言,此种强制性表现为行政主体作出意思表示的法定性,而不以意思自治为原则。就行政相对人而言,这种强制性表现为对行政行为必须服从和配合,如果不予服从或配合,就会导致强制执行。第三,行政行为具有无偿性。行政行为尽管也是一种服务,但却是一种通过实施法律来实现的公共服务,是无偿的。行政主体实施法律所需经费只能由国家财政负担,虽然行政相对人可能通过税收等方式分担了一部分,但是从服务的直接性来说,行政行为无疑是无偿的。因为即使无能力负担国家财政的人,也有权利享受国家提供的公共服务。

从上述论述来看,行政执行与行政行为存在着以下实质上的差别。第一,行政行为的概念明显来自于私法(而且是大陆法系的私法)当中法律行为的范畴。根据法律行为的范畴,一个有效的法律行为包括以下几个要素:其一是由符合法律要求的主体作出,其二是行为是其真实意思的表示,其三是该行为不违反法律的禁止性规定。从法律行为的范畴中明显可以看出,法律行为的逻辑结构,明显是以民事主体的行为是否符合法律规范的要求,是否具有法律上的约束力,或者说是否具有法定强制力作为区分标准的。这样一种逻辑结构,在倡导意思自治的私法当中,具有不可替代的作用,只有如此才能在民事主体间发生争议之后,由相应的法定机构来判断民事主体之间的行为是否具有法律效力,并决定如何处理。对于民事主体之间如何具体安排自己的行为,私法是不涉及的,那被认为是民事主体拥有自由处分权的事项,私法没有必要涉及,无论如何这都是只涉及私人利益的事情,与公众利益无关。但是,在行政行为中,行政组织的行为是否合法当然是重要的,因此以法律行为的逻辑来建构这一概念本身并没有什么不妥。但是值得注意的是,行政组织或主体如何来具体安排相应的行为,以实现法律、法规或公共政策,甚至是上级组织的命令或要求,并不是一件公法不应当涉及的事情,因为这事关公共利益,行政组织内的任何具体行为,除非是事关国家安全,公众都有权知道,以判断行政组织实施的具体行为是否合理,而不是仅仅从行为的外在方面或结果来判断其行为是否合法。行政执行强调的是正是这一点,强调行政组织执行法律或公共政策,甚至是上级行政组织的命令或要求的过程,并期望对这一过程的研究,能够改善行政法学的理论和实践状况。第二,行政行为的概念强调行政行为的规范性结构,即合法行政行为应当具备哪些条件,而行政执行强调行行政行为的事实性过程,希望通过对行政行为事实性过程的研究,获得行政行为合理性的一般判断,关对此一般判断规范化,以构成对行政组织执行法律或公共政策行为的制约性条件或规范性前提。因此,从这个角度来说,行政行为的概念明显是法律实证主义理论态度下的产物,而行政执行的概念则具有社会学法学的明显特征,强调事实合理性对于法律规范的制约作用。

(三)行政执行与行政强制

行政强制是指行政机关和人民法院为实现具体行政行为的内容,或为维护公共利益和公共秩序,预防和制止违法行为和危害事件发生,而实施的强行限制相对人权利的行为。根据我国的实际情况以及新颁布的行政强制法,行政强制包括两个方面:一是为实现具体行政行为内容而实施的行政强制执行;二是为预防和制止违法行为和危害事件而采取的行政强制措施。行政强制是行政强制执行和行政强制措施的全称。具体而言,包括以下几个特征:首先,行政强制是对与行政有关的强制性行为的总称。强制性体现在有关主体运用国家权力,采用物理性打击或以物理性打击相威胁的方式,强行实现有关主体所追求的状态,强制性还体现在行政强制的实施不顾及相对人是否同意和接受,是与非强制性行政行为,比如行政指导和行政合同等相对应对存在的一类行为。其次,实施行政强制的主体是行政机关和人民法院。行政机关实施行政强制,并成为行政强制主体的条件是法律法规的授权。根据我国现行法律规定和实际做法,行政机关是全部行政强制措施的实施主体和部分行政强制执行实施主体。人民法院实施行政强制,并成为行政强制主体的条件,除了法律、法规未授予行政机关行政强制执行权外,还必须存在行政机关的合法申请。人民法院是我国大部分行政强制执行的实施主体。最后,行政强制是组合性概念。行政强制由行政强制执行和行政强制措施组合而成。而行政强制执行和行政强制措施又是各大自独立的行为或制度。行政强制执行又可以分成由行政机关自行实施的行政强制执行和人民法院依申请而实施的行政强制执行;第四,行政强制属侵益性行为。无论行政机关自行实施的行政强制,还是人民法院依申请而实施的行政强制执行,都是基于公权力的运作和公共利益的追求,对特定相对人权利进行约束和限制的行为。

行政执行与行政强制存在着明显的区别。主要表现在:第一,行政强制以行政相对人不履行具体行政行为所确定的义务为前提。无此前提,则不能适用行政强制。如果从广义的角度来理解法律的概念,那么具体行政行为所确定的义务也是法律,行政强制实际上也就是一种行政组织将法律落实到具体行政事务的行为,也就是说,行政强制是行政执行的一类,但是并非行政执行的全部;行政执行行为的依据除了法律之外,还有公共政策,甚至包括上级行政组织或领导的命令或要求。第二,实施行政强制的主体是作出具体行政行为的行政机关或者有管辖权的人民法院。也就是说,能够实施行政强制的行政组织是有限的,有些行政组织可以作出一定的具体行政行为,并通过这种行为确定行政相对人的义务,但是却不能以强制的方式迫使行政相对人履行该义务。这是因为行政强制权是一种以损害行政相对人的利益为行使方式的权力,稍有履行不当,就有可能给当事人造成难以挽回的损失,也会造成不良的社会影响。一般情况下,在法治的国家中,对于行政强制权采取严格的控制措施,在美国等一些西方资本主义国家,行政强制权的行使一般要受到司法机关,主要是法院的严格控制,只有在法院裁决的支持下,才能实施相应的行政强制权。有些国家甚至完全取消了行政组织的行政强制权,而转由司法机关来行使,给行政相对人以通过法庭来对抗行政组织具体行政行为的机会。而行政执行却是任何行政组织的一项基本职能,大多数行政组织存在的目的就在于执法法律或公共政策。第三,行政强制的目的在于以强制的方式迫使行政相对人履行义务,或达到与履行义务相同的状态,即实现具体行政行为所确定的义务内容。行政强制是在先前作出的具体行政行为确定的义务未得到实现的情况下实施的行为,是先前作出的具体行政行为的后续行为。该行为的宗旨和目的就是为了实现前一行为确定的义务,它对先前具体行政行为的效果产生一定的影响。一般情况下,行政强制的执行方式由法律明确规定,行政组织没有任意决定的权力。行政执行的目的在于落实法律或公共政策,甚至是上级行政组织或领导所下达的命令或要求,落实的过程非常复杂而且呈现出多样化的态势,它可能是维护社会秩序等消极社会职能的实施,也可能是主动提供更多公共服务,比如教育和医疗等积极社会职能的实施。在这个意义上,行政强制可能仅仅是行政执行中的一部分,而且是地位非常小的一部分。不仅如此,由于不当的行政强制可能会带来不良的社会效果,行政强制的价值属性可能并不主要体现为效率,而是体现为控权以保护行政相对人的合法权利不受任意侵犯,而行政执行的价值属性,虽然也包含了保护行政相对人的合法权利不受任意侵犯的部分,但是其主要部分还是在于行政执行行为的效率以及公平性。

三、行政执行的地位和作用

(一)行政执行的地位

1.行政执行是依法治国和依法行政的核心和关键

依法治国作为我国的基本治国方略已经被明确地载入宪法。依法治国要求从中央到地方的各级权力机关、行政机关和司法机关都要严格依法行使国家权力。历史经验告诉我们:权力应当受到必要的制约。这种对权力的制约,在现代法治国家则主要来源于法的控制。如果权力没有法的控制,法治也就不可能存在。因此,依法治国的实质在于依法治权。而行政权力又是国家权力中最为活跃的权力,是最需要自由空间又最容易膨胀、最容易自由无度的权力,因而也是最需要控制但又最难以控制的权力。可以依法治权的核心就在于治行政权,确保依法行政。同时,行政机关是国家机关中权力最大、人员最多、管理范围最广且灵活性最高的机关。其管理的好坏与公民、与社会利益密切相关。所以说,能否依法行政,是能否依法治国的关键。依法行政,仅从字面上来分析,就是说行政机关的行政行为应当以法律为依据,也就是将法律的普遍性和抽象性规定落实到具体的行政事务中,在这个过程中,最有可能发生的事情是行政组织不按照法律的规定,或者曲解法律的规定,以本位主义的思想指导行政行为,不仅充当规范的实际制定者,同时充当规则的实际实施者,也就是完全不顾自身行政执行的法律地位,而充当行政立法者的法律地位,这对于依法治国和依法行政而言,是最大的威胁所在。

2.行政执行是行政法学研究的重要领域

要实现依法行政、依法治国,就必须重视行政法学的研究。行政法学的研究领域主要包括基础理论、行政主体、行政行为、行政救济等领域,而在这些研究领域中,行政执行的研究占据着重要而又不可替代的位置。因为任何个人、组织要对社会产生影响,都必须通过行为来完成,行政主体也不例外,差别在于,行政主体的行政行为不是基于"意思自治",而是必须严格地依据法律和公共政策的要求,消极或积极地实施一定的行为。如果在这一过程中出现任何偏差,则依法治国和依法行政的目标都不可能实现。而在我国主流的行政法学研究中,行政法学的研究长期以来受大陆法系中法律关系理论的影响,侧重于从逻辑上来建构行政法学的理论体系,忽视行政法学的社会治理现实的因素,导致行政法学诸多理论的实用性和可操作性都不强。行政执行侧重于从行政组织行政过程的合理性来建构行政法学的理论体系,可以有效弥补主流行政法学理论体系的不足,能够极大提高中国行政法学理论研究成果的应用性和可操作性。

(二)行政执行的作用

1.有利于实现行政法治和依法治国

"徒法不足以自行",在我法制建设的起步阶段,是否有法可依是矛盾的主要方面。随着我国法制建设的发展,立法逐步完善,无法可依的书面已经有很大改变,法的执行问题显得更加突出。但是,对于行政组织如何执行法律或公共政策,对于执行过程的规范要求却没有相应的法律规定,而这个方面的研究则主要集中在行政学,导致研究行政学的学者无法建议制定相应的行政执行法律,而研究行政法学的学者则只从法律关系的逻辑结构入手来研究行政法学,这既严重的影响了行政法学研究理论成果的实用性,也影响了行政法治和依法治国目标的实现。

2.有利于提高行政效率

行政权是国家运用最广泛的权力,直接关系着国家的政治、经济、教育、科学等各方面的发展和进步。行政效率的高低对经济和社会的发展具有十分重要的影响。但我国现行的行政法学体系存在着诸多弊端,在理论上只注重从法律关系的逻辑结构入手研究行政行为,而在立法实践中也是分职能地制定相应的行政职能法,而不注重从行政执行过程来研究行政法,在立法实践中也没有制定相应的行政执行法,这导致中国的行政法学研究就法律而论法律,不考虑法律之外的合理性因素。这种状态严重影响了行政效率的提高,通过对行政执行的研究,并制定相应的行政执行法律,必然会极大地提高行政效率,促进经济、社会的发展。

3.有利于消除腐败现象

廉政问题是困扰世界各国政府的共同问题。现有的行政法体系以及行政法学的理论体系,都不注重从行政执行的过程来研究行政法,而注重从法律关系的逻辑结构来研究行政法学,因而在实践上难免会出现行政组织的行政行为难以受控制的局面。而通过对行政执行的研究,深入了解行政执行过程的基本原理,并以此为依据制定行政执行方面的法律法规,就可以非常有效地遏制多发性腐败现象,从源头上消除腐败现象的发生。

4.有利于保护行政相对人的权益

法的根本目的是保障和实现人的权利。立法是确认人的权利,界定、明确处在不同利益集团、不同社会阶层的不同人们的权利的性质、类别、范围和实现途径;而行政执行则是使立法所确立的人的权利、或虽未为立法所确立,但属于人作为人,或作为社会成员所自然应具有的权利得以实现,包括提供权利实现的途径、条件,排除权利实现的障碍,防止权利滥用和制止侵权,追究侵权者的责任和给予被侵权者以救济等。因此,行政执行直接使行政相对人的权利由应然变实然,这对于行政相对人而言,是一件对其权利影响非常大的行为,通过对行政执行过程的研究,发现其最有可能侵犯公民合法权益的深层根源,再以法律规范进行相应地约束,就可以有效地实现保护行政相对人合法权益的法治根本目标。

四、行政执行的分类

(一)羁束行政执行和裁量行政执行

这是行政执行最重要也最常见的一种分类,对于行政执行的研究有重要的意义。行政执行就是以法律或公共政策,甚至以上级行政组织或领导的命令或要求作为采取一定行动的前提。然而,作为行动前提的法律或公共政策,或命令与要求本身可能存在不同的外在表现。如果行政组织只能根据行政法规范的严格规定实施而不能灵活处理的,就是羁束的行政执行。如果行政组织根据行政法规范的授权,拥有一定范围内的自由裁量权,可以在此范围内自由作出相应的行为,那么就是裁量的行政执行。行政执行之所以会出现这种分类,原因是多方面的,一方面是法律或公共政策本身的问题。无论如何法律或公共政策都需要保持一定的普遍性和抽象性,而行政事务却总是具体的,要将具体的行政事务适用于普遍和抽象的法律或公共政策,这必须需要行政组织对法律或公共政策进行解释,而解释的过程则难免会带有一定的主观性,也就是说,行政组织的自由裁量在行政执行过程中也许是无法避免的。另一方面,是社会现实过于复杂多样的问题。法律或公共政策的制定只考虑了一般的情形,而社会现实的状态却是复杂多变的,当法律或公共政策制定得过于具体而缺乏灵活性时,行政执行的后果也许会非常糟糕,这时就需要授予行政组织一定的自由裁量权,使行政组织在特定的情形下能够以灵活的态度处理无法预料的情况,以保证行政行为的实施收到良好的社会效果。

(二)作为的行政执行和不作为的行政执行

根据行政执行的依据,即法律或公共政策本身的要求,行政执行可以分为作为与不作为的行政执行。如果法律或公共政策要求行政组织采取积极主动的措施来实施一定的行为,以达成法律或公共政策所欲实现的目标,则此种行政执行是积极的行政执行;如果法律或公共政策要求行政组织不得采取任何行动,也就是禁止行政组织实施特定的行为,以防止行政组织的行为干扰了公民正常的自主生活,那么此种行政执行就是不作为的行政执行。在一般的观念中,行政执行似乎都是指作为的行政执行,只有行政组织积极采取一定的行为才算是行政执行。实际上这既是一种误解,也是一种基于社会现实的理解。在一个全权性的社会中,行政组织的行为主导一切,公民自由行为或活动的空间都非常稀少的社会状态下,作为的行政执行被视为唯一的行政执行,如果是基于这种社会状态而对行政执行进行解释,那么将行政执行解读为作为的行政执行,那么毫无疑问这是正确的。但是,在一个以市场经济为主体,以法治作为目标的社会中,需要行政组织治理的社会事务虽然很多,但是留给公民自治的空间也比较多。在这种社会状态下,行政组织的行政执行不仅可能是积极的作为的,而且在特定情况下,也必须是消极的不作为的,只有如此才能为公民的自主行为留下足够的空间,才能充分发挥公民创造社会财富的积极性。

第二节　行政执行法的理论基础

一、确立行政执行法独立法律地位的必要性

中国主流的行政法学理论体系一般以法律关系作为建构体系的逻辑基础。法律关系由法律主体、法律客体以及法律主体之间的权利与义务关系三大部分构成。法律关系的三大部分中，又以权利与义务关系最为重要，一般又以法律行为的范畴来构建相互间的权利义务关系。所谓法律行为就是法律主体在主观上有相应的意思，在客观上又作出了与主观意思一致的外在行为，这个行为就可能会产生相应地法律效果。在私法中，最主要的法律行为就是合同行为，当事人有达成合同的主观意思，通过合同将当事人的主观意思表达出来，固定下来，就成为能够约束当事人将来行为的法律义务。法律行为的概念强调是民事主体当事人可能通过意思自治，来确定相互之间的法律权利与义务关系，即使民事法律与当事人之间所达成的意思表示不一致，只要当事人的行为不违反禁止性的规定，当事人还是可以通过意思自治达成只约束相互间的权利与义务关系。从这个角度来看，法律行为的概念，很大程度上是西方资本主义社会一贯强调的自由价值在法律规范中的体现。然而，这一本出现于私法中的核心概念或范畴，却越过了私法的界线，在公法体系的建构中得到了全面的扩张。在中国主流的行政法学理论体系中，学者们就以行政行为为核心建构了中国的行政法学理论体系。与私法对法律行为的处理方式相同，在行政法学理论体系中，学者们一般先探讨行政行为的一般性原理，比如行政行为的内涵和特征、行政行为的分类以及最重要的行政行为的发生效力的条件，等等，然后分别讨论不同类型的行政行为。而对于存在哪些类型的行政行为，学者们的看法却无法达成一致。在中国最权威的一本行政法学教材中，编者将行政行为分为以下几类，行政立法行为、依申请的行政行为、依职权的行政行为、行政主体实施的其他行政行为、行政程序和行政复议行为。① 而在另一比较权威的教材中，编者却将行政行为区分为：行政立法行为、行政执行行为、行政许可行为、行政给付和奖励行为、行政处罚行为、行政征收行为、行政监督

---

① 参见姜明安主编：《行政法与行政诉讼法》，高等教育出版社 1999 年版。

检查行为、行政裁决行为、行政强制行为、行政合同行为、行政主体的其他行政行为和行政程序行为。①

　　无论是行政法学理论体系在逻辑上的圆满性，还是从中国行政法治的实践来看，中国行政法学以法律关系作为理论基础，以行政行为作为行政法体系建构的逻辑前提，都存在着一些难以回避的问题。从理论上来说，公法与私法存在着本质上的差别。私法以民事主体的"意思自治"为基本原则，私法规范存在的目的并非控制民事主体的权利，而是保证民事主体能够自由行使自己的权利，使民事主体之间不因为自由行使权利而发生相互冲突。比如物权法，之所以采用物权法定、一物一权以及不动产的登记等制度，目的就在于使民事主体对物的权利外显化，使其他民事主体能够识别真正的权利人，从而避免发生侵权行为；再比如合同法，之所以规定合同成立与生效的条件，是为了避免民事主体之间在达成合意的过程中，对于意思表示的理解产生不一致而提供的解释标准，这种解释标准在大多数情况下并非是强制性的，民事主体如果愿意，也可以通过"意思自治"来选择适用或避免适用合同法上的规定。因此，私法中使用"法律行为"的概念作为建构的逻辑基础是非常合适的，因为所谓"法律行为"实际上就是民事主体通过"意思自治"的行为，而使自己的行为产生约束自身也约束相对人的法律效果。但是，以此"法律行为"的概念作为建构公法或行政法的逻辑基础，就显得有点东施效颦，不伦不类了。与私法的目的相反，公法存在的目的不在于保证行政组织自由地行使行政权力，而是在于严格地控制行政权力的行使，所有的行政行为都应当以严格符合法律规定的方式来行使，是现代法治国家对于行政组织之行政行为的最为基本的要求，"法无明文授权不得为"是现代法治国家的对于行政组织提出的基本原则。行政组织并不需要借助于一些外在的标志来证明行政组织所实施行为的公信力，行政组织的行为天然就具有公信力，这是由行政组织的公共属性决定的；行政组织的行为也不具备"意思自治"的能力，行政组织的行为在很大程度上是没有选择的行为，如果法律规定必须要为，行政组织不得放弃，如果法律规定不得为，行政组织不得越权行使；在绝大多数情况下，行政组织都不是与行政相对人达成意思表示上一致的方式来行使行政权，或实施一定的行政行为

---

① 参见应松年主编：《行政法与行政诉讼法学》，法律出版社 2009 年版。

的,行政组织的行为依据是法定的,不需要与行政相对人进行协商也得产生相应的法律效果,行政组织并不是因为自己的意思表示而使自身受到法律的约束,而是由于法律本身的明确规定才使其受到法律的约束。因此,从这个意义上来说,法律行为的概念并不适合于行政组织所实施的行为。

中国主流的行政法学理论体系无法将实践中出现的行政行为按照统一的分类标准进行区分,就是使用"法律行为"作为行政法体系建构的逻辑基础不太正确的明证之一。行政组织实施的行政立法行为,只有在宪法或法律授权下,按照法定方式才能实施的行为,行政立法行为的结果也不是意思自治的结果,而是按照法定方式表决形成的结果,行政立法组织不可能超越这一界线。其他的如依申请的行政行为或依职权行使的行政行为无不如此。在行政法学理论体系中出现的行政行为分类体系,实际上是按照行政组织在社会中实际履行的社会治理职能进行区分的,也就是说,一个社会对于行政组织进行社会治理相应职能的需求,决定了行政组织所实施的行政行为的类型。当然除此之外,还有其他方面的影响因素,其中最主要的影响因素是一个国家的政治体制,政治体制往往能够决定一个国家的行政组织能够实施何种类型的行政行为。就实际的立法而言,也可以证明这种分类体系并不太符合现实的要求。在行政法学理论体系所区分的行政行为中,只有极少部分的行政行为制定了相应的法律,大部分行政行为都处于非法制化的阶段。这说明中国的行政体制还处于调整期,至于如何调整,还处于不明朗的状态,而这一点又与中国的经济、政治和文化体制紧密相关。也就是说,决定行政组织实施不同类型行政行为的,并不是逻辑上的理由,而是社会现实需要的理由,这一点是无法以"法律行为"为逻辑前提通过理性建构而能够决定的。

但是,新公共服务或新公共管理的理念作为理论前提,却可以很好地适应理论与实践的要求。新公共服务或新公共管理对于行政行为的研究,一般以行为过程作为逻辑基础,基本上区分为两类:一类是行政决策行为,另一类是行政执行行为。这符合人类行为的一般特征,人类作出一定行为的过程,通常情况下都以做好相应的行动计划为前提,然后通过实际的行动来实现行动计划的要求。无论行政组织将要作出何种行政行为,都必然是以法律或公共政策作为前提,行政组织的主要任务正是在于将法律或公共政策落实到具体的行政事务中,这样就可以避免社会现实需要对于行政行为分类所带来的理论上的挑战,而可以保持在理论体系上的一致性。以行政执行作为建构行政法体系的逻辑前提可以有效地避免以"法律行为"概念进行建构所无法解决的问题。首先,在根据"法律行为"概念进行建构时,由于行政组织无法以"意思自治"的方式来行使行政行为,使得这一概念在理论上充满了疑问。而在使用"行政执行"进行建构时,由于行政组织的主要任务就是执行法律或公共政策的要求,强调的是对法律或公共政策的在具体行政事务中的落实,这本身就是一种单方行为,不以意思自治为要件的行为,只以法律或公共政策的要求为准绳的行为,非常适合行政行为的本质特征。其次,在根据"法律行为"概念进行建构时,由于社会的现实需求,往往无法对行政行为进行逻辑上完满的区分。而以"行政执行"概念进行建构时,却可以很好地将各类行政行为纳入到统一的概念体系之中,因为无论何种行政行为,都是以执行法律或公共政策作为前提。基于此种理由,我们认为,行政法学体系中应当确立行政执行法相对独立的法律地位。

二、行政执行法的理论基础

(一)行政执行的理论模式

行政执行的理论模式是指行政执行权的分配模式理论,决定的是由何种或哪一级行政组织负责行政决策结果或法律的落实问题。自 20 世纪 70 年代以来,行政执行的理论模式研究逐渐成为理论界研究的热点问题,提出了不少的行政执行理论模式,萨伯蒂尔曾指出:当代行政执行研究基本包含两种途径,一种是自上而下的理论研究模式,另一种是自下而上的理论模式。下文分而述之。

1.自上而下的行政执行模式

自上而下的行政执行模式理论源自于古典公共行政模式理论。根据古典公共行政模式,行政组织具有典型的官僚制或科层制的特点,行政组织表现为集权、层级和金字塔状的结构,上下级行政组织之间一般是指挥与命令的关系,上级更多的负责行政决策,而下级则负责执行。政治与行政相对分离,政治决定法律或公共政策的内容,而行政则负责法律或公共政策的执行。行政执行是行政管理中的重要环节,必须遵循科学管理的原则,以提高行政效率作为终极目标。一般情况下,自上而下的行政执行模式包含了以下理论命题:第一,行政决策或法律制定与公共政策或法律的执行是有界限的、分离的和连续的。这是自上而下行政执行模式的核心要素,行政执行依据与行政执行分别由不同的机构负责,一个行政组织不能既负责法律或公共政策的制定,同时又负责执行,这违反基本的程序正义,行政组织在这个过程中,难免会出现"既当运动员又当裁判员"的困局,在制定法律或公共政策的过程中就包含自身的偏见,难以保证法律或公共政策本身的公正性和合理性,而在执行过程中却又可以随时根据自身利益的需求而对法律或公共政策的内容进行调整。如果行政决策或法律制定与行政执行不分离,那么既不能保证行政执行过程的有效性,也不能这个过程的公正合理性。而采取分离模式,比较符合行为的一般逻辑。由决策者负责行动目标的制定,由执行者负责目标的执行,两者分工明确。决策者制定行动目标的优势在于,由于其超然的地位,能够容纳不同利益者的不同观点,从而可以保证行动目标的科学性与民主性,并决定行动目标之间的优先性。执行者负责行动目标执行的优势在于,其拥有良好的专业化的执行能力,同时又处于决策者的下级,拥有服从决策者决策的主观愿望。第二,行政执行的过程是中立的、客观的、理性的和科学的。在这种理论模式下,一般认为法律或公共政策的制定过程中是政治的和技术性的,包含了各种利益集团之间的博弈、谈判或妥协,并通过民主的方式来表达,即多数决定制的技术形式。而行政执行是在执行依据已经确定的前提下,如何将执行依据(即法律或公共政策)落实到具体的行政事务中,这个过程不存在与不同利益集团之间的博弈、谈判或妥协的问题,行政组织的主要任务只是将法律或公共政策落实到位,在这一点上,行政组织应当是中立性的,既不站在行政决策者的立场,也不站在行政相对人的立场,而应当只从法律或公共政策本身的观念出发来决定行动方向或措施。行政组织也应当是客观的和理性的,不受意识形态或主观偏见的影响,从法律或公共政策的本身的观念出发,将法律或公共政策的目标落实到位。行政组织的行政执行更应当是科学化的,应当以科学的态度来对待行政执行过程中的所有问题,基于客观事实而非基于主观意识上的诉求来决定应当采取的行政措施。

自上而下的行政执行模式虽然包含了很大的合理性,而且在实践中也发挥了巨大的作用,将实行这种体制国家的行政效率提高到了前所未有的高度,同时也发挥了控制行政权力行使的巨大作用。但是这种模式也存在一些负面的影响。第一,自上而下的行政执行模式,强调中央行政组织决策的重要性,容易忽视其他行动者的重要性。在一个幅员辽阔的国家,这种忽视所带来的负面影响是巨大的,因为决策越集中,就越容易忽视地区之间的差异,在决策与执行分权清晰的情况下,许多的行政执行是在不顾地区客观现实的前提上强行作出的,这会带来很大的负面影响;第二,自上而下的行政执行理论模式,容易造成低层行政组织主动性的丧失,会忽视他们采取积极行动策略的可能性,也很容易将负面的社会效归责于决策行政组织,而不是归责于行政执行组织。

2.自下而上的行政执行模式

自下而上的行政执行模式强调应该给予基层官员或地方执行机构自主裁量权,使之能够适应复杂的法律或公共政策环境;中央的公共政策或法律的制定者,其核心任务并不是设定法律或公共政策执行的架构,而是提高一个充分的自主空间,使基层官员或地方执行组织能够采取适当的权宜措施,重新建构一个更能适应执行环境的法律或公共政策执行过程。一般情况下,自下而上的行政执行模式包含以下几个方面的命题:第一,在行政组织的结构方面,不是金字塔状的、单一的层级式结构,而是一种多元组织共同执行的结构,也就是说,这种执行模式下的行政组织结构更为扁平化,更强调行政决策与行政执行之间距离感,同时也提高了不同行政组织之间相互协作进行执行的可能性和有效性。第二,行政执行组织有一定程度上的自我选择性,也就是说,在具体实现法律或公共政策所确定目标的策略方面,行政执行组织拥有更多的自主权,可以根据不同的具体情况,而决定采取相应的执行措施,以应对现实情况的复杂性。第三,行政执行过程中所强调的理性,更多是一种计划理性,而非组织理性。也就是说,这种行政执行模式强调行政执行过程中行动计划的合理性的重要性,而不是强调组织结构的合理性,并以组织结构的合理性来赋予行政执行以合理性。这说明这种行政执行模式更加依赖行政执行过程中的科学性,而不是依赖组织结构的合理性。第四,有效的行政执行取决于行政执行组织的过程与产出,而非行政决策组织的意图或决心。也就是说,行政过程最终产生的社会效果,虽然行政决策组织的决策(包括法律和公共政策)很重要,但是考虑到现实情况的复杂性,这种社会效果的有效性还是取决于行政执行组织对于法律或公共政策的执行,执行的重要性强于决策的重要性。第五,行政执行的有效结果取决于多元主体之间的互动,而非取决于行政执行组织单一的决定。在这一点上,行政执行吸收了企业事务执行的长处,通过与行政相对人之间的相互协商,既了解行政相对人的真实需求,也通过对法律或公共政策的解释使行政相对人更理解行政决策组织的决定。通过这样一种执行方式,可以极大地提高行政执行的效率。第六,行政执行的有效结果更多地取决于基层执行组织的自由裁量权,而不取决于科层制或官僚制行政组织的指挥命令系统。由于现实情况的复杂性,使得行政决策组织的决策(法律或公共政策)难以适用,只有允许基层行政执行组织一定的自由裁量权,发挥他们在执行过程中的主动性,才能更好地落实法律或公共政策的要求,也才能收到更好的社会效果。第七,也是最重要的一个方面,在自上而下的行政执行模式中,行政执行的合法性和有效性,一贯由层级式的行政监督来保证。然而,在自下而上的行政执行模式中,虽然也强调层级式行政监督的作用,但更强调行政执行过程中的妥协、交易,也就是互惠性对于行政执行有效性的作用。这一命题也从观念上改变了人们对于行政执行的传统看法。

虽然自下而上的行政模式有自上而下的行政执行模式不可替代的优势,比如行政执行组织的主观积极性更高,能动性也更强,解决问题也更有效,但是,其也会产生一些负面的效果。最主要的负面效果是去中心化趋势异常明显,难以保证法律或公共政策得到公平一致的实施,会使人们怀疑法律或公共政策的公正性或公平性。另一方面,这也会在很大程度上弱化法律或公共政策在调控社会生活方面的巨大作用,一项法律或公共政策出台之后,很有可能在这种行政执行模式下被基层行政执行组织所肢解,最后使得法律或公共政策的效果难以最终体现。

(二)影响行政执行效果的因素分析

行政执行的首要价值应当是有效率,或者说是有绩效,也就是法律或公共政策以最小的社会成本实现最大程度落实的状态。影响行政执行效果或绩效的因素并非单一的,而是诸多因素交互影响的结果。一般情况下,主要包括以下几点。

第一,法律或公共政策本身的性质。法律或公共政策一般由立法机构或行政决策组织制定,在通过法律或公共政策时必然会考虑需要解决的问题。如果法律或公共政策与需要解决的问题之间在相关性、动态性和时空性方面存在着难以协调一致的问题,那么行政执行的效果可能会受到严重的影响。就相关性方面而言,法律或公共政策必须与需要解决的问题紧密相关,切中问题的实质,而非完全不着边际,不着找到解决问题的根本;就动态性而言,法律或公共政策必须考虑需要解决问题的可变性,如果问题容易随着社会发展而发生相应的变化,或者对法律或公共政策拥有较强的对抗性,那么制定的法律或公共政策就必须具备适应这一要求的特性,否则就不可能收到良好的社会效果;就时空性而言,法律或公共政策必须考虑其适用的地区和适用的时间,虽然在法理学上一贯要求法律或公共政策应当得到一致的实施,但是考虑到地区间的差异,以及社会条件随时间变化的可能性,法律或公共政策还是需要保留足够的灵活性,以应对时间和空间对于法律或公共政策适用所带来的挑战。

第二,行政执行的资源配备。即使从理论上来分析也可得知,任何法律或公共政策的执行,都需要足够的资源作为支持或保证,缺乏相应资源的支持,行政执行就如同纸上谈兵,根本无法实施和最终实现。一般情况下,影响法律或公共政策执行的资源包括:(1)人员配备。人员是法律或公共政策执行的主要资源。执行人员的知识、素质、管理技巧及行政技巧,是行政执行过程中所不可缺少的资源。当行政执行的环境比较复杂,社会分工更加专业化和细化的前提下,对于行政执行人员的素质要求也相应的更高。(2)信息资源。将法律或公共政策落实到位的一个重要前提是,必须以充分了解需要解决问题的信息,唯有如此,才能决定适用何种法律或公共政策,以及采取何种行政措施来落实法律或公共政策,以达到法律或公共政策所预期的目标。(3)物质资源。这是一个非常重要的资源要求,充足的物质资源无疑可以极大的提高行政执行的绩效,这一点是无须过多的阐述也能够获得充分理解的。(4)权力资源。一项社会政策或法律的推行,很难想象如果没有权力资源的介入,将会是何种模样。在平等协商和自愿服从的模式下,人们可能会基于过多的自身利益的考量来决定行动的方向,这会导致行政执行的效率不佳,而在权力介入的情况下,法律或公共政策无疑可以获得更好更快地服从。

第三,行政执行组织本身的合理性。行政执行组织本身的合理性可以从以下几个方面来考虑。首先,行政执行组织之间的沟通性。有效的沟通是法律或公共政策执行的重要条件。在执行中,执行内容及命令传达得越清晰,就越能收到预期的执行效果。如果执行命令缺乏清晰性,不明确、含糊不清,往往会造成决策者与执行者之间的沟通受阻,特别是含糊的法律或公共政策,往往使执行组织为了探求决策组织的真实意图,而曲解法律或公共政策,引起不可预料的变化,使执行失效。另外,如果执行命令的内容或做法发生相互矛盾甚至冲突的情形,那么也会影响沟通,从而带来不可预计的负面影响。其次,行政执行组织在执行的过程中主要依赖于执行人员的执行,由于法律或公共政策本身不可能制定得非常详细具体,给行政执行人员不可避免地留下了许多自由裁量的空间。执行人员的态度对于法律或公共政策的执行,有着非常大的影响。执行实践中,执行人员的"本位主义"难以避免,只有执行人员对于法律或公共政策的认同感高,才有可能带来良好的行政执行效果。最后,也是最重要的是,行政执行组织结合的合理性对于行政执行的影响也是非常显著的。从行政执行的实际情况来分析,一般情况下,采取标准执行程序的行政组织的行政执行效率也相对较高。因为在标准执行程序下,可以节省时间以处理更多的行政事务。在法律或公共政策本身存在问题的时候,标准的执行程序在某种程度上可以替代法律或公共政策而减少法律或公共政策缺乏所带来的弊端。采取标准的执行程序,也可以减少人为的干预或影响,使行政执行的结果更为公平。当然,标准执行程序也存在一些影响执行效率的问题,比如限制执行人员的主观积极性和执行能力的发挥,出现以完成执行程序为目标,而非以达成法律或公共政策的目标为方向的"目标错置",难以适用行政事务执行的新变化,有保守主义的倾向,等等。

第四,社会大环境的影响。社会大环境对于行政执行有效性的影响主要包括两个方面:一是行政相对人对于行政执行的接受程度。这个方面既取决于行政执行依据,主要是法律或公共政策本身的可接受性,也取决于行政执行的措施或技巧是否具有合理性,从而容易为行政相对人所接受。二是一个国家的政治、经济和文化环境对于行政执行的间接影响。一个国家的政治体制稳定,民众接受程度高,那么相应地对于行政执行的服从性也高。一个国家的经济体制及经济发展水平对于行政执行的影响也是非常大的,而一个国家的文化传统,其中主要是一个国家的民众对于行政执行模式的接受,可以说起着观念上的主导作用,比如一个中国人就很接受美国行政执行的模式,中国民众更加容易接受一种注重"人情"或保留"面子"的行政执行方式。

第三节 中国行政执行法的现状与完善

一、中国行政执行法的现状

(一)中国行政执行法的立法现状

新成中国成立之后至改革开放之前,由于多方面的原因,中国几乎没有进行行政方面的立法,往往以行政命令的形式替代法律进行行政管理。伴随着改革开放的推进,中国法制建设逐渐步入正常轨道,全国人大及其常委会在立法方面的地位得以重视和明确,立法、司法和行政的分工体制逐渐得以完善,逐步从仅以政策、以领导人指示办事向以依法行政转变。一般认为,改革开放之后,中国的行政立法经过以下几个阶段:

第一个阶段是行政法制建设的恢复期(1978—1982 年)。1979 年,全国人大常委会《关于中华人民共和国建国以来制定的法律、法令效力问题的决议》,使新中国成立以来的相关法律、法令恢复了效力,解决了法制建设的基础和法律规范效力的继承性问题。此后,在人事和组织行政、公安行政、工业行政、民政行政、税务行政等领域,都制定、颁布了大量行政法规范,对既有的制度予以补充和完善。

第二个阶段是行政法建设初步发展期(1982—1986 年)。1982 年《宪法》的颁布有力地推动了行政法制建设,使行政法制建设进入初步发展的轨道,确立了有限的行政案件诉讼制度。1982 年《宪法》第四十一条补充完善了 1954 年《宪法》第九十七条和 1975 年《宪法》第二十七条,为行政诉讼制度的建立提供了宪法依据。《民事诉讼法(试行)》第一次以法律的形式肯定了行政案件在一定条件下的可诉性。同时,许多单行法律、法规都赋予了公民、法人和其他组织不服相应行政管理行为可向法院提起诉讼的权利。1984 年,党的十二届三中全会通过《关于经济体制改革的决定》,提出了"实行政企职责分开、正确发挥政府机构管理经济的职能"的原则,为行政机构改革和行政法制建设指明了具体目标。不过,当时的注意力主要放在管理法规范的建立上,对权利保障规范的制定却没有给予足够的重视。

第三个阶段是程序和救济规范准备期(1986—1989 年)。随着社会主义市场经济的推进,维护公民的权利、自由,规范政府的行政权力,防止其滥用,协调行政权力与个人权利的冲突,构成了这个时期诸多立法的重要内容。1986 年,全国人大常委会决定重新设立监察部,对国家行政机关贯彻实施国家法律、法规和政策的情况以及国家行政机关工作人员遵纪守法的情况进行监督。《治安管理处罚条例》把公民不服治安管理处罚纳入了行政诉讼的轨道,公民的权利开始受到一定程度的重视。1987 年的《行政法规制定程序暂行条例》和 1988 年的《行政区域边界争议处理条例》等,都规定了相应的行政程序,表明中国开始加强行政程序立法。1986 年,作为全国人大法工委事实上的咨询机构的行政立法研究组成立,开创了立法机关组织专家学者立法的先河,加之美国、英国、日本、法国等发达国家的行政法研究成果相继被翻译、介绍到中国,推动了中国行政法学研究和行政法制建设的发展,翻开了中国民主与法制建设的新篇章。

第四个阶段是行政救济法制建设期(1989—1996 年)。新中国成立后虽然由宪法规定了公民申诉、控告、检举的权利,但一直没有建立起真正规范化的行政诉讼制度。1982 年《民事诉讼法(试行)》第一次规定了按照民事诉讼程序审理一定的行政案件的制度。1989 年《行政诉讼法》的制定颁布,标志着中国行政诉讼制度的正式建立,宣告了"民不告官"已成为历史,促成了"民可告官"观念的形成,使得"依法行政"的观念日益深入人心,加快了行政管理的法制化进程,促进了中国民主政治的发展。为配合《行政诉讼法》的实施,国务院于 1990 年发布《行政复议条例》,建立了行政复议制度。1994 年修订发布《行政复议条例》,使该制度进一步得以完善,对行政复议制度作了比较系统的规定,为公民、法人和其他组织寻求快捷、经济的行政救济,提供了一个重要的途径。1994 年制定的《国家赔偿法》规定了行政赔偿和刑事赔偿,建立了政府对侵权行为承担侵权赔偿责任的国家赔偿制度。该法于 1995 年施行,有力地推动了行政救济制度的进一步完善。伴随着前述法律以及《土地管理法》、《税收征收管理法》、《城市规划法》、《环境保护法》、《食品卫生法》、《审计法》等法规范的制定和修订,中国逐步确立了依法行政、依法治国的原则,相关救济法制逐渐完善起来。

第五个阶段是程序和实体并重的法制建设期(1996—2004 年)。为规范和制约政府权力,有效地防止和制止其权力滥用,必须建立和完善行政程序法,建立公正的、科学的行政程序制度。1992 年通过的《税收征收管理法》以及 1994 年修订的《治安管理处罚条例》等,都对有关行政行为的程序作了相应的具体规定,为中国行政法建设走向实体与程序并重的时期积累了经验。美国、日本和德国等发达国家行政法相关著述的刊行,则为实体与程序并重的行政法学理论架构提供了重要借鉴。1996 年通过的《行政处罚法》,在行政处罚领域建立了参与、公正、公开、公平和权力制约等体现现代行政法基本原则的行政程序制度,标志着中国行政法制建设进入程序与实体并重时期,对中国建设法治国家、尤其是对行政法制建设产生了广泛而重大的影响。1997 年的《行政监察法》对于促进和保障公务员依法行政以及保障政令畅通,加强勤政廉政建设,都具有重大意义。1998 年,《行政复议条例》升格为《行政复议法》。该法的颁布实施,给公民、法人和其他组织提供了一种更加方便、快捷、经济的行政救济途径,进一步完善和发展了行政复议制度。2000 年的《立法法》和 2001 年的《行政法规制定程序条例》、《规章制定程序条例》,为法律、行政法规和规章的立项、起草、审查、决定、公布、解释等提供了相应的法律规范。2003 年颁布、2004 年施行的《行政许可法》,在规范内容上表现出较为明显的广泛性,并且对核准、认可、登记等形态作出了相应的规定。2004 年,国务院《全面推进依法行政实施纲要》(以下简称《纲要》)确认了《行政许可法》所确立的原则和制度,确立了建设法治政府的目标,明确规定了今后 10 年全面推进依法行政的指导思想和具体目标、基本原则和要求、主要任务和措施。2003 年颁布、2004 年施行的《道路交通安全法》,以及 2004 年颁布施行的《道路交通安全法实施条例》,不仅其立法过程很好地体现了广泛的民众参与和专家论证相结合的民主立法、科学立法的精神,而且其所规定的内容及相关内容的规定方式等,都较好地体现出专业性、技术性、科学性、服务性、便民性和责任性,标志着中国在立法理念和技术方面又迈上了一个新的台阶。

第六个阶段是民主参与和权力配置的重新审视探索期(2005 年至今)。伴随着中国加入 WTO,中国各个层面的立法数量猛增,各种形式的执法运动、专项治理活动接连不断,司法审查的范围和数量得以不断拓展,法学著述如雨后春笋般地推出,到处呈现出一派欣欣向荣的景象。2005 年以降,行政法制建设方面出现了与以往所推进的程序很不相同的重新审视动向,一方面表明有关部门对相关立法高度重视,另一方面也反映了以往立法过程中的民主参与机制面临着重新审视和加以完善的课题。《信访条例》在悄无声息的情况下修改公布。2005 年，为了进一步畅通信访渠道，扩大信访事项范围，坚持便民原则，强调秩序和程序规则的细化，提倡社会参与，坚持民主、科学决策，切实保障权利，追求和谐共治，对 1995 年颁布、1996 年施行的旧《信访条例》进行修订，颁布了新《信访条例》。新《信访条例》的修改被称为"是在悄无声息的情况下进行的"，其立法程序似乎给人们提供了诸多反省的素材。《公务员法》的制定施行。1993 年 8 月，国务院颁布《国家公务员暂行条例》，建立了以竞争考试、择优录用、职位分类、功绩晋升等为原则的现代公务员制度，使中国的人事管理制度开始迈向法治之路。经过于余载的实践，2005 年颁布、2006 年施行《公务员法》，对公务员的相关制度作出了全面规定，在内容上有不少新的发展和突破。然而，该法的制定过程也不同于其他立法过程——起草调研阶段基本上是在秘密状态下推进的；草案征求意见阶段未能展开充分的讨论、论证，未能充分地吸纳各方面的不同意见；审议通过阶段采取了"二读通过"的非常程序。这种立法程序中的安排同样值得深思。突发事件应对立法的展开。2003 年年初，当新一届中央领导集体带领全国人民全面推进现代化建设的时候，突如其来的 SARS 疫情肆虐，扰乱了人们的生产、生活和工作的正常秩序。针对 SARS 流行这一危机事件，国务院采取应急立法措施，发布了《突发公共卫生事件应急条例》。随后，各地人大及政府也纷纷制定相应的法规和规章，最高人民法院和最高人民检察院通过了《关于办理防害预防、控制突发传染病疫情等灾害的刑事案件具体应用法律若干问题的解释》。2007 年《突发事件应对法》制定施行，对于预防和减少突发事件的发生，控制、减轻和消除突发事件引起的社会危害，保护人民生命财产安全，维护国家安全、公共安全和社会秩序等，发挥了重要作用。然而，早在 2006 年《突发事件应对法（草案）》首次提请全国人大常委会审议之际，除了新华社发文所介绍的主要内容外，其他媒体几乎都无从知晓和反映其他相关的内容。尤其是该草案对媒体报道作出限制性规定，令人们产生诸多担忧，有关部门却不予以明确说明。2011 年 6 月 30 日正式生效实施的《行政强制法》，规定了行政强制行为的类型，行政机关的行政强制权力，以及实施行政强制的程序等问题。

从上述中国改革开放以来行政立法的阶段来分析，中国的行政立法大多集中于两个方面，一是以行政管理事项为核心的行政管理法律，比如《土地管理法》、《城市房地产管理法》和《治安管理法》，等等；二是以控制行政权行使和对行政相对人进行救济为核心的行政救济法律,比如《行政监察法》、《行政复议法》、《行政诉讼法》、《行政处罚法》和《行政强制法》等。以行政管理事项为核心的行政管理法律主要以授予相应的行政机关或组织以相应的行政管理权限为主要内容,侧重的是对行政权权限的界定,以做到行政机关或组织之间的明确分工,做到权责相统一的管理状态;以控制行政权行使和对行政相对人进行救济为核心的行政救济法律,侧重的是对于行政权行使程序的规范,冀希望对行政机关或组织实施影响行政相对人权益的行为时进行程序上的要求,以及赋予行政相对人以相应的救济途径,来达到控制行政权行使的目的。无论是在哪个方面,中国自改革开放以来,行政立法的基本方向主要集中在如何对待行政相对人,"行政管理法"的态度是将行政相对人当做被管理的对象,而"行政救济法"则将行政相对人当做拥有救济权的主体。这种立法方向明显受到了建设社会主义法治国家或"法治国"理念的影响,因为这种立法方向基本上没有涉及行政机关或组织如何组织人力、物力以及各种其他资源,落实法律或公共政策所设定之目标的内容,而将这种内容的研究视为是行政学研究的内容,认为与行政法无关的内容。这是一种明显的立法方向上的偏差。虽然我们承认,"行政管理法"和"行政救济法"的内容很重要,在中国这样一个缺乏法治传统的国家尤其如此,但是对于"行政执行法"的忽略,而可能使得上述两个类型的立法仅有形式上的意义,而无实质上的意义。也许行政立法可以授予行政机关或组织以清晰的行政管理权,也许也可以对行政机关或组织的行政权进行严格的控制,但是仅实现这个目的是不够的,社会对于行政机关或组织有更高的要求,人们有权利要求行政机关或组织提供有效率的行政管理,以节约纳税人的金钱,人们有权利要求行政机关或组织提供更多更好的公共服务,以提高全民所能够享有的公共福利,提高整个国家或民族的幸福生活的水平。因此,中国的行政立法欠缺一个至关重要的内容,即关于行政机关或组织执行法律或公共政策的法律。

(二)中国行政执行法的理论研究现状

与行政立法相伴随的,是行政法学研究的繁荣。自改革开放以来,行政法学研究的成果不计其数,为中国的行政立法提供了有力的理论支持。整体上而言,中国自改革开放以来所进行的行政法学研究,主要集中在以下几个方面。

第一,与"法治国"有关的研究。"依法治国"治国方略的确定,为中国的法学研究繁荣奠定的体制上的基础,而依法治国方略的确立,使依法行政从理论研究到实践发展都走向更为深入更为自觉的阶段。依法行政是现代政府行使行政职权的基本准则,是依法治国的核心和关键。毫无疑问,它已经成为行政法理论研究的主攻方向。在这一点上,行政法学主要对以下问题进行研究:依法行政与依法治国的关系,依法行政的基本含义、作用和原则,等等。

第二,行政法律关系的研究。行政法律关系的研究在行政法学研究中占据着非常重要的地位。中国的行政法学者或从西方国家(尤其是大陆法系国家)的学者,或从台湾地区的学者引入了行政法学研究的范畴,作为行政法学理论体系的逻辑前提基础。从这一点出发,学者们的研究集中于行政主体的研究、行政客体的研究以及行政行为的研究,并将行政行为的研究作为法学研究的核心,就如同私法研究中将法律行为的研究作为核心一样。

第三,行政程序法的研究。研究行政程序法的学者一般深受英美法系国家,尤其是美国行政法律制度的影响。在美国的行政法律传统中,注重"程序正义"是其主要的特征,这其中即有美国法律体制的原因,比如侧重于通过司法系统对于行政系统进行控制的体制,也有美国的文化传统方面的原因,比如在英美法系的文化传统中,对于政府的不信任是其民众一贯的思维定式。研究行政程序法的学者从中国建设"法治国"的目标出发,认定中国实现"依法治国"首要解决的问题是"依法行政",而"依法行政"的关键却是在对行政权力的行使进行严格的控制,在这一点上,中国必须要向美国学习,制定严格的行政程序法,并以司法方式对行政权力进行审查。但是,比较遗憾的是,目前关于行政程序法方面的研究还只停留在学者呼吁和研究的阶段,国家层面的立法几乎没有启动。但是某些地方省份已经开始这个方面的立法,比如湖南省就制定了《行政程序规定》,这可视为是中国法治建设中的一件大事。可以肯定,对行政程序法的研究,将是今后几年内行政法理论与实务工作者最热门的课题。

第四,行政立法和行政强制研究。行政立法是中国行政法律制度中比较特殊的一项法律制度,西方国家由于存在严格的分权制度,行政机关或组织一般不享有立法权。但是,考虑到中国的实际情况,中国立法法授予一定的行政机关或组织享有立法权。因此,围绕着行政立法的权限、程度、解释和冲突的解决,形成了诸多研究成果。另外,公法上义务的履行在中国是一个热点问题,这其中包含的因素非常复杂,实际的社会状况是,公法上义务的履行在中国是非常糟糕的,这引发了学者们对于行政强制的关注,有大量的研究性文献是关于行政强制方面的,而且此类研究还直接导致了中国《行政强制法》的出台。

从上述中国行政法学研究的综述来看,中国行政法学的研究主要还是集中在非常古典的命题上,比如行政权的性质与控制、法治与行政权的关系等方面。这一方面反映了中国社会的现实,中国是一个没有法治传统的国家,自20世纪90年代才正式确立了"依法治国"的治国方略,从法律制度的层面来说,中国面临的首要问题自然是如何确立完善的行政法律体系,以保证"依法治国"治国方略的实施。对于比较现代化的命题,比如如何提高行政机关或组织的工作效率,行政机关或组织的职能增减,主要是公共服务的提供等方面,几乎完全没有涉及。即使有涉及,也是将这些命题的研究视为是行政管理学或行政学研究的内容,似乎认为行政管理学或行政学上研究的内容与行政法和行政法学没有任何实质的关系。这种理论态度实际上是一种法律实证主义的态度,就规范而论规范,其中也包含有自然法的理论态度,比如强调对行政相对人的合法权益的保护,以及对行政权力的严格控制,等等。一个最为显著的进步是,中国行政法学的研究基本上已经不再使用"阶级斗争"的意识形态作为行政法学研究的理论或逻辑前提。而实际上,行政管理学或行政学上的研究的内容对于行政法或行政法学的研究来说,是非常重要的,被行政管理学或行政学视为科学而合理的行政行为或行政过程,如果不通过规范形式将其固定下来,行政管理将不会收到良好的效果。从这个意义上来说,行政法学其实与行政管理或行政学具有密切的联系,在这一点上,套用自然法对于法律实证主义的评价一点也不为过。自然法认为,不符合自然法的实在法,是"恶法",是不值得拥有法律资格的。同样的,我们也可以这样评价当今中国的行政法及行政法学研究,不注重行政过程或行政行为科学性和合理性的行政法或行政法学研究是空洞无价值的。

（三）中国行政执行中存在的问题

从上述对中国行政执行法律及法学研究的现状来看,在现有的行政法律体系中,行政执行法未获得相应的地位,而在行政法学的研究中,行政执行法方面的研究根本无人涉及。法律及法学研究方面的不足，与中国行政执行中的问题存在着一定的因果关系。中国行政执行中的问题主要表现在以下几个方面。

第一，法律、公共政策在行政执行过程中严重失范。法律与公共政策执行失范，是指行政机关在执行法律和公共政策时，由于种种原因背离政策的精神实质，损害了政策的统一性、严肃性和权威性，使政策失真、政策目标落空。具体表现为：(1)歪曲法律或公共政策的原义。法律和公共政策歪曲指执行者在执行过程中对法律和公共政策的精神实质或部分内容进行有意曲解，利用其的抽象性和普遍性，借口本地区或部门的特殊性作出不同的解释，导致法律和公共政策无法真正得到贯彻落实，甚至收到与初衷相悖的绩效。以我国住房制度改革为例，改革的目的本来是为了减少国家财政负担，搞活房产建筑企业，实现住房商品化，解决住房分配不公的问题。但是在实际贯彻执行的过程中，一些地方和部门自行"变通"，把住房商品化解释为低价出售公房，这就歪曲了法律和公共政策原意。正因为一些地方和部门有意曲解法律和公共政策，使得国家的几次房改政策难以得到有效的执行。(2)不认真对待法律和公共政策的规范性要求。行政机关在执行过程中，只做表面文章，并未采取可操作性的具体措施，只制定象征性的执行措施，在组织、人员、资金等方面没有真正到位，或执行起来虎头蛇尾、前紧后松、敷衍塞责，使严肃的政令在形形色色的花架子下变成一纸空文。法律或公共政策的本质特征在于权威性和严肃性。对共产党员来说，执行法律和公共政策是党的纪律。邓小平曾指出"共产党员一定要严格遵守党的纪律，无论是不是党员，都要遵守国家的法律。对于共产党员来说，党的纪律就包括这一条，遵守纪律的最高标准，是真正维护和坚决执行党的政策，国家的政策。"①但在执行的过程中，有些执行机关或人员有意不执行或变相不执行国家政策，有的只采取象征性执行措施，甚至抗拒执行。例如，随着高科技的发展，假冒伪劣商品已发展到无孔不入、令人防不胜防的地步。针对这一严重侵害消费者利益的现象，近些年来，国务院一再强调要严厉打击假冒伪劣产品，先后通过了《消费者权益保护法》、《产品质量法》、《反不正当竞争法》以及《关于惩治生产、销售伪劣商品犯罪的决定》，还

① 《邓小平文选》第二卷，人民出版社1994年版，第112页。

专门成立了"打假办",开展诸如"质量万里行"、"3·15 消费者权益保护日"等活动。可是假冒伪劣产品仍然禁而不止,打而不死。这在很大程度上是部分地方政府政策敷衍的结果。(3)行政执行过程中存在严重的本位主义,对法律或公共政策采取利己主义的态度,只执行对其有利的部分,或增加对其有利部分。行政机关或行政执行人员对上级或中央的政策断章取义,选择性执行,使一个完整的政策在执行时只有部分被贯彻落实,其余则被遗弃,使政策内容残缺不全,政策变形失真。例如:根据 1992 年《全民所有制工业企业转换经营机制条例》,中央政府给企业下放了 14 项基本权利,这一政策对搞活国有企业,促进经济发展是有益的。但是这些下放的权利真正落到企业的并不多,其中的大部分被各级地方政府截留收走。政策缺损严重影响了国家政策的正确贯彻和有效实施,极大地损害了社会主义政策的严肃性和权威性以及国家和人民的利益。执行者在执行过程中附加一些原政策目标所没有的内容,使政策的调控对象、范围、目标、力度超过了原来的要求,把原本禁止之事变为可行之事,使得政策执行复杂化、扩大化,致使政策不能到位或政策失真。前面四种情况实质上是"上有政策、下有对策"的表现,"上有政策、下有对策"是我国的行政执行中长期存在的一种普遍现象。近年来,随着我国改革开放的深入和地方分权的发展,"上有政策、下有对策"现象非但未能克服,反而有加剧之势,严重影响了政策的有效执行。

　　第二,行政执行过程科学性和合理性都不高,行政执行效率低下。行政效率是衡量行政管理水平的重要价值尺度,因此行政效率一直是公共行政学的重要研究领域。"高效的行政系统应能在最短的时间内,花费最小的资源,以最高的质量满足最大数量的社会需求。"[①]目前,行政效率低下已成为一个世界性的通病,转型期的中国亦不例外。一般说来,行政效率是行政产出与行政成本之比率。安东尼·唐斯认为,"政府部门的关键性特征之一是其产出的非市场性质。"[②]由于行政组织是一种特殊的公共权力组织,其所生产出来的产品或服务是一些"非商品性"的产出,这些产品或服务并不进入市场的交易体系,不可能形成一个反映其生产的机会成本的货币价格。所以,行政部门的

---

　　① 王沪宁:《论 90 年代中国的行政发展动力与方向》,见《当代中国思想解放大争论》第 2 卷,南方出版社 1998 年版,第 1017 页。

　　② 缪勒著:《公共选择理论》,中国社会科学出版社 1999 年版,第 308 页。

产出是一种"非市场产出",要对其进行准确测量在技术上无疑存着相当的难度。正是由于行政产出的测量困难,人们对行政效率的研究多侧重于行政成本的多寡。而行政执行成本就是实施政府政策而设立的行政执行组织成本和行政执行活动成本。行政执行组织成本是指为实施政府政策而设立的行政执行机构和配置的行政执行人员。行政执行活动成本是指行政机关在实施政府政策全过程中所耗费的物力、财力的总和。行政执行效率低下主要表现为行政成本高和行政执行中的官僚主义。在中国,行政执行组织成本异常高昂。就目前而言,我国行政机关规模庞大,并且机构重叠、职能交叉。1993 年 3 月八届人大确定政府机构改革之前,全国仅省级党政机关的厅(局)级机关就多达 2100 个,平均每个省设置 70 多个。超过规定限额 15 个左右。县级以上常设的党政机构在 20 万个左右,超出规定限额的 3 万多个。而且,在常设机构数量居高不下的同时,非常设机构也一直泛滥成灾。政府机构多,人员必然多。有资料显示,全国党政机关干部 1979 年为 279.12 万人,1989 年为 543.5 万人,10 年翻了一番。1995 年年底,国家干部(包括党政机关,社会团体,事业单位就业人数以及企业党政工团等有国家干部身份的人员)达到了 4712 万人,官民比例为 1∶30 左右。机构庞大、人员臃肿造成行政执行组织成本过高。必要的机构和人力是行政执行的物质基础,但并非多多益善。如果参与行政执行的部门和人员过多,那么执行者就要费很多的精力或时间来处理部门之间与人员之间的关系。这极易导致执行机构内部的纠纷与内耗,使得执行者相互推诿,相互扯皮,敷衍塞责"踢皮球",从而严重影响行政执行的有效性。在中国,行政执行成本管理控制松弛,行政主体使用行政成本没有规范,甚至任意挥霍浪费公款公物,致使既定的行政执行成本远远超出预算规模,行政执行活动成本偏高,中国的行政成本从 1950 年至 1978 年基本上较为平稳,自 1978 年以后直线上升:1978 年 49.09 亿,1990 年为 333.47 亿,1994 年 764.63 亿。1994 年的行政费用相当于 1978 年的 15 倍,而同期财政收入只增加了 3.65 倍。① 实践证明,政府支出如果占国民生产总值的比重过大,经济便无法实现较快的增长。

　　第三,行政执行过程中"官本位"倾向严重,严重有悖于"为人民服务"或

---

① 参见郭渐强等:《机构改革与行政执行》,《求索》1999 年第 1 期。

"人民公仆"的价值要求。我国行政执行中的官僚主义现象比较严重。"门难进,脸难看,话难听,事难办","牢骚满腹,工作无心"等不良现象在我们国家一些行政机关及其干部队伍中日益蔓延。有些干部在执行政策时懈怠松散,能推则推,能拖则拖,甚至弄权渎职亦心安理得;对个人利益得失分毫必争,对组织与国家利益却漠不关心,在其位不谋其政,谋其政而不负其责。结果好的政府决策难以发挥有效的社会调节作用。而且,行政执行中的官僚主义作风使得决策执行时间延长,严重影响了政策执行的效力与效率。邓小平同志曾尖锐指出:"官僚主义现象是我们党和国家政治生活中广泛存在的一个大问题。它的主要表现和危害是:高高在上,滥用权力,脱离实际,脱离群众,好摆门面,好说空话,思想僵化,墨守成规,机构臃肿,人浮于事,办事拖拉,不讲效率,不负责任,不守信用,公款旅行,互相推诿,以至官气十足,动辄训人,打击报复,压制民主,欺上瞒下,专横跋扈,拘私行贿,贪赃枉法,等等。这无论在我们的内部事务中,或是在国际交往中,都已达到令人无法容忍的地步。"①

　　第四,行政执行过程中只注重行政执行组织的执行方便,而忽视行政相对人行事方便,将行政相对人当做纯粹的管理对象,出现行政程序的"异化",即行政程序的价值体现在行政执行组织执行方便或维护其本位利益上,忽视行政相对人的办事的便利性。在行政执行过程中,行政执行组织的执行有两种极端表现:一是烦琐化行政程序。行政程序烦琐指在行政执行中经历过多而不必要的行政环节,从而阻碍行政执行的顺利进行,延缓行政目标的实现,甚至使行政目标落空。行政程序烦琐现象在现实生活中屡见不鲜。例如,据《中国青年报》报道,湖南省武冈县计划修建一座水电厂,从县委、县政府打第一个报告起,前后共盖公章 1460 个,有关公文和设计图纸重达 170 公斤,历时两年半才定下方案。这 1460 个公章足以表明行政程序之烦琐。二是减少甚至不要任何行政程序。行政执行过程中,只要对行政执行组织有利的,就减少甚至完全不要应有的、合法的工作程序,随意行政。行政程序缺位使得行政主体在行政执行中由于缺少控制而可能滥用职权,违反行政的公平、公正原则。例如,西部某省民政厅救灾款的分配与使用,没有合法的工作程序,只由厅长一人说了算,谁行贿就发给谁。结果群众没有得到及时救助,厅长及有关人员

---

　　① 《邓小平文选》第二卷,人民出版社 1994 年版,第 327 页。

走向犯罪,政府的形象也受到严重损害。另外,行政执行组织对于执行程序采取不公开的态度,只由行政执行组织内部掌握,行政相对人无从得知。如对执行机构及人员、行政统计资料、行政机关的有关工作制度、办事规则及手续、行政执行的进展及结果等行政资料均不向公众公开。

二、完善中国行政执行法的若干建议

(一)科学划分中央与地方的行政执行权

中央与地方的关系是基于一定利益关系基础上的权力关系。任何一级政府的产生、发展及行政管理活动的施行都必须以掌握和行使一定的权力为前提。对于我国来说,长期以来,由于中央与地方的权限未能科学界定,从而导致中央地方事权不明、关系紊乱,政府政策执行失范。而从发达国家的行政实践来看,中央与地方事权划分是很清楚的。例如日本,采用列举原则,先是划分地方的事权,确定地方应管的事,然后将剩余的事权交由中央掌握。中央有哪些权力,地方有哪些权力都有明确界定,中央与地方关系比较规范。所谓科学划分事权,就是根据中央政府与地方政府在国家管理中的地位和作用,从法律上规定中央政府和地方政府事务管理的范围和相应拥有的权力。事权主要指国家安全管理、社会及文化管理、经济管理、全民财产管理等权力。中央与地方事权界定十分复杂,具体国家事务的性质是事权划分的根本依据。必须根据国家事务的性质划分事权,决定哪些事务由中央处理,哪些由地方处理,哪些由中央和地方共同处理。凡关于国家整体利益、全局利益的事务(如国防、主权、外交等)应由中央处理。凡关于地方局部利益和地方自主性、地方自主发展的事务归地方处理。而处理提供公共物品和服务这类事务的权限必须在中央与地方之间合理划分。因此,我国中央与地方事权划分的准则是:凡需要由国家统一规划管理的重要事项由中央处理;需要因地制宜的事项归地方处理;凡必须由中央决定、交地方执行的事项,则由中央与地方共同管理,地方向中央负责。这样,通过合理划分中央与地方事权,初步建立起既能发挥中央功能又能增强地方活力的事权关系构架,最终建立一个以市场经济为基础,以政府职能转变为前提,集权与分权相结合,科学规范的中央与地方事权关系。另外,在分权、放权的过程中,应注意同时加强、维护中央权威,完善宏观调控机制和政权结构内部的制约机制。权力下放毕竟是一个渐进过程,必须

要涉及许多政策和制度的调整。否则,权力下放了,地方自主权有了,但制衡机制、杠杆控制没有配套,中央的政令、宏观调控就可能失去"中介"环节,就有可能导致权力结构的错位和塌陷。因此,无论怎样放权、分权,中央的权威地位绝不能动摇,全国的政令统一绝不能分化。

(二)按照高效、公平和民主的原则规范化行政执行过程

第一,要制定和完善行政执行的运行程序规则。这是目前中国行政执行所面临的最为紧迫的问题,行政组织在执行过程中,基本上无法可依,主观任意性较大,且行政相对人也缺乏相应的监督方式。第二,可以引入行政执行的竞争机制,以提高行政执行的效率,并使之制度化。传统集权式的粗放型政府管理模式,不但造成了资源的极大浪费,而且严重压抑了政府潜在能量的释放,使得传统行政机构难以适应经济与科技高速发展的现代社会。笔者认为,有必要建立行政执行的竞争机制,激发政府的积极性和创造性,提高行政执行的效率和效益。由于缺乏优胜劣汰的竞争机制,公共机构提供公共物品并未面临直接竞争,即使它们低效率运作,仍能持续生存下去,所以要想提高效率,必须打破垄断、倡导竞争。美国学者奥斯本和盖布勒首先对政府及公营机构应该是垄断的这一传统观念感到不解,他们认为,"我们如此猛烈地抨击私人垄断,而如此热情地接受公共垄断,这正是美国意识形态持久不衰的自相矛盾之一。"[1]美国地方政府的实践表明,在同样的竞争环境下,公共机构与私营企业服务水平相比差不多,有的甚至更好。竞争最明显的好处是提高效率,即投入少产出多。竞争迫使公营的(或私营的)垄断组织对顾客的需要作出反应,竞争奖励革新,而垄断扼杀革新;竞争提高公营组织雇员的自尊心和士气。将竞争机制应用于我国行政实践的价值,在于增加行政官员的风险意识,改变其仅对上级或党委负责而忽视群众或下级的官僚主义作风,提高行政效率。第三,引入行政执行协调机制,以更民主和公平的实施行政执行行为。行政运行中信息沟通和调整控制的目的是达到行政运行系统的协调有序、整体功效最佳。要做到这一点,首先,要有完善灵敏的信息系统。行政协调可以说是对有关矛盾变化的协调,而矛盾变化即是信息,只有信息获得迅捷,协调才能及时;

---

① [美]奥斯本、盖布勒著:《改革政府:企业家精神如何改着公共部门》,周敦仁译,上海译文出版社 2006 年版,第 57 页。

只有信息准确无误,协调才能得当。行政部门如能准确、全面、有效地收集、加工、并使用信息,就能使行政机构高速、协调地运转。其次,加强过程的调控。行政运行系统内的管理环节必须构成一个能自行调整、自我适应的连续封闭的回路,形成一个协调有序的运行过程。要使执行过程协调有序,必须对其进行监控,看执行机构是否正确地执行了决策的意图,看决策的接受人或接受单位的实际表现是否与决策的意图相符,并将获得信息与根据决策目标所制定的监控标准进行对比分析,从差异中分析问题的原因,提出切实的纠偏措施,再将其反馈给决策或执行机构,及时加以调整。

(三)制定和完善行政执行监督制度

行政执行公开是一种非常良好的由民众实施监督的方式。行政公开的核心内容在于首先承认并强调公民的知情权,任何公民有权获取国家行政管理事务的信息。如果对行政活动一无所知,或者被蒙在鼓里,所谓行政监督权只能成为空谈。在我国目前的情况下,行政公开应包括四个方面的内容:其一,行政执行主体公开。社会生活的多样性、复杂性与多变性,决定了行政管理的主体庞大、分工精细,否则难以实现社会生活的有序发展。正因如此,我们应公布行政执行主体及其职责分工,公布各级职能机关的办公地点以及内部职责的再分工,否则监督就无从谈起。其二,行政程序公开。程序公开是行政公开的重要内容。只有公开,公布的程序才具有确定力、执行力、约束力。其三,行政行为公开。现代法治国家强调依法行政,而依法行政要求行政主体的职权必须有法律的依据,行政行为的内容必须符合法律规定,同时行政行为必须严格遵守法定程序。因此可以说,行政程序是依法行政的重要保障,是有效行政的正确轨道。最后,行政结果公开。行政主体应把行政执行的进展情况、行政结果公布于众,便于行政监督和行政评估。设置科学的监督方法也是完善行政执行监督的要求之一。科学的监督方法对提高监督水平和质量有着十分重要的意义。转换监督方法要求:其一,转换观念,变单纯的履行公务的任务观念为全心全意为人民服务的思想观念。其二,强化预防监督,选好关键监控点。从事前监督入手,确立准确、适当、可行的控制标准,制定监督规划,采取优质科学的监督方案,使监督规范化、科学化,防患于未然。监控者若要对监控对象的每一行为进行监控是不可能的,因此监控活动往往选择某一个或某一些关键的衡量标准,以便有效地衡量监控对象是否违规。衡量标准的选择要因时、因地、因人而异,具体情况具体分析。在监督控制时应根据标准检查执行行为的偏差,提出切实的纠偏和改进意见,采取可行的必要措施,及时纠正一切违反决策要求、有悖于决策目的的错误行为。其三,强化监督力度。针对行政执行中带有倾向性、普遍性和苗头性的问题,抓住不放,调查研究,跟踪监督,综合治理,狠抓落实,该纠正的要及时纠正,该处理的要及时果断处理,防止和克服形式主义。其四,加强各行政监督主体的协调配合,完善多层次、多功能、内外沟通、上下结合的行政监督网络。要通过大众传媒对决策执行走样情况曝光,通过调查、质问、罢免领导人,撤销不适当的行政执行决定、受理申诉与控告来实行对决策执行过程的社会监督,克服行政执行中的"弱监'、"虚监"现象,保证行政执行活动的顺利进行。

第四章 行政人事法

第一节 行政人事法主要范畴

一、行政人事的概念与特征

人事,即用人以治事,选合适的人,做适当的事,使人与事有机结合,以达到人尽其才、事竟其功之目的。行政人事是政府从政权建设和社会经济发展的全局高度,以国家政权的力量,对整个社会的人事活动进行规划、引导、规范、调控的宏观管理和对政府工作人员的直接管理。行政人事具有政府人力资源管理与开发的职能,它主要包括两方面内容:一是政府通过制定一系列法规、政策、措施,对全社会人力资源开发的事务,进行规划、决策、组织、协调、控制等;二是对政府工作人员进行管理,包括政府工作人员的选拔、录用、考核、任免、奖惩、培训、工资、福利、退休等管理活动。

从行政人事的概念出发,我们认为行政人事一般具有以下特征。

第一,行政人事是由行政机关或组织主导一项行政行为,其目的在于使全社会实现人尽其才,事竟其功的完美状态。行政人事的这个特征区别于企业或其他非政府组织的人事行为,企业或其他非政府组织中虽然也存在人事活动或行为,但是其行为或活动的效力只及于该企业或组织内部,对社会中的其他人或组织没有影响力,而且该企业或组织的人事活动或行为还必须以服从行政人事活动或行为为前提。行政人事行为的落脚点在于人和事,也就是识人、用人和培养人,提高人的素质,发现人的潜能,使具备相应能力和素质的人做最适合的事情。在这一点上,行政人事与行政组织存在着实质性的区别,行政组织主要讨论的问题是行政组织的结构,以及通过合理安排行政组织的结构来实现相应的行政目的,也就是对行政官僚体制的安排或配置问题。行政人事与行政组织虽然存在着实质性上差别,但是两者还是存在着一些紧密的联系。行政人事以行政组织为前提。行政组织对于行政组织结构的安排,实际上就是对行政组织的构成部分的安排,包括职责、权力和资源等事项的配置,也就是对于行政组织各构成部分从事何种行政事务的安排,或职能的设置。行政人事实质上就是安排合适的人从事由行政组织所配置的岗位职能,简单地说,也就是行政组织负责行政事务的配置,而行政人事则决定人力资源的配置。从这个角度来说,行政人事是行政组织实现其目标或任务的后续行为,或延展性行为,也落实行政组织目标的必经途径。在某种意义上说,行政人事的重要性甚至要大于行政组织。毛主席曾经说过:"党的政策确定之后,剩下的事情就靠干部了。",在传统的文化观念中,存在着"人事是最大的事"的说法,也间接说明了行政人事的重要性。

第二,行政人事即包括外部的人事管理行为,也包括内部的人事管理行为。在通常的观念中,行政人事仅指行政组织对于行政组织的构成人员,也称为公务员的人力资源管理行为,就如同企业或其他组织对于其构成人员的人力资源管理行为一样。但是,这仅仅是对行政人事行为的一种狭义上的理解,甚至是误解,行政人事不仅是一种对行政组织内部的行政行为,也是一种对行政相对人或行政组织之外的被管理人的一种外部行政行为。作为一种内部的人力资源管理行为,行政人事主要分为两个部分,一个部分是行政组织中领导的人事行为,包括领导的选拔、领导方式的要求、领导的岗位职责以及对行政资源的使用等,另一部分是行政组织中其他非领导人员的人事行为,主要包括公务员的培训、管理、行为方式以及能力训练或要求等。作为一种外部的人力资源管理行为,行政人事行为主要是为社会组织运用人力资源提供"游戏规则",或进行资格认定与审查,比如为律师职业提供职业资格考试,并对合格者授予律师资格,对教学人员进行职称评定,并对达到相应能力要求的人授予教授职称,为接受相应教育教训的提供能力测试的机会,并对达到相应能力水平的人颁发相应的证明文书,等等。

第三,行政人事的目标不同于企业或其他非政府组织。一般而言,行政人事行为具有公共服务性。这一点不仅仅体现在行政人事涉及的公共行政组织的人力资源管理行为,更主要的体现在行政人事行为还负有更多的社会责任,为全社会的人力资源开发提供公共服务,通过行政人事法的制定与执行创造公开、平等、竞争、择优的用人环境;建立优秀人才能够脱颖而出、各尽其才、作用能够得到充分发挥的用人机制;促进劳动者提高素质和全面发展。从这一点来看,行政人事的目标明显不同于企业或其他非政府组织,在这些组织中,人事行为的主要目标在于服务于该组织的要求,虽然间接的也会对社会作出一定的贡献,但是这种贡献却是无意识的,法律不可能对这些组织提出直接的要求。除此之外,行政人事与政治也具有紧密的关系,一个国家的政治意识形态对于行政人事的约束或指导作用是非常明显的,这一点也使得行政人事行为不仅具有管理学上的科学性,同时也具有政治学上的意识形态性。比如在中国行政人事行为就必须遵循以下原则:即以人为本原则、党管干部原则、任人唯贤原则、德才兼备原则、适才适用原则、科学分类原则和公正公平原则。为贯彻这些政治上要求的基本原则,必须从法律上建立一系列运行机制,包括:(1)竞争机制,要把竞争精神体现到人事管理的各个环节,并形成一套行之有效的竞争办法和措施。(2)激励机制,激励要坚持公开、公正、公平,条件鲜明、强度适当、实施及时。(3)更新机制,包括制度更新、人员更新、素质更新等方面。(4)法制机制,健全人事法律法规体系和人事执法监督制度,扩大人事工作的公开透明度。

第四,行政人事主要通过选拔、录用、考核、任免、奖惩、培训、工资、福利、退休等行为来进行。选拔就是通过一定的方式发现最适合于特定工作岗位的人才,这可以说是行政人事工作的最为核心的内容,在某种意义上来说,行政人事行为就是挑选最合适的人到最合适的岗位上工作。考核、任免和奖惩是充分运用人力资源管事的激励机制的作用,以一定的方式促进人才努力工作的动机,发挥出人才工作最大的潜能。培训则是提高人才经验、知识或素质的必要方式,为了不断提高公务员的能力或知识水平,适应社会发展的新需要,持续不断地对公务员进行培训是完全必要的。工资、福利和退休也是人力资源管理中的重要环节,这个环节的行为在某种意义上构成了稳定公务员队伍的重要措施,在一个国家公务员系列中,由于公务员是作为公共服务性岗位而存在的,以消耗公共资源作为代价,在一个民主的国家中,必然对公务员的收入部分有严格的控制。作为补偿,公务员相对稳定的职业环境,以及良好的退休保障可以弥补其工资水平不高的劣势,直到吸引高级人才到公务员队伍中的作用。行政人事所实施的这些行为,由于其实施的对象是人,而不是如同科学的研究对象一样为物,所以行政人事行为要提高其科学性存在着不少的局限性。也正因为如此,在许多国家中,包括中国对于行政人事行为的许多细节都制定相应的法律,而是将自由裁量权保留给行政组织,由其自由行使。

二、行政人事与相近概念的关系

(一)行政人事与行政领导

行政领导是指国家行政机关领导者依法运用行政权力,通过行政组织和公务人员,对国家行政事务进行决策、指挥、协调、控制、检查、监督等行政活动。行政领导在行政各个方面及其全过程处于主导地位,它的正确与否决定着行政职能的实现程度和状况,决定着行政效率的高低以及行政目标能否实现。一般而言,行政领导作为一种行政行为具有以下特征:(1)行政领导的权力是国家法律或行政法规确定的,在国家行政领域内具有强制性和约束力;(2)行政领导行为的权力范围,受国家权力机关和有关法律、法规、制度的限制与监督;(3)行政领导是运用国家法定权力,并依法实施领导职能的行为,具有高度的权威性;(4)行政领导具有明确的隶属关系,即由有关法规明确规定行政组织内的领导与被领导关系;(5)行政领导随着国家行政管理活动的产生、发展而产生和发展。原始社会的部落酋长指挥部落成员猎取食物和分配成果,虽是一种领导行为,但不是行政领导。在奴隶社会、封建社会存在着单纯靠权力实现统治阶级意志的行政领导活动,但这不是现代意义上的行政领导。随着资本主义三权分立制度的确立,资产阶级在行政管理中,开始把权力与责任统一起来,强调依法施政和采用现代化手段,从而逐步形成现代的行政领导。

现代社会的行政管理工作较庞大、复杂和具有综合性,这就要求行政领导要实现多方面功能。美国著名行政学家 L.D.怀特认为行政领导有 8 种功能:(1)决定重要政策;(2)发表必要命令和指示;(3)协调组织内部关系和活动;(4)授权下级处理具体事务;(5)控制财务的管理;(6)任免工作人员;(7)监督、控制并考核工作行为;(8)处理对外公共关系。根据现代行政管理实践,一般认为行政领导的主要功能有:(1)执行功能。执行国家权力机关、上级行政机关制定的法律、法规、政令和交办的行政任务;(2)决策功能。对管辖内的行政事务作出决策,并拟定计划,组织实施;(3)协调功能。协调各部门、各方面的关系和公务人员之间的关系,创造有效的沟通形式,使他们团结一致完成任务;(4)激励功能。采取物质和精神鼓励的形式激励部属,调动他们的工作积极性和创造性;(5)指导功能。在授权下级处理各项具体行政事务的同时,对他们实施指导,以利各项行政工作顺利开展;(6)检查功能。对所属行政机关及其公务人员实行经常的、有效的检查和监督。

行政领导是一个包括许多因素的系统活动,其构成的基本要素包括:(1)行政领导者,是在行政中处于决策、指挥地位的个人或集体,是行政管理的主体和关键因素;(2)被领导者,是领导者所辖的个人或组织。对领导者来说,他们是行政领导的客体,对行政领导行为的作用对象来说,他们又与领导者结合组成行政领导的主体,被领导的素质和能力,以及他们对完成本职工作的热情、主动性和创造性,在很大程度上决定着行政领导的绩效;(3)作用对象,是行政领导者和被领导者共同作用的客体。根本不同的作用对象,可采用不同的行政领导方法;(4)客观环境,包括行政领导的内部条件以及外部的政治、经济、文化等方面的实际情况,它是制约行政领导绩效的主要因素。行政领导者应根据面临的特定环境及其变化,审时度势,因地制宜,确定适用于现时客观环境的领导方法、领导艺术,以达到最佳领导效果。

从上述对于行政领导的概念、功能和构成要素的分析中,我们可以发现行政领导与行政人事的相互关系。作为一种行政行为,行政领导体现在行政的全过程中,在行政的任何一个环节中,几乎都有行政领导行为的存在。从行政领导的功能来分析,行政领导对于任何行政行为都存在着指导、指挥或监督的作用,就是上述结论一个明证。作为一种行政行为,行政人事也受行政领导的指导、指挥或监督。但是,从另一个角度来说,行政领导又是行政人事工作中的一个重要构成部分。行政领导的选拔与考核是行政人事工作的主要内容之一,对行政领导的绩效考核与监督,以及对行政领导违法违纪行为的调查、认定与处罚也是行政人事工作的主要内容之一,而对行政领导者的岗位调动、培训、退休等事项的管理是行政人事工作的重要内容。因此,行政领导与行政人事是一个相互交叉或交融的概念,两者存在着交集,即行政领导是行政人事的一部分,同时行政人事本身也构成行政领导的内容之一,但是两者还存在着完全不同的领域。

(二)行政人事与行政人力资源管理

行政人力资源管理,是指在经济学与人本思想指导下,通过招聘、甄选、培训、报酬等管理形式对行政组织内外相关人力资源进行有效运用,满足行政组织当前及未来发展的需要,保证行政组织目标实现与成员发展的最大化。也就是预测行政组织人力资源需求并作出人力需求计划、招聘选择人员并进行有效组织、考核绩效支付报酬并进行有效激励、结合组织与个人需要进行有效开发以便实现最优组织绩效的全过程。一般情况下,行政人力资源包括以下工作内容:(1)行政职务分析与设计;(2)行政人力资源规划;(3)公务员招聘与选拔;(4)行政绩效考评;(5)工资与福利待遇管理;(6)公务员激励;(7)公务员培训与开发;(8)行政职业生涯规划;(9)行政人力资源会计;(10)行政职务关系管理等。

行政人力资源管理目标是指行政机关或组织的行政人力资源管理需要完成的职责和需要达到的绩效。行政人力资源管理既要考虑行政机关或组织目标的实现,又要考虑公务员个人的发展,强调在实现行政机关或组织目标的同时实现公务员个人的全面发展。行政人力资源管理目标包括着全体行政管理人员在行政人力资源管理方面的目标任务与专门的行政人力资源部门的目标与任务。显然两者有所不同,属于专业的行政人力资源部门的目标任务不一定是全体行政管理人员的行政人力资源管理目标与任务,而属于全体行政管理人员承担的行政人力资源管理目标任务,一般都是专业的行政人力资源部门应该完成的目标任务。无论是专门的行政人力资源管理部门还是其他非专业行政人力资源管理部门,进行行政人力资源管理的目标与任务,人力资源专家钟克峰先生认为主要包括以下三个方面:(1)保证行政机关或组织对行政人力资源的需求得到最大限度的满足;(2)最大限度地开发与管理行政机关或组织内外的人力资源,促进组织的持续发展;(3)维护与激励行政机关或组织内部人力资源,使其潜能得到最大限度的发挥,使其人力资本得到应有的提升与扩充。

一般而言,行政人力资源管理通过规划、招聘、考试、测评、选拔、获取行政机关或组织所需人员。(1)获取职能。包括工作分析、人力资源规划、招聘、选拔与使用等活动。一是工作分析,这是人力资源管理的基础性工作。在这个过程中,要对每一职务的任务、职责、环境及任职资格作出描述,编写出岗位说明书。二是行政人力资源规划,这是将企业对人员数量和质量的需求与人力资源的有效供给相协调。需求源于组织工作的现状与对未来的预测,供给则涉及内部与外部的有效人力资源。二是招聘与挑选,这是根据对应聘人员的吸引程度选择最合适的招聘方式,如利用报纸广告、网上招聘、职业介绍所等。挑选有多种方法,如利用求职申请表、面试、测试和评价中心等。四是使用,即经过上岗培训,给合格的人安排工作。(2)整合职能。通过行政机关或组织文化、信息沟通、人际关系和谐、矛盾冲突的化解等有效整合,使行政机关或组织内部的个体、群体的目标、行为、态度趋向行政机关或组织的要求和理念,使之形成高度的合作与协调,发挥集体优势,提高行政机关或组织的行政效率。(3)保持职能。通过工资、考核,晋升等一系列管理活动,保持公务员的积极性、主动性、创造性,维护公务员的合法权益,保证公务员在工作场所的安全、健康、舒适的工作环境,以增进公务员满意感,使之安心满意的工作。保持职能包括两个方面的活动:一是保持公务员的工作积极性,如公平的工资、有效的沟通与参与、融洽的人际关系等;二是保持健康安全的工作环境。(4)评价职能。即对公务员工作成果、工作态度、技能水平以及其他方面作出全面考核、鉴定和评价,为作出相应的奖惩、升降、去留等决策提供依据。评价职能包括工作评价、绩效考核、满意度调查等。其中绩效考核是核心,它是奖惩、晋升等人力资源管理及其决策的依据。(5)发展职能。通过公务员培训、工作丰富化、于职业生涯规划与开发,促进公务员知识、技巧和其他方面素质提高,使其工作能力得到增强和发挥,最大限度地实现其个人价值和对行政机关或组织的贡献率,达到公务员个人和行政机关或组织以及社会共同发展的目的。

从上述对行政人力资源管理的分析来看,行政人事与行政人力资源管理存在着密切的关系,在很大程度上两者几乎保持同一的意义。两者的最大区别在于,从内部行政的角度来看,行政人事包含着行政领导这一行政行为,而行政人力资源管理却完全是对非领导性公务员的人事管理;从外部行政的角度来看,行政人事还包含着对社会中各种组织的人力资源使用与管理进行一定程度管理的职能,主要是制定全社会人力资源管理与使用的"游戏规则",或者对社会人力资源的认定提高标准,或者以行政机关或组织的公信力为人才知识与能力水平提供资质认定等工作。而行政人力资源管理仅仅是指行政机关或组织对公务员的人力资源的开发、运用与管理,不包括对全社会的人力资源进行管理与监督的工作。

(三)行政人事与行政主体

行政主体是指享有国家行政权力,能以自己的名义从事行政管理活动并独立承担由此产生的法律责任的组织。行政主体具有下列三个特征:(1)行政主体是享有国家行政权力,实施行政活动的组织。这是行政主体与其他国家机关、组织的区别所在。(2)行政主体是能以自己的名义行使行政权的组织。这是行政主体与行政机关内部的组成机构和受行政机关委托执行某些行政管理任务的组织的区别。(3)行政主体是能够独立对外承担其行为所产生的法律责任的组织。这是行政主体具有独立法律人格的具体表现,也是一个组织成为行政主体的必备条件。

行政主体在行政法学中拥有非常重要的地位,在许多行政法学学者看来,从法律上确定行政主体概念是基于以下考虑:(1)依法行政的需要。行政管理活动是行使国家行政权的活动,这种活动必然对社会产生一定的影响。行政管理部门在实施对社会经济生活的组织管理时,有可能损害相对方的合法权益,这就要求行政管理部门必须依法行政。依法行政不仅要求行政管理部门依照法律、法规行使行政权,而且还要求其必须承担因其行为所引起的相应法律后果。承担法律后果就必须明确主体。主体不明确,必然权限不清、职责不明,因而也无法承担责任。所以,依法行政首先要求对复杂多样的行政管理部门进行行政主体资格的确定。(2)确定行政行为效力的需要。如果行政机关及其他组织不具有行政主体资格,则其行为便不具有行政行为的效力,也不能引起所希望的法律后果的产生,并且可能导致该行为无效或被撤销的后果。因此,确定行政机关及其他组织的行为是否是行政行为,是否具有行政行为的效力,标准之一就是确立行政机关及其他组织是否具备行政主体资格。不具备行政主体资格的行政机关和组织的行为就不是行政行为,不具有行政行为的效力。(3)确定行政诉讼被告的需要。行政诉讼是以具体行政行为为诉讼标的的诉讼活动。(4)保证行政管理活动连续性、统一性的需要。行政活动是由公务员具体实施的,但公务员并不直接承担其行政职务的履行所引起的法律后果。因为公务员与国家之间存在着行政职务关系,其履行职务所引发的法律后果应归属于他所代表的国家。依法行政的原则要求有行政主体存在,由行政主体把众多的先后不一的公务员的行为统一、连续起来,并承担由各个公务员的行为所引发的法律后果。只要是享有国家行政权力,从事行政管理活动,就一定存在承担相应行政法律责任的行政主体。行政主体自己行使行政权力,承担行政法律义务;具有行政主体资格的行政机关建立的其他行政机关享有一定的行政权力,其建立者承担由没有行政主体资格的行政机关所做的行政行为的行政法律义务;具有行政主体资格的行政机关撤销的其他行政机关享有一定的行政权力,其撤销者承担由没有行政主体资格的行政机关在被撤销前所做的行政行为的行政法律义务。

行政主体的概念与行政人事存在着根本的区别。行政主体一般运用法律关系的范畴来分析,研究的是特定行政权力与义务的承担者的问题,主要在于研究如何确定行政组织或个人行为资格问题。而行政人事的概念是从行政过程的角度来分析,是研究行政机关或组织如何通过合理组织人力资源来有效率地和公正地完成一定的行政事务。简单地说,行政主体是从法律逻辑的角度来分析由谁来行使相应的行政权,由谁来承担相应的行政责任,而行政人事则是从行政过程的角度来分析,如何组织行政人力资源才是科学合理的。行政主体的概念当然是重要的,但是不能替代行政人事,因为行政主体的研究并不能解决如何组织或管理行政人力资源才是科学合理的这一问题,只有通过行政人事的研究才能解决这一问题。由于行政人力资源管理与使用的科学合理性,并不只是涉及行政机关或组织的内部问题,同时也涉及全社会的资源管理与使用的问题,也就是说这一问题具有公共性,并非某一组织内部的特有的与其他人或组织无关的问题,对行政人事工作或行为以法律进行规范绝对有必要性。

三、行政人事的地位与作用

(一)行政人事在国家行政过程中拥有核心地位

在影响国家行政过程有效性的诸多因素中,有物的因素,如所掌握资源的多少以及技术的先进程度等,有制度的因素,比如制度设计是否合理,是否人性化等,有人的因素,比如人的知识水平、能力素质以及服从性等。在所有的这些因素中,人的因素无疑具有核心的地位,物质条件再好、制度设计再科学,如果人的知识和能力水平很低,或者是道德素质很差,那么国家行政过程就不可能收到预期的效果,不仅如此,当良好的物质条件和制度掌握在个人素质非常差的人手中时,还会给整个国家带来灾难性影响。因此,说行政人事是一切国家的立国之基,治国之本,富国之道,在整个国家行政管理中居于核心的地位是绝对没有问题的。它对于巩固国家政权、促进经济的发展、人才的开发和建设,以及加强精神文明建设和提高中华民族的科学文化水平等方面,都起着极其重要的作用。

(二)行政人事对于国家的经济建设有重要的作用

当前,我国正在进行社会主义现代化建设,努力发展社会主义市场经济并计划经过几千年的努力使我国跻身于世界经济强国之列。邓小平同志强调指出:"现在我们国家面临的一个严重问题,不是四个现代化的路线、方针对不对,而是缺少一大批实现这个路线、方针的人才。道理很简单,任何事情都是人干的。没有大批的人才,我们的事业就不能成功。所以,现在我们搞四个现代化,急需培养、选择一大批合格的人才。"作为处于现代社会中的行政人事工作,最重要的任务就是要制定科学的人事管理制度,采取有效的措施,创造良好的环境和条件,努力发现、培养、选择一大批懂经济、懂管理、懂科学技术的人才,提高他们的政治地位和经济地位,充分发挥他们的聪明才智,把他们中间既精通业务、又具有组织领导工作能力的人才,选择到各级领导岗位上来,并使他们有职有权,在社会主义市场经济建设中发挥更大的作用。因此,搞好人事行政管理,是发展生产、振兴经济,胜利地实现社会主义现代化建设任务,推动社会进步的重要保证。

(三)行政人事是提高人才素质的关键

当今世界各国之间的竞争,主要表现为经济实力的竞争,经济实力的竞争在很大程度上是科学技术的竞争,而科学技术竞争的实质,则是开发人才和利用人才的竞争。一个国家拥有的资源及其开发和利用的程度,是该国家经济发展水平和经济实力的重要标志。哪个国家重视对人才资源的开发和利用,哪个国家社会发展速度就快,在国际竞争中就实力雄厚,处于领先的地位。因此,任何国家要想自立于世界民族之林,要想在激烈的竞争中立于不败之地,就必须大力开发和利用本国的人才资源,重视和搞好人才建设,而这些正是行政人事工作的主要任务。当前,我国正面临着世界新技术革命的严重挑战,在这个挑战面前,我们能否利用有利时机,缩短我国科学技术领域同世界发达国家的差距,并尽快赶上世界先进水平,关键就在于能否对我国丰富的人才、智力资源进行开发、利用,搞好人才建设。

(四)行政人事对于精神文明建设有重要的作用

行政人事工作的主要任务就是为国家选择、使用、管理人才,协调人与人、人与事之间的关系,保证国家行政管理工作的顺利工作。行政人事按照什么标准和原则选人、用人,这不仅关系着人与人之间的关系是否协调、融洽,国家机器能否正常运转,而且也影响着社会风气和人们的精神面貌,对精神文明建设起着不可忽视的作用。如果能够按照正确的标准选人用人,使贤者在位,能者在职,达到知人善任,必然会使人们心情舒畅,社会风气好转,从而促进精神文明的建设。反之,不能正确地选人用人,会使人们心情受到压抑,影响社会风气,阻碍精神文明的建设。人事行政管理对民族的科学文化素质的提高也有一定影响。一个民族的发展速度,在很大程度上取决于该民族科学、文化水平的高低;我国社会主义现代化事业的发展,也有赖于中华民族科学、文化素质的不断提高。国家公务人员是国家行政事务的组织者、指挥者、管理者,他们的科学、文化水平的高低,对中华民族科学、文化素质有着极大的影响。国家人事行政管理不但具有吸收、录用优秀人才进入国家公务员队伍的职责,而且也担负着培养、教育国家公务员,提高其科学文化素质的任务。因此,国家人事行政管理部门必须制定必要的法律制度,通过各渠道,采用各种方式、方法、措施,加强国家公务员的教育和培训,不断提高他们的科学文化水平从而为提高整个中华民族的科学、文化素质提供和创造必要的条件。

第二节 行政人事法的理论基础

在中国主流的行政法学理论体系中,行政人事法没有相对独立的法律地位,行政法学界一般将行政人事归入行政主体法的范畴之中,将行政人事法等同于《公务员法》。事实上,行政人事不仅仅是一个主体上的概念,也是一种非常重要的行政行为。《公务员法》中对公务员的选拔、录取、考核、晋升、奖惩、工资和退休等问题所作的规定,仅仅涉及行政人事工作的一部分。除此之外,行政领导与行政人力资源开发与管理也是行政人事工作的重要内容,而这些内容都无法涵摄在行政主体的范畴中。将行政人事置于行政主体的范畴之中,必然会将行政人事工作中的许多内容排除在行政法的规制之外,导致行政人事工作法治水平低下。因此,我们认为,应当扩展行政人事的概念,将其从行政主体的范畴中解脱出来,赋予其独立的法律地位,实现行政人事工作的全面法治化。行政人事工作全面法治化不仅完善行政法学理论体系的需要,也是实现"依法行政"政治目标的需要,不仅如此,还能够有效地提高行政工作效率,促进社会公平。

一、行政人事法具有完善行政法学理论体系的重要作用

现有行政法学理论体系一般是以法律关系为核心建构起来的,即从行政主体、行政客体和行政权利与义务这三个方面进行论述和建构。行政主体一般讨论资格条件和行为能力条件,即具备何种条件就可以成为行政法上有资格的主体,按照何种方式作出相应的行为就是行政法上有效力的行政行为。与此相应的,还讨论因委托或授权而行使行政权或行政行为的组织资格和行为能力条件等问题。行政权利(力)义务一般讨论行政主体的权力/职责,以及行政相对人的权利/义务等问题,是行政法学理论体系的核心,一般又以行政主体的行政行为为核心进行建构,因为行政法律关系中,大部分行政法律关系的产生、变动与消灭都是由行政主体单方面的行为引发或导致的,而引发行政法律关系产生、变动与消灭的除了行政事件之外,大多是由行政主体单方面的行政行为引起。以此为基础,中国主流的行政法学理论体系,大多在行政行为章节中,以行政主体的职能作为区分的标准,将行政行为进行相应的分类,并分别阐述其行为的条件,与可能引发的行政法律关系的产生、变动与消灭。

在这样一种行政法学理论体系中,行政人事法一般被列在行政主体法这一篇中进行讨论,而且一般也不以行政人事法为题进行讨论,而仅仅以《公务员法》为题进行讨论。这种体系上的安排是极不合理的,既不符合主流行政法学自身的理论体系,也不符合行政人事法自身的一般规律。行政主体法一般研究行政主体享有行政权的资格条件与能力条件,公务员虽然是构成行政主体的人的因素,但是公务员本身并不能享有行政主体资格,公务员所作出的行为都由相应的行政主体来承担法律上的效果,与公务员无关。更进一步说,是岗位决定了行为法律效果的承担,而非在岗位上工作的人决定了行为法律效果的承担。因此,从这个角度来说,将公务员纳入行政主体法中进行讨论和研究并不符合行政主体法自身的逻辑要求。另外，行政人事法讨论的问题是非常丰富的，包括行政领导与行政人力资源管理两个方面，还包括对社会人力资源管理的监督与认定等方面的事项，不仅仅是讨论和研究谁有资格成为领导或公务员，以及领导或公务员行事的能力条件等问题，还包括行政领导行为方式行政人力资源管理方式，以及对社会人力资源管理的监督方式等问题，这些问题从实质上来说，并非属于行政主体法的范畴，而应当属于行政行为法方面的范畴，将其归入行政行为法体系也许更为合适一些。但是，在中国的行政法学理论系，在行政行为的章节中，却基本上不包含对行政人事行为的研讨。这不能不说是中国主流行政法学理论体系的一个逻辑缺陷。

二、行政人事法治化具有完善行政法体系的重要作用

在行政人事方面的行政法制度中，鉴于中国社会的实际情况，中国对行政人事工作采取了分类管理的体制，以不同效力层级法律规范进行治理。中国的各类组织大体上可以分为以下几种类型，即国家行政系统、国家事业单位系统、国营企业单位系统、政治性自治组织、营利性私营企业组织和非营利性非政府组织等。对于国家行政系统的行政人事工作，国家制定了《公务员法》进行规范，除此之外还有一些配套的行政法规、行政规章进行规范；对于国家事业单位系统，目前只有行政法规和行政规章方面的规范进行约束，没有法律方面的规范。国家近期可能会对国家事业单位系统进行大规模的人事制度改革，提高事业单位人事管理制度的法律效力层级；对于政治性自治组织，主要有《村民委员会自治法》和《居民委员会自治法》两部法律进行规范；除此之外的其他组织人事制度一般适用《劳动法》和《劳动合同法》。也就是说，在中国行政单位、事业单位和其他单位之间的人事制度采取完全不同的制度模式分别进行管理，前两类单位的人事行为不能适用《劳动法》和《劳动合同法》，而后一类单位的人事行为自然也不能适用《公务员法》的规定。

在行政人事方面的法律制度中，《公务员法》只对行政人事作了一般性的规定，比如公务员的选拔、录取、考核、晋升、工资和退休等问题，而对于行政领导行为和行政人力资源管理行为却根本未涉及，这不能不说是《公务员法》的一个缺陷，在这两个方面，行政人事基本上处于无法可依的状态，主观任意性相当大，而在事业单位的人事管理方面，则连基本的法律都没有，完全依赖于

国家政策或临时性的规范来进行治理,在中国目前的国情下,考虑到部分事业单位也在行使行政权,大部分事业单位都是由国家财政支付运行经费,这实际上已经构成了中国行政人事法方面的重大缺陷。而在《劳动法》和《劳动合同法》中,主要只对用人单位与劳动者之间的劳动关系进行了规范,却未对用人单位如何管理劳动者提供更多的法律规范的支持。而在西方国家,用人单位与劳动者之间的人事关系也是由法律来治理的。比如在美国,用人单位在聘用劳动者时,如果聘用不同拥有不同文凭的劳动者,则法律规定必须支付相应的工资水平,否则就是违法。在这种情况下,中国急需要统一行政人事法,以对国家行政系统、事业单位系统和其他单位进行统一的人事行为管理,以消除歧视,达到和谐的而有效率的人力资源管理状态。

三、行政人事法是实现依法行政目标的关键

依法治国的关键是依法行政。依法治国的本质是依法治权,在所有的政权机构中,行政权是最容易被滥用的一种权力,也是最容易对公民权利造成严重侵犯的一种权力,只有政府依法行政,政府拥有的行政权才有可能得到有效地控制,才能实现依法治国的目标。所谓依法行政,通俗地说就是指政府拥有的行政权力获得了法律的授权,政府的行政行为符合法律的要求或规定。具体而言,依法行政应当包括以下几个方面的具体内容:第一,政府的行政权力必须由法律明确授权,法无明文授权不得为;第二,政府行使行政权力的行为必须以法律为依据,遵守法律设定的程序要求;第三,政府违法行政必须承担相应的法律责任;第四,必须赋予公民以相应的救济权,当公民受到政府行政权力的非法损害时,可以提起行政诉讼维护自身的合法权益。

依法行政的基本原则有:(1)必须坚持党的领导、人民当家做主和依法治国三者的有机统一;(2)必须把维护最广大人民的根本利益作为政府工作的出发点;(3)必须维护宪法权威,确保法制统一和政令畅通;(4)必须把发展作为执政兴国的第一要务,坚持以人为本和全面、协调、可持续的发展观,促进经济社会和人的全面发展;(5)必须把依法治国和以德治国有机结合起来,大力推进社会主义政治文明、精神文明建设;(6)必须把推进依法行政与深化行政管理体制改革、转变政府职能有机结合起来,坚持开拓创新与循序渐进的统一,既要体现改革和创新的精神,又要有计划、有步骤地分类推进;(7)必须把

坚持依法行政与提高行政效率统一起来,做到既严格依法办事,又积极履行职责。

依法行政的基本要求有:(1)合法行政。行政机关实施行政管理,应当依照法律、法规、规章的规定进行;没有法律、法规、规章的规定,行政机关不得作出影响公民、法人和其他组织合法权益或者增加公民、法人和其他组织义务的决定。(2)合理行政。行政机关实施行政管理,应当遵循公平、公正的原则。要平等对待行政管理相对人,不偏私、不歧视。行使自由裁量权应当符合法律目的,排除不相关因素的干扰;所采取的措施和手段应当必要、适当;行政机关实施行政管理可以采用多种方式实现行政目的的,应当避免采用损害当事人权益的方式。(3)程序正当。行政机关实施行政管理,除涉及根据国家秘密和依法受到保护的商业秘密、个人隐私外,应当公开,注意听取公民、法人和其他组织的意见;要严格遵循法定程序,依法保障行政管理相对人、利害关系人的知情权、参与权和救济权。行政机关工作人员履行职责,与行政管理相对人存在利害关系时,应当回避。(4)高效便民。行政机关实施行政管理,应当遵守法定时限,积极履行法定职责,提高办事效率,提供优质服务,方便公民、法人和其他组织。(5)诚实守信。行政机关公布的信息应当全面、准确、真实。非因法定事由并经法定程序,行政机关不得撤销、变更已经生效的行政决定;因国家利益、公共利益或者其他法定事由需要撤回或者变更行政决定的,应当依照法定权限和程序进行,并对行政管理相对人因此而受到的财产损失依法予以补偿。(6)权责统一。行政机关依法履行经济、社会和文化事务管理职责,要由法律、法规赋予其相应的执法手段。行政机关违法或者不当行使职权,应当依法承担法律责任,实现权力和责任的统一。依法做到执法有保障、有权必有责、用权受监督、违法受追究、侵权须赔偿。

在中国主流的行政法学理论体系中,对于依法行政的关注主要集中在与行政相对人(公民)权益直接相关的行政行为中,比如行政许可、行政处罚、行政强制和行政复议等行为。而对于与行政相对人(公民)的权益间接相关的行政行为中,其中主要是行政人中行为却不太关注。而在人们的日常生活中,却完全相反,人们对于行政人事行为的合法性与合理性非常关注,人们经常讨论中国的行政人事行为,然而由于缺乏相应的法律规范支持,人们大多只能从道德的层面来看待中国的行政人事行为。中国的行政人事行为之所以没有进入"依法行政"的范畴,可能是因为大部分学者将行政人事行为视为内部行政行为,不发生法律效力的行为,与行政相对人没有直接关系的行为。而实际上,行政人事行为不仅是非常重要的行政行为,而且也应当是受"依法行政"原则约束的主要行政行为,如果行政机关或组织的行政人事行为不依法进行,这就必然会给社会的全体带来一种不好的主观感受,那就是政府本身的组织与运行不是以法治为基础,那么人们又怎么可能期望政府能够以法治的理论来对待与行政相对人有关的行政行为呢?而且还需要注重的是,行政机关或组织的行政人事行为不仅仅是内部行政,其对社会人力资源的管理也是一种外部行政行为,而且即使行政人事行为是行政内部行为,由于行政机关或组织是公共组织,是使用国家财政(也就是全体纳税人的纳税)作为运行经费,公民也有权利要求行政人事行为依据明确的、稳定的和公开的法律来进行,以回应公民对于行政人事行为的质疑。因此,可以这样说,如果要实现依法行政的目标,就必然先从行政机关或组织的内部行政行为做起,只有这样法治的实现才有希望。

四、行政人事法可以有效促进行政效率的提高

效率是经济学上用来衡量资源优化配置的范畴,具有相对的意义。在目标确定的情况下,如果一种行为比另一种行为投入更少或产出更多,那么就可以说一种行为比另一种行为更有效率。行政效率也是如此,在行政目标已经确定的前提下,如果政府的一种行为比另一种行为投入更少而产出相同,或者投入相同而产出更大,那么就可以说政府的一种行为比另一行为更有效率。简单地说,行政效率可以定义为,一些政府为实现一定的行政目标所投入的资源与取得的成果或效益之间的比例关系。相对于经济学上的效率,行政效率的范畴更为复杂。首先,行政目标比经济上的效率的目标更复杂,更难确定。经济学上效率的目标相对简单,一般以实现利益最大化为目标,这是由私主体牟取私利的本性决定的。行政目标则不是如此,政府绝对不能以实现部分群体利益最大化为目标,如果是这样,那么政府的性质将私主体没有任何本质上的差别,政府必然是以社会整体利益的最大化为基本目标,以促进社会公平为终极目标。行政目标的这种双重属性,使得行政目标本身就很难作为确定行政效率的目标,因为行政目标中所包含的两大目标是一种悖论,促进社会整体

利益最大化可能是以牺牲社会公平作为代价的,而促进社会公平则有可能损害到社会整体利益的最大化。

另外,在行政效率的投入与产出衡量上,也比经济学上效率的投入与产出更复杂。在投入的衡量上,两者差别不大,而在产出的衡量上,效率的考核指标相对简单,只需要对最终的产出进行统计就可获得,然而行政效率的产出却复杂得多,既包括经济效益,也包括社会效益,尤其是社会效益,到目前为止还没有一套公认的指标评价体系进行衡量。即使是经济效益,由于政府的工作对社会整体经济形势会产生不可避免的影响,在考核经济效益产出时,很难将经济效益产出分离出来,进行独立的衡量考核。

由于行政效率评估的复杂性,决定了人们不可能用单一的方法对行政效率进行科学合理的衡量,只有从多角度对行政效率进行评估,才能确定政府真实的行政效率水平。一般情况下,从政府行政工作的过程来分析,行政效率可以区分为以下三种基本类型,即组织效率、管理效率和工作效率。组织效率一般以行政费用消耗率来测算,管理效率一般功能测定(理想目标与实际目标实现程度之比)来测算,而工作效率则通过因素评定法(人力、经费、物资、机构、制度和方法等综合指标的投入与产出比)进行测算。

行政效率的衡量与测算体现的是行政效率技术层面的要素,对行政效率进行精确衡量与测算的最终目标在于促进政府持续提高行政效率水平,而提高政府行政效率水平的关键要素却不是行政效率的衡量与测算,而是政府工作人员的工作态度与素质。只有高素质的政府工作人员,拥有良好的工作态度,才能维持政府行政工作的高效。一个能力和知识水平相对较高,道德素质也非常好的行政领导者和公务员,相对于一个能力和知识水平较差,道德水平也较差的领导者和公务员而言,对于政府行政工作的效率水平影响非常大。一个再完美的计划、如果没有一个能相应能力的人来执行,就不可能实现好的效率,相反一个不太完美的计划,如果有一个能力超强的人来执行,那么就可以很好地弥补计划不太完善的缺陷,可以实现政府行政工作的高效。行政人事的法治化有助于选拔合适的人才到合适的工作岗位上,避免任人唯亲情况的出现;行政人事的法治化有利于规范化政府行政工作的效率评估,避免行政效率评估的主观任意性;行政人事的法治化有利于规范化政府工作人员的奖惩任免等事宜,避免行政领导的主观擅断;更重要的是,行政人事的法治化,可以发挥民主的优势,发现最佳的行政目标,为政府行政工作奠定实现高效的基础。

五、行政人事法具有促进社会公平的重要作用

在当代著名政治哲学家罗尔斯看来,正义是社会制度的首要价值,就如同真理是科学的首要价值一样。在经济社会领域,社会平等与职位的分配存在着密切的关系,正是通过人们从事不同的职业,才有了社会地位与经济资源分配上的不平等。为达到社会正义的状态,罗尔斯认为,只有将所有的社会职位都向社会开放,禁止设立歧视性条件,才能有机会实现社会在经济社会领域中的平等。在中国这样一个社会中,公务员岗位拥有特殊的地位,这其中当然有传统文化中"官本位"思想的影响,更重要的是,现行的政治体制也支持这一点,这直接导致了行政领导和公务员职位在中国社会各职业中明显占据着优势,成了许多大学生就业的首选,每一年都有成千上万的大学生投入到公务员的招考当中。而实际上,这种现象是值得我们反思的,在一个以人民主权理念为基础建立起来的国家,为什么会出现行政领导和公务员职位在社会中占优势,而为在社会各领域作出巨大贡献的其他职业却不能引起人们的关注,而处于社会的下层? 行政职业本身并不会为社会带来巨大的资源贡献,从生产的角度来看,这种职业只可能消耗资源,行政职业存在的根本依据在于,以消耗一定的社会资源为代价减低社会各层面之间内耗,消耗的社会资源必然要低于其减低的内耗,否则行政职业就失去其存在的价值。这些问题的出现,都与中国的行政人事法不发达有必然的联系,中国行政人事法法治化程度低,为拥有行政权力的人谋取阶层利益提供了方便,也导致了行政职业本身的异化。因此,加强行政人事法的建设,通过规范行政人事行为,有利于行政职业回归正常的位置,有利于社会公平的实现。

第三节　中国行政人事法的现状与完善

一、中国行政人事法现状

(一)中国行政人事法的立法沿革与现状

行政人事工作一直是党和政府非常重视的工作,同时也是备受老百姓关

注的工作。毛主席曾经说过,"政治路线确定之后,干部就是决定性的因素",也间接地说明了行政人事工作在整个政府工作中的重要地位。自中国共产党诞生之日起,行政人事工作就是党和政府的重要工作,经过长期的实践,中国积累了丰富的行政人事工作的经验,形成了独具特色的行政人事体制。中国现行行政人事体制的最大的优势在于,注重行政领导和公务员的思想政治教育。凭借着这种体制上的优势,党和政府取得了新中国建设的巨大成就。具体而言,中国行政人事制度经历了以下几个不同的阶段:

1.初步建立和发展时期

新中国成立之初,政权还暂时处于不太稳定的状态,各类政府机构也不健全,行政人事工作呈现出高度集权的特征,上级拥有相对较大的权力,可以直管下几级的干部。随着政权的稳固,社会主义建设大规模的开展,干部数量急剧增加,干部结构与类型日趋复杂,具有人治特征的高度集权行政人事体制难以适应新形势发展的需要。1953 年,党中央召开了第二次全国组织工作会议,拟定并通过了《关于加强干部管理工作的决定》,该决定将干部管理与业务管理结合起来,希望逐步建立由各级党委统一领导、各级党委组织部门统一管理的分级分部管理体制。这种管理体制对中国的行政人事工作产生了重大的影响,直到现在,其具有的两大特点还是中国行政人事工作的核心内容:其一是双重管理体制。在各级党委设立组织部门,负责管理党群系统及政府机关和国有企事业单位中担任主要领导职务的干部。由各级政府设立人事部门,协助党委管理政府机关及企事业单位中的普通干部,负责办理人事调动和人事档案管理、毕业生分配和军队转业人员的安置等事由。也就是说,建立了主要领导与普通干部的分类管理体制,主要领导由党委组织部门管理,普通干部则由人事部门负责管理;其是下管两级体制。1955 年 1 月,党中央颁布并通过了《中共中央管理的干部职务名称表》,规定"凡属担负全国各个方面重要职务的干部均应由中央加以管理",也就是说,中央可以超越级别的限制,直接管理其间接下级中的主要领导,地方各级党委和政府也是如此,既可以管理其直接的下级,也可以管理其间接下级中的主要领导干部。

在初步建立双重管理和垂直管理的行政人事体制之后,党和政府对行政人事工作的其他方面进行了有益的探索,建立了一些配套的制度。

第一,基本确立了干部选拔的方式。从解放初期的"南下"干部,到社会主义建设时期从社会上吸收的旧知识分子,再到从工农积极分子中选拔,为适应新形势发展的需要,弥补行政管理人员少的缺口,党和政府运用了多种选拔干部的方式,基本确立了这一时期干部选拔的基本方式,满足了国家建设发展的迫切需要。

第二,基本确定了干部任免的方式。在这一时期的干部任免上,主要采取委任制,即由党和政府直接任命的制度。适当采取考任和选举的制度,针对特殊情况和特殊人才,运用特殊方式进行任免。在这一时期,党和国家领导人一般要经过选举产生,但是对于候选人的产生却需要经过选举。1951年中央人民政府制定了《任免国家机关工作人员暂行条例》,基本确立了中央人民政府(政务院)对干部的任免权限。1954年中国制定了新中国的第一部成文宪法,规定了国家主席、副主席和国务院总理等国家领导人的产生方式。这些制度的确立,基本上奠定了党和政府主要领导人的产生方式,但是对于普通干部的选拔、录用和任免,则还是处于无法可依的状态。

第三,基本确认了党管干部行政人事原则。党管干部是中国共产党的优良传统,是党在行政人事领域优越性的体现之一,正是由于坚持了党对军事和行政人事上的领导权,才取得了解放战争和社会主义建设的伟大胜利。党管干部的原则在新民主主义时期就已经获得了承认,取得了相应的地位,新中国成立之后,党中央不仅重申了这一原则,而且在实践中不断加强了这一原则的实施。1949年11月,党中央在中央人民政府内部建立了党组,以加强党对政府的领导,贯彻执行党中央的路线和方针政策。1953年4月,中共中央组织部发布了《关于政府干部任免手续的通知》,规定了高级别干部任免的基本程序,凡是由中央人民政府或政务院任免的干部,在中央人民政府或政务院任免之前,必须先经过党组织的审核,这些干部在行政人事方面的审核、调查与提名不是由人事部门负责,而是由党委下属的组织部门来负责。

第四,基本建立了与党外人士合作的原则。与党外人士在行政人事领域的合作,是贯彻落实"统一战线"原则的要求。在新中国成立之初,中国共产党加强了与党外人士的合作,任免了大量的非中共人士在国家机关中任领导职务。1951年3月,中共中央发出指示,要求各级政府的领导人员中必须配备一定数量的党外人士。1951年11月,毛主席在《中财委关于交通部党组对团结民主人士问题检讨报告的通报》指示中指出,不仅要委任党外人士相应职务,而且还要使党外人士有实际的职权,必须保证这个原则的落实,不能随意的决定,不与党外人士商量,而是必须经过相应的程序,与党外人士沟通,该走的程序还得要走。

第五,基本建立了干部轮训制度。干部轮训是党和政府在行政人事领域的优良传统,通过持续的轮训,可以加强干部队伍的素质,也能够提高干部对党和政府政府的理解度和执行力。1951年,中共中央组织部与人事部和教育部共同制定了提高干部文化水平的三种措施,即举办工农速成中学和文化实习班,选派干部进高等学校学习深造,大规模训练旧公务人员和知识分子,有步骤地改革高等学校招生制度,研究制定留学生制度等。通过这些措施的实施,使干部的素质得到了显著的提高,为人民服务的意识得到了显著的加强。1954年,中共中央制定了全党高中级干部轮训计划,调整了党校的设置,规定党员干部必须定期参加党校轮训,以提高知识文化水平。

第六,初步建立了干部纪律及奖惩制度。1952年,中央人民政府(政务院)颁布了《国家机关工作人员奖惩暂行条例》、《关于国家机关工作人员行政处分暂行规定》和《关于国家机关工作人员行政处分批准程序的规定》,对国家机关工作人员的工作纪律与奖惩作出了规定。1957年,全国人大制定了《国务院关于国家行政机关工作人员的奖惩暂行规定》,以行政法规的形式确立了行政机关工作人员的纪律与奖惩事项。

第七,基本建立了干部交流制度。干部交流制度有利于打破传统文化对行政人事工作的干预,发挥党和政府行政人事工作的优势,提高干部的综合管理素质水平。1962年9月,中共中央八届十中全会首先作出了干部交流的决定,要求各级党委政府有计划有步骤地推行党政领导之间的相互交流,在中央与地方之间,上下级之间,地区与部门之间实现主要党政领导的有计划交流,并要求将这种交流长期化和制度化,形成有中国特色的一项行政人事基本制度。

第八,制定了下放劳动培养干部的政策。这是独具中国特色的一项行政人事制度。1957年5月,党中央作出各级领导人员应当参加体力劳动的指示,不仅要求县、区、乡级干部能加体力劳动锻炼,而且要求县级以上的各级党政主要领导,包括中央委员,只要能够参加体力劳动的也必须参加体力劳动进行锻炼。1958年2月,党中央再一次发布了干部下放进行劳动锻炼的指示,要求一般干部,特别是年轻干部必须下放进行体力劳动锻炼。到了"文革"时期,这一政策延伸到刚从学校毕业的"知识青年",要求他们到农村去参加体力劳动锻炼。

第九,初步探索了后备领导干部培养机制。1953年,毛主席提出关于后备干部培养的建议,指出应当在中央领导层设立一、二级的层级,年轻的领导干部应当到一级担负更多的工作,以培养中央领导梯队,使党的事业后继有人。根据毛主席的指示,1958年党的八届六中全会同意了毛主席不做下届国家主席候选两人的请求,中央政治局常委分为一级和二级。但是,由于1966年开始的"文化大革命",以行政人事制度造成了极大的破坏,新中国成立以来的行政人事制度被全盘否定,许多制度和规范被完全抛弃,行政人事工作陷入瘫痪。

2.改革探索阶段

1978年,中国迎来了中国共产党的十一届三中全会,从此我国进入了改革开放的新时期。在邓小平同志的领导下,我国的行政人事制度逐渐恢复,并确立了新的改革目标:第一个目标是尽快培养党的事业的接班人,保证党在新时期的政治路线得以顺利贯彻实施,避免"文化大革命"再次发生;第二个目标是改革行政人事制度,避免行政人事工作因人而异,保持行政人事工作的稳定性与持续性,提高行政人事工作的制度化水平;第三个目标是积极培养高素质的行政领导和公务员,以适应改革开放,搞活经济的现实需要。

为此,党和政府颁布了一系列的行政人事制度,以实现行政人事工作的三大目标。

第一,以法律的形式废除了领导干部职务终身制,建立了干部的离限休制度。1980年,国务院制定并发布了《关于老干部离职休养的暂行规定》,1982年,党中央发布了《关于建立老干部退休制度的决定》的指示,宣告了领导干部离退休制度的正式定型。在邓小平同志的倡导下,中共中央在十二大之后开始在设立中共中央顾问委员会,正式建立老干部离休退休和退居二线的行政人事制度,为以后的老干部离休退休制度法律化奠定了基础。出于改革开放和搞活经济的需要,在国营企业管理方面,党和政府也出台了新的行政人事制度,1982年颁布了《国营工厂厂长工作暂行条例》,对国营企业的主要领导的任免和任期进行了规范。

第二,提出了新时期领导干部选拔培养的新标准。在改革开放初期,为肃清"文革"带来的影响,党和政府首先对"文革"时期提拔起来的干部进行了清理和重新认定,根据陈云同志的指示,在"文革"中提拔一些"头上长角、身上长刺"的青年人,尤其是提拔到高级领导岗位青年人,要果断进行清理,也即是所谓"三种人"(追随林彪、江青反革命集团造反起家的人,帮派思想严重的人,打砸抢分子)。为此,1982 年,党中央发布了《关于清理领导班子中"三种人"问题的通知》的指示,要求各级党委政府对"三种人"进行正式清理,绝不能重用这些人到重要领导岗位,调离要害部门和要害单位。

第三,正式建立了干部考核制度。考虑到"文革"时期干部考核的主观任意性较大,领导对干部考核的干预非常严重,导致以往的行政人事工作帮派严重,党和政府决定建立标准化和制度化的干部考核制度。1979 年,中共中央组织部正式发出了《关于实行干部考核制度的意见的通知》,明确阐述了建立和完善干部考核制度的意义,要求各级党委和政府根据自身条件,制定出明确具体的干部考核标准与内容,在试点的基础上,探索适合于中国情的干部考核制度,并在两三年之内将这项制度正式建立起来。中共中央组织部对干部考核制度的建设提出了最为基本的原则,即必须坚持德才兼备的原则,采用实行领导与群众相结合、平时考核与定期考核相结合的考核办法,从德、能、勤、绩等方面进行考核。也就是说,干部考核的基本标准是德才兼备、以德为先,考核的形式采取领导考核与群众考核相结合的办法。

第四,调整了各级党委政府对干部的管理权限。改革开放之前,我国采取的干部管理模式主要是上级垂直管理为主,中央享有高度集中的管理权。这种集中管理的体制可以保证中央以地方人事的任免权,可以加强对地方党委政府的控制力。但是也很容易带来一些问题,比如对地方事务治理的干预较为严重,地方党委和政府缺乏自治权。另外,随着改革开放的推进,中央集权式的管理也难以适应新形势发展的需要。为此,党中央和国务院推行了以下措施:其一,中央向地方放权。1984 年,中共中央组织部发布了《关于修订中共中央干部管理的干部职务名称表的通知》,将中央和各级地方的干部管理权由过去的下管两级改为下管一级,正式形成了一级管一级的干部管理模式,明确了地方对干部管理的权限,也在一定程度上减轻了中央政府的工作压力。其二,调整了党政人事部门的管理权限。在改革开放之前,党委和政府的职责基本上混合在一起,很难区分。党中央和国务院提出了党政分开的改革方案,要求党委注重国家的宏观管理,政府主要负责具体的行政管理工作。与此相适应,党委组织部门和政府人事部门的干部管理权限也进行了相应的调整,增加了政府人事部门在普通干部管理上的权力。其三,增加了国营企业的自主权。改革开放的一个重要目标是,政企应当分开,企业从事经营性活动,政府从事公共管理性活动。为此,1984 年,国务院颁布了《关于进一步扩大国营工业企业自主权的暂行规定》,授予国营企业很大程度的经营自主权,除国营企业的主要领导之外,国营企业其他员工的行政人事权基本下放到国营企业自主进行管理。

第五,提高了干部培训的正规化和制度化水平。改革开放之前,党校的主要职责是对干部进行轮训,正规化水平非常低,也没有形成规范化培训方式。为实现党校教育的正规化和制度化,推进干部培训工作,党中央在 1983 年正式发布了党校教育正规化的决定,提出了"争取从'七五'计划期间开始逐步做到:凡是担任省、地两级党政主要领导职务的干部,必须经过中央党校培训;担任县级党政主要领导职务的干部,必须经过省、市、自治区委党校培训;地市县级党委所管主要领导干部也必须经过地市县委党校的培训"。后来,受党政分开政策的影响,以及行政人事工作专业化的现实要求,国家在政府部门成立了行政学院,主要对行政领导干部和公务员进行职业化教育,进一步完善了干部培训制度。

第六,规范了干部选任的程序。改革开放之前,干部任免主要采用委任制,也就是由上级党委政府直接任命的形式。为打破这些单一的干部任免方式,保证干部来源的多样化,1982 年劳动人事部制定了《吸引录用干部问题的若干规定》,提出了通过考试来录用行政领导或公务员的原则;1986 年,党中央发布了《关于严格按照党的原则选拔作用干部的通知》,要求在选拔任用各级领导干部时,应当采取民意测验、民主推荐、群众投票、集体讨论和党委决定的程序,行政人事工作要充分体现民主、公开和竞争原则。从此,中国的行政人事工作走向了新阶段,在干部作用上采用了委任、选任、考任和聘任等多种形式,丰富了党和政府人的干部来源。

第七,逐步推行了干部岗位责任制。为加强干部的管理,促进干部的工作责任心,党和政府逐步推行了干部岗位责任制。1982 年,国务院劳动人事部发出了《关于建立国家行政机关工作人员岗位责任制的通知》，要求"各级国家行政机关，已经建立岗位责任制的单位，要总结经验，进一步巩固和完善；凡是未建立岗位责制的单位都应在完成机构改革的同时，把机关工作人员的岗位责任制建立起来"。这个制度虽然层级比较低，但是对中国的行政人事工作产生了非常大的影响，因为其首次将干部的工作职责纳入行政人事工作的管理中，以责任制促进干部的工作责任心，这可以说是中国现代行政人事工作的开端。

第八，继续加强与党外人士的合作。1957年的"反右"斗争，特别是"文革"期间，中共中央与党外人士的合作关系受到了较大的影响，新中国成立之初所确立的原则未得到有效的贯彻。为解决这一问题，党和政府出台了一系列的方针政策。1981年，中共中央在《关于在国家机关安排党外人士担任领导职务的情况和今后意见的报告》的批复中指出，加强党和非党的联盟，建立和恢复与党外同志合作共事的好传统，把他们中符合条件的人选拔到各级领导岗位上来，共同管好国家，这不仅是健全社会主义民主制度的需要，也是调动一切积极因素，加快"四化"建设的需要。1982年，中共十二大提出了与各民主党派和无党派人士合作的十六字方针，即"长期共存、互相监督、肝胆相照、荣辱与共"。为贯彻落实党中央的精神，1983年召开的全国政协会议，将政协委员中中共党员的比较由60%降低至40%。通过这些措施，有效地改善了中共与党外人士的合作关系，有效地发挥了党外人士在国家经济建设过程中的作用。

3.第三阶段是创新完善阶段

在改革开放向纵深推进之后，为适应经济体制改革的需要，我国的行政人事制度也有了一些新的发展。首先，在这一时期逐步建立了公务员制度。1987年，中共十三大首次提出了建立国家公务员制度的战略目标。为落实党中央的决策，1988年，国家人事部举办了国家公务员制度培训班，为建立国家公务员制度奠定人力资源上的基础。1989年，国家民政部第一次以公开招考的方式录用了30名工作人员，为国家公务员制度建立的先行者。同月，中共中央组织部和国家人事部共同发布了《关于国家行政机关补充工作人员实行考试办法的通知》，第一次以公开性文件的方式规定，县及县级以上国家行政机关被非领导职务工作人员，要贯彻公开、平等、竞争的原则，通过考试考核择优录取。1993 年,国务院制定了一部行政法规《国家公务员暂行条例》,此后还颁布了一系列配套的法规、规章和实施细则。这是新中国成立以来颁布的具有最高法律效力的行政人事制度规范,开创了中国行政人事工作法治化的先河,在这部法规的指导下,中国逐渐形成了独具特色的公务员管理制度。2005 年,在全面总结《国家公务员暂行条例》实施经验的基础上,全国人大制定并通过了《中华人民共和国公务员法》,将行政人事工作制度的法律效力层级提高到国家法律的层面,这是新中国成立以来第一部以国家法律形式出现的行政人事工作制度规范,在中国实行依法治国的前提下,具有极其重大的意义。《公务员法》坚持了中国行政人事工作的优良传统,比如党管干部的原则,对公务员进行了细致的分类,将公务员基本划分为综合管理类、专业技术类和行政执法类等三类,取消了领导干部与非领导干部的基本分类。

其次,逐渐形成了干部人事制度的政策法规体系;随着改革开放的推进,干部人事制度也日趋复杂,行政人事工作的职业化趋势日趋明显,已不能用单一的法律政策来规范行政人事工作。为解决这一问题,党和政府对行政人事工作的各个方面进行了改革,基本确立了中国独具特色的行政人事政策法规体系。在国营企事业单位中推行了聘用制改革,取消了国有企业及领导人员的行政级别,加强了国营企事业单位与行政部门之间的干部交流,逐步推行了公开选拔和竞争上岗的制度。除此之外,党和政府还颁布了一系列政策法规,主要包括:1996 年颁发的《1996—2000 年全国干部教育培训规划》,2000 年颁布的《深化干部人事制度改革纲要》,2002 年修改并颁布的《党政领导干部选拔任用工作条例》(简称《干部任用条例加,2004 年颁布的《2004—2008 年全国党政领导班子建设规划纲要》、《党政领导干部辞职暂行规定》、《公开选拔党政领导干部工作暂行规定》、《党政机关竞争上岗工作暂行规定》、《关于党政领导干部辞职从事经营活动有关问题的意见》、《党的地方委员会全体会议对下一级党委、政府领导班子正职拟任人选和推荐人选表决办法》,2006 年颁布的《干部教育培训工作条例(试行)》等。这些行政人事政策法规的颁布,逐步完善了中国行政人事制度的政策法规体系,为行政人事工作的法治化打下了良好的基础。

最后,推行了一系列开创性的行政人事改革措施,主要包括如下方面。

一是,实行了干部分类管理制度。中共的十三大报告指出:"进行干部人事制度的改革,就是要对'国家干部'进行合理分解,改变集中统一管理的现状,建立科学的分类管理体制;改变用党政干部的单一模式管理所有人员的现状,形成各具特色的管理制度。"根据十三大报告的精神,根据党政分开、政企分开的基本原则对"国家干部"进行了基本分类,国家干部分为:党委工作人员、国家机关工作人员,国营企事业单位管理人员、群众和社会团体工作人员等。行政人事工作由各级党委实行统一领导,党委享有推荐和提名重要领导人的权力,党委组织部门在党委的领导下,负责行政人事工作的指导、检查和协调工作,与政府人事部门密切配合,但侧重于宏观方面的管理。

二是,改革干部工资福利制度。根据《公务员法》的精神,干部工资福利制度应当货币化、制度化和透明化,公务员不应当享有特殊的福利待遇。为落实上述精神,从 1993 年开始,国家人事部门开始实行职务与级别结合的工资制度,事业单位实行专业技术职务等级工资制度,国营企业实行绩效工资制度。随后,党和政府还出台了干部工资级别正常晋升的政策,对达到相应条件的工作人员可以按政策晋升工资待遇。从 90 年代后期开始,党和政府开始逐步推行干部福利的货币化改革,将住房等各种干部福利以货币的形式发放,收到了良好的效果。

三是,推行了干部辞职制度。为解决干部能上能下,能进能出的问题,党和政府逐步推行了干部辞职制度。国务院于 2004 年制定了《党政领导干部辞职暂行规定》,规范了党政领导干部的辞职行为,针对因公辞职、自愿辞职、引咎辞职和责令辞职等不同的辞职行为,规定了不同的要求。尤其令人瞩目的是,中国在行政人事工作领域首次引入了引咎辞职的制度,该规定指出:"党政领导干部因工作严重失误、失职造成重大损失或者恶劣影响,或者对重大事故负有重要领导责任等,不再担任现职,本人应当引咎辞去现任领导职务。"

四是,规范了领导干部政绩制度。针对领导干部政绩考核单一化的问题,为提升领导干部考核的科学化程度,落实中共十六大以来提出的科学发展观和正确的政绩观的精神,2006 年中共中央组织部颁布了《体现科学发展观要求的地方党政领导班子和领导干部综合考核评价试行办法》,要求各级组织人事部门建立科学的领导干部政绩考核体系,将科学发展观和正确的政绩观融入行政人事制度之中,尤其是领导干部的政绩考核当中。

五是,推行了选调生制度和"大学生当村官"的制度。选调生是由组织部门(一般是省委组织部)有计划地选调的、作为党政领导干部后备人选进行培养和锻炼的优秀大学毕业生,他们首先要在条件较为艰苦的基层工作,表现优秀者往往会得到提拔或上调。自 20 世纪 80 年代以来,山东、甘肃、各地不断推出"大学生当村官"的做法,即经党中央同意,中组部等有关部门决定,从 2008 年开始,用五年时间选聘 10 万名高校毕业生到农村任职,以加强农村基层组织建设,培养党政干部后备人才。

六是,完善了领导干部工作的监督制度。为完善领导干部工作监督体制,中共中央于 2004 年颁布了《中国共产党党内监督条例(试行)》,实现了党内监督规范化和制度化,提高党内监督的水平;建立和完善了中纪委和中组部联合巡视制度、《干部任用条例》执行情况监督通报制度、用人失察失误责任追究制度、领导干部报告个人重大事项制度、廉政鉴定制度、任职经济责任审计制度、组织部门和纪检、监察部门联席会议制度等监督制度。建立用人失察失误责任追究制度,地方纪委、组织、监察部门先后开通了举报网站、电话等,构建起立体式举报网络。这些政策法规的出台,基本完善了领导干部工作的监督制度,在实践中收到了良好的监督效果。

(二)中国行政人事法存在的问题

中国的行政人事法虽然取得了一定的成效,比如制定了《公务员法》,坚持了党管干部的原则、基本确立了领导干部选拔机制以及公务员的统一考试录用制度,等等。但是,从总体上来看,中国的行政人事法还是存在着不少的问题,这些问题既有理论上的,也有制度上的,还有实践上的。

第一,从制度上来看,中国的行政人事法存在着法律化水平不高,既有的制度局限于规范行政领导和行政人力资源管理,而未涉及社会人力资源管理的监管。在中国的行政人事法体系中,唯一上升至法律层面的只有《中华人民共和国公务员法》。这部法律规定了公务员选拔、录用、考核、奖罚、工资、福利、晋升和退休等具体事项,是我国行政人事工作领域的基本法。但是,比较遗憾的是,《公务员法》的大多数条款一般都比较抽象和原则,缺乏细致具体的规定,未能体现行政人事中行政人力资源管理的基本原理,将公务员的具体管理办法交由各行政机关或组织或者是各级行政人事部门自由裁量。另外,《公务员法》只对普通行政职业进行了规范,未对行政职业中最为重要的,影响也最为深远的行政领导行为进行任何形式的规范,而将行政领导的选拔、考核、奖罚与使用等问题完全交由党委的组织部门和行政人事部门自由裁决。除《公务员法》之外,中国并没有制定其他类型的行政人事法,对于行政领导和社会人力资源管理的监管都未进行法律层面的规范,行政人事法的法律化水平远远低于行政法的其他领域。对于行政领导、行政人力资源管理和社会人力资源管理的监管等三个方面,《公务员法》的条款基本上都未从涉及,而从上述对中国行政人事制度的沿革及现状来分析,规范行政人事上述三个方面事项的制度大多来源于党委和行政机关内部的决定或决议,具有内部行政行为的倾向,从法理学上来说,根本就未进入法律制度的层面,基本上由党委或行政机关或组织内部掌握,并在全国的各级党委或行政组织内推行,人们基本上无法通过法律查询的方式来获得这方面的任何信息。这在制度上的表现为,行政人事制度是中国行政法体系中变化最为频繁,也最让人无法掌握和琢磨的一项行政法制度。依法行政是实现依法治国治略的核心和关键,而依法行政的前提是任何行政行为都必须有法可依。最近几年中国的行政法发展非常快,但是大多集中于与行政相对人有直接相关性的行政行为上,比如行政许可、行政处罚和行政复议等方面,而对于行政机关或组织内部的行政行为,其中主要是行政人事行为,法制化的速度却非常慢,这严重地影响了中国依法行政推行的速度,当行政机关或组织首先在选人、用人机制上无法做到依法行政时,又如何能够保证行政机关或组织能够在行使其他行政行为时能够依法行政呢?

　　第二,从理论上来说,中国的行政人事法理论研究趋向于两个极端,要么完全以政治意识形态作为理论依据,要么完全以严格的逻辑实证作为理论依据,基本上没有触及行政人事在行政人力资源管理方面科学化的基本原理。在中国的行政人事法理论研究中,有一部分学者一直坚持者政治与行政一元论的观念,视政治与行政为一体化的政权行为,政治上不仅有作出相应决策的能力,政治上的也对行政人事的过程进行干预。比如,中国在政治上坚持的是党管干部的原则,这也是中国宪法确立的一项基本原则,然而在实际的行政人事过程中,党管干部的原则却时刻在干预着甚至是主导着行政人事的全过程,从公务员的选拔、使用和开除等事项,党委对于行政人事起着全面的决定作用。这种局面的出现,导致我国的行政人事法理论研究很少向具有科学性的行政人力资源管理方向发展,而是朝着如何符合政治意识形态要求的方向发展,这就造成了中国的行政人事理论研究与政治理论严重同一化,而缺乏独立性的局面。中国行政人事理论研究的另一个极端是主流的行政法学对于行政人事问题的研究,主流的行政法学理论把行政人事问题放在行政主体章节中进行讨论,只研究公务员一般性制度问题,比如选拔、录用等问题,以及公务员的职务行为与行政主体的关系问题,等等,这些问题都是基于法律关系的范畴而探讨的问题,是从法律逻辑,而且主要是私法上的逻辑进行讨论的问题。主流的行政法学一般不关注行政人事过程的科学性和合理性问题,而是将这些问题视为是行政学或人力资源管理学上的问题,与行政法学的研究无关,这种理论态度是一种典型的逻辑实证主义法律观,只对现实的行政法体系进行逻辑上的分析,而不对行政人事法应当为何的问题进行讨论,这使得中国的行政人事法研究成为了对现行行政人事法律制度,其中主要是《公务员法》的解释性研究,即《公务员法》中各条款的意义是什么的研究。理论上这些问题的出现,与中国现行的行政体制是分不开的,也与中国目前面临的现实问题紧密相关。自改革开放以来,中国成功地进行了经济体制上的改革,然而在政治体制改革方面却举步维艰,这场号称是改革改到"改革者"自身的政治体制改革,其难度是前所未有的,已经形成的体制存在着巨大的惯性,很难通过激进的方式予以改变,而通过渐进的方式进行改革,则改革的成果很快就会被体制的惯性所吞没。中国社会经济快速发展,社会稳定和谐的局面也不允许中国进行激进式的政治体制改革,中国绝对不能以放弃形势大好的发展局面为代价在短期内改变现行的政治体制,中国只能冀希望于渐进的改革,来达到行政人事法的完善与社会发展现实的完美融合。

第三,从实践上来说,正是由于在制度上缺乏法律的支持,在理论上又缺乏科学化的人力资源管理理论的支持,中国的行政人事工作在近年来出现了许多人们难以忍受的问题。在选人和用人的问题上,存在着任人唯亲、拉帮结派现象,人才的能力和知识水平往往不是决定其任用的关键条件,人际关系才是决定性因素。在公开选拔的过程中,存在着因人定岗的现象,也就是先决定可以上岗的人,然后再根据此人的条件量身定制公开选拔的条件,以一种公开的方式排斥其他潜在竞争者。行政人事的各项制度主观任意性大,领导的决定优于人事制度的规定,也就是在行政人事领域中"人大于法"的现象屡见不鲜。这些现象的出现,与行政人事领域法制不健全,理论上偏向于政治与行政不分存在着不可分割的关系。正是由于行政人事领域法制不健全,才导致了行政人事制度的主观任意性大,领导可以随意决定行政人事制度的内容,而领导的决定往往又受到政治意识形态的支持,领导在行政人事上的决策,可以上升到政治的高度,在一个政治与行政不分的观念支持下,领导的随意决定往往还具有政治意识形态上的正当性。

二、完善中国行政人事法的若干建议

完善中国行政人事法律制度应当从以下几个方面着手。

(一)确立行政人事法的独立地位,完善行政人事法律体系

行政人事法律制度目前在中国的行政法学理论体系和行政法体系中所处的位置非常独特,无论是在制度上还是在行政法学的理论上,都未获得足够的重视,然而却在行政工作的实践中却是头等重要的事件。也就是说,法律和理论层面都未加以足够重视的事情,却获得了实践层面的足够重视。根据中国行政工作的实践,行政工作中最为重要的事情似乎就是寻找接班人,也就是寻找能够最好地替代现任行政工作者的人。法律和理论层面未足够重视行政人事工作,使得这项行政工作在中国的行政工作实践中表现得非常的神秘,似乎每个人知道这项工作的重要性,每一个又都秘而不宣,承认并接受行政人事工作的现状或现实。这其中固然有体制上的原因,也有文化传统上的原因,但是更重要的是,在倡导依法治国、依法行政的中国,这与对行政人事工作法治化的认识还不深刻有着密切的关系。虽然我们不能冀希望于通过行政人事工作完全法治化就能够完全解决目前中国行政人事工作所面临的问题,但是至少将行政人事工作法治化有助于人们从法律的、公开的层面来探讨这一问题,吸引更多的理论家从理论上来探讨行政人事工作科学化和合理性的正确途径,通过渐进的制度改革和理论更新,也许终有一天我们能够实现行政人事工作的完全法治化,并彻底解决行政人事工作所面临的问题。如果我们还是局限于行政人事工作目前的状态,神秘化行政人事工作,那么我们就永远也不可能走出目前行政人事工作的困境。

(二)确立政治与行政分离的原则,深化行政人事法的理论研究

政治与行政二分是国际上通行的公共行政的标准理论,政治上决定的是方向,也就是行政工作的规范范围,而行政工作负责执行,将政治上决定的方

向落实到位。通过这样一种适当的分离,政治上着重关注方向的正确性,而行政上着重关注行政工作的效率,以最大限度的节约社会资源。中国目前在行政人事理论研究上存在问题,主要就是由于政治与行政不分导致行政人事工作的研究局限于政治理念在行政人事方面的阐述,而无法发展出具有相对独立性的,具有科学性和合理性的行政人事的理论体系。当然,目前中国在行政领域的政治与行政不分,主要是由政治体制决定的,在政治体制上,中国就存在着党政难以完全分离的局面,而这种局面在行政人事领域更为突出。党委的设置一般与每一级行政机关或组织相对应,党委不仅在重大行政事务上起着决策的作用,同时在具体行政工作的执行中也起着重要的作用,尤其是在行政人事工作中更是如此,党委的组织部门对于行政人事的工作不仅起着指导性的作用,同时也负责行政领导和公务员的具体考核、奖罚和培训等工作。受中国国情的限制,政治体制上的这种状况在中国自有其合理性,虽然人们都能够看出其许多弊端,但是由于体制本身的惯性非常大,要改变这种局面是很困难的。我们只有冀希望于渐进式的改革,逐渐分离政治与行政部门的职能。并希望政治上能够倡导政治与行政分离的理论研究,通过理论上研究,试点式改革,逐渐找到适合于中国的政治与行政分离模式,并以此引导行政人事工作的理论研究,逐渐在行政人事工作领域实现法治化,解决目前中国行政人事工作所面临的问题。

(三)坚持依法行政的原则,践行行政人事法

目前主流行政法学理论和行政法体系对于依法行政和的理解主要侧重于外部行政行为,即与行政相对人的权益存在着直接关系的行政行为,而对于与行政相对人的权益存在间接关系的行政人事行为关注不够。这实际上已经构成了中国行政法治的最大障碍,我们应当要彻底扭转这种观念,将依法行政的观念贯彻到行政人事领域,并努力践行行政人事法律制度,将法治的观念应用于行政人事工作的各个方面,积极推进行政人事工作法治化的进程。

第五章 行政预算法

第一节 行政预算法的主要范畴

一、行政预算的概念与特征

（一）预算的概念

预算一般是指经济上或财务上计划，主要关涉计划性的经济或财务收入与支出，是一个组织关于储蓄、借款和花费的总体计划。预算是微观经济学上的重要概念，主要使用预算线的理论工具来说明收入与支出之间的平衡关系，换句话说，预算实际上是一种关于经济或金钱的组织性计划。概括而言，预算有两个主要的目的：其一是提供经济上或财务上的收入与支出的预测。在一个组织中，实施任何类型的战略、计划或其他事务，都必然与组织的财务发生联系，有些事务增加财务收入，有些则需要财务支出，预算就是对特定组织执行组织战略或计划所进行的财务上的预测或控制；其二是使特定组织实际的财务运作与财务预测保持一致。这是预算最重要的社会功能，预算的主要目的在于使特定组织认清自身的财务状况，量入为出，保持财务上的收支平衡，预算中对财务收支所进行的预测使实际运行的财务活动有了指导性的标准。

预算是最能体现人类经济理性的行为之一，普遍存在于人类的经济管理活动之中。个人、组织和政府都需要通过预算来管理自身的经济活动，使财务收支保持平衡，不使自身陷入负债或财务赤字的困境。因此，预算可以按照预算的主体作最为基本的分类，即个人预算、组织预算和政府预算，其中政府预算也可以被称为行政预算。预算也是一种非常复杂的经济活动，不同的预算主体需要使用的预算类型存在着较大的差别，但是无论何种主体从事的预算，有两种预算都是基本的，即收入预算与支出预算。除此之外，还有一些特殊的预算类型,只能适用于特殊的主体,比如销售预算、生产预算、现金流预算、营销预算和项目预算等,都只能适用于商业组织的经济管理活动,对于政府的行政管理活动,则难以适用,对个人而言也是如此。

那么,人类社会为什么需要预算呢? 第一,预算是人们解决不确定性的重要手段或工具之一。人类的行为在大多数情况下都具有目的性,为了实现设定的目标,人们需要以对实现目标的行动进行计划,而在计划的过程中可能会出现许多无法预测或不可控的因素,导致人们无法完全实现预期的目标。为此,通过财务或经济上的预算,将可能出现的问题控制在合理的预期之内,并在问题恶化之前采用相应的预案予以解决,确保人们行为预期目标的实现。第二,预算是实现组织有效顺畅运转的主要管理工具之一。组织化的人类社会的一个重要特点,现代社会中人们大多生活在不同的组织之中,实际上政府是一个国家中最大的组织。预算的另外一个重要功能是,能够帮助组织中的领导者协调组织各构成部分之间的活动关系,使组织运转更为顺畅。第三,预算能够有效地对各种活动进行控制。人类活动的有效性在很大程度上取决于经济上或财务上的支持,有些活动如果没有经济上或财务上的支持,根本就无法进行。通过预算,可以合理地给人类活动配置相应的经济资源,达到控制人类行为的目标。第四,预算也是组织内各部门之间进行有效沟通或交流的手段。在传统的管理模式中,组织内的管理一般以抽象的规范或命令进行交流,不确定性非常大,不利于从整体上实现组织的预期目标。通过预算,可以实现组织内各部分之间精确的沟通与交流,确保组织预期目标的实现。第五,预算可以起到激励的作用。通过预算,可以为实现预期目标配置相应的经济资源,这在某种程度也可以起到激励组织中的领导和成员努力实现组织预期目标的作用。第六,预算可以有效评估组织行为的实效性。通过预算,可以直观地观察到组织在使用相应经济资源的前提下实现组织目标的程度,并以此衡量组织行为的实效性。

(二)行政预算的概念与特征

行政预算也被称为政府预算,是政府对财政收入与支出的一种计划。作为预算的一种类型,行政预算或政府预算具有预算的一般性特征和社会功能,但是由于行政组织本身的特殊性,行政预算也具有不同于一般预算的特征。具体表现在如下方面。

第一,行政预算具有法治性。在大多数以民主作为基本政治理念的国家中,行政预算实质上是一项由立法机关批准的具有法律性质的行政行为。行政预算一般由政府进行财政收入与支出的计划和预测,再提交给立法机关,在中国是由全国人大,在西方国家由国会或议会进行审议,一旦审议通过,行政预算就成为有法律效力的行政预算法案,对政府的财政收入与支出行为有法律上的约束力。行政预算的法治性是行政预算区别于其他一般预算行为的最显著的特征,个人、家庭或商业组织的预算,一般由个人、家庭或商业组织自己组织进行,不需要经过立法机构的审议与批准,在执行过程中也可以不受预算的限制或约束,违反预算的行为不用承担法律上的责任,仅有伦理上的责任。而行政预算则不同,行政预算的批准必须经由相应的法律程序,一经批准即具有法律约束性,违反行政预算的行为就是违法行为,应受法律的制裁。在实施的过程中,如果要对行政预算进行调整,也必须经由相应的法律程序。概括而言,行政预算的全过程,从预算草案的提出、审议和批准,行政预算法案的执行、追加追减、审计以及决算等,都受法律的约束和控制。法治性是行政预算的灵魂与本质,也是行政预算的基本内容,有学者认为:"市场经济决定了行政预算的法治性,……在行政预算制度约束下的财政与以往财政的本质区别,是它具有以法律形式确定的社会公众与国家以及国家政权内部的财政分权与制衡内容。计划本身不是市场的行为,仅有计划性,政府预算并不符合资本和市场要求,甚至是完全否定市场的。所以,法治性才是行政预算这一新财政范畴的本质性内容,即它具有资本和市场通过议会约束和限制政府政治权力的实质。正是依靠行政预算这一形式,西方国家完成了从自然经济的家庭财政向市场经济的公共财政的转化。"①

第二,行政预算具有公共性。从起源上来看,先有个人或商业组织中的预算,然后才有行政预算的出现。众所周知,个人或商业组织的预算只具有经济上的目的,也就是以成本最小化的方式实现个人或商业组织设定的预期目标,预算是确保预期目标实现的最为有效的管理工具。但是,行政预算却不仅仅具有经济上的目的,即使行政预算实现了财政上的收支平衡,也有可能被认为是不合理的。原因就在于,行政预算是公共性的,实现稀缺资源的最优使用仅

---

① 张馨:《论政府预算的法治性》,《财经问题研究》1998 年第 11 期。

仅是其目标之一,而且在某种意义上还不是最主要的目标,行政预算的政治性目标的重要性有时远远超过其经济性的目标。通过行政预算,政府可以实现社会各利益主体之间的利益平衡或社会资源配置上的公平,保证国家的长治久安。行政预算虽然是由行政组织或政府主导,由立法机关审议批准,但是行政预算的内容却并不仅仅是行政组织或政府的收入与支出,也包括了立法机关及其他政权机关的收支问题。因此,从这个意义上来说,预算是行政预算,同时也是国家预算。国家预算,是国家对会计年度内的收入和支出的预先估算,它包括中央预算和地方预算。① 行政预算的公共性决定了行政预算过程的公开性,行政预算的编制、议定和执行等活动,都应当受到行政预算法律的约束与制约,而一般的预算行为则属于个人或商业组织内部的自治事项,只要不违反法律的禁止性规定,就可以由个人或商业组织自己决定。行政预算的公共性也决定了行政预算必须要法制化,法律必须对行政预算的全过程进行规范,形成所谓的行政预算法律关系。行政预算法律关系的调整对象为国家预算关系,包括国家预算程序关系和国家预算实体关系两个方面。前者是预算主体在履行预算的编制、议定、执行的程序过程中发生的经济关系,后者是在组织、取得和分配使用预算资金过程中所发生的经济关系,两者互为表里,密切相关,整个预算管理程序包括预算的编制,审批,执行和调整以及决算的编制和批准四个环节。②

(三)行政预算具有技术性

行政预算是一种非常复杂的行政行为。首先,如同一般的预算行为,行政预算也具有计划性,不过行政预算的计划性比个人或商业组织的预算要复杂得多,因为行政预算"不仅是国家收支的估算,在性质上更是年度财政营运的计划"。③ 另外,从行为过程来看,行政预算可以区分为预算编制、议定、执行和决算等活动。经过法定机构批准的行政预算一般被称为"行政预算法案"或"行政预算案"。从预算的内容来看,行政预算可以区分为经常性项目预算和资本性项目预算两种,前者属于常规性收支预算,后者属于国家投资性收支预算。行政预算的技术性主要体现在预算规模的合理性上,如果预算收入大

---

① 参见漆多俊著:《经济法学》,武汉大学出版社 1998 年版,第 509 页。
② 参见杨紫烜著:《经济法》,北京大学出版社、高等教育出版社 1999 年版,第 382 页。
③ 蔡茂寅:《财政法第一讲预算的基础概念》,《月旦法学教室》2003 年第 5 期。

于支出,那么就可以称这种行政预算为"消极性行政预算"或"保守性行政预算",如果预算支出大于收入,那么就可称这种行政预算为"积极性行政预算"或"行政预算赤字"。一个国家实施何种行政预算策略或规模,是一件技术性非常高的事情,涉及国家与市场经济发展的一般关系。在古典的经济学理论中,由于要求政府的职责限于社会治安和国家安全,要求政府不对经济领域进行干涉,因而对行政预算的最高要求就是要保持行政预算的收支平衡。然而,自宏观经济学诞生以来,许多的经济学家提出,投资具有"乘积效应",一次投资具有多次促进经济总量增加的效果,政府应当在投资领域发挥更为积极的作用,以提高国家经济的发展水平。但是,这可能会带来一些其他的问题,主要是政府并非生产经营生组织,政府的投资可能会增加货币流通量,导致流通性过大,引发通货膨胀。政府必须在财政收支平衡与国家经平衡发展之间作出艰难的选择或决定,这就决定了行政预算是一种技术性要求很高的行政行为。

(四)行政预算具有归一性

所谓归一性,是指政府的财政收入与支出,除特殊情况之外,都必须纳入行政预算的范围。政府财政收入的主要项目是税收,在财政收入不足的情况下,有些国家允许政府向国家中央银行拆借资金,或者是向其他国家或在本国发行国债,等等。无论是何种财政收入来源,政府都应当将其纳入到行政预算的范围之内,一般情况下不得随意增加财政收入的项目或额度。政府的财政支出则比较复杂。根据古典经济学理论,政府的财政支出相对简单,主要是常规性支出,也就是维持政府正常运转所需要的支出。而根据新公共服务理念,政府不仅应当提供基本的公共服务,主要包括维持社会治安和保卫国家安全,也应当向公民提供诸如失业、教育、医疗和就业等方面的公共服务,不仅如此,凯恩斯主义认为,政府还负有促进国家经济增长的责任。政府履行这些职责都需要占用相应的经济资源,都需要由国家财政予以支持。为实现政府的这些功能,有些国家增加了大量的预算外财政支出。但是,如果这些预算外支出是用于实现政府的上述职能,那么我们还是可以认为行政预算具有归一性,有学者指出:"加拿大、英国等发达国家的预算外支出占全部政府支出的比重都在20%以下,而且这些预算外支出还是专门的社会保障支出,委内瑞拉、墨西哥和智利等发展中国家的情况大致相同。其实,将社会保障支出置于政府预算管理之外在很大程度上只是一个管理问题,从某种意义上说,这些国家的政府预算已经具有了完全的'归一性。'"①然而,在中国的财政支出中,有很大一部分并不是用来实现上述政府职能的,而是用来提高公务员福利水平的,比如公车消费和接待费用等,这些费用的支出占据了中国财政支出的很大一部分,但是却没有体现在行政预算之内。中国行政预算的这种状况,实际上就是行政预算缺乏归一性的体现,是行政管理中极容易滋生腐败的原因之一。

二、行政预算与相关概念的区别

(一)行政预算与公共财政

公共财政与行政预算是一对容易混淆的范畴。公共财政有狭义和广义意义,狭义上的公共财政是指政府财政收入与支出方面的行政事务。广义上的公共财政不仅包括政府在财政收入与支出方面的事务,还包括以下三个方面的事务:其一,促进社会资源配置的有效性上;其二,调节居民的收入分配;其三,保持宏观经济的稳定。广义上的公共财政实际上赋予了政府促进经济增长与收入分配调节的社会功能,是一项非常重要的政府职能。

公共财政概念分析的立足点是政府在经济体制中的作用。按照古典经济学的理论,自由市场拥有自发调节分配商品和服务的功能,在理想状态下,自由市场是非常有效率的一种资源配置体制,不会产生资源浪费或资源不足的状况。如果自由市场所配置的资源是有效率的,同时社会公众也能够接受这种资源配置所带来的收入分配,那么政府的公共财政职能完全没有必要的,是一项多余的政府职能。然而,自由市场有效率的假设在实际的经济生活中经常被违反,比如如果一项产品或服务人们能够同时非竞争性和非排他性的享有,那么自由市场体制就不可能提供足够的产品或服务来满足社会公众的需要,比如公共交通和国家安全就是如此,公共交通和国家安全的服务是每一个公民都可以享有的,并且这种享有是非竞争性和非排他性的,由于公民不需要为此支付直接的成本,因而公民会不不理性的尽量多使用,最终导致此类服务提供过少而出现无效率的状况。拥有这种发生的产品或服务实际上就是所谓

---

① 王玮:《政府预算改革:我国构建公共财框架的关键》,《首都经济贸易大学学报》2001年第5期。

的"公共品"或"公共服务",是自由市场"失灵"的表现之一。所谓市场失灵是指自由市场配置经济资源无效率的状况,市场失灵为政府提供公共品或公共服务提供了理论上的支持。市场的外部性、公共品、信息不对称和垄断等因素都有可能导致市场失灵。在这个意义上,公共财政实际上就是政府解决市场失灵所必须履行的职能,政府通过财政或货币政策,可以参与经济资源的配置,调节居民收入的分配,提供社会公众需要但自由市场不愿意也无法提供的公共品或公共服务。

另外,公共财政也可以从政治经济学的角度来考察。在这个意义上,公共财政是指政府为实现特定政治目标而实施的经济行为。政府的公共财政行为与国家的产生存在着直接的联系。国家产生之后,必须从社会整体资源中获取部分资源以维持政府的运转,政府获取社会资源并使用社会资源进行统治的行为实际上就是最为原始的公共财政。所以马克思主义的经典作家认为:"为了维持这种公共权力,就需要公民缴纳费用——捐税……随着文明时代的向前进展,甚至捐税也不够了,国家就发行期票,借债,即发行公债。"①"赋税是政府机器的经济基础。"②

因此,从上述对于财政概念的分析来看,财政在本质上就是政府的参与经济活动关系,参与到经济生产过程中分配环节活动的总称。行政预算在这个意义上只是作为财政功能的手段而存在的,也就是说,政府要实现财政功能,就必须借助于行政预算,这样既可以做到收支平衡,也可以通过行政预算法的规范和约束,使政府的财政功能在"阳光"下运行,增进民众对政府财政的理解和支持。行政预算与除政府之外的组织所进行的预算在方法上应当是一致的,本质性差别在于,行政预算涉及的是公共性事务,与每一个人都有关系,而其他组织的预算则由该组织自行掌握,如果该组织愿意,也可以不做任何预算。但是作为实现政府财政职能的行政预算,是具有法律强制性的,是必须要做的,而且考虑到其公共性,行政预算一般还要经过复杂的民主程序,由立法机构进行详细的审议,通过之后,预算案就具有相当于法律的效力,并对社会公开,以利于社会进行监督。

---

① 《马克思恩格斯全集》第21卷,人民出版社1976年版,第195页。
② 《马克思恩格斯全集》第19卷,人民出版社1976年版,第32页。

(二)行政预算与行政征收

行政征收是指行政机关或者法律授权的组织根据法律、法规的规定,向公民、法人或者其他组织强制收取一定财物的行政行为。一般情况下,行政征收以公民、法人或其他组织负有行政法上的义务为前提。行政征收行为在《宪法》上的依据是第十三条第三款的规定,即"国家为了公共利益的需要,可以依照法律规定对公民的私有财产实行征收或者征用并给予补偿"。在《土地管理法》和《国有土地上房屋征收条例》中,都对行政征收行为进行了基本的定义。一般认为,行政征收具有以下特点:(1)行政征收的对象不动产为主;(2)行政征收具有强制性和程序性;(3)行政征收的目的是公用事业建设的需要,特别是国家投资的公路、铁路等基础设施建设的需要;(4)行政征收以完全补偿为前提条件。根据《国有土地上房屋征收条例》的规定,行政征收不仅以完全补偿为前提条件,而且要求事先补偿,政府的行政强制征收行为,必须通过司法程序确认,由法院主导执行。与行政征收相近的概念是行政征用,两者在构成要件上有很大的相似性,差别主要在于,行政征收是对财产所有权的获取,而行政征用是对财产使用权的一种临时占有和使用。

行政征收的特点主要表现为:(1)行政征收具有强制性。行政组织或政府实施的行政征收行为,是履行国家征收权的行为,国家征收权具有明显的强制性,有迫使行政相对人服从的权威性。从理论上而言,行政征收不需要征得行政相对人的同意,甚至可以在行政相对人反对的情况下实施,这一点与一般的民事行为完全不同。民事行为强调行为的自治性,意思自治是民事行为的核心要素。行政征收具有明显的单方性,行政征收的对象、数额和程序,都由行政组织或政府确定,不需要与行政相对人协商一致。行政相对人也缺乏对等的协商权利,对于政府实施的行政征收,行政相对人只有服务的义务。(2)行政征收具有无偿性。行政征收的无偿性主要是指政府对征收的财产不按照市场交易规则进行,对于被征收财产的价值也不按照市场价格来确定,而是由政府对被征收财产进行评估来确定价值,按照法律规定的程序来获取财产所有权。行政征收的无偿性不等同于行政征收完全不需要对被征收财产进行补偿,行政征收的无偿性主要强调行政征收与民事主体之间自由交换财产之间的差别。(3)行政征收具有法定性。行政征收涉及单方面向政府或国家转移财产所有权,或者说涉及政府强制性地剥夺行政相对人的财产所有权,如果行政征收缺乏法律上的支持,那么行政相对人所享有的财产所有权会极不稳定,这将危及到财产所有权制度的稳定性与安全性。

行政征收与行政预算是一对既有联系也有区别的概念。行政征收是国家或政府获取收入的法定措施或手段之一,比如各种税款的征收等。但是行政征收又不仅仅是政府获取财政收入的措施或手段,在特定情况下,也是政府进行国家建设、促进经济发展的经济手段或措施之一。行政预算是政府对公共财政收入与支出所编制的计划,获得立法机构批准之后,成为对政府财政收入与支出有法律约束力的行政预算案。行政征收与行政预算的联系在于,行政征收是实现行政预算中财政收入的法定措施或手段,也就是说行政预算确定财政收入的计划,行政征收则通过实际的征收行为来实现行政预算案所确定的财政收入计划。但是,值得注意的是,行政征收不仅仅是实现行政预算案的法定措施或手段,行政征收还具有其他的社会功能,政府在实施这类行政征收时,并不是在完成行政预算案所确定的计划或目标,而是在履行其他相关职能。

三、行政预算法的历史沿革
(一)美国联邦预算法的历史沿革

美国是世界上最早将行政预算行为法制化的国家,这与美国宪法所确定的宪政结构存在直接的关系。根据美国宪法,美国的政权机构分为立法、行政与司法机构,其中行政机构负责国家收入的征收,立法和司法机构的运转都需要依赖行政机构转移支付的国库资金。美国宪法强调三大政权机构之间的权力分立,以达到相互制约防止腐败的目的。由于行政机构独享国家收入的征收与支配权,使得行政机构在三大政权机构中权力独大,不利于权力机构之间的相互制约。因此,在美国宪法制定之时,立宪者就考虑了这个问题,将美国行政机构获取国家收入与支配国家收入的行为纳入法治化的轨道,由行政机构编制行政预算,由立法机构审议和决定行政预算,审议通过这后行政预算为"行政预算案",具有法律效力,美国政府必须遵守"行政预算案"的规定,不得随意变更"行政预算案"所所确定的国家财政收入与支出项目。因此,许多学者认为,美国联邦预算法并不是一部法律,而是一个法律体系,在这个法律体系中,处于最高效力层级的是美国宪法,它决定了美国行政预算法的基本结构。

　　虽然美国宪法对行政预算权力的配置有效地制约了美国政府的行政预算权力,但是在政府运转的实践中,面临的不可预测事件太多,比如美国经常与其他国家之间发生不可预测的战争,导致美国政府经常性地以此为借口滥用借款权,违反行政预算案所确定的收入与支出项目。同时,随着国家功能的扩展,美国政府所提供的公共服务也越来越多,美国政府面临着公共财政上的危机和繁重的工作负担,美国国会借此提出要求美国政府单独成立行政预算局,负责美国所有的国家收入与支出项目的编制,行政预算的概念逐渐为国家预算所替代。1921 年通过的《会计与预算法案》正式确认了国会的意见,开创了美国行政预算的新时代,美国政府成立了预算局,为整个政府编制预算,同时成立审计署对预算局进行监督。

　　但是,美国政权机构之间对预算权力的争夺并没有因此而结束。在《会计与预算法案》通过之后不久,美国进入了大萧条时代,遭遇了严重的经济危机。当时的美国总统罗斯福信奉"凯恩斯主义",力主新福利经济学,提出了"罗斯福新政"的概念。根据罗斯福新政的基本原则,政府应当加大社会投资,以投资来带动国家经济的增长。要实现罗斯福新政,政府必然要增加支出。然而根据美国《宪法》以及《会计与预算法案》的规定,美国政府编制的预算需要经过美国国会的批准,美国国会中许多保守主义者坚决反对罗斯福新政,对美国政府提交的行政预算草案多次予以否决,导致罗斯福新政无法实施。如果不是美国被拖入第二次世界大战,美国国会还是否决罗斯福总统所提出的行政预算草案。美国宪政结构中的这种危机,并没有随着第二次世界大战而消失,在 20 世纪 60 年代,尼克松任美国总统期间,为应对国内外的危机,尼克松政府多次要求提高政府预算规模,但都被美国国会否决,尼克松总统则以扣留美国国会的预算支出作为胁迫美国国会的财政手段,导致了另一场宪法危机。为解决这一问题,美国国会通过了《国会预算法案》和《扣押控制法案》,以应对美国政府限制美国国会财运转经济的措施。

　　20 世纪 80 年代,凯恩斯主义的负面效应逐渐显现。为促进美国经济的持续增长,美国政府不断加大社会投资规模,美国政府的财政支出大大高于财政收入,政府财政赤字年年累积,美元持续贬值,美国政府产生了信任危机。在这种情况下,美国国会通过了旨在解决政府预算赤字,稳定经济发展的两部法律,即《平衡预算与紧急赤字控制法案》和《预算实施法案》。除了上述与行政预算直接相关的法律之外,美国还有一系列与行政预算相关的程序性法律,主要涉及美国国会中参议院与众议院以行政预算进行审议和批准的议事规则。

(二)英国预算法的历史沿革

英国预算法的发展可以区分为三个阶段,即早期形成阶段(1215—1688年)、中期发展阶段(1688—1852年)和近期成熟阶段(1852年至今)。

英国预算法的起源要追溯至1215年《大宪章》的签订。12世纪初,英王约翰继位,为准备与法国可能发生的战争,英王约翰持续扩军备战,使得英国财政持续恶化,英王约翰不得不加重贵族的税负,最终引发了贵族反对英王的内战,英王约翰被囚禁,约翰被迫于2015年6月19日与贵族签订了《大宪章》,规定英王的征税活动应当征得贵族议会的同意,否则就不能向贵族征税。《大宪章》的意义主要在于,通过宪法性文件限制了政府征收国家收入的权力,政府不能够无限制的扩张财政收入来源。从某种意义来说,《大宪章》实际上开户了现代行政预算法制化的先河,行政预算之所以需要法制化,目的正在于通过法律限制政府在财政收入与支出方面的权力,确保国家经济运行的稳定,防止政府不合理的财政收入与支出。《大宪章》虽然限制了政府征税的权力,但是英国议会真正取得行政预算的审批权即经过了与英国政府上百年的争斗,其间还爆发了若干次激烈的内乱,国王查理一世甚至被处死。直到《权利法案》的最终颁布,英国议会才获得至上的地位,享有对政府行政预算的最终决定审批权,由此也基本上奠定了英国行政预算制度的基本结构。

英国进入工业社会之后,政府税制发生了根本性的变化,从以农业为主的、单一的自然经济税制向以工业为主的、多样化的市场经济税制演化。这给政府财政收入控制方面带来了管理上的难题,政府财政收入的多头化不利于政府控制财政支出,也容易滋生腐败。为解决这一问题,英国议会通过了《统一基金法》,建立"统一基金",政府在英格兰银行设立公共账户,政府所有收入都纳入统一基金,政府支出也统一由公共账户支付。另外,英国还建立了"王室年俸制度",取消了世袭收入,授予君主固定年收入,并指定专门的账户来管理王室年金,达到控制王室合理支出的目的。进入20世纪之后,随着会计技术的发展,英国行政预算制度发展到了新的水平,议会不仅通过控制政府征税的权力来达到控制政府财政收入的目的,同时要求政府编制年度收支报告,供英国议会审议。在每一会计年度英国议会还要组织会计部门对英国政府的收支状况进行审计,确认其是否符合年度收支报告的规定。至此,英国已经形成了完善的行政预算法律制度。

(三)中国行政预算制度的历史沿革

中国行政预算制度的起源要追溯至清朝末年的维新变法运动。1903 年清朝政府设立财政处,通盘筹划全国财政,并规定:"财政处与户部会奏财政事务,街列户部之上。"①1906 年设立度支部,财政处和税务处并入度支部。1898 年康有为在《上清帝第五书》中提出:"伏愿皇上因胶警之变,下发愤之诏……统算地产人工,以筹岁计预算;查阅万国得失,以求进步改良;……"之后在同月二于九日《上清帝第六书》中提请设立"度支局":"然今之部寺,率皆守旧之官,骤与改革,势实难行,既立制度局总其纲,宜立于二局分其事:……二曰度支局。我国地比欧洲,人数倍之,然患贫实甚,所入乃下等于智利、希腊小国,无理财之政故也。西人新法,……。宜开新局专任之。"②主张模仿西方国家的君主立宪制,建立行政预算体制。1908 年御史赵炳麟提出,中国应当"令度支部选精通计学者,制定中国预算决算表,分遣员于各省调查各项租税及一切行政经费,上自皇室,下至地方,钩稽综核,巨细无遗,定自何年何月起,作为会计年度之开始期"。③ 1909 年,度支部奏"妥酌清理财政章程缮单呈览褶"中附有三十五条的《清理财政章程》文件,这是中国近代出现并经当时皇帝批准并予以颁行的第一部预算法的法律文件。

行政预算的法制化开始于中华民国时期。民国三年即公元 1914 年十月二日,民国政府颁布了《会计法》,第二章为"预算",规定国家的岁出岁入都应当编入总预算,于上年度提交立法院审议。同年六月,袁世凯以申令形式公布了《审计院编制法》,规定审计院依审计法审定国家岁出岁入的决算,审计院直接隶属于大总统,独立与财政部。行政预算全面法制化始于 1932 年,国民党政府正式通过《预算法》,共 9 章 96 条,形成了完整的行政预算制度和审计

---

① 张德泽著:《清代国家机关考略》,中国人民大学出版社 1981 年版,第 289 页。
② 《康有为政论集》上册,中华书局 1998 年版,第 207 页。
③ 故宫博物院明清档案部编:《清末筹备立宪档案史料》,《御史赵炳麟奏整理财政必先制定预算决算表以资考核摺》,中华书局 1979 年版,第 1016—1018 页。

制度,成为国民党政府"六法体系"中的一部分,台湾地方当局至今还在适用这部法律制度。

新中国成立之后,行政预算的制度化水平一直较低,直到 1995 年《预算法》的颁布才从根本上改变这一点。然而,由于与《预算法》配套的体制并不健全,《预算法》在实施的过程中产生了许多问题,我国于 1999 年启动了行政预算体制的改革。首先,全国人大提出了行政预算细化和具体化的要求。为此国务院与财政部共同启动了中央各部委的部门预算工作,将行政预算中的收入与支出明确化和具体化;其次,建立国库集中收付制度。从国库资金的预算分配到资金拨付、使用、清算,直到资金到达最终用户都由国库账户统一收支,达到严格控制国库资金使用的目的。目前,我国的行政预算体制还有许多不规范的地方,还有待进一步探讨完善。

第二节　行政预算法的理论基础

一、行政预算法治化的必要性

中国行政预算法治化的进程始于 1995 年由全国人大制定并通过的《中华人民共和国预算法》,先于政治上"依法治国"理念的提出。然而,也许正是由于这个原因,中国行政预算法治化的进程非常缓慢,行政预算法治长期停留在非常低的水平。一般认为,《中华人民共和国预算法》立法设计与"依法治国"的理念存在诸多不符之处,各级政府对行政预算法治化的认识也存在偏差,是中国行政预算法治化水平低下的主要原因。我们认为,要提高行政预算法治化的水平,首先要提高对行政预算法治化必要性的认识。

(一)行政预算法治化是实现"依法治国"理念的必然要求

纵观西方发达资本主义国家法治化的历史,行政预算法治化都是国家或政府法治化的前提条件,在有些国家,行政预算法治化实际上等同于国家或政府法治化的开始。世界上公认的实现法治最早的英国,其国家或政府法治始于《大宪章》的制定,完善于《权利法案》的通过。无论是《大宪章》,还是《权利法案》,涉及的实质问题是如何以法律的方式达到控制君主政府无限制的征税权力,使君主政府取得财政收入的规模受到民选议会的制约或控制。美国被认为是世界上法治最完善的国家之一,是最早奠定"三权分立"政权体制的国家,也是洛克和孟德斯鸠法治理论最忠实的实践者。美国在立宪过程中,争议最多的问题之一,就是如何在联邦与州之间分配财权。在美国《权利法案》制定之时,争议最多的问题之一,是如何通过正当程序制约或控制美国政府剥夺或征收公民的财产权利。

法治国家的理念脱胎于对封建专制国家的反对。在封建专制社会中,君主政府拥有不受任何制约或限制的统治权力,可以随意地开征任何形式的税收以满足专制政府运转的需要,人民的财产权利不受法律的稳定保障。在封建专制社会中,可以说君主政府并不需要行政预算,即使需要行政预算,也没有将行政预算行为法治化的必要性。因为君主政府并没有考虑收支平衡的现实要求,在君主政府发生财政危机时,可以随意增加人民的税负水平,不需要编制量入为出的财政收支计划。法治国家理论的兴起与资本主义观念的传播,以及资产阶级作为一个独立阶级的出现存在着直接的关联。资本主义有三大基本原则,即私有财产神圣不可侵犯、契约自由和过错责任制,只有在法律上承认并尊重这三大原则,才能真正促进资本主义社会的兴盛。在资产阶级经过艰巨的斗争,逐渐取得社会的主导权之后,为维护自身私有财产权的安全与稳定,资产阶级必然会在政治上提出法治政府或法治国家的要求。资产阶级对政府或国家法治的核心要求必然是控制或制约政府的权力,以免侵害资产阶级的私有财产权。法治社会的所有原则都服从于政府权力控制这一核心要求,比如人民主权、代议制政府和三权分立等理念的提出实质上都是为了更好地控制政府权力的行使。

行政预算法治化是所有控制政府权力行使中最具技术性,也最有效的一种方式。通过将政府行政预算的全过程纳入法治化的轨道,可以从财政收入与支出两个达到控制政府权力的目的。按照孟得斯鸠的说法,绝对的权力将导致绝对的腐败,政府的权力必须受到控制,否则将会给社会带来极大的危害。在政府所有的权力中,获取财政收入及支出财政收入的权力是最具根本的,政府的其他权力的行使必须依赖于财政权力行使。因为政府所履行的任何职责,都需要耗费相应的经济资源,没有相应经济资源的支持,政府将无法运转。从这一点来说,实现国家或政府法治的目标,最优的一种选择应当是先控制政府在财政收入与支出上的权力,通过行政预算法治化,将政府可以支配的经济资源法律化,并以此限制政府活动的范围,就可以达到有效控制政府权力恣意行使的法治目标。

（二）行政预算法治化是实现国家财政公共性的必然要求

现代社会中,政府或国家财政的概念逐渐为公共财政所替代,两者虽然只有一词之差,但是体现的理念却是完全不同。政府或国家财政的概念受传统行政管理观念的影响,认为政府的主要职能在于维护社会治安和国家安全,政府或国家财政的主要目的在于维持政府的有效运转,政府或国家财政是为政府本身服务的。公共财政观念的提出受新公共服务理念的影响,认为政府的职责不限于维护社会治安和保证国家安全,政府应当提供足够多的市场机制所不能提供的公共品或公共服务,政府或国家财政的主要目的,虽然包含了维护政府运转的目的,但是主要目的却是保证政府提供最优的公共品或公共服务。公共财政的内涵可以概括为:第一,公共财政是政府为市场提供公共服务的财政。公共财政观念的出现与市场经济体制存在着因果关系。在市场经济体制中,一般认为市场能够自发实现资源的最优配置,但是对于市场不愿提供或无能力的产品或服务,则只能由政府来提供。也就是说,在市场机制中,市场是分配经济资源的最优选择,政府是为弥补市场机构之不足而存在的,政府提供公共品或公共服务的财政即为公共财政。通俗而言就是:市场能做的,公共财政就不要去做;市场不能做的,公共财政就要去做。第二,公共财政是体现人民当家做主或政府为人民服务的财政。马克思主义虽然认为人民主权和社会契约论是一种主观性理论,属于形而上学的范畴,缺乏实证性的基础,但是马克思主义同时也承认,人民主权和社会契约论的观念作为一种政治信念是合理的,社会主义或共产主义理念中就吸收了人民主权和社会契约论的合理观念,认同人民作为国家主权者的唯一正当性,政府权力来源于人民授予的合法性,政府应当为人民服务的必然性。只有包含了财政收入取之于民,用之于民精神的财政,才能够体现人民当家做主或政府为人民服务的核心精神。第三,公共财政是与市场经济相适应的财政类型。有学者认为,市场经济与公共财政实际上是一对相互依存的范畴,只有在市场经济体制下,才有公共财政存在的空间,反之亦然。"在资本主义社会以前的阶级社会,统治者个人的财务收支活动和国家财政的收支活动很难严格地区分。因此,不可能有完整、系统的国家财政管理制度。另外,在商品货币关系尚不发达的国家财政分配中,不可能有事先进行详细的收入和支出的计算,在组织收入和支出的工作方面,也不可能有一定的程序和手续,而且封建统治阶级国家的各级机构在财政活动上所处的地位也是不明确的。因此,当时尚未形成政府预算制度,即使有些个别的预计收支,也不能叫做国家预算。"①

国家公共财政的公共性只有通过行政预算法治化才能实现。首先,公共财政的公共性要求政府的财政收入与支出主要用于提供公共品或公共服务,而不是用于政府改善其自身的福利水平。在行政预算未法治化的情况下,政府财政收入与支出具有很大的随意性,受行政领导个人意志的影响较大,很难保证政府财政收入与支出的项目与规模用于提供公共品或公共服务。如果将行政预算法治化,那么政府就需要预先编制行政预算草案,确定财政收入与支出的项目和规模,并经立法机构的批准,获得法律上的约束力。如果政府的行为不符合行政预算案的要求,那么立法机构可以根据行政预算案进行问责,促使政府行为符合行政预算案的要求,强化政府提供公共品或公共服务的公共政治责任;其次,公共财政的公共性是服务于市场经济体制的,而市场经济在某种意义上就是法治经济,行政预算的法治化是间接保障市场经济体制平衡运行的主要机制。市场经济的本质是自由,通过市场主体的自由交易能够实现社会经济资源的最优配置。一般情况下,市场经济体制的运转是反对政府干涉的,但是由于市场机制存在失灵的问题,在某些特定情况下,政府的干涉也是必要的。尽管如此,市场经济体制还是反对政府的随意干涉,因为政府的任意干涉可能会破坏市场自发调节资源配置的机制。因此,市场机制运转的根本要求是,让市场调节的归市场,让政府调节的归政府。要实现这一要求,就必须将政府的权力限制在特定的范围之内,使政府不致于逾越自身的地位,而这只有通过行政预算法治化才能达到,因为限制了政府的财政权力,就从根本上控制上政府其他权力的行使。

(三)是完善行政法学理论体系的必然要求

现有的行政法学理论体系是以法律关系为核心范畴建构起来的,具有概念法律的特征,着重于分析法律主体、法律客体和权利与义务关系,对于支撑上述各概念背后的社会事实或其他因素则一般不予讨论。而对于权利与义务关系的分析,也是以概念法学作为基本理论工具,以法律行为作为建构核心,

---

① 麦履康、韩壁主编:《政府预算》(修订本),中国财政经济出版社 1987 年版,第 1—2 页。

探讨行政行为的各种主客观构成要素。然而,即使如此,行政预算行为也从未进入现有行政法学理论体系中对于行政行为的理论架构中,行政法学理论将行政预算行为不视为一种行政行为,而将其视为是一种经济行为,或者是政府的公共经济行为,而将其归入经济法学理论体系中。现有行政法学理论的这种归类,明显地受到了私法理论以及古典公法理论的影响,也未考虑一个国家的实际情况。根据古典的公法理论,政府的主要职责不在于经济生产,而在于维护社会治安和保证国家安全,为此政府需要组建警察和军队,除此之外的任何社会生活,都应当持放任主义的态度,由公民人个自由地决定,政府不应当进行任何类型的干预。在这种情况下,政府只需要维持其基本运转的费用就可以实现其社会职能,公民也只需要缴纳相应的税收就可以实现政府在实现这项职能上的收支平衡。但是,随着社会的发展,政府的职能得到了极大的扩张。在现代社会中,不仅要求政府承担着维护社会秩序和国家安全的基本职能,而且还要求政府提供更多的公共服务,包括公用事业上的服务,比如道路、交通、运输、教育和医疗等,维持经济的稳定运行,比如宏观调控等。随着政府承担的社会职能越来越多,其需要使用的经费也相应的越来越多,而这些经费都来源于税收,是社会全体成员共同的财富,政府实际上承担着国家"管家"的角色,作为这样一个角色,政府应当要将自己的运行经费上的收支情况公开,并接受民众的监督当是应有之义,毕竟这是社会全体成员共有的财富,人民有权力知道政府如何运用这笔经费,以及此种运用的效率和公平性如何。

在现代社会中,行政预算问题的重要性已经远远超过了人们平常所关注的行政处罚、行政许可等直接与人们权益相关的行为,毕竟这些行为人们可以通过诸多的救济途径,比如行政诉讼和复议等来维护自己的合法权益,甚至可以通过一些比较极端的方式引起社会关注,从而解决这一问题。但是,行政预算由于是间接的与每一个发生关系,只有对此问题有高度认识的人,才有可能认识到这种行政行为对于社会整体的重要性,一些对此问题缺乏高度认识的人,往往只关注与自己眼前利益相关的行政行为。而实际上,行政预算行为如何没有实现法治化,没有可能接受人民监督,那么此种行为滥用所带来的后果比一般的行政行为严重得多。因为行政机关可能在耗费了人民巨大财富的同时,却没有为人民的社会生活质量带来任何实质性的改善,这样的行政机关或组织就如同一个吸血怪物,不断地从社会中抽取财富,却不为这个社会作出任何实质性的贡献。将行政预算行为纳入经济法学中,就有可能只关注行政预算行为的经济技术性的一面,而可能会忽略行政预算行为的公共性或政治性的一面,行政预算行为的经济技术性固然重要,但是相对而言行政预算行为的公共性或政治性更为重要,人们可能不太关注行政预算采取何种技术方式进行,但是却非常关注公众对于行政预算的参与程度、行政预算的公开性、行政预算的执行性和监督性以及违反行政预算案的法律责任等问题。而将行政预算纳入行政法学的理论体系中,就既可以帮助人们从行政预算技术上来建构行政预算法体系,也可以帮助人们从行政法治的角度来理解行政预算行为,这对于行政法学理论体系的完善,以及对于中国依法治国目标的实现都是非常必要的。

二、行政预算法的基本性质

(一)行政预算法具有公共服务性

　　近些年来,无论是经济学还是财政学都倾向于运用公共品理论来解释行政预算存在的必要性。[①]"公共财政"、"公共预算"和"公共支出"等概念的广泛使用充分证明了行政预算的公共属性。服务型政府的建设目标是"以满足公共偏好、提供公共产品和服务",实现这一目标,必然要求政府的行政预算具有公共服务性。因为在新公共服务理念看来,政府也是提供产品的主体,只不过政府提供的产品是公共品,正如私有主体提供私产品的关键在于成本与收益之间的比例,政府提供的公共品也需要考虑财政收入与支出之间的平衡问题,这就需要行政预算法本身保持公共服务性。然而,政府提供公共服务以满足社会公众的偏好,与私主体提供私产品以满足人们的偏好,却存在着非常重要的区别。私主体可以主动选择服务于有特殊偏好的人,政府在很大程度上却无法进行这样的选择以服务于具有特定偏好的人。因此,政府提供公共品或公共服务中最大的难题在于,如何确定社会公众的公共偏好。市场中的个人偏好可以通过人们愿意为某些产品支付特定价格而得到反映,但是政府提供的大多数公共服务或公共品,社会公众却可以免费享受(不考虑税收),

---

　　① 参见杨紫烜著:《经济法》,北京大学出版社 1999 年版,第 378—379 页。

人们在享有公共服务或公共品时不用支付相对的对价,政府很难通过人们愿意付出的价格来决定社会公众的公共偏好。尤其在现阶段,我国的社会结构正处于前所未有的多层化和隔离化时期,不同阶层之间由于价值观、利益取向的多元化以及生存空间的分异化往往缺乏联系和交流。这直接导致了公众需求的隐蔽性、多无性与复杂性。① 因此,行政预算的公共服务性就不能以满足特定人群的个人偏好为目的,而必须以满足社会公众的公共偏好为目的,在个人意愿价格不能反映公共偏好的情况下,政府必须采取相应的措施,在广泛调查的基础上来确定公共偏好,使行政预算案符合公共偏好的需要。

(二)行政预算法具有宏观指导性

行政预算的宏观经济政策属性决定了行政预算法对于经济运行宏观上的指导性。行政预算对资源的配置采用的是统制方法,这种方法的核心是自愿和强制、自由和秩序、自治与他治的统一。② 现代行政预算法治化的发展与完善,与凯恩斯主义的兴起有着直接的关系。凯恩斯主义强调政府在宏观经济管理上的作用,要求政府在市场经济运行的过程中承担更为积极的角色,尤其是在投资领域,凯恩斯主义倡导政府可以在国家经济衰退的情况下,打破政府行政预算的平衡,以政府预算赤字的方式对社会进行大规模投资,利用投资所带来的"乘积效应"和消费领域的"加速原理"促进国家 GDP 的持续增长,达到经济增长与降低失业的社会效果。凯恩斯主义还强调政府应当采取适当的宏观经济手段,主要是财政和货币政策等,来消解市场机制的盲目性,引导微观经济领域向正确的方向发展。要达此目的,政府就应当向社会公开其财政资金的使用方式,在现代社会中,政府公开其财政资金使用的最佳方式当属行政预算,通过行政预算的法治化,不仅可以向社会公共提供稳定的政府财政信息,引导微观经济向预期的方向发展,而且也可以有效地控制政府对财政资金使用的权力,防止政府滥用公共财政资金,降低社会治理和运转的成本。但是,行政预算法的宏观指导性在中国的作用却并不明显,这既与中国的行政体制有关,也与传统政治文化观念的影响有关。有学者指出,传统的官本位思想或者为了谋取不正当的利益,是有些地方政府或者部门不愿意公开行政预算

---

① 参见徐孟洲:《论中国经济法制与和谐社会之构建》,《法学杂志》2005 年第 6 期。
② 参见王保树主编:《经济法原理》,法律出版社 2005 年版,第 246 页。

信息的主要原因。①

(三)行政预算法具有主动干预性

在中国传统的行政法学中,一般都不将行政预算法纳入行政法学体系,理由可能是,行政预算行为不会直接对行政相对人的利益产生影响。传统的行政法学体系一般以"法律关系"作为基本的逻辑前提。在法律关系的范畴中,核心要素是不同法律主体之间的权利义务关系,也就是必须具有两个以上的法律主体,他们之间必须存在具体的权利义务关系。如果规范的主体只有一个,没有其他主体与被规范主体之间存在具体的权利义务关系,那么这种规范也就不会纳入到相应的法律体系之中。行政预算法也是如此,其规范的主体是政府,虽然政府的行政预算行为会对社会公众产生影响,但是这种影响是间接的,政府的行政预算行为并不针对某一特定的人群。因此,传统行政法学理论一直将行政预算法排除在行政法学的体系之外,而将其归入经济法学体系之中。很明显,这是一种误解。以"法律关系"作为逻辑前提的法学体系结构源自于私法学,世界最具代表性的两部民法典《法国民法典》和《德国民法典》,就是以"法律关系"作为逻辑前提制定出来的,随后这种立法体系或结构扩展所有的法学领域,只有英美法系国家的立法活动未遵循这种立法逻辑。英美法系国家更多地是遵从立法价值的基础上从事立法活动,比如要达到某一目的就必须制定相应的法律,而不考虑法律本身应当具备何种逻辑形式,或满足何种逻辑前提。就行政预算法而言,英美法系国家的立法机构更多是将其视为一种控制政府财政权力,在国家出现经济危机时促使政府采取措施对市场机制进行主动干预的法律。就此而言,我们认为中国的行政法学观念急需更新,不必再局限于对"法律关系"的形式研究,而应当更注重对行政法的社会功能研究。就世界上行政预算法最新发展的趋势来看,理论家们已经赋予了行政预算法越来越多主动干预市场经济运转的社会功能。

(四)行政预算法具有计划性

马克思主义认为,对资本主义制度存在着难以解决的内在矛盾,这些矛盾的存在将导致资本主义制度的灭亡,社会主义制度的产生。马克思主义认为,

---

① 参见土雍君:《全球视野中的财政透明度:中国的差距与努力方向》,《国际经济评论》2003 年第 4 期。

资本主义制度中私有财产制与社会化大生产之间的矛盾是无法解决的,私有财产制导致了资本积累,使商品的使用价值与交换价值的分离,创造商品真实价值的劳动者无法完全享有商品的所有价值,除工人的工资之外,商品中所包含的其他价值国资本家占有,导致劳动者的消费能力不能持续的提高。社会化大生产是资本主义社会中基本的生产方式,通过精细的社会分工,可以极大地提高生产效率。亚当·斯密曾在《国富论》中以此做过详细的讨论,亚当·斯密也提到了社会化大生产可能面临的问题,他认为市场中社会分工的程度明显取决于市场规模或市场需要,当市场规模或需要很小时,就不需要非常精细的社会分工,因为这可能会导致生产过剩。马克思主义修正了亚当·斯密的观点,认为私有财产制将决定资本家逐利本质特征,资本家必定会将社会分工推到极致,以求得最大的生产效率,然而由于商品中的价值大部分为资本家所占有,劳动者对市场中的商品缺乏持续增长的消费能力,这必定会引发生产过剩,导致周期性的经济危机出现。由此,马克思主义认为,要解决这一问题,首先要依赖于公有制,其次是要调整社会化大生产的过程,对社会化大生产实施有计划的生产。然而,苏联和中国改革开放之前所实施的计划经济体制似乎并不太成功,这使很多人开始怀疑马克思主义的正确性。实际上苏联和中国改革开放之前所实施的计划经济体制之所以效果不好,原因可能在于实施社会主义制度的条件(社会化生产水平极高)还未形成。自 20 世纪以来,西方发达资本主义国家普遍提高了人民的福利水平,政府的职能发生了深刻的变化,由政府提供的公共服务或公共品越来越多,政府早就不再局限于充当"有限政府"的角色。人类社会进入 21 世纪之后,美国等发达资本主义国家相继陷入了经济危机之中,美国政府采取了积极的措施,对诸如通用汽车等企业进行救助,甚至托管美国某些濒临破产的银行。所有这些政府职责的履行都依赖于政府公共财政的支持,政府对公共财政资金的使用必须制定年度计划,经立法机构批准之后实施。从这个角度来看,政府的行政预算计划在很大程度直接操纵了国家经济发展的走向,有理由相信,随着社会化大生产水平越来越高,政府对国家经济的计划性指导或控制也会越来越强,马克思主义对社会主义和共产主义制度所作出的预测终会实现。

第三节 中国行政预算法的现状与完善

一、中国行政预算法立法现状与实施状况

(一)中国行政预算法的立法概况

中国于 1994 年 3 月 24 日颁布了《中华人民共和国预算法》,1995 年 1 月 1 日正式生效。在《预算法》颁布之前,国务院曾于 1991 年 10 月 21 日颁布过一部行政法规《国家预算条例》,在《预算法》颁布生效之后,《国家预算条例》失去了相应的法律效力。在《预算法》颁布之后,国务院随之颁布了《预算法实施条例》,以具体化《预算法》中的相关规定。《预算法》分为总则、预算管理职权、预算收支范围、预算编制、预算审查和批准、预算执行、预算调整、决算、监督、法律责任和附则等十一章。

在总则部分,规定《预算法》的立法目的在于"强化预算的分配和监督职能,健全国家对预算的管理,加强国家宏观调控,保障经济和社会的健康发展"。预算体制为"一级政府一级预算",一共分为五级预算,在这五级预算中,又可以大致区分为"中央预算和地方预算"两类。为达到中央与地方预算的相对分离,总则中还规定了,中央与地方在财政收入上实行分税制,也就是实现各级预算在财政收入上的相对独立。总则部分同时还规定,经过同级人民代表大会表决通过的预算有法律效力,非经法定程序不得改变。

在第二章"预算管理职权"中,全国人大对中央和地方预算草案和执行报告有审查权,对中央预算及预算执行报告有批准权,对全国人大常委会的不适当决定有改变或撤销权。全国人大常委会对中央和地方预算的执行有监督权,对中央预算方案的调整有审查和批准权,对中央决算有审查和批准权,对国务院的决定和省一级地方人大的决定有撤销权。县级以上人大及常委会享有与全国人大及常委会类似的对于本级政府预算的批准、审查、改变和撤销的权利。国务院有编制中央预算、决算草案的权利,向全国人大报告的义务,向全国人大常委会备案省级地方政府的预算情况的义务,组织中央和地方预算执行的权利,决定中央预算预备费的运用,编制中央预算调整方案的权利,监督中央各部门和地方政府预算执行的权利,改变和撤销不当决定的权利。县级以上地方政府享有与国务院相类似的针对本级政府的决定预算的权利。国

务院的财政部门负责国务院预算方案的具体执行。

　　在第三章"预算收支范围"中,具体规定了预算收支的项目。第十九条规定,"预算由预算收入和预算支出组成。预算收入包括:(一)税收收入;(二)依照规定应当上缴的国有资产收益;(三)专项收入;(四)其他收入。预算支出包括:(一)经济建设支出;(二)教育、科学、文化、卫生、体育等事业发展支出;(三)国家管理费用支出;(四)国防支出;(五)各项补贴支出;(六)其他支出。"第二十条规定了预算收入划分为中央预算收入、地方预算收入以及中央与地方预算共享收入,而预算支出只分为中央预算支出和地方预算支出两类,同时规定中央和地方都不得在预算之外调用或截留预算之外的资金。在第四章"预算编制"中,规定了预算编制的时间、方式和方法等。规定中央和地方预算都必须按照复式预算的方式编制,不得在预算中列入赤字,应当与国民生产总值的增长率保持一致,安排必要资金对偏远地区进行扶持,保留1%—3%的预算预备费用。国务院财政部门在全国人大会议举行前一个月将预算草案送全国人大财政经济委员会审查,地方财政部门也必须按上述时间要求送同级人大财政经济委员会审查。

　　在第五章"预算审查和批准"中,规定了中央预算由全国人大审查和批准,地方预算由同级人大审查和批准,向上一级政府备案,国务院将全国的预算情况向全国人大常委会备案。在第六章"预算执行"中,明确规定"各级预算由各级政府组织,具体工作由本级政府财政部门负责"。县级以上各级预算必须设立国库,中央国库业务由中国人民银行经理,地方国库业务一般由地方财政部门经理。各级国库必须按照国家有关规定,及时准确地办理预算收入的收纳、划分、留解和预算支出的拨付。各级国库库款的支配权属于本级政府财政部门。除法律、行政法规另有规定外,未经本级政府财政部门同意,任何部门、单位和个人都无权动用国库库款或者以其他方式支配已入国库的库款。各级政府应当加强对本级国库的管理和监督。在第七章"预算调整"中,明确规定各级政府对于必须进行的预算调整,应当编制预算调整方案。中央预算的调整方案必须提请全国人民代表大会常务委员会审查和批准。县级以上地方各级政府预算的调整方案必须提请本级人民代表大会常务委员会审查和批准;乡、民族乡、镇政府预算的调整方案必须提请本级人民代表大会审查和批准。未经批准,不得调整预算。未经批准调整预算,各级政府不得作出任何使原批准的收支平衡的预算的总支出超过总收入或者使原批准的预算中举借债务的数额增加的决定。对违反前款规定作出的决定,本级人民代表大会、本级人民代表大会常务委员会或者上级政府应当责令其改变或者撤销。在预算执行中,因上级政府返还或者给予补助而引起的预算收支变化,不属于预算调整。接受返还或者补助款项的县级以上地方各级政府应当向本级人民代表大会常务委员会报告有关情况;接受返还或者补助款项的乡、民族乡、镇政府应当向本级人民代表大会报告有关情况。各部门、各单位的预算支出应当按照预算科目执行。不同预算科目间的预算资金需要调剂使用的,必须按照国务院财政部门的规定报经批准。

在第八章"决算"中,明确规定编制决算草案的具体事项,由国务院财政部门部署。各部门对所属各单位的决算草案,应当审核并汇总编制本部门的决算草案,在规定的期限内报本级政府财政部门审核。各级政府财政部门对本级各部门决算草案审核后发现有不符合法律、行政法规规定的,有权予以纠正国务院财政部门编制中央决算草案,报国务院审定后,由国务院提请全国人民代表大会常务委员会审查和批准。县级以上地方各级政府财政部门编制本级决算草案,报本级政府审定后,由本级政府提请本级人民代表大会常务委员会审查和批准。乡、民族乡、镇政府编制本级决算草案,提请本级人民代表大会审查和批准。国务院和县级以上地方各级政府对下一级政府依照本法第六十四条规定报送备案的决算,认为有同法律、行政法规相抵触或者有其他不适当之处,需要撤销批准该项决算的决议的,应当提请本级人民代表大会常务委员会审议决定;经审议决定撤销的,该下级人民代表大会常务委员会应当责成本级政府依照本法规定重新编制决算草案,提请本级人民代表大会常务委员会审查和批准。在第九章"监督"中,规定全国人民代表大会及其常务委员会对中央和地方预算、决算进行监督。县级以上地方各级人民代表大会及其常务委员会对本级和下级政府预算、决算进行监督。乡、民族乡、镇人民代表大会对本级预算、决算进行监督。各级人民代表大会和县级以上各级人民代表大会常务委员会有权就预算、决算中的重大事项或者特定问题组织调查,有关的政府、部门、单位和个人应当如实反映情况和提供必要的材料。各级人民代表大会和县级以上各级人民代表大会常务委员会举行会议时,人民代表大会代表或者常务委员会组成人员,依照法律规定程序就预算、决算中的有关问题提出询问或者质询,受询问或者受质询的有关的政府或者财政部门必须及时给予答复。在第十章"法律责任"中,规定各级政府未经依法批准擅自变更预算,使经批准的收支平衡的预算的总支出超过总收入,或者使经批准的预算中举借债务的数额增加的,对负有直接责任的主管人员和其他直接责任人员追究行政责任。违反法律、行政法规的规定,擅自动用国库库款或者擅自以其他方式支配已入国库的库款的,由政府财政部门责令退还或者追回国库库款,并由上级机关给予负有直接责任的主管人员和其他直接责任人员行政处分。隐瞒预算收入或者将不应当在预算内支出的款项转为预算内支出的,由上一级政府或者本级政府财政部门责令纠正,并由上级机关给予负有直接责任的主管人员和其他直接责任人员行政处分。

（二）中国行政预算法的实施状况

《中华人民共和国预算法》是新中国成立以来我国行政预算管理方面颁布的第一部根本大法,于 1995 年 1 月 1 日正式生效。《预算法》的制定,明确了政府、人大及政府部门在行政预算中的权力与责任,规范了行政预算编制、审批、执行、调整、监督和决算的程序,使行政预算行为有法可依。《预算法》的实施,改变了以往行政预算行为无法可依的状况,强化了政府和人大的行政预算职责,对于加强国家宏观调控,规范政府财政收入与支出行为起到了重要的作用,具体表现在以下几个方面。

第一,行政预算法治化的意识不断加强。《中华人民共和国预算法》颁布以后,经过十几年的实施,收到了显著的成果。各级政府在预算管理、监督、制约和依法预算的意识都得到了明显的改善。全国和地方各级人大及其常委会逐步加强了对行政预算的审批与监督,政府财政运行的规范化程度得到了显著的提高,行政预算工作基本上依法而为,行政预算秩序良好,行政预算资金的使用比较合理,为社会经济发展和稳定作出了巨大的贡献。

第二,行政预算法的实施加强国家的宏观调控能力。《中华人民共和国预算法》实施的这些年,中国正处于从计划经济向市场经济转轨的关键时刻,政府逐步从微观经济领域退出,转向宏观经济调控领域。在计划经济体制下,政府直接参与生产经营活动,对行政预算法需求并不明显。而转向市场经济体制之后,由于政府脱离了微观经济领域,政府引导市场经济的走向只能通过诸如财政和货币政策等宏观调控手段,《预算法》的通过加强了政府在宏观调控方面的能力,无论是财政收入和支出,由于有法律的保障,政府的财政能力得到了显著改善。

第三,行政预算法的实施保障了市场经济体制改革的顺利进行。《预算法》的通过与实施,明确了政府在国家经济管理活动中的地位,规定了政府财政收入的项目和规模,规范了政府财政支出范围,限制了政府干预市场机制运行的能力。《预算法》的这些作用正是市场机制平稳运行必不可少的条件,市场经济就是法治经济,市场经济的本质在于自发性,鼓励社会公众自由地参与交易,自发的促进社会资源的最优分配。行政预算法的实施有效地控制了政府随意干预市场机制运行的权力,保障了市场经济体制改革的顺利进行。

第四,行政预算法的法律约束力越来越强。《预算法》在正式生效之时,部分学者认为,这是单方面约束政府的一部法律,且缺乏法律责任的规定,法律约束力比较差。在《预算法》最初实施时,确实面临着上述困境,一方面国家的财税体制改革未到位,各级政府的财政收入缺乏法律的明确保障,另一方面预算法本身对预算编制、审议和决策的规定比较抽象,各级人大及常委会难以监督。然而,近几年以来,行政预算法的法律约束力越来越强,主要是国家税收体制已经改革到位,明确了各级政府财政收入的范围,也明确了各级政府财政支出的范围,这为行政预算法的全面实施奠定了基础。另外,各级人大及常委会也加强了对政府行政预算行为的监督,每一年的政府行政预算报告都必须经各级人大审议,审议的过程不再是走过场,各级人大真正发挥了审议和监督的作用,对政府的行政预算行为构成了有效的制约。

第五,行政预算法的实施提高了财政部门的行政预算管理水平。《中华人民共和国预算法》颁布实施以来,虽然在实践中遇到了体制上不协调的诸多问题,但是由于调整及时和改革到位,及时解决了税收征管的体制的问题,将政府行政预算落实到政府部门层次,细化了行政预算的项目和要求,还是起到了持续提高政府财政部门行政预算管理水平的作用。

二、中国行政预算法存在的问题

自1995年《预算法》通过以来,虽然取得了一定的成效,但是在实施过程中也存在着不少的问题,下文将按照《预算法》的章节顺序来阐述其在实施过程中存在的问题。

（一）行政预算编制存在的问题

在行政预算编制过程中，主要存在以下问题。

第一，预算编制内容不完整。长期以来，我国在财政资金的收支上实行双轨制，即将财政资金区分为预算内和预算外两种类型。根据《预算法》的第七十六条的规定，预算外资金的收支不受行政预算法的约束，由国务院另行确定。这就表明，《预算法》只对预算内财政资金有约束力，对预算外财政资金无约束力，由国务院及地方各级政府自行决定。预算财政资金的双轨制，其本意是为政府预留部分可灵活使用的财政资金，以备不时之需。然而，近年来我国各级政府的预算外财政资金有逐年递增的趋势，某些年份甚至达到或超过预算内资金的50%以上，严重挤占了预算内财政资金的比例。预算财政资金的双轨制意味着，我国各级政府有很大一部分财政资金未纳入行政预算的范围，各级政府对预算外资金可以自收自支，不受各级人大及常委会的审批与监督，因为《预算法》只赋予各级人大及常委会对政府预算内财政资金进行审议和监督，没有赋予其对预算外财政资金的审议和监督权。即使是预算内财政资金，由于《预算法》采取了分散编制的方式，将政府的行政预算分散到各政府部门，形成所谓的"部门预算"体制。《预算法》第四、第五和第六条分别规定了，"中央政府预算由中央各部门的预算组成"，"地方各级政府预算由本级各部门的预算组成"以及"各部门预算由本部门所属各单位预算组成"。这种"部门预算"的体制由于缺乏宏观上的统一性，导致政府整体行政预算经常出现比例或结构失调，客观上削弱了政府对预算内财政资金的支配能力，同时严重影响了政府的宏观调控能力。由于行政预算编制的这种体制，我们很难将我国政府的财政称为"公共财政"，因为这种以"部门预算"体制为核心的行政预算，很难从整体上把握社会公众的"公共偏好"，"部门预算"更多地体现了政府各组成部门的特殊偏好，在实践中极易异化为政府各部门之间争夺政府财政资金的局面。

第二，行政预算编制形式不统一。从行政预算编制的技术层面来看，预算编制的形式可以区分为单式预算和复式预算。所谓单式预算是指将政府财政收支汇编在一个统一的预算表中，具有结构简单、方法简便和能明确反映预算全貌的优点，但是却具有不能反映各项收支差别和财政赤字原因的缺点。所谓复式预算是指，将政府财政收支按照不同性质进行划分，编成两个或两个以上的预算表。由于不同国家注重政府财政收支反映的性质不同,复式预算的结构存在着很大的差异,比如日本所采用的复式预算一般分为经常预算、资本预算和特别预算,英国政府的复式预算分为上限预算和下限预算,中国最经常采用的复式预算为公共预算、国有资产预算和特别预算等。长期以来,我国行政预算主要采取的预算方式为单式预算,主要针对政府的经常性财政收支进行预算,对于政府的投资性财政支出和应对特别事件的特别预算则关注较少。复式预算相对于单式预算存在着明显的优势,最重要的优势是结构清晰,复式预算一般将政府的经常性收支、投资性收支与特别收支进行明确的区分,既可以维持政府的正常运转,也可以通过投资性收支和特别收支增加政府对宏观经济的调控能力。复式预算已经在理论和实践中获得了人们一致认可,我国《预算法》第二十六条也确认了这一点,明确要求"中央预算和地方各级政府预算按照复式预算编制"。然而,在行政预算的实践中,使用复式预算的却非常少,有学者认为,"自 2000 年以后,全国人大每年审议通过的上年预算执行情况和当年预算草案的报告也不再按照复式预算发布,各级地方政府预算也大多没有按照复式预算编制。"①实践中复式预算被忽略的主要原因可能在于,政府财政资金双轨制导致复式预算难以获得政府的认同,政府部门利益的存在导致复式预算难以获得政府部门的支持等。

第三,行政编制的时间与审议时间不统一。根据中国行政预算实践,一般情况下,国务院在每年度 11 月 10 日左右向省级政府和中央各个部门下达行政预算编制的指示,提出行政预算编制草案的原则和要求,一般在下年度 1 月 10 日左右将省级财政预算草案汇总报到中央财政部门,当年度 3 月份由全国人大讨论中央政府的预算草案。也就是说,中央政府的行政预算正式的编制时间非常之短,全国人大进行审议的时间更短,一般只在全国人大会议期间进行审议。地方各级政府的行政预算编制时间更短,部分地方政府的行政预算编制仅用一个星期就可以完成。行政预算编制时间如此之短,以至于行政预算很难做到精细化,只能是进行大致的概算。更为重要的是,中国行政预算编制与审议的时间,与会计年度的时间不一致,这给行政预算的编制带来了严重

---

① 马蔡深:《机制重塑:深化公共预算管理体制改革的总体思路》,《公共经济评论》2003 年第 6 期。

的滞后问题。我国通用的会计年度是从每一年的 1 月 1 日开始,12 月 31 日结束。然而,我国行政预算的编制始于先年的 11 月,结束于第二年的全国人大会议审议通过,一般是在第二年的 3 月,即使行政预算获得全国人大的批准,行政预算案与会计年度相比至少滞后三个月。地方政府行政预算的滞后性更明显,因为地方各级人大的会议时间比全国人大更晚,当地方各级人大审议通过政府行政预算时,有些地区可能都已经经过了半个会计年度。这种滞后性给中国行政预算法的实施带来了严重的问题。首先,可能导致各级人大审议行政预算形式化,不能形成对政府行政预算的有效制约;其次,政府主导行政预算的全部过程和内容。由于审议批准时间落后于会计年度,导致政府可能以事实上的财政收支来替代行政预算案所确定的财政收支,形成对各级人大的事实性"胁迫",或者用通俗的语言来说,是"生米煮成熟饭",各级人大根本无法对既成的事实表示反对。

(二)行政预算审批中存在的问题

预算在编制完成之后,进行审批的过程中存在以下问题:

第一,行政预算的初审时间较短。根据《预算法》第三十七条的规定,各级政府财政部门应当在本级人大会议举行前一个月,将本级政府行政预算草案的主要内容提交本级人大财经委员会进行初步审查。按照正常的审查程序,人大财经委员会在对行政预算草案进行审查之后,可以向政府提出质询意见或修改建议,政府应当正面回应人大财经委员会的质询,并对人大财经委员会的建议进行研究,并确定行政预算草案的修正方案。根据中国目前的政治体制,人大财经委员会在行政预算的实质审查上承担着关键的作用,人大财经委员会的审查更多的是一种技术性和专业性的审查,侧重于从行政预算的技术可行性和实施可能性的角度进行审议,并提供相应的建议。在经过人大财经委员会的实质审查之后,提交人大会议审议的行政预算草案基本上属于一个主要供表决的行政预算案,修改的可能性已经非常小。因此,行政预算草案的预审工作是非常重要的。然而,《预算法》所规定的法定时间只有一个月,这对于中央政府的行政预算来说,全国人大财经委员会要完成精细化的实质审查,几乎是一个不可能完成的任务,这完全有可能导致行政预算草案预审形式化。

第二,行政预算初审程序比较模糊。根据《预算法》第三十七条的规定,政府财政部门应当在每年本级人大代表会议举行前一个月,将本级行政预算草案的主要内容提交全国人大财经委、县级以上地方人大专门委员会或工作委员会进行初步审查。行政预算法的这一规定,存在着以下几个问题:首先,初审机构的法律地位模糊。根据《预算法》的规定,中央政府行政预算草案的预审机构是全国人大财经委,而县级以上地方政府的行政预算草案则由县级以上人大专门委员会或工作委员会进行预审,中央政府的预审机构是明确的,但是地方政府的预审机构却比较模糊。另外,《预算法》所确定的预审机构,在法律上并没有独立的主体资格,这使得预审行为可能缺乏法律上的约束力;其次,行政预算初步审查的内容没有明确。《预算法》规定,政府财政部门应当将"本级预算草案的主要内容"提交初审,对于行政预算草案的"主要内容"是什么,法律并没有明确的规定,而是将其交由政府财政部门自主决定。这种规定明显与程序正义的价值不符,编制行政预算草案的主体不应当同时也是决定行政预算草案送审内容的主体;再次,行政预算初步审查的方式未明确。预审机构的初步审查是实质审查,还是形式审查,对行政预算草案的修订具有重要的意义。如果是实质审查,那么预审机构应当进行调查、举行听证,以确定行政预算草案是否具有可行性。如果是形式审查,预审机构只需要核算行政预算的数据是否正确,是否符合行政预算标准的要求;复次,行政预算的初步审查的开放性不明确。如果行政预算的初步审查是开放性的,那么预审机构将邀请各种专业机构共同进行审查,以提高初步审查的实效性。如果是封闭审查,则由预审机构独自进行审查。行政预算法并未对此予以明确规定;最后,行政预算初步审查的法律效力不明确。对于预审机构的初步审查,如果预审机构认为行政预算草案不合格,那么行政预算草案还能不能提交至人大会议进行审议没有明确规定。

第三,行政预算审议形式化严重。根据《预算法》的规定,在行政预算草案经过预审机构的预审之后,可以提交至人大会议进行审议,经人大会议表决通过之后成为个有法律效力的"行政预算案"。行政预算法的这种规定存在着诸多问题,最严重的问题是容易导致行政预算审议形式化。首先,行政预算审议时间短。一般情况下,行政预算审议只在每年度的人大会议期间进行,时间不会超过一天,因为人大会议除了审议行政预算草案之外,还要审议政府、检察院和法院工作报告,还要讨论立法和人事任免方面的事宜。因此,人大会议不可能对行政预算草案进行精细化审查,只能对行政预算的概算数字进行大致的审查。在行政预算审议实践中,人大代表在审议时所能看到的预算项目大多只包括"类级",而对于"款级"和"项级"预算数字则只有在有要求的情况下才能看到。即使完全公开,相信人大代表也不可能进行完全审议,因为"款级"项目达到300多个,而"项级"项目达到500多个,人大代表是不可能在一天的时间内完全掌握并进行实质审议的。这种状况的出现与中国的政治体制有一定的关系,人大代表并非职业的政治家,人大会议也并非是持续性的会议,而是年度性会议。在这种情况下,行政预算审议基本上不可能实施实质性审议,而只能进行形式化审议。

(三)行政预算执行中存在的问题

在行政预算执行过程中存在着以下问题。

第一,行政预算调整任意性比较大。《预算法》对行政预算调整采取了形式化的界定标准。《预算法》第九条规定:"经本级人民代表大会批准的预算,非经法定程序,不得改变。"对于行政预算调整的标准,则确定为财政收支出来不平衡,主要是指财政支出大于财政收入,亦即出现政府赤字时。对于财政收入大于支出,即所谓财政盈余则不属于行政预算需要调整的范围。《预算法》第五十三条规定,"预算调整是指经全国人民代表大会批准的中央预算和经地方各级人民代表大会批准的本级预算在执行中因特殊情况需增加支出或者减少收入,使原批准的收支平衡的预算的总支出超过总收入,或者使原批准的预算中举借债务的数额增加的部分变更。"从法条中分析,可以看出行政预算调整需要满足的基本条件为:其一,经行政预算审议批准机构的同意;其二,因特殊情况需要增加支出或减少收入;其三,需要增加支出或减少的收入将可能导致收支不平衡,尤其是指支出将超过收入所导致的收支不平衡。从行政预算调整的这三个条件来看,"特殊情况"属于极其抽象的规定,其决定权完全掌握在政府手中,因为无论是需要增加的支出,还是需要减少的收入,都由政府部门负责调查取证。行政预算调整之时,一般都是在人大会议闭会期间,一般不可能重新召开人大会议对此进行表决,而只能是由人大常委会进行表决。在目前的政治体制下,政府预算超支的实际情况可能会迫使人大常委会承认行政预算调整的事实,不对此提出任何形式的反对意见。

第二,行政预算执行的随意性比较大。行政预算执行的随意性比较大是中国行政预算面临的较为严重的问题之一。原因可能在于：首先，行政预算案本身就不太科学和具体，在行政预算案执行的过程中，给予了政府过多的自由裁量权，导致行政预算案被虚置。其次，行政预算执行过程的透明度比较低，社会公众对行政预算执行情况不了解，无法形成有效地监督。我国行政预算执行过程一般由上级行政下达给下级行政机关，不向社会公众公开，下级行政机关一般也不会对上级行政机关提出反对性的意见，或者不可能对上级行政机关违反预算的行为进行监督。最后，行政预算编制与审议之间的时间差导致年度内部分时间段并无行政预算案的指导，政府只能自主地决定财政收入与支出的使用。行政预算编制一般遵循会计制度的时间，而人大会议则于每年三四月间举行，这期间存在几个月的时间真空，政府只能自主决定这期间的财政收入与支出项目。

第三，行政预算执行缺乏监督制约机制。根据《预算法》的规定，政府财政部门在行政预算中扮演多种角色，编制预算、执行预算以及对预算执行进行监督等都由财政部门自主负责。各级人大虽然享有监督的权利，但是各级人大并不能对行政预算的整个过程都进行监督，只能在每年度会议进行对财政部门进行质询。行政预算执行的这种监督体制，明显违反了程序正义的基本原则。根据程序正义原则的要求，制定规则、执行规则与监督规则应当由不同主体掌握，才能至少从形式上保证程序上的正义性。而实践表明，当形式上具有正义性时，实质结果的正义性也能够得到显著提高。

三、完善中国行政预算法的若干建议

行政预算法在实施过程表现出来的问题，即与《预算法》的制度设计不太合理有关，也与中国的政治体制有关，更为重要的是，与法学界对行政预算行为所持的理念有关。在行政法学界，大多数学者都不将行政预算行为视为行政行为，在他们的范畴中，只有与公民（行政相对人）能够发生直接的权利义务关系的行为才被视为是应当受行政法约束的行政行为。这是因为，行政预算行为更多的是涉及政府本身的运转问题，与社会公众只发生间接的关系，任何一个公民都无法成为行政预算中有利害关系的主体（利益受损时可以诉至法院的主体）。实际上，行政法上的这种观念是以私法观念为基础的，在私法关系中，私主体之间的权利义务关系是构建私法制度的逻辑前提。然而，在公

法关系中,我们并不能完全套用私法的逻辑结构,因为政府有提供公共品或公共服务的职责,政府提供公共品或公共服务与私主体提供私产品存在着本质的差别,政府作为提供公共品或公共服务的主体是确定的,但接受公共品或公共服务的主体(社会公众)却是不特定的,这就决定了在公法关系中并不能完全接受私法的逻辑结构。行政预算法在实施所表现出来的许多问题,都与此有关。要改变这一点,必须从新公共服务理念入手,以公共服务的理念作为建构行政预算制度的逻辑前提,强化政府在行政预算过程中的公共服务意识。具体而言,行政预算制度应当从以下几个方面予以修改完善:

(一)完善行政预算编制制度

行政预算编制是行政预算法中最为核心的内容,预算编制的方法是否科学,编制程序是否合理,编制过程是否透明民主将决定行政预算最终的实施效果。就《中华人民共和国预算法》的现状而言,完善行政预算编制制度应当从以下几个方面着手:首先,应当整合政府公共财政,将预算外公共资金纳入统一的行政预算范围。建构公共财政是实践新公共服务理念的必然要求,我国长期以来实行的政府财政双轨制严重损害了政府财政的"公共性",即削弱了政府的财力,也有损政府活动的公共性的名声。只有将政府所有公共资金纳入预算范围之内,才能从根本上完善行政预算编制制度,否则行政预算编制制度就形同虚设。政府可以通过随意扩大或缩小预算外公共资金的规模,达到规避"行政预算案"的目的,当出现财政赤字时,政府也有以用预算外公共资金增补亏空达到免除责任的目的,当出现财政盈余时,政府可以设立"小金库",规避行政预算法的制约,为政府部门谋取部门特殊利益。其次,应当根据《预算法》的规定,全面实施复苏预算,并根据中国社会发展的需要,创造新的适合于中国国情的复式预算类型。第二十六条规定,"中央预算和地方各级预算按照复式预算编制。"国务院的行政法规《预算法实施条例》第20条规定,"各级政府预算按照复式预算编制,分为政府公共预算、国有资产经营预算、社会保障预算和其他预算。"根据国务院的规定,我国的复式预算主要分为公共预算、国有资产经营预算、社会保障预算和其他预算。这种复式预算的分类是按照政府职能进行划分的,将政府的功能划分为日常运转、投资经营和社会保障等三个方面,应当说是符合中国国情的一种分类方式,也概括了政府公共财政所能实现的主要功能,具有较强的适用性。但是,我们也应当借鉴其他国家对复式预算划分的先进经验,要求政府在进行复式预算时不局限于特定形式,而是从多角度进行预算,达到全面认识政府公共财政功能的目的。最后,修改会计年度的统计口径,使行政预算编制、审议与批准的时间同步,减少行政预算实施的真空时段,使政府的财政行为与行政预算保持一致。在中国目前的政治体制下,要求全国人大和地方各级人大改变会议时间不太可能,而修改会计年度统计口径的难度相对而言较小,因此为解决行政预算过程中时间不同步的问题,最好是修改会计年度的统计口径。

(二)完善行政预算审议制度

在西方发达资本主义国家,行政预算审议制度非常成熟。这取决于两个方面,一是这些国家有职业的政治家。作为行政预算审议的议员,一般都是职业政治家,可以在有需要的任何时候召开会议,对政府的行政预算事项进行审议;二是这些国家有成熟的行政预算审议制度。一般情况下,先由政府向议会报告行政预算草案,然后再接受议员们的质询,面对议员的质询,政府必须对行政预算进行合理的解释,否则行政预算草案就可能在表决中被否决。在西方发达资本主义国家,行政预算草案被否决的情况是非常普遍的,因为议员的态度实际上就代表了社会中不同利益对政府财政功能的认识,行政预算只有在符合大多数人的需要或要求的情况下才能获得法律地位。在行政预算被否决之后,政府必须根据议会的建议对行政预算草案进行修改,直到表决通过。由于中国的人大代表并不是职业的政治家,只能在会议期间对行政预算草案进行审议,因而缺乏对行政预算草案进行详细审查的机会。在政治体制暂时无法改革的前提下,中国应当从以下几个方面提高行政预算审议的有效性:第一,成立专业化行政预算草案预审机构,提高行政预算审议的技术性与科学性。根据《预算法》的规定,预审由人大下设的财经专业委员会负责。这种规定存在两个方面的问题:一是财经委员会预审的法律效力存有疑问,如果行政预算草案被否决,还能不能提交至人大会议进行审议法律没有明确规定;二是人大财经委是一个综合性的机构,负责的事务比较多,对政府行政预算草案并不能进行非常专业化和技术化的预审。有鉴于此,笔者建议应当在人大下设专业的行政预算草案预审机构,成员构成可以多样化,广泛吸收社会专业人士参与行政预算草案的预审工作,既可提高预审的科学性,也可以在部分程度上提高预审工作的民主性。第二,合理安排人大审议行政预算草案的时间,保证人大代表有足够的时间对行政预算草案进行实质审议。中国行政预算审议的过程有走过场的趋势,这与行政预算审议的时间安排不合理有关,当然也与政治体制存在一定的关系。在行政预算审议比较完善的美国,预算审议的时间才达21个月。在美国一般情况下,有三个行政预算草案同时存在,一个正在起草的行政预算案,一个正在实施的行政预算案,一个正在审议的行政预算案。也就是说,美国的一个行政预算案的正式通过,基本上要经过两年左右的审议时间,在这段时间内,议员可以对行政预算草案进行充分的审查,对有疑问的数据进行实地考证。有学者指出,在美国,政府提交了预算草案(即"总统预算")以后,议会要进行辩论、听证、修改、宣读程序、投票批准的过程。在这个协调和批准的过程中,议员和党派的意见得到了表述,预算也更能反映社会的要求。实质上,整个过程是公共最大利益的继续寻找过程。最后批准预算,就是公众的最大利益被最后认证的过程。"①我们认为,可以适当调整我们人大代表审议行政预算草案的时间,在人大会议召开之前就向人大代表发放行政预算草案,给人大代表留下充分的审议考证时间。第三,建立行政预算分项审议制度,拓宽行政预算的审议范围。中国目前实行的行政预算审议采用的是整体审议的方式,也就是说,人大会议对行政预算草案的全部内容进行一次性审议,如果否决则整个草案全部被否决。这种审议方式容易带来两个问题:一是人大会议将审议视为走过场,因为人大代表根本就无法在短时期内从整体上把握行政预算的内容;二是导致行政预算草案被否决的风险加大,因为如果一项内容被否决,将可能导致整个行政预算草案无法通过,影响政府的财政工作。如果将建立行政预算分项审议体制,那么人大代表可以逐项表决,既可以提高审议工作的效率,也可以降低行政预算草案被整体否决的风险。

(三)完善行政预算执行制度

行政预算调整和支出是行政预算执行制度的两大重点内容,关系到行政预算执行的实际效果。在西方国家,行政预算草案经过议会的审议通过之后即成为所谓的"行政预算案",具有相当于法律的效力。如果政府不按照"行政预算案"执政,则构成违法,有可能启动政府违法调查与追责机制,部分国家甚至会启动违宪审查机制对政府不执行预算案的行为进行问责。在中国目

---

① 杨磊:《美国预算体制及启示》,《人大研究》2004年第3期。

前的政治体制下,还没有建立违宪审查制度,也没有建立人大对政府行为的问责制度。中国主要依赖行政组织的上下级领导关系来强化政府对行政预算执行的责任。在现有的政治体制下,要完善行政预算执行制度,需要从以下几个方面着手:第一,增加行政预算执行的透明度。在行政预算草案正式通过之后,政府应当向社会公开行政预算案的内容。公开行政预算案的主要目的在于增加行政预算执行的透明度,增加社会公众对行政预算执行的监督力度,降低行政预算的调整和支出随意性,保证行政预算执行的有效性。第二,提高行政预算执行的严肃性。在中国的行政预算执行实践中,行政预算调整与支出的随意性较大,原因可能在于,《预算法》并未没有明确规定政府随意调整预算或随意支出财政资金的法律责任,也没有规定相应的问责机制,更重要的是,行政预算基本上由政府掌握从编制、执行到监督的全过程,政府缺乏问责的动机。有鉴于此,我们建议,首先应当修改《预算法》,增加行政预算的责任条款,设立专门的监督机构和追责机构;另外,在现行的政治体制下,也可以在政府内部设立相应的监督机构,与行政预算执行机构保持适当的分权,达到约束行政预算行为的目的。有学者指出,"在政府机关内部也应该确立明确的标准和程序"[①],对行政预算的调整与支出行为进行规范,并将监督的结果反馈到人大,由人大启动政府问责机制。

(四)完善行政预算监督制度

行政预算监督一般可以区分为过程监督和结果监督。过程监督是指对政府执行行政预算的全过程进行监督,结果监督是指通过每年的行政预算决算来对行政预算进行监督。行政预算决算有多种功能,监督功能只是其中的一种,除此之外,决算还有发现政府工作绩效是否达标,行政预算草案是否科学合理等功能。当然,通过决算也可以发现政府可能存在的违反行政预算案的行为,但是对于政府已经造成的损害事实,这种监督只能是事后监督,并不能收到及时制止政府违反行政预算案的行为,使政府违反行政预算案的行为事实化,对于政府已经违法调整或支出的行为并不能在事后予以完美的救济。相对而言,过程监督是一种非常有效的监督方式,监督主体可以对行政预算执行过程中的任何问题进行质询,政府必须回应监督主体的质询,如果政府回应

---

① 刘剑文、熊伟:《中国预算法的发展与完善当议》,《行政法学研究》2001年第4期。

不合理,那么监督主体可以启动下一步的问责程序。根据《预算法》的规定,中国目前的行政预算监督由三大机构负责,即人大、审计部门和财政部门。人大监督并不是一种常规性的监督,而审计与财政部门的监督都属于政府内部的一种监督,监督效果都不太明显。要完善行政预算监督制度,我们认为,应当在人大内部设立一个专业的监督机构,享有对政府行政预算执行的常规监督权,可以在需要时对政府启动质询与调查程序,以确定政府执行行政预算的行为是否符合"行政预算案"。可以设置特别的监督程序,在发现政府有可能违反"行政预算案"时,启动特别程序,由人大授权进行调查,并将调查结果反馈到人大进行审议,以决定对政府是否启动问责机制。

第六章　行政信息法

第一节　行政信息法的主要范畴

一、行政信息的概念及特征

信息(information)与知识(knowledge)是两个既相关,又存在显著区别的概念。人类认知世界的基础,在于人类能够感知世界的存在。组成世界的各种物质以各种形式或媒介为人类所感知。维特根斯坦说,人类以描画的方式认知世界,语言、文字、符号、动作或模型等都可以成为描画世界的媒介。实际上,不借助于各种媒介,人类根本无法认识世界。人类用来描画世界的媒介,有些源自于被描画的对象,比如描画声音的声波,本身就源自于声音;有些源自于人类创造的符号系统,人类赋予符号系统以表征被描画对象特定特征的含义之后,人类就可以借助符号系统的传递而获取关于世界的认知。知识(knowledge)源自于人类的发现与创造,是人类主观能动性的体现,但是知识的发现与创造却依赖于信息(information)获得,一般认为,知识是在人类已有信息的基础上加工而成的,也就是说,信息是知识的前提,信息处于知识的最低层,是决定知识是否正确的关键所在。

在我国的《现代汉语词典》中,信息是指用符号传送的报道,报道的内容是接受符号者预先不知道的。① 在这个解释中,信息的含义主要体现在三个方面:一是信息必须借助于符号来表达,符号是信息的存储媒介;二是信息是一种报道,是人类借助符号对所感知的世界所进行的报道;三是信息为接受者所不知,已为接受者所知的报道就不是信息,而成为知识或知识加工的材料。

———————

① 参见《现代汉语词典》增补本,商务印书馆 2002 年版,第 1404 页。

在英国的《信息公开法》中,信息是以记录信息的载体来界定的,是指以任何形式记录的信息(information recorded in any form)。在这个定义中,侧重强调的是记录,也即是表征信息的符号。有的学者认为,从哲学上来分析,信息是物质的一种普遍属性和本质属性。事物的特征通过一定的媒介或传递形式,如声波、电磁波、图像、文字、符号使其他事物感知,这些能被其他事物感知的表征该事物特征的信号的内容即为该事物向其他实物传递的信息。① 因此,信息必然离不开以下几个部分,首先,物质的世界有向外传递信号的本质属性;其次,物质世界向外传递的信号为特定的媒介所记录或存储;最后,人或其他事物能够接受为特定媒介所存储或记录的内容。由于不同事物传递的信号不同,存储或记录的媒介也有所差别,因此不同事物的信息自然也就不同。

所谓行政信息,自然是"行政"这一实体所传递,并为特定媒介所存储或记录,为行政相对人所接受的信号。在 2007 年国务院制定的行政法规《中华人民共和国信息公开条例》中,行政信息"是指行政机关在履行职责过程中制作或者获取的,以一定形式记录、保存的信息。"在这个定义中,行政信息中的"行政"不仅是一种特定的组织—行政机关,而且也指行政机关履行职责的活动或行为。在行政机关履行职责的过程中,会传递两种不同的信号,一种是行政机关自身制作的,另一种是行政机关基于自身的优势而获取的。不管是哪种信号,行政机关都会以一定的方式存储或记录这些信号,使这转化为信息。《信息公开条例》中对行政信息的定义,虽然道出了行政信息的某些特征,但却没有说明行政信息的本质特征,依据这个定义,并不能有效地区分行政信息与其他信息的差别。基于此种考虑,有些学者认为,行政信息是指各级人民政府及其职能部门以及依法行使行政职权的组织在管理或提供公共服务的过程中制作、获得或拥有的信息。② 行政信息区别于其他信息的关键特征在于,行政信息是行政机关在进行行政管理或提供公共服务的过程中制作、获得或拥有的信息。无论是行政管理还是提供公共服务,都需要行政相对人接受管理或公共服务,在这个过程中,行政机关必须向行政相对人传递信息,否则行政管理或提供公共服务的活动根本就无法进行。具体而言,行政信息具有以下

---

① 参见王志荣编著:《信息法概论》,中国法制出版社 2003 年版,第 1—2 页。
② 参见刘恒等著:《政府信息公开制度》,中国社会科学出版社 2004 年版,第 1 页。

特征：

（一）行政信息的主体具有特殊性

行政信息的传递主体是政府，接受主体是行政相对人，行政信息的传递与接受是单向度的，即从政府向行政相对人传递，政府的行政信息也许来源于行政相对人，但是通过政府的加工处理，行政信息最终还是由政府向行政相对人传递。也就是说，行政信息的主体具有双重性，政府为行政信息的掌控者和传递者，行政相对人为行政信息的接受者，双方处于信息不对称的状态，政府负有保证行政信息对称的法律义务，这是由政府的本质所决定的。行政信息的在主体上的这种特点，是区别于其他信息的关键要素之一。除行政信息之外的个人信息或私营组织信息，信息的由个人或私营组织掌握，但是个人或私营组织一般情况下，没有向其他法律主体传递此类信息的法律义务，除非法律有明确的要求，比如保险公司可以要求被保险人如实传递个人的某些隐私信息等。这种差别的存在，实质上是由政府与个人或私营组织的本质差异所决定的。政府的本质在于公共性，个人或私营组织的本质在于自治性。作为具有公共性的主体，政府负有满足公众知情权的法律义务，作为自治性主体，个人或私营组织可以自由处理个人或组织的隐私信息。在传统的行政理念中，政府是行政管理的主体，公众或行政相对人是被管理的对象，政府为了管理的方便，往往根据自身管理的需要来决定行政相对人可以接受的行政信息，甚至制作虚假的行政信息，以误导行政相对人。根据新公共服务的政府理念，政府的角色在本质上是为社会公众或行政相对人提供公共服务，政府所从事的社会治安和国家安全工作，在传统的行政理念中被认为是标准的行政管理活动，而在新公共服务的理念中，却是政府应当向社会提供的最为基本的公共服务。除此之外，随着社会的发展，政府必须提供的公共服务越来越多，从基本的社会治安和国家安全逐渐扩展到养老、失业、教育、医疗和就业等方面。随着政府提供公共服务职能的扩张，行政信息的问题日益成为一个为社会公众或行政相对人所关注的问题，作为政府服务的对象，社会公众或行政相对人有权力知道政府提供公共服务的相关信息，政府也有义务满足社会公众或行政相对人的信息需求。中国的行政组织非常复杂，不仅传统意义上的政府在提供公共服务，一些法律法规授权的组织也在履行这种职能，这加剧了行政信息主体的复杂性。为规范这一问题，我们认为应当对此种类型的组织规定以下条件：

此种组织应当具有法人资格,并且必须是不以营利为目的的事业单位、社会团体和群众组织。[①] 但是,即使如此,这种主体的存在还是会混淆行政信息掌握者或传递者的角色,使得行政信息难以从主体上与其他信息进行有效地区分。

(二)行政信息的产生具有特殊性

行政信息的产生与其他信息存在着明显的区别。由于政府提供公共服务的角色,许多的行政信息是由政府刻意制作的,目的就是为了更好地提供公共服务,或者说政府提供公共服务的活动本身就需要以特定的方式传递给社会公众或行政相对人,以使他们能够更好地接受政府提供的公共服务。个人信息或私营组织信息不具有这样的特点,个人或私营组织没有法律上的义务去制作服务于其他主体的信息,只有在相互间达成了契约或合同的情况下,个人或私营组织会基于承诺而负有制作并提供相关信息的法律义务。除了政府刻意制作的行政信息之外,行政信息的产生还有其他途径。政府在履行提供公共服务法律义务的过程中,可以主动从行政相对人或社会公众获取零散信息,并在经过合理地加工之后形成行政信息。此类行政信息的根本来源在于社会交往活动,比如市场交易的价格,但是政府有获取这类信息的天然优势,在经过科学技术上的加工之后,此类行政信息将变得非常有价值,可以有效改善社会中存在的信息不对称状态,促进完全竞争市场秩序的出现。在这种情况下,政府的存在可以有效改善信息在社会中传递的成本,保证信息传递的真实性,降低社会运转的社会成本。个人或私营组织虽然也可以在部分程度上替代政府的这种职能,但是由于其本身身份的限制,他们很难中立的获取并加工这类信息,他们也不可能免费地向社会传递这类信息,而一旦他们采取收费地方式采集、加工和传递这类信息,那么这种信息本身的客观性和中立性都值得怀疑,因为他们难以避免自身地位所带来的偏见或影响。

(三)行政信息的内容具有特殊性

在信息学上,根据产生信息客体的不同,信息可以区分为自然信息、生物信息和人类社会信息。[②] 自然信息是以自然界为信息客体而产生的信息,生物信息是以生物为信息客体而产生的信息,人类社会信息则是以人类社会为

---

① 参见应松年主编:《行政法学新论》,中国方正出版社 2004 年版,第 68 页。
② 参见邹志仁著:《信息学概论》,南京大学出版社 1996 年版,第 6 页。

客体而产生的信息。行政信息当然属于人类社会信息,即使有些行政信息可能源自于自然信息或生物信息,比如关于自然灾害或动物疫情的信息,本身是自然或生物信息,但是由于这些信息对于人类社会的稳定与和谐至关重要,经过政府的加工处理,也可以成为行政信息,并由此转化为人类社会信息。当然人类社会信息本身的范围是非常广泛的,包括经济信息、法律信息、市场信息、行政信息、文化信息、营销信息和商业信息等,这些信息之间还存在着复杂的关系,相互之间既有联系,也有区别,甚至还能够相互影响,比如行政信息可能就包含有经济、政治、文化和法律等方面的信息。然而,由于行政信息是政府制作或获取的,行政信息虽然在内容上与其他人类社会信息体现为交叉的关系,但是行政信息还是在内容上具有三个方面的本质特征,即可管理性、价值性和法定状态性。行政信息的可管理性是指政府制作或获取的行政信息不是处于自发的状态,而是处于受政府控制的状态,政府可以通过行政上的诸多手段,来保证行政信息的受控或可管理性。行政信息的可控性或可管理性是行政信息区别于其他人类社会信息的关键特征之一,人类社会的许多信息,比如市场信息,都具有自发和不受控制或不可管理的特征。行政信息的价值性是指行政信息是为社会公众或行政相对人所需要的,同时也是为政府提供公共服务所必需的性质,行政信息的传递能够有效降低社会运转的成本,促进社会信任机制的完善。行政信息的法定状态性是指行政信息的制作、获取和传递都必须遵循严格的法定程序,符合法定的形式要求。行政信息的法定状态性主要是为了维护行政信息的权威性和稳定性,避免行政信息在传递过程中出现失真。

二、行政信息与相近概念的关系

(一)行政信息与知识产权

知识产权是一种民事权利,其权利客体为"精神财富",也就是由人所发现或创造的,通过满足人类需求的,并具有交换价值的精神产品。从哲学上来说,知识产权的客体也是一种信息,是人们借助符号系统所表征的对世界的感知。然而,权利具有独占性和排他性,而信息的根源却在于世界本身,这两者其实是矛盾的,如果允许任何信息都能够成为知识产权的客体,那么很多被动接受信息的人就会构成侵权,而这种侵权却是接受人所不能避免的。另外,如果允许所有的信息都成为知识产权的客体,那么就会有许多人无法接受相应的信息,而导致人类创新能力的弱化。因此,虽然知识产权的客体也是一种信息,但是这不意味着所有的信息都能够成为知识产权的客体,只有具备以下条件的信息才能成为知识产权的客体。

首先,作为知识产权客体的信息必须是由特定人的创造性劳动发现或创造的。信息的根源在于世界的物质性,人类认识世界必须通过物质性对象发出的信号,人类对于接受的信号以特定的符号系统予以表达从而构成信息。由此看来,信息的结构本身是复杂的,有些信息处于底层的结构,任何人都可以主动或被动的接受,有一些信息处于高层的结构,必须经过人们创造性的劳动,对接受的底层信息进行加工改造才能形成。由于底层信息的根本性,以及可能存在的接受被动性,使得底层信息不宜成为知识产权的客体,否则将会导致许多人在完全不知情的情况下侵权。只有高层信息才有可能成为知识产权的客体,因为在对底层信息加工改造的过程中,加入了人类的创造性劳动,使得高层信息具有了完全不同于底层信息的特点,人们对高层信息的接受也不具有被动性,只有经过创造人的传递,人们才有主动接受高层信息的可能性。然而,也并不是所有的高层信息都能成为知识产权的客体,只有具备新颖性、实用性和非显而易见性的高层信息才能成为知识产权的客体。所谓新颖性信息,是指从未被出现过的,或虽然出现过但从未被公开过的或以其他方式为公众所知悉的信息。如果已为社会公众所掌握的信息,则不能成为知识产权的客体,而应当成为人类共同的精神财富;所谓实用性,是指此种信息与公有领域的其他信息相比,具有独特的特点,能够显著改善公有领域信息的作用;所谓非显而易见性,是指此种信息的创造或发现不是显而易见的,必须经过人们的创造性劳动。如果是人们能够轻易发现或创造的信息,就不适宜成为知识产权的客体,而应当成为人类社会共享的精神财富。

其次,作为知识产权客体的信息具有显著的区分性或标志性,与其他信息能够有效的区分,同时也适于作为独占或排他的客体。不同的物质向外发送的信号必定不同,然而信号要转换为为人类所能接受的信息,必须借助符号系统。人类所使用的符号系统是有限的,用有限的符号去表征无限的信号本身就是一个难以解决的矛盾,在人类的符号系统中,必定会出现以相同或相似的符号系统表征不同信号的情况。这种矛盾源自于人类知识的有限性,是不可能在根本上解决的。然而,作为知识产权客体的信息却必须解决这一矛盾,具有显著的区分性或标志性,以区别于其他不同的信息。因为权利的本质特征是独占性和排他性,如果权利客体不具有显著区别于其他信息的特征,那么权利的独占性和排他性特征就会消失,也就没有实际意义上的权利了。借助于人类创造性的劳动,人类可以在有限的符号系统之类,通过复杂的组合而创造出具有显著区分或标志性的符号表征,这种信息才能成为知识产权的有效客体。

最后,作为知识产权客体的信息必须具有原创性。所谓的原创性是指,表征信息的符合组合必须是新的,之前没有人表征过的。已为其他人用相同或相似符号表征过的信息,权利属于其他人,而不属于表征人,即使表征人属于独立劳动也是如此,法律只能赋予最先表征出来的符合组合以权利,这是由权利的独占性或排他性所决定的。如果表征人独立劳动创造出来的信息,虽然不具有原创性,但是法律还是允许表征人自己利用这种信息,只要表征人不宣称对信息享有权利,并利用信息的交换价值来获取财富。

行政信息明显不同于作为知识产权客体的信息。行政信息的制作或传递主体是政府。从新公共服务的理念来看,政府的本质特征是提供公共服务,既包括社会治安和国家安全等基本公共服务,也包括医疗、教育、失业和提高福利水平等扩展性公共服务。为了提供公共服务或为了更好地提供公共服务,政府必然需要收集、制作行政信息,并根据法律的规定向社会公众或行政相对人传递行政信息。行政信息虽然是政府在履行职责过程中形成的,包含了政府的劳动,也许还是创造性的劳动,收集制作的行政信息也具有区分性、标志性或原创性,但是政府不能对此享有知识产权,也就是说,政府制作的行政信息不能成为知识产权的客体。尽管政府收集制作的行政信息符合知识产权客体的所有特征,也是如此。原因在于,政府的本质特征决定了,政府对行政信息不能够享有独占权和排他权,政府有法律上的义务向社会公众或行政相对人提供相应的行政信息,政府收集制作行政信息的主要目的在于更好地提供公共服务,更不是为了享有对行政信息的独占权或排他权,不是为了以独占或排他的占有行政信息来谋取利益。

（二）行政信息与隐私或商业秘密信息

所谓隐私或商业秘密信息,是指同公民个人或公司本身有关的,借助于符号系统表现的,对公民个人生活或公司经营有严重负面影响的信息。此类信息具有秘密性的特征,公民个人隐私信息是公民隐私权的客体,也就是说公民个人可以对隐私信息享有独占和排他的权利,他人不得侵占和传播。公司的商业秘密是公司商业秘密权利的客体,属于知识产权的一种,但是由于此类信息缺乏区分性,保护难度大,一般法律规定由公司采取措施或手段进行保护。公民个人隐私信息的范围是个非常复杂的问题,在中国的民事法律体系中并无隐私权的概念,只在宪法中有"尊重人格尊严"的规定,因此在中国的法律体系中,隐私信息就是与公民个人人格尊严相关的信息。美国政府的一些公开文件中,比如1995年10月美国商务部电信与信息管理局发布的关于隐私与信息高速公路建设的白皮书,认为隐私信息包含以下九个方面:(1)关于私有财产的信息;(2)关于姓名与形象利益的信息;(3)关于自己之事不为他人干涉之信息;(4)关于一个组织或事业内部事务的信息;(5)关于某些场合不便露面的信息;(6)关于尊重他人不透露其个人信息之信息;(7)关于性生活及其他私生活之信息;(8)关于不被他人监视之要求的信息;(9)私人相对于官员的信息。① 从这个定义来看,美国政府所认定的隐私信息范围非常广泛,几乎涵盖了公民个人生活的每一个方面,任何与公民个人生活息息相关,有可能影响公民个人生活的信息都可以被认为是隐私信息。

统合上述以隐私信息的定义,隐私信息至少具有以下三个特征:首先,隐私信息符合信息的一般特征,也是符合系统对某些事物的表征。公民个人的生活本身是一个过程,在这个过程中不可避免地会对外传递信号,如果以符合系统对此这种信号进行表征就构成了公民个人的隐私信息,比如公民个人的年龄、性别、职业、身高和体重等都是反映公民个人特征的信号,只有借助于数据这种符号,信号才会转化为信息,从而构成对公民个人独特性的描述。其次,隐私信息与个人的生活紧密相关,有些信息反映公民个人的社会生活,有些信息则反映公民个人的个人生活。前者一般被称为相对隐私信息,因为与公民个人构成相互交往关系的其他公民或组织必然会知悉公民个人的相关信息;后者一般被称为公民个人的绝对隐私信息,因为这种信息的产生只与公民纯粹的个人生活相关,与公民的社会生活没有任何关系,其他公民或组织也就

---

① 参见杨寅主编:《公共服务政府与行政程序构建》,法律出版社2006年版,第305页。

缺乏获悉信息的机会。最后,隐私信息是合法的、不危害公共利益或他人利益的信息。公民在社会生活过程中所形成的隐私信息,根据生活领域的不同,可以分为个人事务方面的信息、个人特征方面的信息和个人领域方面的信息。无论哪个方面的隐私信息,都需要借助符号系统予以表征,使用语言文字来表征的隐私信息一般被称为抽象的隐私信息,而使用影像、照片或其他方式表征出来的被称为具体的隐私信息。抽象和具体的隐私信息都可以成为隐私权的客体。隐私信息还可以根据合法与否分为合法的隐私信息和非法的隐私信息。只有合法的隐私信息才能成为隐私权的客体,非法的隐私信息不能成为隐私权的客体,因为非法的隐私信息可能危及公共利益甚至国家的安全,比如恐怖分子掌握的危及国家安全的信息就属于此类。

行政信息与隐私信息或商业秘密信息明显不同,虽然两者在形成方式上有一定的相似性,但是法律对待两者的态度却完全不同。首先,从外在的特征来看,隐私信息或商业秘密信息的主体只能是公民个人或公司企业,而行政信息的主体更为复杂,政府是收集制作和传递行政信息的主体,而社会公众或行政相对人是行政信息的接受主体,也就是说,行政信息必然包含两个方面的主体,一方是制作传递者,另一方是接受者,而隐私或商业秘密信息的主体只有一方,即信息的享有者,其他人或组织未经许可不得侵犯或传播此类信息,否则就有可能构成侵权。行政信息明显不同于隐私信息。其次,从信息的来源来看,隐私信息或商业秘密信息可能并不需要权利人主动积极或创造性的劳动就可以自动享有,商业秘密信息可能需要权利人的主动积极的创造性劳动,但并不绝对,也就是说绝大多数隐私信息与公民的日常生活息息相关,公民无须专门关注也可以获得此为信息。而行政信息则需要政府投入大量的人力、物力或财力,政府工作中有很大一部分是收集和制作行政信息的,缺乏行政信息,政府的工作可能无法开展,政治的社会治理就可能非常的无效率。最后,隐私信息或商业秘密信息有合法与不合法之分,合法的信息受法律保护,非法的信息不受法律保护。而行政信息本身就源自于政府履行职责的工作,不存在合法与非法的问题,只存在真实与否的问题。如果政府收集制作行政信息的工作不太认真,就有可能出现行政信息失真的情况。有些地方政府在履行职责的过程中,可能刻意隐瞒真实行政信息,或传播不实的行政信息,这其实也不是行政信息本身的合法与否的问题,而是政府对待行政信息工作的合法与否的问题,与行政信息本身是否合法没有关系。当然,在特殊情况下,尤其是涉及国家安全的情况下,政府可能不向社会公开某些信息。在这种情况下,行政信息与隐私或商业秘密信息具有一些外在的相似性,但还是存在关键区别,政府不公开行政信息的目的在于维护国家的安全,实际上也就是公共利益的安全,而隐私信息作为权利客体只是为了权利人的利益,而不是为了权利人之外的其他人的利益或社会公共利益。

三、行政信息法制化的重要意义

目前,中国行政信息的法制化水平很低,仅有国务院于 2007 年分布的行政法规《政府信息公开条例》,还没有法律层面的行政信息法。在《政府信息公开条件》中,主要侧重于行政信息的公开,对于行政信息的制作、收集、获取、传播和保密等方面都未予以明确规定。从新公共服务或新公共管理的角度来说,行政信息对于政府的行政管理工作是至关重要的,如果要提高行政组织的效率,促进行政组织工作的民主性、参与性和可接受性,行政机关或组织对于行政信息应当采取适当的方式制作、收集和公开。有其于此,我们认为,行政信息法的体系结构至少应当区分为两个方面,一方面涉及行政信息的制作、收集、处理和传播,另一方面涉及行政信息的公开。

对于行政信息的制作、收集、处理和传播,行政法学界目前一般将这种行政行为视为是一种管理行为,而不是一种法律意义上的行政行为,即使将其认定为行政行为,也认为这是一种内部行政行为,既没有规范的必要性,也没有向公民或其他政权组织报告的义务。实际上,行政信息的制作、收集、处理和传播,其中必然会涉及诸多与公民权益有关的事项,比如向个人收集有关信息时,是否要遵守相应的法律程序,在处理信息时,应当按照何种方式处理信息,对于收集和处理完的信息,应当由谁掌握,又由谁来向其他行政机关或组织传达,向哪些行政机关或组织传达等诸或此类的事项,既涉及公民权益是否受影响的问题,也涉及行政效率、民主性或参与性的问题。这并非是行政机关或组织的内部自治领域,可以不受到法律的控制或制约。行政机关或组织是一个公共性政治组织,行使公共性权力,其权力的行使对于每一个公民都有可能造成影响。即使在一个企业内部,当企业规模很大时,企业也必须建立企业信息制作、收集和处理的规章制度,其与行政信息的主要差别在于,行政信息是公共性的,与每一个人的切身利益都有关,而企业的信息则只与企业本身的利益相关,企业可以不用向外界宣布此类规章制度,只要此类规章制度没有违反法律的禁止性规定。有鉴于此,将行政信息的制作、收集、处理和传播等行为纳入行政信息法的范畴是完全必要的,这不仅是法律逻辑上的要求,也是实现依法行政目标的现实要求。

对于行政信息的公开,目前对此行为的规范仅限于国务院的行政法规。国务院本身就是行政机关,负有公开行政信息的法律责任,同时国务院又是现有的《政府信息公开条例》的制定与颁布者。从程序正义的角度来看,国务院既是"运动员",又是"裁判员",这非常不利于行政信息公开行为的规范化。为了规范行政信息公开行为,同时也为了完善中国行政信息法的体系结构,将《政府信息公开条例》提升到法律层面,实属必要。经过对行政信息公开行为的法律化,就可以大致完善以行政信息制作处理和行政信息公开为基本内容的行政信息法的体系结构,形成体系完整、逻辑结构合理,又符合法治理念的行政信息法律体系。

行政信息法的确立与建构在中国具有非常重要的理论与现实意义。从理论上而言,中国主流的行政法学从未将行政信息行为纳入行政行为的理论体系中,行政信息法的确立有助于理论界重新调整行政法的理论体系,完善现有的行政法理论体系。从现实方面而言,一个国家政府的行政信息制作、收集与公开本身是一件非常重要的事情,对于以民主法治理念建国的现代化国家尤其如此。在政府对一个国家进行行政管理或提供公共服务的过程中,行政信息制作收集的质量、发布的方式与技巧都会深刻地影响社会公众对于政府治理的可接受性,进而影响一个国家社会治理的成效。

(一)行政信息法制化,有助于提高公众参与国家管理的程度

我国是人民民主专政的国家,人民代表大会制度是我国根本的政治制度,人民参政议政不仅是宪法赋予人民的政治权利,也是政府履行政务应当服务的义务。人民参政议政是我国根本政治制度—人民代表大会制的具体表现,行政过程的公开化、合理化及民主化,是实现人民参政议政权的重要途径。[1]

---

① 参见杨建顺:《确立公民权利意识,推行服务行政公开》,《行政法学研究》1998 年第 4 期。

在现代社会中,政府管理与决策由公民参与的程度越来越高,在新公共服务理念的支配下,政府管理与决策不再单纯依赖单向度的行政命令,而是依赖政府与公民之间在信息上的相互沟通与交流。从行政信息产生的过程来看,行政信息活动可以区分为行政信息制作与公开等两个基本方面。无论是行政信息的制作还是公开,都应当法制化,唯有如此,才有不断提高公众参与国家管理的程度,提高政府社会治理的民主化水平。政府执政的过程,很大程度上就是政府与公民之间相互交流的过程,在这个过程中,政府制作并公开相应的信息,既是诚信政府的道德要求,亦是体现人民当家做主政治理念的要求。从社会治理的角度而言,政府制作与公开行政信息的法制化,有助于公民理解政府行为,接受政府的行政管理,保证社会的稳定与和谐。同时行政信息制作与公开的法制化,也是防止政府腐败、提高政府效率的重要制度保障。除此之外,还有部分行政信息不是在政府履行职责的过程中产生的,而是政府依赖其角色上的优势从社会上收集制作的,这部分行政信息的制作与公开,对于社会秩序的维系至关重要,行政信息制作与公开的法制化,有助于消解政府与公民之间,各社会主体之间的信息不对称状态,促进完全自由竞争社会态势的出现,有助于降低社会运转的成本,提高社会运转的效率。从古典的政治理论上来看,行政信息制作与公开的法制化也是符合"人民主权论"和"社会契约论"的要求的。古典的政治理论认为,"我们每个人都以其自身及其全部的力量共同置于公意的最高指导之下,并且我们在共同体中接纳每一个成员作为全体之不可分割的一部分"。① 这实际上是要求政府执政的行为要体现"公意"的要求。但是,在古典政治理论中,并没有提供确定"公意"的方法或措施。行政信息制作与公开的法制化可以弥补这一缺陷,通过行政信息制作与公开的法制化,政府可以收集民意,经过加工处理之后,与社会公众充分协商和相互交流,可以最大程度地获得"公意"的认识,这既有助于政府的社会治理,同时也在实践层面上实现了政府社会治理活动体现"公意"的政治意识形态的要求。

（二）行政信息法制化是信息社会的必然要求

在世界经历了农业社会、工业社会之后,现在已经进入了信息社会。在古

---

① ［法］卢梭著:《社会契约论》,何兆武译,商务印书馆 2003 年版,第 20 页。

典的自由主义经济学中,强调放任自由是促进经济快速发展的关键,只有在相互自由的交往中,市场的信息才能够真实的得以传播,促进社会资源的最优配置。然而,古典放任自由的经济学理论却忽略了一个至关重要的问题,即市场信息的传播明显受科学技术发展的影响,在电子技术尚不发达的时代,一个地区的市场信息传播到另一个市场需要经过漫长的时间,而当信息到达另一个市场时,信息已经丧失了时效性。随着科学技术的进步,信息传播的速度越来越快,全世界任何一个地区所发生的事件,瞬间就可以传遍全世界。在这种情况下,亚当·斯密所认定的,完全自由的经济会促进完全竞争市场出现的结论,似乎也在逐渐成为现实,因为科学技术的发展已经消除了信息传播所存在的障碍。然而,这又带来了另一个问题,随着信息传播速度越来载快,信息量也变得越来越多,信息真假的识别逐渐成为一种严重的困扰,面对海量的信息,如何选择对自己有用的信息也是一件麻烦的事情。因此,在信息社会中,信息本身成了一种最丰富,同时也是最稀缺的资源。信息的丰富性体现在信息量和传播速度上,而信息的稀缺性则体现在信息真假的识别与信息选择上。在这种形势下,政府的职能发生了深刻的变化,政府工作的很大一部分就是制作和公开行政信息,保证社会传播信息的真实性,向社会公众提供信息化公共服务,以政府的权威性来保证社会信息传播的真实性,以政府的服务向社会提供方便的信息选择途径。如果政府信息服务工作缺乏法律的支持,那么政府的信息服务工作很可能沦为特权阶层的私人服务,为特权阶层牟取私利提供方便,甚至有可能沦为特权阶层牟取私利的工具。除此之外,现代社会中政府职能发生了深刻的转变,世界各国政府所提供的公共服务越来越多,这意味着政府本身的掌握的信息也越来越多,政治社会治理的难度也在加大,只有通过政府信息工作的法制化,才能提供政府社会治理的水平,促进政府与社会公众之间的交流与合作。

(三)行政信息法制化是遏制政府腐败的有效手段

新中国成立之后,我国虽然确立了人民代表大会制的根本政治制度,人民当家做主已成为共识的政治意识形态。然而,漫长的封建专制历史,政府治理的神秘化倾向对现代中国的社会治理还是存在着重要的影响。封建时代的治理理念,如"民可使由之,不可使知之"、"刑不可知,则威不可测"等观念,还是体现在政府部分的社会治理活动中。这种落后的政府治理方式与习惯,不仅损害了宪法确立的根本政治制度,更重要的是,在某种程度上纵容了腐败行为的横行。当政府治理活动具有神秘化倾向时,社会公众不仅没有参与政治的权利,也难以对政府的活动进行监督,政府活动的监督不得不依赖政府系统内部的体制,在注重人情文化的中国,以政府系统内部监督体制为主要的监督方式,并不能保证监督的有效性。但是,如果将政府工作方面的所有信息都法制化,使政府工作过程的所有信息都处于阳光之下,那么对政府的监督也就从纯粹的内部监督,转化为全民的监督,这将大大提高政府监督工作的实效性,可以有力地遏制政府可能出现的腐败。因此,有学者认为,"阳光是最好的防腐剂",政务公开所体现出来的公开透明和有序运作理念具有反腐败的功能。当腐败被人们普遍视为破坏世界发展的癌症,成为各国政府最大的敌人之时,有识之士与各厉行法治之国,无不把提高透明度,建立开放政府,特别是将政务公开法制化作为反腐倡廉,建立公平、高效政府的灵丹妙药。①

(四)行政信息法制化也是保障国家安全的需要

行政信息与公民隐私信息或公司商业秘密信息有一定程度的相似性。公民隐私信息受隐私权的保障,原因在于这类信息的传播不利于权利人的生活,即使此类信息是真实的也是如此;公司商业秘密信息是公司为保障自身利益而不允许其他主体获得的信息。作为一个国家的治理者,政府的行政信息中有部分信息涉及国家利益或公共利益,如果这部分行政信息泄露,那么将可能危及到国家安全或公共利益。在行政信息未法制化的情况下,政府可能滥用国家安全或公共利益原则,将许多有利社会却不利于政府自身利益的行政信息保密或隐藏,甚至销毁,也有可能政府将一些实际上涉及国家安全或公共利益的行政信息当做是可以公开的信息,而导致危及国家安全或公共利益。在行政信息未法制化的情况下,政府应当制作何种行政信息,公开哪些信息,在很大程度上都取决于行政领导个人的偏好,而不取决于国家安全与公共利益的根本原则。行政信息一旦法制化,法律将规范政府收集制作行政信息的程序,规范政府公开行政信息的范围,并设定相应的司法程序来保障公民的行政信息知情权。通过行政信息的法制化,就可以合理地解决政府制作与公开行政信息随意性的缺陷,既有效保障国家安全和公共利益的安全,也可以有效保

---

① 参见胡鞍钢著:《中国:挑战腐败》,浙江人民出版社 2001 年版。

障公民对行政信息的知情权。

(五)行政信息法制化是中国践行 WTO 规则的必然要求

中国加入 WTO 后,必须接受 WTO 规则的制约,践行 WTO 规则。WTO 规则中,有一个非常重要的原则,即透明度原则。所谓透明度原则,亦称为透明原则或阳光原则,是对 WTO 成员国政府提出的一个基本要求,要求各成员国政府应当保证法律和贸易政策的透明度和可预见性,明确地公开贸易法规、政策、措施和程序等,成员国有义务将上述法律、法规和贸易政策的变动情况及时通知 WTO,除非出现紧急情况并在履行了通知义务的前提下,必须遵守承诺,不得随意对承诺的事项进行变动。概括而言,WTO 对各成员国提出的透明度要求可以区分为以下几个方面:一是成员国有及时通知的义务。即世贸组织各成员国应当常规性地将其政策、法规和具体措施的变化情况提交世贸组织秘书处。这个过程实际上是政府行政信息向 WTO 及成员国公开的过程。二是成员国应当及时公布法律、法规和行政决定。世贸组织各成员国应当设立定期出版的官方公报,公开所有与贸易有关的法律、法规以及其他行政措施,行政信息的公开必须在法律、法规以及其他措施实施之前的一段合理时间,以便各成员国发表评论,并依请求向所有的 WTO 成员方提供所公布的文本。WTO 的这种信息公开要求可以极大促进贸易方面法律制度的透明度,尤其是关税与贸易总协定第 10 条。[①] 三是要求各成员国设立专门的咨询机构。世贸组织各成员方应当建立或指定"咨询点",使个人、企业和其他成员方能够获取这些与贸易有关的法律文件和行政措施的所有信息,这些信息一般应当在提出申请后 30 天内提供,在特殊情况下,答复应当在收到申请后的 45 天内作出。另外,为了加强和保障政府对透明度原则的贯彻执行,WTO 还设立贸易政策审查机制,通过不定期审查成员方贸易政策的实践,使透明度和公开性原则得到保持和推进。为实现中国对世界贸易组织的承诺,中国必须要将行政信息工作法制化,否则就难以满足世界贸易组织规则所提出的政府工作透明度的要求。

---

① 参见吴根平著:《WTO 与我国政府信息公开》,《社会主义研究》2002 年第 6 期。

第二节 行政信息法的理论基础

毋庸置疑,人类已经进入了信息时代或信息社会。在我们这个时代,信息技术对政治、军事、经济、文化乃至普通人的日常生活产生了根本性的影响,社会交往的结构发生了显著的改变,时间和距离似乎已经不再是影响社会交往的主要因素。正如传播学专家麦克恩所言,任何技术的快速发展都倾向于创造一个新的人类环境。信息技术的快速发展尤其如此,它为人类社会提供了全新的结构模式和运转基础。在古典的政治学理论中,政府的职责局限于社会治安和国家安全,政府不负有提供其他公共服务的法律义务。随着时代的进步,政府的职能在近一百年来得到了极大的扩张,医疗、失业、就业、教育和养老都先后成为政府必须提供的公共服务,甚至在古典意义上不可能由政府提供的公共服务,诸如参与社会资源的优化配置,对处于困境中的私营企业进行救助等都成了政府的职责,尽管在理论上还存在着许多的争议。在政府新扩张的职责中,行政信息的制作与公开是一项最新的政府工作。在自由主义的观念中,分散的由社会主体分别掌握的信息,通过人们自发性的交往,能够实现社会的自生自发秩序,这种秩序明显有别于社会中所有的个体都由政府以行政命令进行指挥而形成的组织秩序。哈耶克认为,由于人类认知能力的局限性,政府对社会的治理不可能完全采用行政命令的方式,因为分散掌握在社会个体手上的信息,政府是不可能完全掌握的。因此,政府对待社会信息的最优方式不是收集制作并公开,而是放任自流,由社会自发地进行调节,在"看不见的手"的支配下,掌握着各自信息的社会个体,只要遵循着基本的"自然法",就可以形成自生自发的社会秩序,而这种秩序相对于组织秩序而言,是更有效率的一种社会秩序。

哈耶克的自生自发社会秩序的理论,实际上是古典自由主义经济学在现代社会中的翻版,是在"理性人"的假设之下推论出来的,没有考虑现实社会中人性的复杂性。事实上,在现实的社会中,并不是每一个人都是"理性人",人们除受理性的支配之外,很大程度上还受诸如情感、文化、知识局限性甚至生理因素的支配。一个最典型的例证是,在相同社会个体接受到相同信息时,所作出的行为反应是完全不同的。另外,自生自发社会秩序理论还没有考虑信息在传播过程中可能出现的失真和歪曲,有些失真和歪曲是人们在传播过程中无意的行为导致的,而有些失真与歪曲则可能是人们有意为之。对于虚假的信息,并不是每一个人都能够理性的对待,我们并不能认为,凡是相信虚假信息的人都是不理性的。因此,哈耶克所假设的自生自发社会秩序是不可能出现的,任何社会都需要政府的治理,人类社会发展的历史就是一部政府逐渐介入社会治理的历史,无政府的社会早就消失在原始社会时代。在信息时代,政府拥有其他社会主体在处理信息方面不可替代的优势。首先,政府拥有社会中最权威的地位,政府制作公开的信息更容易获得社会公众的信任,即使是虚假的信息,只有社会公众都相信,也会产生如真实信息传播相似的效果。其次,政府拥有制作公开信息的公共权力,这一点是其他社会主体所不能替代的。凭借着政府所拥有的公共权力,政府可以更好地收集制作行政信息,满足社会对信息的需求。最后,在现代社会中,政府工作的复杂性也要求政府提供自身运转的相应信息,满足政府与公众相互交流的需要,提高公众参与政府工作的水平,提高政府社会治理的民主化水平。因此,可以肯定的是,在现代社会中,行政信息的制作与公开是政府应尽的职责之一。但是,行政信息毕竟不同于社会其他信息,行政信息的制作与公开应当服从于一些基本的原则。

一、行政信息的确定性是行政信息法的核心价值

从本质上来说,信息的形成与传播是为了消解人们对世界的不确定性,接受信息的人,可以获得以往没有掌握的情况,填补知识的真空或漏洞,从而达到消解对世界不确定性的主观感受。然而,在信息时代或信息社会中,形势发生了与以往时代完全不同变化。在信息稀缺的年代,人们缺少获得信息的途径,信息往往掌握在少数人的手上,信息不对称是最经常的状态。在而信息时代,每一个都可以发布信息并通过先进的技术手段进行传播,信息量已不是非信息时代所能比拟,但是这又带来另一个问题,信息本身的真实性和相对于个体而言的有用性,却是信息时代信息本身另一种意义上的稀缺。面对海量的信息,社会个体难以辨别信息的真假,也不知道如何选择对自己有用的信息,在信息时代,每一个体似乎都不缺乏信息,但由信息本身所带来的不确定性却非常大。在非信息时代,人们因为缺乏信息而感受到不确定性,而在信息时代,人们却因为浏览过多的信息而感受到更为严重的不确定性。这种状况的

出现,使政府的行政信息工作有了用武之地,政府可以凭借其特殊的角色优势,为社会公众提供信息服务,降低信息时代信息本身给社会公众带来的不确定性感受。

我们认为,政府所提供的行政信息,只有具备了以下几个基本条件才能够有效地起到降低不确定性的作用。

第一,行政信息应当具有足够的准确性。所谓准确性是指行政信息应当能够真实地反映事物所传递出来的信号。为达到这一要求,政府的行政信息制作应当采用先进的科学技术手段,保证反映事物信号的符号符号的真实记录。在传统的行政信息制作工作中,文字记录是最常采用的方法,而在信息社会中,政府则可以运用多媒体的技术来实现信号记录的高保真性。行政信息的准确性是实现行政信息降低不确定性核心价值的关键因素,也是衡量行政信息制作质量的重要指标,一项不准确的行政信息所带来的危害是无穷的。

第二,行政信息应当具备足够的时效性。信息不是知识,知识是在信息的基础上,经过人类理性的加工而形成的,知识是对信息的抽象。知识虽然以信息为基础,但知识本身也具有独立性,可以对信息进行独立的解释。也就是说,知识属于人类理性的层面,而信息更多属于人类感性的层面。知识具有恒久的特点,在知识的真理性未被人类社会所抛弃时,知识的效用一直是存在的。而信息则具有时效性的特点,一旦特定范围内的人掌握了信息,信息也就失去了其存在的价值,信息也就不再是信息,而成为人们进行判断的基础,或成为创造知识的基础。作为信息的类型之一,行政信息不仅应当具有时效性,而且由于行政信息本身的特点,行政信息还应当具有超过一般信息的时效性。因为行政信息担负着澄清社会信息真实性的任务,担负着为社会公众提供信息服务的任务。如果行政信息不能够保证足够的时效性,那么行政信息所具有功能就不能有效地发挥,也就不再具有存在的价值。

第三,行政信息应当具备足够的相关性。信息本身的存在是不区分类别的,在社会中产生并传播的信息具有任意性或随意性的特点。只有经过接受信息的人对信息进行加工改造之后,信息才有可能对接受信息的人发生相应的作用。政府收集制作的行政信息,不应当是杂乱无章的,而应当具有很强的逻辑性,要按照一定的逻辑结构对信息进行归纳整理,将信息纳入人类社会理解问题的结构之中。只有如此,行政信息才能发挥其最大的效用,避免接受行政信息的人无法有效应用行政信息,提高政府行政信息工作的实效性。

第四,行政信息应当具备足够的完整性。一个显而易见的事实是,当事物所发出的信号被转化为信息的比例越高,人类对事物本质的认识就越全面越深刻。然而,两个因素决定了人类不可能掌握一个事物的所有信息。首先,事物本身就处于不断变化之中,人类只能通过掌握事物发出的信号来判断事物的性质,但由于事物不断的处于变化之中,人类以于事物本质的掌握就永远只可能处于滞后的状态;其次,表征事物信号从而转化为信息的符号系统也不是完美的,当人类通过符合系统的表征来掌握事物的性质时,不可避免地会发生偏差。尽管如此,当人类掌握事物的信息越多时,掌握事物本质的几率也会相应的提高。行政信息也是如此,作为政府向社会公众提供的公共服务之一,为了保证信息的准确性,提高行政信息服务于社会的有效性,政府应当在收集制作行政信息的过程中,尽量保证相应行政信息的完整性。

第五,行政信息应当具有足够的适应性。处于不同社会层面的社会公众对行政信息的需求也有所不同。与政府发生具体交往的社会公众,可能需要掌握非常具体的行政信息,只有这样,他们才能正常地与政府保持交流。然而,有一些社会公众,可能并不与政府发生直接的交往,而是站在研究者、批判者或预测者的角色来与政府交往,在这种情况下,他们可能并不需要具体的行政信息,而是需要经过深层次加工处理之后的行政信息,比如政府的财政收支报表及专业分析资料,等等。行政信息应当具有能够满足社会各个阶层实际需要的特征,政府对行政信息的收集与制作,应当采用不同的技术手段进行处理,形成不同层面的行政信息,方便社会各阶层获取所需要的行政信息。

政府所提供的行政信息应当充分考虑社会公众对信息的需求。每个人在运用信息解决不确定性困惑时,至少需要三个方面的信息:一是界定问题的信息(我需要解决的问题是什么?),二是决策环境的信息(影响问题解决的因素是什么?),三是可能选择的解决方案(有多少解决问题的方案?)。因此,行政信息要实现确定性的核心价值,政府的行政信息收集制作工作应当按照这个基本逻辑来进行,行政信息法律制度也应当根据这种逻辑结构来安排制度设计,并以此规范政府的行政信息工作。

从技术层面而言,为实现行政信息工作的确定性价值,政府的信息管理工作应当系统化,从以下四个方面构建政府行政信息的基本体系。第一,要构建信息管理系统。政府应当设计一个信息管理系统,作为信息管理的逻辑前提,并与行政决策系统实现无缝对接,保证原始信息资料输入的有效性和系统性。第二,政府的行政信息工作应当广泛运用计算机技术。以计算机来收集、分析和处理信息,既是一种世界性趋势,同时也是计算机天然优势的体现。计算机技术的出现,极大的改变了人类收集、制作和处理信息的方式方法,并可以大量节省行政信息收集制作的成本,保证行政信息收集制作的正确性。第三,根据需要保留平面文件的信息系统。虽然计算机技术已经有取代平面文件信息系统的趋势,但是平面文件信息系统还是具有计算机系统无法替代的优势,如果完全取消平面文件信息系统,那么平面文件信息系统的稳定性、权威性和不易变造的特点也会随之消失,这必然会对政府的行政信息工作产生不良影响。第四,构建行政信息安全系统。这是行政信息能够保证确定性的一个非常重要的工作,是行政信息能够发挥相应功能所必要的。

二、行政信息公开是行政信息法的灵魂

行政信息不同于隐私信息或商业秘密信息的重要一点在于,行政信息的收集与制作不仅是为政府更好地履行社会治理的职责,更是为了向社会公众提供信息服务,保证社会公众的知情权,消解信息不对称的状态,降低社会运转的成本。为实现这一目标,行政信息必须向社会公众公开。而无论是隐私信息还是商业秘密信息,其收集制作或产生并不是为了向社会公众公开,而是为了其能够独享信息,避免信息外流,影响其日常生活或公司的商业利益。从这个角度而言,行政信息公开是行政信息法的灵魂,如果政府收集或制作的行政信息不公开,由政府独享,如同公民个人的隐私信息或公司的商业秘密信息,那么行政信息的收集与制作只会产生有限的意义。具体而言,这是因为如下原因。

(一)政府角色的公共性是行政信息公开的必然要求

古典的经济学理论认为,市场经济的运转基于三大自然法原则,即产权确定清晰、契约自由和无过错责任。所谓产权确定清晰是指"每一个人都有确获保障的私人领域",任何东西都有相应的权利人,权利人的权利受到了法律的严格保障;所谓契约自由是指在产权确定清晰的前提下,权利人之间可以自由的交换,基于真实意思的交手受到法律的严格保障,只有这样才能保证市场

中每一个的效用最大化;所谓无过错责任,是指任何行为如果没有主观上的过错,就不应当承担责任,这实际上是鼓励市场中的创新行为,当人们努力在创造新东西,以更好地满足人们的需要时,法律应当鼓励这种行为,当损失是由不可预测的风险导致时,行为人也不用为此承担责任,法律鼓励人们去冒风险,只有这样才能更好地满足社会的需求,提高社会运转的效率。基于这种理论,古典经济学理论一般反对公有产权的观念,因为公有产权意味着每一个人都有相应的权利,无法做到产权的确定清晰,就会出现如经济学家所言的"公地悲剧"。"公地悲剧"的观念由加州大学的哈丁教授提出。"公地"制度曾经是英国的一种土地制度,封建领主在自己的领地上划出一片没有耕种的土地作为牧场,交由当地牧民无偿放牧。然而,由于放牧是无偿的,每一个牧民都想尽可能增加自己牛羊的数量,导致牛羊数量的无节制增长,牧场最终因为过度放牧而成为不毛之地。然而,私有产权也受到了理论上的攻击,最重要的质疑认为,私有产权的自由交易不可避免地会存在外部性。古典经济学的理论明显的是一种个人主义的观念,认为人与人之间不存在社会结构上的关系,一个人权利与另一个人权利发生的自由交换不会对社会中的其他人产生影响。而实际上这个假设是有问题的,外部性就是这种假设的必然结论。所谓外部性,是指一个人的市场交易行为影响了他人的福利水平而相应的成本却没有计入市场价格之中,美国经济学家曼昆(N.Gregory Mankiw)认为:"外部性是一个人的行为对旁观者福利的影响"。① 除此之外,对私有产权还存在一些其他的重要质疑,比如支配市场经济的三大原则要完美运转,必然离不开政府的服务,根据洛克的观念,这些服务最起码应当包括社会治安和国家安全,这是私人自治所不能解决的。不仅如此,随着社会的发展,社会结构变得越来越复杂,人们发现私人自治所不能解决的问题,只有由政府来解决,也就是由政府来提供公共品,而不是由私人来提供私产品,才能解决私人自治所不能解决的问题。

　　行政信息被认为是在信息社会或时代中,私人自治所不能完全解决而必须依赖政府解决的问题之一,或者说是必须由政府提供的公共品之一。然而,公共品除了具有上述的出现"公地悲剧"的可能性之外,还有经济学家认为,

---

　　① [美]曼昆著:《经济学原理》,梁小民译,三联书店出版社 1999 年版,第 208 页。

公共品还有出现"反公地悲剧"的可能性。所谓的"反公地悲剧"是由黑勒教授于 1998 年提出的,他认为,在公共品存在两个或两个以上的使用者或所有者时,为了保证自身的利益最大化,每一个所有者或使用者都有设置障碍来阻止其他人有效使用的行为倾向,最终导致的结果不是公共品被滥用,而是公共品利用效率不高,公共品沦为少数人专用的产品。在有限政府的体制下,政府的职能局限于维护社会治安和保卫国家安全,比较容易出现"公地悲剧"所描述的公共品滥用的情况,而在行政国家或行政全权的国家,由于政府所管理的事项非常多,官僚体制庞大复杂,官僚机构掌握的公共权力比较大,很容易成为市场利益主体进行"寻租"的对象,比较容易出现"反公地悲剧"所描述的公共品利用效率不高,为少数特权阶层占有的情况。行政信息作为一种公共品,也可能出现"公地悲剧"和"反公地悲剧"所描述的情况,一旦行政信息公开方式不当,行政信息可能会被误传甚至被滥用,或者为行政体制所限,公共的行政信息成为少数人牟取私利专有工具。无论出现何种情况,都与政府的公共性角色不符,政府作为公共品当然的提供者,应当努力避免出现行政信息被滥用或利用不足的情况。

(二)信息不对称是行政信息公开的现实要求

在信息社会或时代,科学技术的发展虽然已经极大的改变了人们获取信息的方式,但是信息不对称的状态却没有得到根本性的改观。社会公众获取信息的能力存在着很大的差别是导致信息不对称的主要原因之一。除此之外,行政信息具有天然的信息不对称,因为大量的行政信息是由政府本身收集制作的,政府本身就是行政信息的主要来源之一,政府如果不采取合理的公开方式,那么就不可能保证社会公众平等的行政信息知情权,政府的许多工作也无法有效开展。具体而言,可能存在着以下缺陷。

第一,行政信息不公开不利于社会主义民主政治。行政信息的收集与制作过程虽然可能有社会公众的参与,但是在现代社会中,全民参与行政信息的收集与制作是不可能实现的。在中国的政治体制下,只有部分人大代表才有机会参与行政信息的收集与制作工作,从而对行政信息比较了解,与政府处于信息对称的状态。而其他没有机会参与政府行政信息收集与制作工作的公众,则可能对行政信息处于完全不知情的状态,与政府处于极度信息不对称的状态。如果行政信息不采用合理的方式予以公开,则人民代表制的政治优势就无法体现出来,政府与社会公众之间就会缺乏信息的交流与沟通,人民参政议政的权利和愿望就无法实现。这种状况的出现,将对社会主义民主政治理念造成极大的危害。

第二,行政信息不公开可能会降低政府工作的效率,影响政府行政决策的科学性。众所周知,古典经济学假设信息之间的交流与沟通是用付出成本的,市场信息会自动在市场中真实的传播,最终导致市场均衡状态的出现。实际上,这仅仅是古典经济学理论的一种假设,信息在传播过程中不仅需要付出成本,而且被歪曲的可能性也非常大。行政信息在某种意义就具有降低信息传播成本,保证信息真实性的社会功能。政府通过行政信息公开,可以降低社会公众获取信息的成本,同时凭借对政府行政信息的信任,也可以保证所获取信息的正确性或真实性。如果行政信息不公开,那么社会上的不实信息可能会替代真实信息,即会出现"劣币驱逐良币"情况,社会上虚假信息横行,政府工作充满神秘性,公民在与政府交流的过程中要付出大量的交易成本,这不仅在很大程度上增加了社会运转总成本的支出,而且政府本身的工作效率也会降低,因为政府需要不断地向社会公众解释,这需要付出大量的成本,而社会公众对政府不信任情绪的增加是一种更大的隐性成本。当社会公众不再信任政府时,政府工作的难度就会加大,政府获取正确信息来源的机会也会降低,政府工作就会走入一个恶性循环,最终政府工作的科学性和合理性将荡然无存。

第三,行政信息不公开极易滋生腐败。在公共治理领域,如果政府与社会公众的行政信息处于极度不对称的状态,那么政府和社会公众都有机会主义的利己倾向。在行政全权的国家,由于政府掌握着极大的行政权力,支配着国家大部分经济资源,由于政府与社会公众的行政信息处于不对称的状态,政府可以轻易地滥用行政权力,谋取私人利益。从古典政治学理论的角度来看,政府与社会公众之间是委托代理关系,这种关系中最重要的环节是委托人与代理人之间的相互信任,如果缺乏这一点,这种关系也就没有存在的空间。如果信息不公开,那么社会公众无法了解政府工作的意图,政府也无法了解社会公众的真实需求,政府就极可能异化为某些特权阶层的政府,而不是为社会公众服务的政府。而当行政信息公开度高时,政府工作的所有过程全部处于"阳光之下",社会公众可以凭借其分散性的优势,对政府进行无所不在的监督,使腐败变得非常的困难。

（三）安全与利益的平衡是行政信息公开的价值要求

行政信息公开虽然是行政信息的灵魂,但是这并不意味着所有的行政信息都应当公开,行政信息公开与否涉及复杂的价值冲突。一方面行政信息公开可以满足社会公众的知情权,符合政治意识形态的要求,另一方面有些行政信息如果公开,则有可能危及国家安全、公共利益或社会公众的安全。因此,行政信息公开与否基本上取决于安全与利益价值之间的平衡。

考察世界各国的行政信息公开制度,可以发现对行政信息公开的限制主要集中在以下几个方面:第一,涉及国家和公共利益安全的行政信息。此类信息的公开可能会危及国家安全或公共利益的安全因而一般不向外公开。具体而言包括:国防和外交政策中与国家安全有关的信息(大多数国家的行政信息法都支持此类行政信息不公开);某些政府工作内部规则、关系和政府执法记录等信息(此类信息的公开范围是相对的,在司法程序中,社会公众可以要求政府公开此类信息以证明政府工作的正当性)。第二,涉及社会个体安全利益的行政信息。此类信息的公开可能会对社会个体造成不利后果因而不适宜公开。具体而言包括:公民个人的隐私信息(政府在行政管理的过程中有可能收集到涉及公民个人的隐私信息,比如电子警察对违章汽车记录的信息等。此类信息如果公开,将有可能对公民造成不利后果。但是如果此类信息不公开,也会对社会公众的知情权产生一定的影响,这其中也涉及价值冲突的问题);公司的商业秘密(在政府行政管理的过程中,政府凭借其职权有可能获得公司经营的商业秘密信息,政府应当负有保密的义务,不应当向社会公开此类信息。如果公开此类信息,将会对公司造成严重的不利后果)。第三,部分涉及行政特权的行政信息不公开。行政信息的主体是双向的,政府是收集制作信息的主体,社会公众是接受行政信息的主体。行政信息公开主要是为了满足社会公众的知情权或获取信息服务的权利,然而有一些信息与政府的行政特权有关,此类信息一般情况下不宜公开,如果公开政府工作效率将会受到严重影响(当然,这种信息的公开与否也是相对的,有些国家并不将这类信息视为不可公开的,比如美国和日本都规定,此类信息在经公民申请,可以向社会公众公开,也就是说,此类信息是有条件公开的)。一般情况下,涉及政府行政特权的信息包括:(1)政府内部人事规则与制度。政府人事任免过程的某些信息不向外公开,是行政领导的特权,比如在美国,总统选择内阁成员并不需要对外公开其选择的理由,只要其选择通过了国会的批准即可;(2)政府机构之间的关系或内部联系。政府各机构相互之间发生交往的信息,是行政机构的特权之一,并不需要对外公开(在某些国家,社会公众可以申请公开此类信息)。

需要注意的是,即使行政信息属于上述范围,也不意味着行政信息的不公开是绝对的。在大多数行政信息已经法制化的国家,为了平衡安全与利益之间的价值冲突,一般都引入了司法程序,作为判断行政信息最终应否公开的标准程序,由法官在司法程序中来判断某些行政信息是否需要公开。比如,美国和日本的行政信息法都规定了信息公开裁量权制度,授权政府自由决定是否公开相应的行政信息,同时也授权公民可以在获得行政信息受阻之后向法院起诉,由法官来判断行政信息是否需要公开,法官的决定是最终的决定。

(四)便民和可获得性是决定行政信息公开方式的技术标准

行政信息公开的主要目的在于,保证公民能够平等的获得行政信息,保证公民在知情权上的实质平等。行政信息公开的方式不能以某一层次的公民具有特定的知识水准作为标准,因为社会个体的差异是非常大的,一定层次的公民可以顺畅地获得行政信息,并不能保证所有的公民都可以同等的获得信息。因此,政府的行政信息公开方式,应当照顾到不同层次社会公众的需求或实际情况,设置不同的行政信息公开方式,既保证知识层次较高的社会公众可以方便地使用技术手段获得行政信息,也应当向知识层次较低的社会公众提供特殊的信息服务,以保证他们可以在有需求的时候获得与高知识层次的社会公众平等的信息服务。为达此目的,政府行政信息的公开方式应当以便民和可获得性作为基本的技术准则,根据一个国家特有的国情合理安排行政信息的公开方式。比如美国法律规定,需要公开的行政信息都应当存放于公共图书馆,社会公众在需要的时候都可以免费的从公共图书馆获得,就是一种非常适合于美国国情的行政信息公开方式。但是,在中国却不能完全照搬美国的行政信息公开方式,因为中国的人口比美国多,知识层次相对于美国也较低,更重要的是,中国公民没有上图书馆想查找信息的习惯。中国需要根据本国的国情设计适合于中国公民的行政信息公开方式,以保证中国公民对行政信息的可获得性。

第三节　中国行政信息法的现状与完善

一、中国行政信息法的现状

(一)中国行政信息法的立法现状

中国行政信息立法目前只局限于行政信息公开领域,对于行政信息的制作处理还未进入立法讨论的层面。就行政信息公开而言,国务院于 2007 年正式通过了《政府信息公开条例》,于 2008 年 5 月 1 日正式施行。

在这部行政法规的总则中,规定了政府信息公开条例的立法目的是,保障公民、法人和其他组织依法获取政府信息,提高政府工作的透明度,促进依法行政,充分发挥政府信息对人民群众生产、生活和经济社会活动的服务作用。对政府信息进行了明确的定义,即是指行政机关在履行职责过程中制作或者获取的,以一定形式记录、保存的信息。规定国务院办公厅是全国政府信息公开工作的主管部门,县级以上人民政府的办公厅(室)为主要负责机构。规定了政府信息公开的原则,包括公正、公平、便民的原则;协调一致公开原则;不得危及国家安全、公共安全、经济安全和社会稳定的原则。

《政府信息公开条例》在第九条以抽象表述的方式描述了政府信息公开的范围,即"行政机关对符合下列基本要求之一的政府信息应当主动公开:(1)涉及公民、法人或者其他组织切身利益的;(2)需要社会公众广泛知晓或者参与的;(3)反映本行政机关机构设置、职能、办事程序等情况的;(4)其他依照法律、法规和国家有关规定应当主动公开的"。第十、十一和十二条分别就县级以上人民政府、设区的市级人民政府和乡镇人民政府的信息公开范围做了具体的规定。第十三条规定民事主体可以依法向上述机构申请政府信息公开。第十四条规定了政府信息公开的保密审查机制,即"行政机关应当建立健全政府信息发布保密审查机制,明确审查的程序和责任。行政机关在公开政府信息前,应当依照《中华人民共和国保守国家秘密法》以及其他法律、法规和国家有关规定对拟公开的政府信息进行审查。行政机关对政府信息不能确定是否可以公开时,应当依照法律、法规和国家有关规定报有关主管部门或者同级保密工作部门确定。行政机关不得公开涉及国家秘密、商业秘密、个人隐私的政府信息。但是,经权利人同意公开或者行政机关认为不公开可能对公共利益造成重大影响的涉及商业秘密、个人隐私的政府信息,可以予以公开"。

对于公开的方式和程序,《政府信息公开条例》规定,行政机关应当将主动公开的政府信息,通过政府公报、政府网站、新闻发布会以及报刊、广播、电视等便于公众知晓的方式公开。各级人民政府应当在国家档案馆、公共图书馆设置政府信息查阅场所,并配备相应的设施、设备,为公民、法人或者其他组织获取政府信息提供便利。行政机关可以根据需要设立公共查阅室、资料索取点、信息公告栏、电子信息屏等场所、设施,公开政府信息。行政机关应当及时向国家档案馆、公共图书馆提供主动公开的政府信息。行政机关制作的政府信息,由制作该政府信息的行政机关负责公开;行政机关从公民、法人或者其他组织获取的政府信息,由保存该政府信息的行政机关负责公开。法律、法规对政府信息公开的权限另有规定的,从其规定。属于主动公开范围的政府信息,应当自该政府信息形成或者变更之日起 20 个工作日内予以公开。法律、法规对政府信息公开的期限另有规定的,从其规定。行政机关应当编制、公布政府信息公开指南和政府信息公开目录,并及时更新。政府信息公开指南,应当包括政府信息的分类、编排体系、获取方式,政府信息公开工作机构的名称、办公地址、办公时间、联系电话、传真号码、电子邮箱等内容。政府信息公开目录,应当包括政府信息的索引、名称、内容概述、生成日期等内容。公民、法人或者其他组织依照本条例第十三条规定向行政机关申请获取政府信息的,应当采用书面形式(包括数据电文形式);采用书面形式确有困难的,申请人可以口头提出,由受理该申请的行政机关代为填写政府信息公开申请。政府信息公开申请应当包括下列内容:(1)申请人的姓名或者名称、联系方式;(2)申请公开的政府信息的内容描述;(3)申请公开的政府信息的形式要求。对申请公开的政府信息,行政机关根据下列情况分别作出答复:(1)属于公开范围的,应当告知申请人获取该政府信息的方式和途径;(2)属于不予公开范围的,应当告知申请人并说明理由;(3)依法不属于本行政机关公开或者该政府信息不存在的,应当告知申请人,对能够确定该政府信息的公开机关的,应当告知申请人该行政机关的名称、联系方式;(4)申请内容不明确的,应当告知申请人作出更改、补充。申请公开的政府信息中含有不应当公开的内容,但是能够作区分处理的,行政机关应当向申请人提供可以公开的信息内容

行政机关认为申请公开的政府信息涉及商业秘密、个人隐私,公开后可能损害

第三方合法权益的,应当书面征求第三方的意见;第三方不同意公开的,不得公开。但是,行政机关认为不公开可能对公共利益造成重大影响的,应当予以公开,并将决定公开的政府信息内容和理由书面通知第三方。行政机关收到政府信息公开申请,能够当场答复的,应当当场予以答复。行政机关不能当场答复的,应当自收到申请之日起 15 个工作日内予以答复;如需延长答复期限的,应当经政府信息公开工作机构负责人同意,并告知申请人,延长答复的期限最长不得超过 15 个工作日。申请公开的政府信息涉及第三方权益的,行政机关征求第三方意见所需时间不计算在本条第二款规定的期限内。公民、法人或者其他组织向行政机关申请提供与其自身相关的税费缴纳、社会保障、医疗卫生等政府信息的,应当出示有效身份证件或者证明文件。公民、法人或者其他组织有证据证明行政机关提供的与其自身相关的政府信息记录不准确的,有权要求该行政机关予以更正。该行政机关无权更正的,应当转送有权更正的行政机关处理,并告知申请人。行政机关依申请公开政府信息,应当按照申请人要求的形式予以提供;无法按照申请人要求的形式提供的,可以通过安排申请人查阅相关资料、提供复制件或者其他适当形式提供。行政机关依申请提供政府信息,除可以收取检索、复制、邮寄等成本费用外,不得收取其他费用。行政机关不得通过其他组织、个人以有偿服务方式提供政府信息。行政机关收取检索、复制、邮寄等成本费用的标准由国务院价格主管部门会同国务院财政部门制定。申请公开政府信息的公民确有经济困难的,经本人申请、政府信息公开工作机构负责人审核同意,可以减免相关费用。申请公开政府信息的公民存在阅读困难或者视听障碍的,行政机关应当为其提供必要的帮助。

对于政府信息公开的监督与保障方面,《政府信息公开条例》规定,各级人民政府应当建立健全政府信息公开工作考核制度、社会评议制度和责任追究制度,定期对政府信息公开工作进行考核、评议。政府信息公开工作主管部门和监察机关负责对行政机关政府信息公开的实施情况进行监督检查。各级行政机关应当在每年 3 月 31 日前公布本行政机关的政府信息公开工作年度报告。政府信息公开工作年度报告应当包括下列内容:(1)行政机关主动公开政府信息的情况;(2)行政机关依申请公开政府信息和不予公开政府信息的情况;(3)政府信息公开的收费及减免情况;(4)因政府信息公开申请行政复议、提起行政诉讼的情况;(5)政府信息公开工作存在的主要问题及改进情况;(6)其他需要报告的事项。公民、法人或者其他组织认为行政机关不依法履行政府信息公开义务的,可以向上级行政机关、监察机关或者政府信息公开工作主管部门举报。收到举报的机关应当予以调查处理。公民、法人或者其他组织认为行政机关在政府信息公开工作中的具体行政行为侵犯其合法权益的,可以依法申请行政复议或者提起行政诉讼。行政机关违反本条例的规定,未建立健全政府信息发布保密审查机制的,由监察机关、上一级行政机关责令改正;情节严重的,对行政机关主要负责人依法给予处分。行政机关违反本条例的规定,有下列情形之一的,由监察机关、上一级行政机关责令改正;情节严重的,对行政机关直接负责的主管人员和其他直接责任人员依法给予处分;构成犯罪的,依法追究刑事责任:(1)不依法履行政府信息公开义务的;(2)不及时更新公开的政府信息内容、政府信息公开指南和政府信息公开目录的;(3)违反规定收取费用的;(4)通过其他组织、个人以有偿服务方式提供政府信息的;(5)公开不应当公开的政府信息的;(6)违反本条例规定的其他行为。

考虑中国政府的实际情况,《政府信息公开条例》在附则中进行了补充性规定,对于法律、法规授权的具有管理公共事务职能的组织公开政府信息的活动,也适用该条例。对于教育、医疗卫生、计划生育、供水、供电、供气、供热、环保、公共交通等与人民群众利益密切相关的公共企事业单位在提供社会公共服务过程中制作、获取的信息的公开,也参照本条例执行,具体办法由国务院有关主管部门或者机构制定。

(二)中国行政信息法的理论研究现状

目前中国行政法学界对于行政信息法的理论研究,主要集中于行政信息公开方面,对于行政信息收集、制作处理或获得等方面,关注较少。部分学者认为,行政信息的收集、制作处理或获得等方面的内容,是行政机关的内部管理事务,属于公共管理学的研究内容,行政法学研究应当主要关注行政机关与行政相对人之间的事务。也就是说,中国行政法学界还未认识到行政信息的收集、制作处理或获得等方面在法律上的重要性。就行政信息公开的法学研究而言,研究的基础也局限于一些古典的政法理论,或者局限于政治意识形态领域,从新公共服务的视角进行研究的比较少。具体而言,目前行政信息公开方面的研究主要局限于以下几个方面。

第一,从古典政法理论中寻找行政信息公开的理论依据。宪政是古典政法理论对近现代世界政治最为重要的贡献。按照古典政法理论，宪政一般包含以下基本观念，首先是承认"天赋人权"，人的权利先于宪法或法律而存在，与欧洲中世纪"君权神授"的观念相对应；其次是"社会契约论"，即人民将权利授予政府行使，人民与政府之间达成统治协议，即宪法；最后是"委托代理"理论，即人民与政府的关系是委托代理关系，人民作为委托人拥有国家最高的主权，政府是人民的代理人，行使授予的国家主权。中国的宪法理论在很大程度也接受了古典政法理论的基本精神，只是排除了某些观念，比如"有限政府"或"代议制政府"等观念或体制，但是却接受了诸如"人民主权"和"公意"等观念。对于人民权利的来源，则受马克思历史唯物主义的影响，不承认天赋权利的存在，而是认为所有的权利都与社会的特定历史发展条件相关，甚至是由社会历史发展条件所决定。但是无论如何，我国的宪法理论还是坚持了政府是"人民的政府"，政府的权力来源于人民，政府应当为人民服务等古典政法理论的灵魂。从古典政法理论的逻辑中，可以轻易地推出，人民是国家的真正主人，人民有权利获悉政府机关权力运行的相关信息；人民有权利对政府进行监督，为了更好地实施监督，人民也有权利知悉政府运转的基本信息；人民也有权利参与政府的行政决策，或者配合政府的行政工作，为了保证公民参政议政的基本权利，人民自然有权利获悉政府动作的相关信息。部分学者在承认这些前提的基础上，从知情权的角度探讨了政府行政信息公开的相关内容，比如，皮纯协、刘杰的《知情权与情报公开制度》就是如此。但是，需要我们注意的是，从知情权的角度来探讨行政信息公开，并没有超出古典政法理论的范畴，只有承认了古典政法理论的基本命题，才有公民的知情权可言。

第二，从政治意识形态中寻找行政信息公开的理论依据。马列主义、毛泽东思想、邓小平理论以及"三个代表"重要思想是中国的政治意识形态，其中包含了丰富的哲学思想，是寻找理论与实践问题答案的知识宝库。许多研究行政信息公开的学者，正是从政治意识形态中找到了行政信息公开的理论依据。行政信息公开与邓小平依法治国思想存在着直接的联系。在邓小平的法治思想中，民主与法制是一对相辅相成的范畴，民主需要法制化，法制要以民主为基础。行政信息公开是政府工作民主性的标志之一，为实现民主法制化的法治目标，行政信息公开必须法制化。政府要依法治国，前提是法治之"法"必须体现民意，是民主的产物。要实现依法治国的目标，必须以公众知法、守法为基础,这就需要政府采取合理的方式公开包括法治之"法"在内的行政信息。行政信息公开也中国共产党的最高宗旨也是一致的。党的最高宗旨是"全心全意为人民服务",为了实现这一宗旨,政府需要了解人民的需求是什么,人民也需要了解政府工作内容是什么,这必然要求政府将行政信息公开;行政信息公开也是完成党的中心工作的必要条件。中国共产党每一次中心工作的转移都与群众的支持与理解是分不开的,为了获得群众对党的中心工作的支持与理解,必须将政府的行政信息公开;行政信息公开也是反腐败倡廉工作的需要。只有将政府工作的信息公开,使政府工作处于"阳光之下",才能有效地防止腐败。

第三,从法律关系理论中寻找行政信息公开的理论依据。法律关系理论是支配大陆法系国家法律结构的基本理论之一。根据这种理论,任何法律制定,都必须以法律主体、客体和内容作为基本的逻辑结构,其中法律关系的内容又以法律行为作为核心范畴,强调法律主体主观上认知与客观上行为的一致性,在承担责任的方式上,强调过错责任制,即主观上有过错,客观上违法或造成了损害结果才承担相应的责任。以法律关系为理论依据的学者,以《政府信息公开条例》为研究对象,探讨政府行政信息公开的主体、客体和主体之间的权利义务关系等问题,将行政信息法纳入传统行政法学研究的范畴之中。实际上,从法律关系理论中寻找行政信息公开的理论依据,是一种形式化的研究,只注重行政信息公开行为的逻辑结构,不关注行政信息公开行为的内在合理性或行政信息公开行为的技术性。

二、中国行政信息法存在的问题

在行政信息法制化方面,中国目前只通过了一部行政法规《政府信息公开条例》,没有制定法律层面的行政信息规范。在行政信息的收集、制作与处理方面,完全无法可依。在政府行政管理工作的实践中,不同地区、不同层级的政府采用不同的政策来规范行政信息的收集、制作与处理工作,这对中国法治政府的建设造成了负面的影响。2008 年正式生效的《政府信息公开条例》,是中国在行政信息法制化上的巨大进步,既满足了中国公民日益增长的行政信息需求,也加快了了中国政治的民主化进程。但是,在《政府信息公开条例》正式生效并实施之后,也暴露出不少的问题,主要表现在如下方面。

（一）《政府信息公开条例》的位阶影响了其实施的权威性

根据立法法的规定,中国的法律层级分为宪法、法律、行政法规、部门规章、地方性法规和地方性规章等六类,其中宪法居于最高效力层级,有"母法"之称,法律居于第二效力层级,由全国人大或全国人大常委会制定,行政法规居于第三层级,由中央人民政府或国务院制定。在法律的效力层级中,宪法具有最高的法律效力,法律次之,行政法规必须符合宪法和法律的规定,与宪法和法律保持一致。行政法规的效力层级之所以较低,原因主要在于制定行政法规的国务院本身也是行政组织,只不过是级别最高的行政组织。如果允许行政法规与全国人大或全国人大常委会制定的法律保持相同的效力层级,则会出现制定规范的主体与规范适用的主体同一的现象,这有违"任何人不能成为自己的法官"的基本程序正义。如果将行政法规的效力层级设置在法律之下,那么这既符合中国基本的政治制度—人民代表大会制,也可以保证行政法规的正义性,使政府制定的行政规范处于宪法和法律的监管之下。根据中国的立法实践,在立法方面没有经验可循的情况下,中国一般先制定行政法规或其他效力层次较低的法律规范,在积累经验之后,再制定法律,以保证法律的稳定性和合理性。《政府信息公开条例》也是这种情况,在此之前,中国并无行政信息公开方面的法律规范,在这个领域中缺乏立法经验,由国务院来制定行政信息公开方面的行政法规应当是一种立法性试探。从理论上来说,行政信息公开是国家民主化的标志之一,应当制定法律,而不是行政法规,由国务院制定行政法规来规范行政信息公开可能会降低该规范适用的权威性,进而危及对此规范的信任。纵观世界各国的行政信息规范,无一不是制定由议会或国会标准的法律,而不是由政府本身来制定相应的规范。比如瑞典在 1766 年制定了《出版自由法》,率先制定了政府信息公开的法律规范。进入 20 世纪后,许多欧洲大陆国家,如芬兰、丹麦和挪威分别于 1951 年、1971 年和 1976 年《情报公开法》。行政信息法制化水平最高的国家是美国,在美国的行政信息法体系中,《情报自由法》、《阳光政府法》和《隐私权法》三部法律共同构成了行政信息法律体系。

（二）《政府信息公开条例》与相关法律法规未实现完美对接

一部法律的出台要考虑许多因素,包括形式和实质上的各种因素。撇开实质性的因素而言,法律出台应当考虑的形式因素中,最应当引起注意的是,法律应当与一个国家的法律体系保持逻辑上的一致性。与《政府信息公开条例》存在逻辑上关联的法律法规主要包括两个方面:其一是与行政信息不公开相关的法律法规,在我国主要由《保密法》进行调整;其二是当行政信息没有按法定方式公开时,应当提供给社会公众的救济,在我国主要由《行政复议法》和《行政诉讼法》予以调整。根据《保密法》的规定,下列信息应当保密:(1)国家事务重大决策中的秘密事项;(2)国防建设和武装力量活动中的秘密事项;(3)外交和外事活动中的秘密事项以及对外承担保密义务的事项;(4)国民经济和社会发展中的秘密事项;(5)科学技术中的秘密事项;(6)维护国家安全和追查刑事犯罪中的秘密事项;(7)其他经国家保密工作部门确定应当保守的国家秘密事项。《保密法》的这种规定与《政府信息公开条例》的相应规定并不能完美对接,虽然根据《政府信息公开条例》第 14 条规定:"行政机关应当建立健全政府信息发布和保密审查机制,明确审查的程序和责任。行政机关在公开政府信息前,应当依照《中华人民共和国保守国家秘密法》以及其他法律、法规和国家有关规定对拟公开的政府信息进行审查。"行政机关有遵守《保密法》的规定,但是实际上该条例并没有对政府行政信息工作给予明确的指导,条例中所作的规定仅仅是象征性的。除此之外,《政府信息公开条例》中虽然也规定了行政相对人对政府的信息公开工作可以提起行政诉讼,但又将诉讼局限于"有利害关系的行政相对人",一般的社会公众必须先证明自己是"有利害关系的行政相对人"才能启动相应的救济程序,另外《行政诉讼法》中并没有明确的将政府行政信息工作纳入可诉范围,也是两部法律法规未实现完美对接的外在表现之一。

(三)《政府信息公开条例》中规定的公开形式不太完善

《政府信息公开条例》虽然明确规定了政府应当采用多种方式,如信息公告栏、信息发布会和政府网站等来公开行政信息,但是却流于一般性的规定,未对行政信息的公开方式确定任何技术上的标准,也未对行政信息的准确性、时效性和便民性等作出任何具体的规定。这种立法设计在实践中导致了一些比较严重的问题,比如政府信息公开流于形式,更新速度慢,作为政府制作的信息,某些政府网站上更新的速度甚至比一般的新闻网站要慢得多,政府提供的对社会公众有用的信息太少,社会公众很难从政府公开的行政信息中找到所需要的关键信息。出现这种问题的原因可能在于,政府将行政信息公开的具体形式视为是一项行政管理工作,而不是一项应当受法律法规限制或制约的行政行为。许多地方政府认为,如何公开行政信息、公开哪些行政信息以及公开的行政信息中应当包含哪些内容都是政府自由裁量范围之内的事情,可以由政府完全自主地决定,是政府内部的管理事项或特权,不受《政府信息公开条例》以及其他相应法律法规的约束。

三、完善中国行政信息法的若干建议

在信息社会或时代,国家之间的竞争已经开始从传统的硬实力竞争,向信息化水平等软实力竞争转变。针对中国行政信息法立法和理论研究的现状,以及《政府信息公开条例》在实践中表现出的问题,我们认为,完善中国行政信息法已经是一件非常紧迫的事情。具体而言,完善中国的行政信息法制应当从以下几个方面着手。

(一)制定统一的行政信息法,提高现有行政信息法的效力层级

政府的行政信息工作是一项系统工程,不仅包括行政信息的收集、制作与处理,还包括行政信息的公开与救济等内容。中国目前的行政信息制度只对行政信息的公开进行了规范,行政信息的收集、制作与处理未纳入制度规范的范围。虽然在《行政处罚法》、《行政许可法》、《价格法》等法律中存在着行政信息收集、制作和处理的相关内容,但各部法律之间对于行政信息的收集、制作与处理的规定存在着相互矛盾的规定,政府部门实际的行政信息工作缺乏统一的标准,滥用行政信息收集、制作或处理权力的情况时有发生。国务院虽然制定了《政府信息公开条例》,对行政信息的公开行为进行规范,但是将行政信息工作局限于行政信息的公开方面,未对行政信息产生过程及内容进行规范。根据中国《立法法》的规定,政府信息方面的工作是必须制定法律的事项,中国目前的行政信息制度已经违反了《立法法》的规定。有基于此,我们认为,中国在行政信息方面的当务之急应当是由全国人大或全国人大常委会制定一部统一的《行政信息法》,对行政信息的主体进行界定,对行政信息的收集、制作、处理、公开和救济进行全面规范,提高行政信息制度的效力层级,促进政府行政信息工作的标准化。一般认为,制定统一的《行政信息法》具有以下好处:首先,能够提高行政信息制度的效力等级,提高行政信息制度的权威性,并以此保证行政信息的确定性。其次能够消除社会公众对政府行政信息工作的偏见。在现有的行政信息规范中,由于《政府信息条例》是由最高行

政制定的,有违基本的程序正义,通过制定行政信息化,可以将法律的制定者与受约束者分离,达到消除社会公众对行政信息规范偏见的效果。最后,行政信息法律化也可以有效解决《政府信息公开条例》与其他法律法规之间的矛盾和冲突,保证社会主义法律体系的一致性和稳定性。

(二)实现与相关法律法规的完美对接,完善行政信息法的救济机制

《中华人民共和国保密法》于 2010 年 4 月 29 日通过正式修订,2010 年 10 月 1 日正式生效。修订后的《保密法》明确了应当保密的事项,区分了秘密的性质或秘级层次,明确了保密的责任人。相对于 20 世纪 80 年代制定的《保密法》,新《保密法》的语言表述更规范、更精确,内容也更丰富。然而作为一部法律,保密法根本没有涉及政府行政信息工作的事项,只是简略地提到了政府工作过程中可能存在着与国家安全有关的秘密信息,至于何种行政信息涉及国家秘密没有提供任何的识别标准,将之视为政府自由裁量决定的事情。这说明,《保密法》在修订的过程中,未考虑到与《政府信息公开条例》的对接。从效力层级上来说,作为法律层级的《保密法》高于《政府信息公开条例》,后者的内容应当与前者保持一致,然而从两部规范的内容来看,两者很难实现完美对接。《保密法》未对保密信息的范围进行明确而细致的规定,《政府信息公开条例》未对应当公开的行政信息进行明确界定,只是抽象地规定了行政信息可以由政府主动公开或由社会公众申请公开。这可以说是已有行政信息制度最大的缺陷,最后可能形成的局面是,政府自主决定公开何种信息,造成应该公开的行政信息因为涉及政府的利益而被保密,而应当保密的行政信息却被无意或有意的公开。要解决这一问题,应当再一次修订《保密法》,将保密信息的具体鉴定标准纳入法律规范的范围,或者将《政府信息公开条例》法律化,提高效力层级,并加入应当公开的行政信息鉴定标准。具体而言可以从两个方面入手:首先,完善保密制度。在国家秘密产生的单位确定专人来负责定密工作,通过授予特定人员的定密权来解决的定密不规范的问题,同时建立定密异议制度,由定密单位派专人处理保密异议事项;其次,建立解密的相关制度。对于国家秘密,法律应当规定保密期限和解密的日期,在条件具备时进行强制解密,以解决只定密级而不解密的现状。① 《政府信息公开条例》虽然

---

① 参见张明杰著:《开放的政府》,中国政法大学出版社 2003 年版,第 236—241 页。

给行政相对人提供了相应的救济途径,比如授权行政相对人可以就政府行政信息公开的某些行为提起诉讼,但是却缺乏细节的规定,可操作性不强。最高人民法院司法解释虽然有效地弥补了这一缺陷,但是最高人民法院司法解释主要涉及法法律适用的问题,并不能越权向行政相对人提供司法救济的新途径。因此,我们建议应当修订《行政诉讼法》,将政府行政信息工作行为纳入可诉范围,并规定政府承担行政责任的具体方式,或者在《政府信息公开条例》中予以规范亦可。

(三)规范行政信息的公开方式,加快电子政府的建设

根据《政府信息公开条例》的规定,政府应当采用信息公开栏和政府网站等形式公开政府行政信息。在该条例中,并未具体规定政府应当如何公开行政信息,未规定行政信息公开的时效性,政府行政信息公开应承担何种法律责任也不明确。法律上的这种规定,实际上是授权各级政府自主决定行政信息公开的具体方式,将政府行政信息公开工作视为政府的内部行政管理工作。要解决这一问题,必须将行政信息的公开方式规范化,确定政府行政信息公开的法定方式,并对行政信息公开的时效性和法律责任进行明确规定。结合信息社会或时代的特点,我们认为,政府行政信息公开的法定方式应当是建立政府网站,推行电子政务。上海市政府在这方面进行了创造性的工作。上海市政府不仅在全国率先制定了地方性法规《上海市政府信息公开规定》,而且为此成立了政府信息化工作委员会,建立政府门户网站,在政府门户网站上推出"政府信息公开"专栏,将需要公开的行政信息,比如规范性文件、规划、目录和指南等重要信息挂载于网站,收到了良好的效果。从上海市政府的信息公开实践来看,电子政府的建设还有需要完善的地方:首先,各级政府领导及工作人员要加强政府信息网上公开的意识,转变传统观念,促进政府信息网上公开工作的顺利进行;其次,要擅于利用先进技术,根据行政信息公开工作的实际需要,建设最适合于政府行政信息公开的政府网站;最后,应当将政府网站中的行政信息公开栏规范化和标准化,方便社会公众查询和使用。

第七章 行政绩效法

第一节 行政绩效法的主要范畴

一、行政绩效的概念及构成要素

（一）绩效基本内涵

绩效是源自管理学的一个词汇，是一个组织以实现特定目标为标准而展现出的各个层面的有效输出，换句话说，绩效实际上是指为一个组织中各构成部分对于组织目标实现的贡献程度，比如假设一个企业的经济目标是实现利润 100 万，然后将这个目标分解到几个相应的分支部门，如果相应的分支部门完成了相应的目标，那么也就可以说是有绩效的。由于一个组织中所有的行为最终都是由人来完成的，因此绩效可以区分个人绩效与组织绩效两大类，所谓个人绩效是指个人实现自身目标的程度，而组织绩效是指实现组织目标的程度。个人绩效与组织绩效并不能完全统一，只有在个人绩效的实现对组织绩效的实现有促进作用时，个人绩效才有可能与组织绩效保持一致。

从绩效的字面意义来分析，绩效包含两个方面的基本内容：一是绩，主要是业绩；二是效，主要是效果，绩效就是业绩与效果的结合体。从管理学的角度来看，业绩一般由两个部分构成：一是特定的目标，也就是组织或个人应当完成的基本任务。设定目标是绩效的逻辑前提，设定目标是为了保证组织向希望的方向发展，而不是放任自由的发展，对于一个组织而言，这一点是至关重要的。二是工作职责，也就是组织或个人应当完成的日常工作。在一个组织体中，有许多工作是无法设定目标的，但是这些工作对于或个人目标的实现又是非常重要的，这些工作基本上都是一些常规性的日常工作，比如接听电话、送达文件和接待客户，等等。在一个成熟的组织体中，薪酬待遇一般业绩保持着直接的关系,对于特定目标的完成,一般以奖励性薪酬来激励,而对于工作职责的完成,则以基本工资的形式来激励。效果的概念相对比较复杂,可以是指效率、效果、态度、品行、方式和方法,等等,在管理学中,效果管理体现的也是一种组织目标,不过体现的是组织管理成熟度的目标,也就是说,一个组织管理成熟度较高的组织体,与一个不太成熟的组织体相比,即使两者达到的业绩相同,前者也能比后者获得更好的发展,因为前者的效果管理更好,能够以更高的效率或更低的成本实现同行的业绩。管理学中能够量化的效果目标,一般只包括纪律和品行两个方面。纪律是指员工服从组织体规章制度的程度,品行则指员工品质优秀程度,对于这两个部分表现优秀的员工,一般采用精神鼓励、晋升或重用等形式业激励。

管理学尤其是人力资源管理学的一个主要任务是研究提高组织或个人行为绩效的方法。但是,提高组织或个人行为的绩效却并不是一件简单的事情,人的行为比动植物的行为复杂得多,生物学上一般借用"刺激—反应"模式来提高动植物的应激水平,在管理学上并不能简单套用生物学上这个模式,而提出所谓"激励—约束—反应"模式。管理学上要提出提高行为绩效的方法,必须要考虑提高人的行为绩效的复杂性。绩效具有多因性、多维性和动态性等方面的特征。所谓多因性是指人的行为绩效受多种因素的影响,特定的刺激并不能保证每一个人都会有特定的反应,这是由人的多样性决定的。概括而言,影响人行为绩效的因素就要包括以下几个方面:一是人的技能差异。每个人的天赋、智力和受教育水平等都有可能导致所掌握技能的差异。二是对激励接受上的差异。每个人对特定刺激的反应受制于每个人的知识结构、敏感程度和所接受的价值观念等而有很大的不同。三是受激励的环境差异较大。人类社会的复杂性将决定没有任何一种激励是在完全相同的条件下进行的,人对激励的反应明显与其所处环境存在高度的相关性。所谓多维性是指绩效的表现层次是多方位的,任何单一的指标都无法完全反映行为的绩效程度。绩效多维性的存在,是人类社会分工的结果,在分工越来越复杂的当代社会中,人们被固定在特定的社会结构中,任何人都必须与他人保持合作才能完成自身设定的目标,也就是说,在当代社会中,人们之间的关系可以概括为"人人为我,我为人人"。在这种社会结构下,如果仅用单方面的指标来衡量行为的绩效,那么就有可能忽视行为中没有被指标表达的部分,这些部分可能对目标实现起到了非常重要的作用,只是无法用指标来衡量而已。长此以往,这种单一的指标必然无法反映行为的绩效,不仅如此,还会危及社会结构的稳定性,从整体上影响整个社会的绩效。所谓绩效的动态性是指影响行为绩效的多种因素处于不断变化之中,任何绩效的衡量都只是一个时间点的结果,并不能代表行为永远处于被衡量的状态。

在影响行为绩效的所有因素中,有些因素是内部的,可以为组织或个人所控制,通过个人的努力或组织的行为都有可能改善影响行为绩效的这些因素,有些因素是外部的客观因素,个人或组织对此无能为力,只能积极地去适应,而不能去改变。理解行为绩效的这一特征是非常重要的,它可以有效地避免一些不正确的看法,即认为行为绩效可以持续地得到改善,无论影响绩效的条件如何,而这会导致一些盲目的甚至非理性地提升行为绩效措施的出现。理解了行为绩效的这一特征,就可以将提升行为绩效的努力集中在个人或组织可以控制的因素上,比如通过适当的培训提高员工的技能就是提升行为绩效的一种重要方法,其他的方法还包括应用操作性良好的激励或约束机制,等等。

(二)行政绩效的概念及构成要素

行政绩效概念的出现与新公共服务观念的兴起有直接的联系。在传统行政管理体制中,政府与行政相对人的关系是管理与被管理或治理与被治理的关系,双方处于完全不对等的法律地位上,政府被认为是拥有公共行政权力的在法律地位上优于行政相对人的法律主体,行政管理的主要内容是保证行政相对人对政府治理活动的服从。在这种体制下,几乎不可能有行政绩效概念存在的空间,政府没有必要对自身的行为进行评价,政府只需要对行政相对人的行为进行评价就可以了。而在新公共服务的观念中,政府的行为取向发生了根本性的变化,政府的主要工作虽然还是行政管理,但是管理的理念却有根本的不同,在传统行政体制下,管理的理念是如何使行政相对人更好的服从,而在这种观念下,政府管理的主要目标是如何提供最好的公共服务,行政相对人不仅仅是被管理的对象,更重要的是,行政相对人也是政府提供公共服务的对象。绩效原是私营企业中用来考核员工的一种管理手段,目的是促进员工发挥工作的主观能动性,完成企业设定的营利目标。在经济学中,私营企业是为了满足顾客需要而存在的,只有最好的满足了顾客需要,才能同时不断提高企业的竞争力和营利能力。绩效考核的推行,极大地促进了私营企业管理水平,提高了私营企业的竞争能力。正因为如此,随着新公共服务观念的兴起,行政绩效的概念也开始出现了,正是将政府视为提供公共服务的主体,才有考核政府行为绩效的可能性和必要性。

　　虽然行政绩效概念的出现源自于新公共服务观念的兴起,但是理论界对行政绩效概念的理解却并不统一。有的理论家将行政绩效直接理解为行政绩效评估,将绩效评估的方式方法等同于行政绩效,有的理论家则将行政绩效等同于政府或行政组织实现特定目标的程度。而实际上上述这些对行政绩效的看法都有失偏颇,行政绩效并不是一种单一的行为模式,而一整套行为体系。行政绩效既包括了政府或行政组织基本目标的设计与确定,也包括了根据量化指标对政府或行政组织的工作过程、结果或效率等各方面所进行的评估,还包括了改进政府或行政组织工作绩效的手段和措施等。更为重要的是,行政绩效包含着若干重要的政治理念,其基本目的在于"使政府以较少的支出获得较高的效率,抛弃自满的情绪抛弃权力是政府应得的观念,建立进取和权力是被授予的观念。我们要改变现状,重塑政府,恢复它的活力"。① 除此之外,行政绩效内含着一些基本精神,即"政府绩效评估以绩效结果为本,谋求政府部门之间的合作、政府部门与公众之间的广泛沟通与交流。它以服务质量和社会公众的需求为第一评价标准,蕴涵了公共责任和顾客至上的观点"。② 因此,整体上而言,行政绩效的概念至少可以作两个方面的解读,一方面,行政绩效是行政管理的一种重要的方法,或者是行政管理的一种重要工具,通过这种工具,可以有效地提高政府或行政组织的工作效率和质量。这是关于行政绩效概念的最为一般化的理解;另一方面,行政绩效体现了政府与公众之间的一种全新的关系,即以公众需要为核心的新公共服务关系,政府或行政组织绩效改善的终极目标就是提供尽可能最好的公共服务。

　　相对于私营企业中的绩效管理,行政绩效管理要复杂得多。在私营企业中,绩效目标相对单一,主要集中在营利性目标上,虽然也存在其他的目标,但是这些目标也是为营利性目标服务的。但是行政绩效目标却表现为多样化的

---

① U.S.National Performance Review,1993,http://www.acts.poly.edu/cd/npr/npintro.html.
② 蔡立辉:《政府绩效评估的理念与方法分析》,《中国人民大学学报》2002 年第 5 期。

态势,并且所有的绩效目标之间并没有明确的相互隶属的关系,甚至可以说所有的行政绩效目标都具有几乎同行的重要性,尽管在不同的时期,社会需要或政府的关注点会有差别,而可能导致短时期行政绩效目标存在重要性程度上的差异,但是从长期来看,这一点并不明显。行政绩效目标可以根据政府或行政组织的职能划分为以下几个基本类型:政治绩效、经济绩效、文化绩效和社会绩效。这四大行政绩效中,经济绩效与私营企业中的绩效管理最为接近,也是最容易进行量化考核的绩效类型。相对而言,政治、文化和社会绩效的目标设定与量化考核要困难得多,只有经过复杂的制度和指标方面的设计,才能实现基本的绩效评估。

为了将行政绩效中的政治、经济、文化和社会绩效整合成一个体系,就不能简单地将私营企业中的绩效管理模式简单套用到行政绩效的管理中,而必须引入新的绩效管理要素,才能保证行政绩效管理的有效性和合理性。在传统的绩效评估中,"3E"即经济、效率和效果是最为关键的绩效要素,但是"3E"侧重的是经济方面的要素,用来评估政治、文化和社会绩效并不太合适。随着新公共服务观念的兴起,有一些专家逐渐将质量、公平和责任等引入了行政绩效评估体系之中,丰富了行政绩效的理论体系。然而比较遗憾的是,质量、公平和责任等绩效要素相对于"3E"等要素,存在着不能精确量化的缺陷,还不能与"3E"的绩效要素相提并论。

二、行政绩效与其他相关概念的关系

(一)行政绩效与行政效率

行政效率是一个与行政绩效极相近似的一个概念,人们经常以"高效政府"来描述政府的行政效率。效率是经济学研究的终极目标,经济学研究的所有最终目标都可以归结为如何实现经济资源配置的最优化,即以最小的投入获得最大收益的研究,在特定条件下,也可以说是同等收益条件下如何实现投入成本的最小化,或者是同等投入成本条件下的收益最大化。在效率的概念中,有两个核心的范畴,即投入与产出,投入与产出之间的不同比例能够形成不同结构的效率模型。更为复杂的效率概念不限于某个人或组织的行为效率,还涉及整个社会的经济资源配置的效率,在个人主义方法论的前提下,社会经济资源配置的效率一般用帕累托最优的概念来描述,即一项经济资源的重新安排或配置,如果能够改善某个人或某些人的收益状况而不损害其他人的收益状况,那么资源配置还有改进的余地,还未达到最优状态,只到改善某个人或某些人的收益而必须以损害另一人或另一些人的收益为代价时,资源配置才达到最有效率的状态。行政效率的概念包含着这几个层面的意思。首先,从政府或行政组织本身的行为来观察,行政效率是指政府或行政组织的投入与产出之间的比例,其中投入包括人力、物力和财产的投入,基本上可以量化为货币支出,产出则主要是指行政工作的结果,相对于私营企业的效率而言,政府或行政组织的产出不能以经济增长量来衡量,而必须借助一些间接的手段才能衡量,比如对社会经济总量的贡献率或对社会幸福指数的贡献率,等等。其次,也可从社会整体效率的角度来考察行政效率,在这种情况下,将政府的行为视为提供公共服务的行为,公民接受公共服务的代价是纳税,如果政府的行为在不增加部分公民税负水平的前提下,还能够持续改善公共服务的水平,那么政府的行为还有改进的余地,也就是说,还未达到帕累托最优的状态。

行政绩效与行政效率存在着明显的区别。首先,行政效率强调政府或行政组织的投入与产出之间的比例,以于政府或行政组织的行为过程不予关注,只要投入与产出之间达到了预期的比例,就可以作出行政效率高低的判断。行政绩效是一个比较复杂的概念,政府或行政组织的投入与产出之间的比例是行政绩效评估的一部分,但不能完全替你行政绩效评估。因为行政效率只能对可以进行量化考核的行政行为进行评估,无法对抽象性的、难以量化为数字的行政行为进行考核,行政效率的评估主要集中于政府或公共组织提供传统公共服务的领域,对于将政府或行政组织的所有行为视为提供公共服务而言,部分领域无法用行政效率来评估。行政绩效评估是一种对政府或行政组织的行政行为进行全面考核的管理工具,不仅对传统公用事业领域进行评估,也要对政治、文化和社会领域的管理工作进行评估,因此,可以说,行政效率是行政绩效的一个重要构成部分,但是两者却不能完全等同。其次,行政效率是一种以行政结果为导向的管理指标或工具,只强调结果的合理性或可接受性,不仅如此,此种合理性或可接受性还完全摆脱了主观性的评价,使用具有客观性的数据来替代主观性效率评价。行政绩效是一种兼具结果和过程导向的管理指标或工具,行政工作的结果好只是行政绩效评估的一个方面,行政绩效评估中还存在着大量的对行政工作过程进行考核的指标,包括质量、态度、公平和公正等都有可能成为行政绩效考核的基本指标。一个国家的行政绩效考核指标的确定,具体取决于这个国家社会治理的实践、传统文化支持程度和社会治理的现实需要,在这一点上,中国不能完全照抄照搬其他国家成功的做法,而必须立基于中国的国情,结合中国社会治理的实践来发展中国特色的行政绩效指标考核体系。

(二)行政绩效与政绩

政绩是一个经常出现于政府绩效评价或绩效管理中的词汇,甚至有许多学者在研究行政绩效时,直接使用"政绩"一词来称谓行政绩效。在一些官方的表述中,"政绩"词更一个高频出现的词语,组织或人事部门在考核官员时,经常以"政绩"作为提拔或任免官员的重要依据。然而,到目前为止,中国的行政管理或行政法制中还未有关于"政绩"一词的正式表述,"政绩"只是一种通俗的说法。根据现代汉语大词典的解释,"政绩"是指"官吏在执政时办事的成绩"。这一解释至少解读了"政绩"一词所包含的两个方面的意思:一是政绩的主体是"官吏",在现代社会的语境中,是指行政领导及公务员,也就是说,只有评价行政领导及公务员时,才使用"政绩"一词,更具体一定说,只有评价行政领导时使用"政绩"一词才是比较合适的,而对于无领导职务的公务员而言,"政绩"用于对他们的评价显得不太恰当;二是强调在执行政务过程中所取得的成绩,如果是一般性的行政日常工作,即使没有发生任何错误,也基本上不能使用"政绩"一词进行评价,必须是取得了超常性的工作成果时,使用这个词才是合适的,也就是说,我们不能因为行政领导及公务员在行政工作中没有犯错误,就说他们是有"政绩"的。

从上述关于政绩概念的分析中可以得知,在特定意义上,政绩确实可以作为替代行政绩效的范畴,即如果政府或行政组织在行政绩效的评估中,取得了超越既定目标的行政结果,那么我们也可以认为政府或行政组织是有"政绩"的。但是,除此之外,政绩与行政绩效之间的差别还是非常明显的。首先,政绩对于行政领导及公务员在执行政务过程中所取得的"成绩"未做任何方式的界定,使得"成绩"本身具有很强的主观性。在一定的行政管理体制下,行政领导及公务员所取得的"成绩",可能仅仅是指完成了上级交给的任务,甚至可能是上级行政领导个人偏好的任务,也有可能是完全超越了现行行政体制的范围而取得的成绩,这种成绩可能在短时期内有非常好的效果,但是长期效果却可能非常差,比如"涸泽而渔"就是如此,尽管能够在短时期内取得令人瞩目的成绩,但是却是以牺牲长期可持续发展作为代价的。行政绩效则与此存在着明显的区别,行政绩效依赖行政目标的理性设计来避免政绩概念中可能出现的主观性偏差,通过绩效目标的设定,规定了政府或行政组织在日常行政工作努力的基本方向,避免行政工作因行政领导的个人好恶而失去常规性和可预期性,保证行政工作的稳定性,同时通过行政目标的合理设定,也不会使行政工作失去创新性的动机。其次,政绩具有强烈的结果导向的趋势,一切以"成败论英雄",忽视政府或行政组织行政工作过程的评价。行政绩效却是一套完整的评估体系,不仅有对政府或行政组织行政工作结果的评价,也包含了对政府及行政组织行政工作过程的评价,评价更为合理而且客观。最后,政绩的评价完全是主观性的,在特定的行政管理体制下,政绩的评价即取决于上级行政部门或领导的主观意愿,也取决于同类型的行政组织所取得的"政绩"。而行政绩效的评价客观性非常强,通过一系列指标的设定,政府或行政组织的绩效考核取决于其完成相应行政目标的程度,上级行政部门或领导无法对此进行干预,同类型行政组织的行政绩效也不会对此造成干预,从而可以更为合理地判断相应行政组织的工作效果。

三、行政绩效法在国外的发展

绩效研究从效率研究中分享出来成为一种独立的研究首先出现在工业组织之中,研究内容主要集中于角色、工具、组织、职务背景、评估过程和评估结果等几个方面。随着绩效评估在工业组织中应用的成功,绩效管理逐渐从工业组织推广到各类组织,广泛应用于经济、行政、军事和宗教组织的管理中,绩效管理成为各类组织管理中最为有效的管理方式。绩效管理应用于私营组织中时,仅仅属于私营组织自治的手段之一,是私营组织用来提高自身管理水平和管理收益的可供选择的管理工具之一,由于不直接涉及社会其他主体的相关利益,私营组织中的绩效管理没有法制化的必要性,可以由社会主体自主决定是否采用或进行绩效管理。但是,一旦绩效管理方式为政府部门或行政组织所采用,就不再是一个自治的问题,而是涉及公共利益的问题,公众有权利知晓政府所采用的管理方式,也有权利参与到政府部门的行政管理活动之中;

另外,在一个法治的社会中,政府部门的任何行为都应当有法律上的依据,"法无明文授权不得为"是指导政府行为的基本原则。因此,在西方国家当绩效管理被引入政府部门时,实际上也就是行政绩效管理法制化的开始,也就是说,行政绩效管理与行政绩效法制化是同步进行的。1979年英国撒切尔政府开展的"雷纲评审"被认为是西方发达资本主义国家行政绩效管理法制化的开始,随后引起了欧洲其他国家的大规模效仿,出现了"评估国"的说法。正是以法律的形式明确将行政绩效管理固定下来的是美国,美国国会于1993年正式通过了《绩效与结果法案》,将政府部门的绩效评估管理工作纳入了法制化的轨道,建立了一套完善的行政绩效评估体系,并规定了行政绩效评估的基本程序,以及基于行政绩效评估结果所可能进行的绩效改善途径,等等。

从绩效评估与管理的基本架构来看,行政绩效管理与私营组织的绩效管理并没有实质性的差别,两者在绩效管理的基本架构上保持了高度的一致性。比如根据美国的《绩效与结果法案》,美国政府的绩效管理可以大致分为三个步骤:首先是设定行政目标和行政工作的预期成果。这一步骤是任何绩效管理的首要工作,而且是最为关键的工作,只有客观合理地确定了行政目标和预期成果,绩效管理才能得以正确地实施,绩效管理才有实质的意义。其次是成立专业的绩效评估部门对政府部门进行具体的绩效评估或考核。这一点非常也是非常关键的,如果说第一步确定行政目标和预期成果是规范性的,那么这一步就是事实性的,也就是通过对具体证据的考察,获取政府部门实际的工作成果,判断其与行政目标和预期成果之间的吻合程度。最后是运用绩效评估的结果对行政工作进行衡量,提出相应的改善行政绩效的具体方案。这一步属于行政绩效的信息反馈,也是行政绩效管理工作最有意义的一个部分,因为相对于社会治理的复杂性而言,人类的理性能力永远是有限的,只有经过不断地实践,才能制定更为完美的行政目标和预期工作成果指标,也就是说,只有经过不断地试错,人们才不断地完善自己的工作,变得越来越好。从管理学上来看,这实际上是一种反馈机制,借助于这种机制,可以持续改善管理的边际效益。

虽然绩效评估与管理的基本结构与私营组织中的绩效评估与管理大致相同,但是行政绩效毕竟是一种公共行政管理,两者在管理的终极目标上存在着本质上的差别,行政绩效管理拥有一些完全不同于一般私营组织绩效管理的特征。这些特征首先体现在绩效评估的内容上。政府部门的行政绩效管理主要包括业务(工作计划)、预算、人力资源、政府采购等几个方面,并且将绩效评估与目标管理、最佳实践、成本—效益分析等各种方法结合起来,务求达到改进政府绩效的目的。① 而私营组织的绩效管理内容相对简单,主要是集中于成本与收益的绩效管理,对于难以量化的社会效益和文化效益则完全不予考虑。`

自政府绩效评估与管理从一般性的绩效评估与管理中分离出来之后,西方国家的政府绩效评估与管理逐渐形成了鲜明的特色,具备了与私营组织绩效评估与管理完全不同的特征,主要表现为:(1)政府绩效受政府长期发展战略计划的影响明显。在现代政府的行政管理活动中,虽然行政与政治二分依然是一种趋势,但是行政与政治有日趋整合的倾向,政治过程的主要任务就是为行政活动设定长期发展的战略目标。由于政治与行政活动存在着内在的矛盾,提供长期战略发展目标的政治过程缺乏行政方面的专业知识,而从事具体行政工作的政府部门则可能因自身利益而异化,使政府的政治目标落空。解决这一矛盾的主要办法是政治与行政的融合,将制定政府战略发展目标的过程政治化,将实施战略发展目标的过程量化,引入绩效评估与管理机制,促进政府的行政过程围绕着长期战略发展目标进行。比如,在美国的《绩效与结果法案》中明确规定,政府的绩效目标必须与政府的长期战略发展目标保持高度相关的联系,战略目标的时间必须涵盖五年以上,战略目标中必须包含政府在一段时间内所要达到的主要目标及实现的具体方式等。(2)政府的绩效评估与管理一般不引入第三方,以政府的自我评估与管理为主要方式。也就是说,政府的绩效评估与管理过程具有很大的封闭性,这与私营组织的绩效评估与管理存在着重要的差别。在私营组织的绩效评估与管理过程中,成本核算是其主要考虑的问题,只要引入第三方进行绩效评估与管理能够有效降低运营成本,那么这种管理方式就可能被采用。然而在政府部门的绩效评估与管理中,成本核算固然重要,但是还需要考虑其他问题,主要是政府事务大多涉及公共利益,引入第三方进行评估与管理就有可能造成第三方演变为变相的公共管理部门。另外,政府部门的许多的行政事务涉及国家秘密和公众隐

---

① 参见施能杰著:《政府的绩效管理改革》,元照出版社 1999 年版,第 115 页。

私,如果管理过程中稍有差错,可能会危及国家和公众的生命财产安全。最重要地是,在现代社会中,政府所从事的行政事务工作专业性比较强,政府之外的任何第三方既缺乏政府部门长期实践的基础,也缺乏相应的公共权力支持,难以应对政府的绩效评估与管理工作。(3)政府绩效评估与管理弹性较大,可以根据政府工作的实际情况作出相应的调整。政府行政管理工作的复杂性远大于一般的私营组织,不仅如此,政府组织的规模也比较大,如果完全按照私营组织的绩效评估与管理模式,引入完全刚性的绩效评估指标,则势必会引入其他严重的社会问题。另外,政府与私营组织的工作目标也存在着实质上的差别,私营组织的核心目标在于实现自身的利益最大化,而政府工作的主要目标却不是实现自身利益的最大化,而是实现社会整体福利的最大化。也就是说,政府不是一个自利的社会角色,而是一个必须保障各社会利益主体利益相互协调发展的社会角色,政府的行政工作往往面临着无法同时保障所有人利益的困境(但是政府的公共性又必然要求这一点)。如果政府绩效评估与管理的目标或规定过于刚性,政府就有可能在实现了目标的同时,也同时会丧失政府的公共性本质。只有赋予政府绩效评估与管理一定的弹性,允许政府在面临困境时变通执行,才能保证政府灵活应对各种社会事务,保持政府的公共性地位。实际上,保持政府绩效评估与管理的弹性也是提高政府绩效的方式之一,有学者曾指出,高绩效组织的一个关键因素是"灵活并极易调节以适应新环境,授予雇员权力"。① 这种弹性规定给了政府部门一定的灵活性,以适应情况的变化,它通过赋予政府一定的选择权,使政府能更好的完成任务,并最终失去政府向高绩效组织的转化。美国《绩效与结果法案》也单独列出了一章强调管理者的弹性适用,规定了政府部门可以在哪些情况下作出弹性选择,作出弹性选择的原因,自由选择所带来的绩效结果的预期作用,作出弹性选择应当符合什么样的程序规则以及将弹性选择转化为永久施行方法的条件。(4)政府绩效评估与管理具有民主性,强调公众的参与。随着政府角色和职能的重新界定,政府公共管理的基本运行方式、政府与市场和社会公众之间的关系发生了变化。政府与公众之间的管理关系在弱化,服务关系在加强。

---

① [美]波波维奇著:《创建高绩效政府组织》,孔宪遂、耿洪敏译,中国人民大学出版社2002年版。

从本质上说政府部门行使公共权力(进行公共管理)的目的是为了实现公共利益,为公众提供有效的服务。从政府的这一基本目的出发,公众需求的满足及利益的维护在政府服务过程中就占有十分重要的地位,所以必须让公众参与到绩效评估的过程中来。从行政管理的效果来分析,公众的参与,一方面能够集中重要的信息,减少决策的失误;另一方面能增加政府的透明度,使其容易得到公众的理解,便于今后工作的执行。

第二节 行政绩效法的理论基础

绩效评估原是私营组织中进行管理的一种有效手段或工具,自 20 世纪 70 年代以来,一些西方国家的政府在进行行政管理的过程中逐渐引入了这一管理手段,并将其法制化,制定了诸如《绩效与结果法案》等法律制度。私营组织的组织管理强调的是自治,因而没有法制化的必要,然而绩效评估一旦为政府所采用成为一种行政管理手段或工具,就必须以立法的方式出现,这既与西方国家法治国家的传统有关,更重要的是,这也是一个国家中政府地位及行为公共性所提出的必然要求。只有通过法制化,公众才能评价政府所采用之行政管理手段是否合理,是否符合一个国家所坚持的政治意识形态。也只有通过法制化,才能提高人们对政府行为的预期,保持公众对政府的信任,促进公众与政府之间的良好互动。在古典的政治理论中,政府行为的合理性一般借助于宏大叙事的理论来阐明,比如天赋人权、主权在民、社会契约和有限政府,等等。不可否认的是,这些理论在现代政体出现之时确实起到了反对封建专制政府的作用,但是面对当代社会日趋复杂的社会现实,这些理论明显无法解释政府所应当采用的社会治理手段或措施。行政绩效法制化也是如此,对于一种改善政府治理能力的法律,我们无法使用社会契约论来解释,而必须用新的理论来解释。

一、效率导向型向绩效导向型政府评估转变体现了新公共服务理念的精髓

在传统的政治理论中,受委托代理理论的影响,政治与行政二分是西方国家政府运行的基本方式,政治过程决定政府工作的基本目标、方向和价值取向,行政过程则实现政治过程所决定的上述目标,只要行政过程完成了政治过程所设定的目标,行政过程就是合格的。由于政治与行政二分的内在矛盾,从事政治的人缺乏行政上的专业性,而从事行政工作的人则缺乏对社会各利益主体的平等关注,容易导致政府行政工作的异化,违背政治上的基本价值取向。而 20 世纪,管理学的发展为政治控制行政提供了一个良好的工具,自泰勒首创管理学基本原理以来,工商业界在管理学理论的指导下取得了极大的成功,这也为西方国家政府的改革提供了可以借鉴的资源,借助于管理学中一切以"效率"核心进行管理措施或手段的创新,西方国家的政府行政管理也逐渐转向了"效率"型政府的建设方向,将政府的行政行为量化为可以用"成本—收益"模型进行考核的指标,并依据政府完成指标的实际情况给予奖惩,借此提供政府行政行为的效率。除此之外,为实现上述"效率型"政府建设的目标,理性官僚体制也是必不可少的组件之一,只有分工专业合理且明确,才能不断提高政府行为的"效率"。因此,在传统的政治理论中,"效率"是政府行为的必然导向,其背后支持的理论大致包含了政治与行政二分、科学管理和理性官僚制等三种。

具体而言,效率导向型的政府由以下三个层面的理念构成:首先,效率导向型政府追求的核心价值观是政府行为的"效率中心主义"。有学者指出,"在行政学科中(不管是公共组织还是私营组织)最重要的'善'就是效率。"① 政治与行政本身就是基于"效率"原理来划分的,根据亚当·斯密在《国富论》中的论述,以及马克思对人类社会进行原理的阐述可以得知,社会分工是社会取得进步的重要原因之一,社会分工可以效地提高人类行为的效率。政治与行政二分的前提是认定,国家治理活动可以根据功能区分两种不同的行为:一种是国家意志表达的功能,由政治过程来实现;另一种是国家意志实现,由行政过程来完成。在现代民主制下,表达国家意志的政治过程实际上是发扬民主、集中民意和实现社会公平的过程,政治过程中最重要的要素是利益协调和社会和谐,使社会中每一个群体的诉求都受到应有的重视。行政过程则是落实国家意志的过程,强调的是实现的程度和成本高低,这其中必然包含着"效

---

① Gulick,Luther.*Science,T'alues and Public Administration.the Science of Administration*,edited by Luther Gulickand L.Urwick,New York:Institute of Public Administration,1937,p.193.

率"的基本导向,只有快速地同时也是以成本最低的方式完成既定任务,政府行为才拥有基本的政治道德或"善"。其次,效率导向型政府也借鉴了科学管理学的基本理论。科学管理学的创始人泰勒在对工厂作业过程进行精细分析的基础上,将作业工人的生产动作按时间和空间要素进行分解,引入了流水线生产、分工协作、作业标准化和管理严格控制等核心概念,对现代工厂的作业生产管理产生了巨大的影响。科学管理学的核心精神是分工专业化和作业标准化,通过对作业过程的重新设计组建,可以既有效提高工厂的生产效率,同时也能够保证产品的质量标准的稳定性。效率导向型政府将政府的行政行为也定位为提高"效率",因此不可避免地采用了科学管理学中的分工专业化和行为标准化的管理方式,将政府工作人员的行政行为分解为标准化的可量化考核的行为,以提高政府工作人的行为效率。最后,效率导向型政府也具有韦伯所分析的理性官僚制的标准特点。在韦伯看来,理性官僚制体现的是形式上的理性,而非实质上的理性,正因为如此,理性官僚制才有超越政治上意识形态的束缚而起到提高政府行为效率的作用,韦伯认为,"形式上可以应用于一切任务,纯粹从技术上看可以达到最高的完善程度,在所有这些意义上是实施统治形式上最合理的形式。"①

总而言之,效率导向型政府实际上是从技术化的角度来思考提高政府行为效率的理论倾向,对政府行为的评估完全建立在科学、理性和价值中立的基础之上。效率导向型政府建设一切以提高政府行为效率为取向,主要关注政府行为中能够量化考核的"成本—收益"部分,对于组织环境、政治环境和目标冲突等管理变量考虑不周全,容易忽视政府活动的结果和社会影响,有违政府"公共性"的价值目标和治理理念,在实践中也带来一些严重的不利后果。因此,近年以来,西方国家的政府评估逐渐开始向注重政府行为结果和实效方面转向,政府绩效的概念开始流行,经过多年的实践,西方国家在政府绩效评估的评估价值、评估标准和评估机理等方面发展出了较完善的理论体系。

结果导向型政府评估主要关注政府行为的产出、服务结果以及公民对服务结果的满意度等要素,也效率导向型政府只关注政府行为的"成本—收益"存在着本质上的差别。具体而言,这些差别体现在:第一,效率导向型政府评

---

① ［德］马克斯·韦伯著:《经济与社会》(上),商务印书馆1997年版,第248页。

估主要关注经济投入和产出,忽视对政府行为结果本身进行评估。政府行为是一种消耗资源的活动,因而考虑政府行为在投入的人力、物力和财力与产出之间的比例是必须的,这是优化资源配置与使用的必然要求。也就是说,政府行为是否具有效率是非常重要的,我们绝不能忽视这一点。但是需要注意的是,政府行为是公共性行为,而非仅仅是提高自身效率的行为,政府行为也必须要考虑政府行为结果的社会效果是否良好,而社会效果是否良好却无法单独通过政府行为的效率来衡量,这取决于受政府行为影响的社会公众的评价。因此,政府效率的内涵远非是指政府行为在经济上的投入与产出比例高,还包含了更为深刻的内容。有学者指出:"真正的效率必须内化为政府组织结构的组成要素并体现为优质的、高效益的公共服务"。① 也就是说,政府行为实际上是一种提供公共服务或公共品的过程,如果只考虑政府行为本身投入与产出之间的比例,则政府可能不会提供许多能够提高公众社会福利水平的公共服务,因为这样可以有效提高政府行为的效率。因此,"事实上,在缺乏结果尺度的情况下,效率尺度过分强调工作量和产出而以牺牲政府活动的质量和效果为代价将会产生负面效应。"②第二,效率导向型政府评估容易导致政府行为"公共性"价值的缺失。政府不同于非政府组织的根本特点在于,大多数非政府组织都以自身利益的最大化为核心目标,而政府则以实现公共利益的最大化为核心目标。政府行为的评估只有与政府行为的"公共性"联系在一起才有实质的意义,也就是说,只关注政府行为的合逻辑性或理性,而不考虑政府行为的价值取向,很容易导致政府行为取向的异化,沦为为特权阶层服务的工具。有学者指出:"大多数对政府效率感兴趣的人仅仅关注提高政府效率的商业方法、高效率的监督和预算制定的技术等方面的内容……简言之,他们仅仅关注政府的方法和途径,而不是政府的目的和政策。"③因此,在这个问题上,规范与事实的区分是没有意义的,对政府行为的科学性考虑必须将政府行为的规范性要求包含在内,否则此种政府行为的科学化倾向将没有任何

① *Administrative Management in the Government of the United States.* 1937, p.3.

② Hatry P.Harry.*How Effective are your Community Services? Procedures for Monitoring the Effectiveness of Municipal Services.* Washington, D.C.: Urban Institute, 1977.

③ Henry Bruere efficiency in City Government, *Annuals' of American Academy of Political & Social Science.* 1912, p.3.

意义。第三,效率导向型政府评估容易诱导政府工作人员陷入为求成功不择手段的马基雅维利主义,也就是完全的手段理性行为模式。政府工作人员如果按照效率原则探讨实现目的合理手段,就有可能鼓励为达目的而不择手段的反社会行为,增加政府治理的不稳定因素。在投入可以使用量化的前提下,政府行为的产出却难以量化,为追求建设高效率的政府目标,政府可能会采用一些简单的数据来作为衡量政府行为产出的标准,如 GDP、就业率、犯罪下降指数等,来作为衡量政府效率评估中的产出标准,政府工作人员在利益动机的驱使下可能会捏造一些虚假数字以制造所谓的"政绩",不仅使建设高效率政府目标不能实现,同时也会消耗大量的公共资源。有学者指出,大量的行政管理实践证明:行政组织实现他们认为紧迫目的的热情,会使他们看不清他们应有的职能,不仅如此,而且还会使他们认为法律对他们的限制以及对个人权利的保障,在面对他们热情努力实现其所认为的最为重要的政府目标时,都应当让路。第四,效率导向型政府评估容易忽视政府治理的更高目的。一个良好的政府拥有高效率的仅仅是基本的要求,而实现政府的价值目标才是政府的最高追求。高效率的政府虽然与政府的价值诉求保持了一致,但是如果将政府的所有行为都量化为效率考核的指标,那么实际上就是使政府行为的核心价值服务于效率,而效率本身不服务于任何政治目的,这是一种本末倒置的行为取向。无论如何,政府提高效率的根本目的应当在于不断提高公众所享有的福利水平,如果政府行为效率的提高无法做到这一点,那么这种高效率的政府就是公众所需要的政府。

20 世纪 60 年代,以弗雷德里克森(H.G Friderickson)为代表的"新公共行政"学派发展了公共行政理论,提出了以社会公平作为建构政府绩效评估核心价值的政府绩效评估理论。他们主张,公共行政的核心价值应当是公平,而不是效率,效率的价值应当内含于社会公平的价值之中。公共行政改革的终极目标是建立民主行政模型,以新公共服务理论为导向,强调政府行为的"顾客导向",将尽量满足公众需求作为政府部门存在、发展的前提。政府行为不仅应当是高效率的,既投入与产出之间的比例高,同时政府行为也应当是公众满意的,即政府行为的结果应当可以持续提高公众所享有的公共服务或福利水平,提高公众对社会或政府的满意度。在此基础上,政府行为评估发生了深刻地转向,在效率导向下的政府行为评估主要是一种政府内部的评估,由政府内部机构组织进行，只要满足相应的指标政府的行为就是令人满意的。而在新公共服务理论的支配下，政府行为的评估不仅仅是政府内部机构的事情，也是社会公众的事情，只有社会公众的满意，或提高了社会公众所享有的福利水平的政府才有可能是好的政府，或有政绩的政府。政府行为评估必须引入新的要素，而不再局限于"效率"。在此基础上，政府绩效评估，一种综合性的政府行为评估模式出现了，并逐渐替代了西方国家流行多年的政府效率评估。因此，可以这样说，新公共服务理念的出现是政府绩效评估替代政府效率评估的前提条件，不树立以满足社会公众的需求为核心的政府服务理念，也就难以提出政府绩效考核的基本范畴。

二、行政绩效评估是建设服务型政府的必然要求

在传统的公共行政或政治理论中，政府的社会角色主要限定于"管理"，政府的存在主要是对社会进行治理，对公众或行政相对人进行管理。在一些古典资本主义理论家的观念中，比如亚当·斯密和洛克等，虽然提出了"有限政府"的概念，即强调政府职能的有限性，政府应当只对国家安全和社会治安等少数几项事务进行治理，但是对于政府的社会定位还是强调管理，而不是服务。在他们的观念中，政府与社会主义国家中政府的主要差别在于，政府是应当管得多一些，还是管得少一些，对于政府的职能是管理这一点，两者并没有实质上的差异。伴随着新公共服务理念的兴起，以私营企业管理中一切以"顾客"需求为导向的管理为模板，政府的治理理念发生了根本性的变革，政府的所有治理活动，不再是对社会公众或行政相对人进行管理，而是为社会公众或行政相对人提供公共服务或公共品，不断提高社会公众或行政相对人社会福利水平，也就是说，政府所从事的活动不再是"管理"，而是"服务"。针对这一新的发展方向，中国的部分学者提出了"服务型政府"的概念，探讨了服务型政府建设的若干制度设计，形成了关于服务型政府建设的理论热点。但是，这些研究却存在着一些问题，对于什么是服务型政府，其特征以及理论基础是什么等都没有形成统一的认识，存在着"一个概念，各自表述"的现象。①

---

① 参见程倩：《行进中的服务行政理论——从 2001 年到 2004 年我国服务行政—研究综述》，《中国行政管理》2005 年第 4 期。

在有些研究中,部分学者在没有对服务型政府进行任何形式界定的情况下,直接运用这一概念进行阐述,将服务型政府设为一个有固定范畴的概念。而实际上,服务型政府是一个非常复杂的范畴,其中所包含的理念、体制、职能和方法都需要进行研究。而政府行政实践中的一些做法,比如"政务超市"、"阳光大厅"和"一站式服务",等等,并不必然与服务型政府的理论体系保持着一致。有鉴于此,有些学者率先对这个问题进行了研究,探讨了公共服务型政府的基本内涵,指出服务型政府至少包含以下三个层面的意义:一是从政府职能的角度来讲,当代政府是公共政府、有限政府和服务型政府;二是从政府管理方式的角度来讲,当代政府是法治政府和责任政府;三是从政府运作方式的角度来讲,当代政府是企业家政府和电子政府。① 在这位学者看来,公共服务型政府是一个极具包容性的范畴,公共政府、有限政府、法治政府、责任政府和企业家政府等概念都可以包含其中。无论理论家们如何来定义服务型政府,服务型政府所包含的核心精神是不变的,即以社会公众的需求为政府行为的基本导向。从这个意义上来说,政府行政绩效评估是服务型政府建设的必然要求,一个管理型政府是没有必要进行绩效评估与考核的,管理型政府只有对社会公众或行政相对人进行评估或考核的需要。具体而言,行政绩效与服务型政府存在着以下基本关系:

(一)行政绩效与服务型政府在理念上是相关的

在传统的公共行政理念中,管制与效率是核心主题。"公共行政是采用管理的、政治的和法律的理论和过程以完成立法的、执行的和司法的政府指令,为整个社会或其某个部分的需要行使管制和服务的职能"。② 管制针对的是社会公众或行政相对人,而效率则是指政府在管制活动中投入与产出之间的比例,也就是指管制活动的效果。20 世纪七八十年代兴起的新公共服务或新公共行政理念,服务与绩效是核心主题。政府的行政工作不再是管理,而是提供公共服务。政府提供公共服务的活动完全可以借用市场化的手段,以社会公众的实际需求为导向,是资源是否得到有效利用,社会公众或行政相对人是否满意作为判断政府行政工作的基本标准。为实现政府工作性质的这一转

① 参见李军鹏著:《公共服务型政府》,北京大学出版社 2004 年版,第 25 页。
② [美]休斯著:《公共管理导论》,彭和平译,中国人民大学出版社 2001 年版,第 8 页。

型,政府工作的评估不再局限于政府内部,也不再局限于政府工作的投入与产出之间的比例,而必须引入政府绩效评估的范畴,效率只是评估政府工作的一个方面,同时还需要考虑社会公众对政府工作的满意度,社会公共资源的有效利用程度,社会公众的日常需求的满足程度,等等。通过政府绩效评估与管理,可以有效地促进政府工作性质向服务型政府转变。正因为如此,世界各国在建设服务型政府的基础上,都极力推进政府行政绩效评估的立法与实践,有学者指出,"不管是最富裕的西欧各国或是最贫穷的非洲国家是否考虑进行行政变革,人们普遍假设提高政府组织效率的最佳甚至惟一的方法是用某种建立在市场基础上的机制代替传统的官僚制。"①在此基础上,衡量政府工作效果的指标一改之前只注重投入与产出比的效率,而形成了综合性的考核指标体系,其中主要包括四个指标,即经济(Economic)、效率(Efficiency、效果(Effectiveness)和公平(Equity),这实际上也就是政府绩效评估的开始,绩效评估注重的正是政府工作的综合性后果,而非仅仅关注经济上的效率,效率仅仅是政府工作评估的一个方面,实际效果和社会公平等影响社会公众满意度的因素也是重要的考核指标。

新公共服务理念的发展源自于私营组织的管理。在私营组织的管理中,竞争机制和顾客中心主义是两大核心支柱,私营组织中的所有管理措施或手段都以此为基础进行建构。在新公共服务观念发展的过程中,一些以戴维·奥斯本(David Osborne)、特德·盖布勒(Ted Gaobler)、胡德(Hoad)为代表的学者主张,应当将私营部门的一些成功的管理方法移植到政府部门的管理中来,政府应当仿照私营组织引入竞争机制和树立顾客意识,"实行绩效管理,提高服务质量和有效性,以及界定政府绩效目标、测量与评估政府绩效。"②政府行政绩效的评估与考核,以社会公众的需求是否满足、社会公众是否满意政府工作为核心,强化政府工作的服务化倾向,这与只强调政府工作的投入与产出比例高完全不可同日而语。除此之外,由于服务型政府强调一切以社会公众的需求为中心,这又与政治上的民主观念不谋而合,体现了现代政府治理与

---

① [美]彼得斯著:《政府未来的治理模式》,聂露译,中国人民大学出版社2001年版,第25页。

② 陈天祥:《政府绩效评估指标体系的构建方法——基于治理过程的考察》,《武汉大学学报》2008年第1期。

民主行政相融合的发展趋势,借助于政府行政绩效的评估与考核,民主的理念真正落到了实处。因此,有学者指出,"当代政府绩效评估是作为落实政府发展规划的战略工具而出现的,并且它体现的是民主行政的价值观。"①

(二)行政绩效与服务型政府在功能上是相关的

在古典的政治理论中,政府的公共权力控制是一个核心的问题,洛克和孟德斯鸠等理论家开出的处方是"权力分立"和"以权力制约权力",希望借助于权力之间的相互分工,使权力之间能够形成相互制约又相互配合的关系,以更好地保护公民的权利。资本主义国家近两百年的政治实践,基本上都是以此为指导来进行的,相对于封建专制时代的政府,资本主义国家的政府确实在控制公共权力行使上取得了巨大的进步。然而,随着世界形势日趋复杂,这种以权力分立为基础控制公共权力的政府治理方式受到了越来越多的挑战,其理论基础也日益显现出若干难以解决的弊端。首先,权力分立的政府治理模式是以典型的个人主义观念为基础的,它假设拥有某些分立职能的政府部门能够独立行事,不受其他政府部门的干涉。在西方社会个人主义文化体制下,这一点确实能够收到一定的效果,但是在集体主义或乡土文化盛行的中国,这种以权力分立为基础的政府治理模式却难以保证其应有的效果。其次,以权力分立为基础的政府治理模式很容易丧失政府行为的根本目标,极易演化为权力部门之间相互的无谓争斗,政府部门极易丧失公共权力到底为何而存在的观念,从而消耗大量的公共资源。最后,以权力分立为基础的政府治理模式也难以应对政府职能在现代社会的转变。在古典时代,理论家们对政府的职能要求相对简单,只要求政府能够提供基本的国家安全和社会稳定的公共品就可以了,而在现代社会中,人们不仅要求政府提供上述两项基本公共品,还要求政府提高社会公众的福利水平,在权力分立的基础上,政府很难提供更多更好的公共服务,因为权力分立的政府部门会限制政府这样做。然而,一旦引入新公共服务理念,上述问题就可以得到合理解决。新公共服务理念认为,政府的根本任务在于提供公共服务,不仅国家安全和社会稳定可以被视为是公共服务,公众所可能享有的其他公共福利也可以被视为是公共服务,政府有责任提供这些公共服务。政府所享有的公共权力,其根本目的在于更好地提供公

---

① 蔡立辉:《西方国家政府绩效评估的理念及其启示》,《清华大学学报》2003年第1期。

共服务。有学者指出，"权力是对公共服务供给的直接控制，这样使根据公众的需要提供公共服务成了政府管理的应有意义。"①在这个意义上，权力分立就再是目的，权力分立的根本依归在于提供更好的公共服务。服务型政府观念的提出，是强调政府公共权力的根本性质，而不是强调必须要对政府的公共权力进行控制。因此，在这种观念下，我们不再依据政府的公共权力是否超越了固定的范围来判断政府行为的合理性，而是依据政府行为是否提供了更好的公共服务来判断政府行为的合理性，这同样可以实现有效控制政府公共权力行使的功能。在这种观念下，"服务行政强调政府是服务者，公民是顾客，政府为公民服务是政府的一项天职"②，政府权力的控制是一种实质性的控制，而非权力分立的形式性控制。

行政绩效评估是落实服务型政府的具体管理措施或手段之一，可以说，正是通过行政绩效评估，服务型政府控制政府公共权力行使的功能才能有效实现，从这一点来说，行政绩效评估与服务型政府在功能上确实是一致的。具体而言，行政绩效评估控制行政权力行使的功能可以从以下几个方面来解读：首先，政府绩效评估强调政府与公民的关系应由管理者与被管理者的关系转变为公共服务的提供者和接受者的关系，强调倾听社会公众或行政相对人的声音，按照社会公众或行政相对人的需求提供服务，以社会公众或行政相对人的满意作为最大的价值选择。这一点与服务型政府的理念是相吻合的，正是通过在绩效考核上以满足社会公众的需求为核心，可以有效地控制政府权力的行使。其次，政府绩效评估通过一套设置严密、科学、公正的评估体系，使行政机关及其管理人员按照评估的标准行使行政权力，要求政府机关及其工作人员向公众公开绩效目标、工作效果，等等，让公民了解、监督并参与评估政府部门项目实施情况，政府由"暗箱操作"走向"阳光行政"，让政府行为及其结果时时处于公众的监督之下，从外部为政府行为的改进提供压力。也就是说，通过绩效评估指标体系的外化，保证公民的参与度，可以保证社会公众有效地参与到政府工作的监督之中，从而起到有效控制政府权力行使的作用。再次，政府绩效评估设置了反馈机制，评估不是最终的目的，以评估结果为依据，进一

---

① 蔡立辉：《西方国家政府绩效评估的理念及其启示》，《清华大学学报》2003年第1期。
② 张康之：《限制政府规模的理念》，《行政论坛》2000年第4期。

步改善政府的绩效水平才是最终目的。根据政府绩效评估中存在的问题,找出政府提供公共服务绩效低下原因,及时进行调适和修正,可以有效地提高政府提供公共服务的质量。在绩效评估中,政府部门的绩效与政府工作人员的绩效紧密结合在一起,有利于强化政府工作人员的责任心和工作积极性,可以既起到鼓励他们在竞争的压力下持续努力工作,同时又能够有效地控制公共权力行使的目的,最终提高政府效能。最后,政府绩效评估以满足社会公众的需求为终极目标,政府的工作内容都以此为依据进行分解,可以形成对政府工作的有效指导,同时也能够明确政府及其工作人员的责任,起到控制政府公共权力的作用。因此,有学者指出,"无论采用何种标准,在传统的行政模式中,绩效管理都是欠缺的,这种情况对个人绩效或组织绩效都是如此。如果中央政府想要维持对政策执行的控制,而同时又对日常责任实施监督,那么绩效指标就成为一个基本工具。"①

三、行政绩效评估是政府承担委托代理责任的必然要求

(一)委托代理责任是行政绩效评价的根本原因

无论是古典的政治理论,还是新公共服务理念,政府的公共权力源自于人民的授予是一个理论前提,这是自资产主义革命以来全世界各国政府和人民都认可的一条基本原则。对于这条基本原则可能还存在着一些细节上的认知差异,主要体现在政府的职能范围上,一些西方资本主义国家力主政府承担有限职能的观念,而社会主义国家则支持政府全面治理的理念。尽管如此,政府的公共权力不源自于神授,而源自于民授这一点是无人质疑的。正因为如此,作为拥有公共权力的政府必定负有委托代理之责任,政府必须依据宪法的规定,行使人民授予的公共权力,努力为人民谋福祉。然而,政府是一个宏大的组织,如何在社会治理的实践中保证政府忠诚履行委托代理责任是一个现实的技术难题,仅仅依靠观念上的教育无法实现这一要求。应当说,政府的绩效评估是一个非常良好的管理工具,可以有效保证政府忠诚履行委托代理责任,有学者指出,"绩效评价将不同政府部门所做的工作,以及其是怎样做成这些工作的、有什么差异等内容形成文件,通过形成文件,(公共)机构和组织可以

---

① 崔运武、高建华:《服务行政:理念及其基本内涵》,《学术探索》2004 年第 8 期。

赢得其客户或者公众的信任,因为他们表明用纳税人的钱提供了良好的服务。"①

　　而作为公共权力的委托人社会公众来说,在将社会治理的事项委托给政府之后,绝对有权力知道政府提供公共服务的效率或效果,因为政府所提供的公共服务事关每一个公民的切身利益,关注政府的行为就是关注自身的利益。这既是作为委托人的权利,同时也是作为一个理性人的义务。然而,社会公众有权利有义务关注政府提供公共服务的行为,并不意味着公众可以非常容易或简单地了解政府履行委托代理事项的尽责程度。社会公众受集体行动逻辑的限制,很难从理性人的角度来观察政府的行为,大多数公民都会优先从自身利益出发考虑问题,根据政府行为是否对自己有利来判断政府行为的善恶好坏。另外,公民之间的利益也不是一致的,某些人的获益可能恰恰是其他人受损造成的。这两个因素决定了社会公众的评价很难形成对政府履行职责的公正看法,人们必须借助管理上的工具才能对政府进行公正的评价。行政绩效评估是近几十年以来管理学界发展出一个良好的管理工具,借助于这个工具,人们可以合理评价政府履行职责的好坏,人们仅仅根据一些外在的指标完成情况,就可以判断政府提供公共服务行为的实际效果,而不需要从自身的主观感受来判断。

　　虽然行政绩效评估的理论渊源源自于社会契约论,法律上源自于委托代理理论,但是将行政绩效评估技术化,使行政绩效评估成为一种操作性强的技术手段,则与新公共服务或新公共行政理论的兴起紧密相关。正是在新公共服务观念的支持下,行政绩效评估才成为一种可以完美落实委托代理责任的管理技术或手段。因此,可以说正是由于理论上承认政府必须承担委托代理责任,才有进行行政绩效评估的必要性,而新公共服务理念的兴起,则使行政绩效评估成为一种成熟的行政管理技术或手段。

　　(二)委托代理责任是行政绩效评估的基本内容,而行政绩效评估则有利于强化政府的委托代理责任

　　行政绩效评估的基本内容,从宏观上来说,实际上就是评估政府履行委托

---

① Ammons,D.N.,1995."Performance Measurement in Local Government." In D.N.Ammons, Accountability forPerformance:*Measurement and Monitoring in Local Government.*Washington DC:international City/County Management Association.Quoted from Bemstein(2000).

代理责任的情况。一个立宪的国家中,政府的法定职责一般由宪法明确规定,然而宪法是国家根本大法,条款相对抽象,原则性规定较多,不可能事无巨细地规定政府当为之事。政府绩效评估可以有效地弥补宪法规定之不足,通过设定具体而详细的评估指标,可以将宪法规定之政府职责细化为可以量化考核的指标体系,借助于这些指标体系,人们可以自行判断政府履行提供公共服务之职责的基本情况。在宪政比较完善的国家,比如美国,政府履行职责之基本情况,可以通过议会来评估或审核,对于政府的违法行为,则可以通过司法审查的机制来监督。应当说,西方国家这种控制政府履行委托代理责任的方法有值得借鉴的地方,其最大的优势在于借助于公共权力的分立,来监督政府尽力履行委托代理之责任。然而,这种机制也存在着一些难以解决的问题。最大的问题在于,不论是议会,还是最高法院,其实相对于行政机构而言都没有在政府职责问题上绝对的专业话语权,也就是说,对于政府履行提供公共职责的好坏问题,议会和最高法院的判断,不一定就优于政府,这会导致不同机构之间许多无谓的争议,降低国家应对紧急事务的能力。而自新公共服务理念兴起后发展而来的行政绩效评估,却可以有效地避免这一点。通过合理地设定行政绩效评估指标,可以客观地评价政府提供公共服务的行为效果,有效避免不同国家机构之间无谓的争议,将政府工作评估纳入科学化的轨道。通过行政绩效评估,不仅可以很好地落实政府的委托代理责任,同时也可以不断地强化政府履行委托代理责任的义务,使人民对政府工作的监督不再局限于主观的判断。

第三节 中国行政绩效法的现状与完善

一、中国行政绩效法的现状

(一)中国行政绩效法的立法现状

到目前为止,我国还没有关于行政绩效的全国性立法,但有一些地方性法规对行政绩效评估进行了规范,比如《哈尔滨市政府绩效管理条例》、《兰州市绩效审计暂行办法》和《宁夏回族自治区绩效审计办法》等。我国虽然没有关于行政绩效的全国性立法,但是在政府行政管理实践中,却形成了一套关于行政绩效评估的习惯性做法,实际上起到了规范行政绩效评估行为的作用。从行政绩效评估的习惯性做法来观察,中国已大致形成了关于行政绩效评估的规范体系,具体而言,包括以下几个方面。

第一,从行政绩效评估主体来看,我国基本确立了层级制评估体系。我国的行政绩效评估与行政机构的层级制相对应。我国的行政机构实行的是金字塔状的层级结构,上级管下级,一级管一级。与这种行政机构的层级制相对应的,我国行政绩效评估的主体并没有固定为专业的机构,而是一般性地由上级行政部门进行评估,而上级行政部门又由更上一级的行政部门进行评估。在基层政府,一般由区政府或县政府对辖区内的各基层政府组织进行评估。其过程大致如下,由区政府或县政府对基层政府组织进行评估,由区政府或县政府的组织部门对基层政府组织进行评估,两类评估的综合结果将决定基层政府组织的评估等级。在某些地方,居委会和村委会的意见也可以作为政府考评的依据之一,这就意味着政府的绩效评估有向政府外扩张的趋势。除了对政府部门进行绩效评估之外,中国还形成了对行政领导及公务员进行绩效评估的做法。对行政领导的评估主要依据党委组织部门的考核制度,而对公务员的评估则主要依据《公务员法》进行评估。评估程序大致是,先由公务员个人做年度总结,然后由主管领导在听取群众意见的基础上写评语,提出考评意见,经考核小级审核之后,由主要负责人最终确定考核等级。从评估程序上来看,对政府部门及公务员的评估,上级行政部门及领导起着决定性的作用,可以说上级掌握着下级在行政绩效评估中的最终命运。在中国现行的行政体制下,评估的最终结果对部门及个人的发展前途有决定性的影响。因此,有学者指出,上级掌握着被考评者的命运。而考评的结果又会直接影响到部门或个人的经济利益,影响到部门或个人今后的发展前途。被考评者最担心的就是上级领导对自己的看法,其次才是社会各界的反应和群众的意见。而重视群众意见,也是怕影响了自己在上级心中的形象。①

第二,行政绩效评估结果只向内部公开,不对外公开,行政绩效评估被视为是行政组织内部管理的事项,而不是具有公共性的活动。在现行的行政绩效评估体制中,评估的标准由政府内部制定,评估程序或具体操作也在政府内部进行,更重要的是,行政绩效的评估结果也只向政府内部公布,不对外公布。

---

① 参见孙亚菲:《政绩观之变——官员优劣的重新认识》,《南方周末》2003 年 10 月 30 日。

也就是说,政府基本上是将行政绩效考核视为是一种纯粹内部管理的行为。近年来,一些地方政府在政务网站上开展了政务评议活动,从一些学者调研的资料来看,社会公众对政府绩效评估并不太了解。有一项调查表明,有38%的居民不知道街道办事处每年要进行考评,46%的居民不知道居委会对街道办事处进行考评,75%的居民不知道对街道办事处的考评结果。这项调查还仅限于基层政府组织的绩效评估调查,对于更高级的政府绩效评估,相信公众了解的信息更少。之所以如此,原因可能在于,政府对这个问题的认识还停留在传统行政管理的层面上,认识行政组织的绩效评估是行政组织的内部事务,与公众无关,没有必要向公众公开。也有可能是政府部门认为民众的民智未开,不会理性地对待政府绩效评估的结果,如果公开评估结果可能会对政府的形象产生负面影响,从而降低政府的社会权威;另外,到目前为止,也缺乏相应的制度或规范保证政府绩效评估的过程和结果向公众公开,公开还是不公开,如何公开等问题,都取决于行政部门领导人的个人意见,社会公众也缺乏法定的途径申请政府部门将绩效评估的结果公开,或参与政府部门的绩效评估过程之中。

第三,行政绩效评估标准非常抽象,大多为定性标准,没有精确的定量标准。在现行的行政绩效评估体制中,评估标准还停留在传统行政管理的范围之内,大多数评估标准都已定型,大多是模糊地表达工作完成数量或质量的抽象语言,缺少量化的评估标准,对于评估结果也是按照优秀、良好、合格和不合格等抽象的标准进行确定。这些评估指标反映政府工作最终结果的占多数,对于政府工作过程则基本上不予评估,也没有指标进行评估。近年来,一些地方政府也发展出了一些量化的指标对政府绩效进行评估,但是由于指标本身的制定缺乏科学性的考虑,指标体系之间缺乏应有的逻辑性,实际评估的效果并不太好。对于行政领导及公务员的评估,则主要依据《公务员法》中设定的评估标准。在《公务员法》中,设定了德、能、勤、绩四个指标来衡量行政领导及公务员的工作效果,设定了优秀、称职、基本称职和不称职等四个等级来划分评估结果。应当说,从体系上来看,这种评估标准还是比较完善的,但是这种评估标准严重地缺乏可操作性,容易导致评估过程走过场,评估结果讲人情,或者说评估过程和结果的主观任意性都比较大,受各种人为因素影响的几率非常高。

（二）中国行政绩效法的实施现状

中国的行政绩效制度大多是从干部人事考核制度发展而来的,其中继受了干部人事考核制度的许多特点,比如注重对德行的考核,任人以德为先,等等。然而,行政绩效评估毕竟不同于干部人事制度考核,首先两者在评估的内容上存在着重大差别。行政绩效评估更注重从整体上来评估政府工作的效果,而干部人事制度考核主要关注干部个人的工作表现。行政绩效不仅体现在宏观层面,比如政治民主与稳定、经济发展水平、人们生活水平持续提高、社会公正与和谐、国家安全等方面,还体现在微观层面上,比如特定政府部门的工作成就或效果,比如工作的经济性、效率、质量、社会效果和社会公众的满意度,等等。干部人事制度考核侧重于干部个人的工作业绩表现,以及同事对其满意与否的评价等。然而,尽管存在着这样的差别,但是两者的评估程序或过程却存在着惊人的相似,原因可能在于,实施行政绩效评估的内部组织也是行政人事部门,行政人事部门可能直接将干部人事考核中积累的经验应用于行政绩效的评估之中。这就导致了中国的行政绩效制度在实施过程中表现出与干部人事制度极其相似的问题,具体表现在如下方面。

第一,行政绩效评估指标针对性差,没有具体的标准,评估机制不完善。中国的行政组织机构宏大,公务员数量世界第一,行政层级非常多,行政机构管理的事项或工作内容千差万别。这种国情使中国的行政绩效评估面临着两难的困境,一方面不可能将评估指标过于细化,否则就难以包含行政组织在工作内容上的差别,另一方面也不可能将评估指标过于抽象化,这样就会使行政绩效评估流于走过场。正因为如此,中国对于政府的行政绩效评估标准一直未能统一,而是交由各级政府部门自行决定。而对于行政领导及公务员的评估考核,《公务员法》却发展出了"德、能、勤、绩、廉"的评估标准,部分行政机构还在此基础上制定了一些实施细则,以强化对行政领导和公务员的行为绩效评估。然而,这种评估标准由于无法量化,在评估过程中,很容易受主观因素的影响,很难形成对行政领导及公务员的客观评价,由此获得的评估结果也难成为改善行政绩效的反馈性结果。

第二,行政绩效的评估主体专业化程度不高,评估结果缺乏激励性,绩效沟通渠道不通畅。行政绩效评估工作是一项专业性和技术性要求很高的工作,只有对行政部门的工作内容有深入了解,并对政治学、经济学、管理学和法学等学科知识有精深掌握的人,才有可能把握行政绩效评估工作的核心精神,设计出适合于行政部门工作的评估体系指标,并能够实施精确的评估,根据评估的结果持续改善行政部门的行政绩效。然而,我国的行政绩效评估主体大多从行政人事部门转型而来,所从事的专业大多局限于人力资源管理,而不是政府工作的综合性管理,他们大多从人力资源的角度来观察行政绩效评估,认为人的主观能动性是行政绩效的决定性因素,容易忽略行政组织中的结构性因素对行政绩效评估所可能产生的影响。事实上,在行政绩效评估过程中,合理地设计行政绩效评估指标,是行政绩效评估工作能够持续改善行政绩效的原因所在,行政领导或公务员的工作实际上都受制于特定的行政体制,行政领导或行政公务员很难超越行政体制对自身的限制,只要调整好行政组织的结构性因素,才能设计出良好的行政绩效评估指标体系,为行政绩效的评估奠定良好的基础。因此,在中国目前的体制下,急需发展出专业化的行政绩效评估组织或队伍,将行政绩效的评估视为与干部人事制度考核完全不同的制度体系,才能不断提高行政绩效评估的水平,真正起到通过绩效评估促进政府绩效水平提高的作用。

第三,行政绩效评估的方法简单,大多数还停留在主观评价的层面上,缺乏可以量化评估的方法。在一些发达资本主义国家中,行政绩效评估已成为一项专业化的行政工作,通过对行政绩效评估指标的合理设计,建立政府工作效果的转化标准,可以将政府行政绩效评估演化为数学模型的评价,可以从不同的角度对政府行政绩效进行评估,减少误评错评的几率。而在中国目前的行政绩效评估体制中,还停留在完全定性评估的层面上,对于政府绩效的评估大量采用主观性评价术语,比如"优秀"和"良好"等术语,基本上不采用定量化的评估方法,即使采用量化评估方法,也只是简单地采用"优秀率"和"良好率"等简单指标,评估角度相对单一,无法全面反映政府行政绩效的基本概况。

二、中国行政绩效法在实施中的困境

(一)制度基础与行政绩效评估理念不符

行政绩效评估源自于西方国家的新公共管理运动,以新公共服务或新公共行政为核心精神,以满足社会公众的需求为核心理念,以完备的宪政体制为

基础。也就是说,行政绩效的管理与评估建立在西方国家坚实的政治文化传统之中,西方国家社会文化、历史传统等社会环境对行政绩效的评估与管理活动起着决定性的作用。西方国家的分权制度、责任机制、结果为本和顾客导向等意识形态观念都对行政绩效的评估与管理起着潜在的制约作用,不具备这种基础的国家,即使借鉴了形式上的行政绩效评估与管理制度,也无法在实质上收到相同的效果。我国的行政绩效评估与管理活动,首先在根本政治制度上与西方国家就存在着关键的区别,在中国的政治体制中,行政权力高度集中,不存在西方国家式的分权制度,行政权力的行使依赖于行政领导的个人意志,而不是依赖于制度的配置或安排。与行政权力高度集中于个人相对应的,是行政部门的职责不明确,政府职能部门之间,政府机构各部门之间的职责划分都不是很明确。另外,虽然中国的政治意识形态观念中包含了"为人民服务"的观念,评价行政工作的标准也一直在强调"以人民满意与否"作为最终的标准,但是在制度上,人民却缺乏可以参与到行政绩效评估与管理活动中的基础,政府部门的绩效评估一般局限于政府内部,结果也只向政府内部公开,不向社会公众公开。即使政府绩效评估的结果不太好,政府部门也缺乏足够的动力去改善,因为作为政府服务对象的人民对政府绩效评估结果并不了解,由于缺乏分权制的缺乏,政府其他部门也没有对绩效评估较差的政府部门进行监督的动力。上述这些处于制度基础层面的因素,都在制约着中国行政绩效评估工作的实际效果,导致政府行政绩效的评估与管理在很大层面上流于形式,走过场的几率非常高。

(二)行政绩效评估与管理中存在着片面的价值取向

绩效评估与管理以实现一定的绩效目标为基本要求。新公共管理运动一般认为,政府行政绩效的目标是 4E,即 Economy(经济)、Efficiency(效率)、Effect(效益)和 Equality(平等)。这四个目标是一种综合性的目标,每一个目标又由若干子目标构成,最后每一个目标都可以分解为可以量化的若干指标,形成一个完整的指标体系,用以指导和考核政府部门的行政绩效。而在中国的行政绩效评估与管理实践中,绩效目标往往相对单一,拥有很强的时效性和针对性,但是却缺少科学性和合理性。比如在改革开放之后,中国政府的行政绩效最为注重的目标是经济指标,一般以国内生产总值(GDP)作为衡量政府绩效的关键指标,导致许多地方政府盲目投资,浪费大量的公共资源,导致社会财富分配不公,生态环境恶化。在片面追求国内生产总值指标带来了社会不稳定和不和谐的局面之后,某些地方政府又片面地以"社会稳定"作为政府行政绩效的考核指标,并将社会稳定细化为"上访率"和"群体事件发生率"等具体指标,作为政府工作绩效的评估标准,导致政府行为的异化。这些情势的出现,与中国政府行政绩效评估标准不科学存在着直接的关系,是行政绩效评估标准简单化的直接后果。行政绩效评估标准简单化的优势在于,简化了行政管理工作,使行政绩效考核工作变得简单易行,但是却是以牺牲社会和谐发展为代价的。

(三)行政绩效评估主体过于单一化

在中国行政绩效评估实践中,大多是上级行政组织对下级行政组织进行评估,行政组织内部基本上不进行自我评估,政府也不聘请社会公众或专业评估机构对政府绩效进行评估。这种绩效评估在政府的日常工作中最为明显,以上级行政组织的评估作为下级行政组织绩效是否良好的唯一标准,加剧了行政权力的集中,使行政绩效评估缺乏全面性和客观性。行政绩效评估与管理的主要目的在于,回应公民对政府工作效率低下的不满,满足社会公众的需求,提高社会公众的福利水平理应成为政府绩效评估的重中之重,行政绩效评估以社会公众的满意与否作为最终标准才是行政绩效评估理想状态。然而,中国目前的行政绩效评估以上级行政组织作为唯一的评估主体,消解社会公众作为政府绩效评估主体的重要地位,使公众既不能对政府绩效进行评估,也无法获得政府绩效评估的结果,使政府绩效评估严重缺乏回应性,导致政府绩效评估无法实现预期的最终目标。只有社会公众参与到政府绩效评估的过程中,才能在政府绩效评估过程中反应公众的需求与偏好,才能持续改善政府行政工作的服务质量,最大限度的满足公众的实际需求。近些年来,一些地方政府开展了行风评议或万人评议等保证公众参与政府绩效评估的活动,由公众给政府部门提供公共服务的行为打分评级,并以此为依据综合评定政府部门的行政绩效,收到了良好的效果,可以说这是中国行政绩效评估走出的良好一步。唯一的缺陷在于,社会公众参与的行政绩效评估还未制度化和常规化,还流于运动式和口号式的活动之中,无法完全调动公众参与的积极性,也不具有稳定性。

（四）行政绩效评估结果不具有反馈性

行政绩效评估与管理是一个系统工程，包括包括绩效计划、绩效实施、绩效沟通、绩效反馈等若干个环节，绩效计划提供明确的绩效目标或绩效期望，绩效实施则通过多种手段保证沟通，以保证绩效计划能够顺利实施。最重要的是，绩效评估与管理本身不是目的，通过绩效评估与管理提高政府部门的行为绩效，更好地提供公共服务才是最终的目的。要实现这一目的，必须有良好的绩效反馈机制，也就是善于运用绩效评估结果，反馈给政府部门，持续改善政府部门的工作绩效。但是，在中国的行政绩效评估实践中，绩效评估与管理被片面理解为绩效考核，绩效考核本身似乎就是最终目的，为考核而考核，对绩效评估的结果既不对外公开，也不认真分析，提出相应的改善绩效的建议，而是听之任之，将绩效考核的结果仅仅作为政府部门评奖评优的依据，而不是作为改善行为绩效的指南。

（五）行政组织绩效与个人绩效不具有相关性

绩效评估与管理不仅包括组织绩效的评估，也包括个人绩效的评估，一般情况下，只有个人行为有绩效，组织行为才有可能有绩效，这是一个基本常识，也绩效评估与管理的基本逻辑。组织的绩效目标被分解到各个部门，各个部门的绩效目标再分解到每一个员工，通过员工的努力工作，如果员工圆满完成了个人的绩效目标，那么组织的绩效目标自然也就完成了。如果员工个人的绩效目标与组织的绩效目标无法保持一致，那么可能是组织绩效目标的分解出现了问题，要么可能是组织内部存在着矛盾或部门利益，导致员工个人与组织，或组织部门与组织之间的出现结构性差异。这种状况应当是组织绩效评估与管理中应当极力避免的，否则绩效评估就会失去其应有的意义。然而，在我国的行政绩效评估或考核中，对员工的绩效评估主要体现公务员的个人考核，这种个人考核与行政组织的绩效评估完全是两回事，不在一个层面上体现，经常出现的情况是，个人在绩效考核中被认为是优秀的，而行政组织的绩效评估结果却非常差，或者反过来，行政组织的绩效评估结果非常好，而公务员个人的考核结果却比较差。这种状况的出现，反映了中国行政绩效评估体制的落后与不科学，没有形成一个逻辑完整的行政绩效评估体系，各种绩效评估都局限于自身的狭窄的范围之内，深受行政组织部门利益的影响，没有将行政组织作为一个整体来设计行政绩效目标，导致组织绩效评估与个人绩效考核之间出现断裂。

三、完善中国行政绩效法的若干建议

(一)建立行政绩效多元评估主体机制

行政绩效评估主体多元化是保证行政绩效评估有效性的基本手段和重要原则,因为每一个特定的评估主体都有自身特定的评估角度,有不可替代的比较优势,同时,每一个特定的评估主体也有自身难以克服的认知局限性。① 在地方政府的社会治理中,需要治理的地方公共事务具有多元性的,这对行政绩效评估主体提出了多元化的客观要求。这种多元性的客观要求需要政府建立行政绩效多元评估主体机制,以充分发挥多元绩效评估主体的功能和作用,使多元化的绩效评估主体相互配合和相互制约,形成结构合理与功能互补的行政绩效评估主体体系。② 从政府的社会地位及宪政价值来看,政府行为的根本目的在于为社会公众提供尽量好的公共服务。而对于公共服务提供的数量与质量问题,以及对社会公众的有用性问题,广泛存在的多元社会主体才有真正的发言权,因此为保证政府行政绩效评估的有效性,就必须有多元社会主体的积极共同参与。除此之外,从法治的角度来考察,政府行为的合法性不仅取决于在形式上是否与宪法或法律的规定保持一致,而且更需要考虑政府行为在实质上是否代表了社会的公共利益。为保证政府行为在形式和实质上的合理性,在政府行政绩效评估过程中必须保证社会多元主体的共同参与,参与者的代表性越强,就越能从根本上反映社会公众的实际需求,就越能保证政府行政绩效评估的正确性和合理性,也才能最终实现政府行政绩效评估的有效性。

详细而言,政府行政绩效评估的多元化主体的共同参与具有以下两个方面的重要作用:首先,政府行政绩效评估的多元化主体共同参与能够体现中国正统政治意识形态中"执政为民"的理念。在中国传统的行政管理体制中,"官大一级压死人"是行政工作的基本生态,下级行政组织基本自身理性的考虑,在行政绩效评估中总是片面迎合上级行政组织的口味,上级行政组织也习惯于对下级行政组织发号施令,给服从性不强的下级行政组织不良的绩效评

---

① 参见卓越著:《公共部门绩效评估》,中国人民大学出版社 2004 年版,第 22 页。
② 参见郑志龙:《走向地方治理后的政府绩效评估》,《中国行政管理》2009 年第 1 期。

价。因此,在这种体制下,政府行政绩效评估的基本流程是自上而下的,绩效评估的基本价值取向是向上级行政组织负责,甚至异化为直接向上级行政领导负责,而不是以社会公众是否满意作为根本标准。新公共公务理念中的核心精神恰恰与中国目前的行政管理体制不符,新公共服务理念强调政府的服务性,以满足社会公众的需求为中心,政府行政绩效评估应当以社会公众满意与否为基本标准,这种理念要求完全抛弃政府行政绩效评估中的"唯上"意识,要求政府工作人员的所有行政行为都应当以满足社会公众需求为基本标准,政府行政绩效评估结果必须回应社会公众的需求,也必须对社会公众负责。也就是说,社会公众对政府工作的满意度是衡量政府行政绩效水平的核心指标。在这种理念下,只有允许社会多元主体参与到政府行政绩效的评估之中,社会公众的满意程度才有可能直接影响到政府行政绩效评估的最终结果。也只有允许社会多元主体参与到政府行政绩效评估之中,政府部门才会将工作重点放在提高社会公众满意度上。其次,政府行政绩效评估的多元化主体共同参与能够保证行政绩效评估结果的客观性。在关于真理的哲学观念中,有一种重要的真理观是"共识论",即社会大多数人的共识是某种观念的具有真理性的标准。"共识论"在社会科学领域有很大应用空间,在社会公共事务方面尤其如此。在政府行政绩效评估过程中,如果评估主体单一,那么评估结果实际上体现的是单一评估主体的思想观念,可能无法正确反映政府工作的实际绩效。而将政府行政绩效评估主体多元化,则可以使政府绩效评估呈现出多维度和全视角的状态,使政府绩效评估结果能够包容社会各主体的思想观念,增进政府绩效评估结果的信度和效度,使政府的行政绩效评估结果更真实、更客观。最后,政府行政绩效评估的多元化主体共同参与有利于社会各主体理性维护自身合法权益。如果社会多元主体参与到政府行政绩效评估过程中,由于评估主体的多元化,在评估过程中能够有效地排除个人或小团体的狭隘意识,使政府绩效评估能够反映社会公众的真实态度,可以不断地促使政府持续提高政府工作的绩效水平。正是由于缺乏多元化主体的参与,中国目前有些地方的政府行政绩效评估一度把"政绩工程"作为政府绩效评估的唯一标准,这些所谓的"政绩工程"只上级行政组织或行政领导负责,不向社会公众负责,导致地方政府在完成"政绩工程"的过程中,经常出现以损害社会公众为代价的政府行为,为特权阶层牟取私利,置社会公共利益于不顾。

建立多元化的行政绩效评估主体,应当以下几个方面入手。

第一,应当保证各级权力机关在行政绩效评估中的作用。国家各级权力机关是宪法规定的代表民意的立法机构,政府行政权力受各级权力机关的监督,各级政府应当对各级权力机关负责。在中国传统的政治生态中,权力机关对于政府工作的监督注重事先和事后监督。所谓事先监督主要是对政府财政预算进行审核而进行的监督,事后监督主要是指对政府在年度会议中所做的政府工作报告进行审核。通过这两种监督方式,权力机关可以在控制政府使用公共资源的方式,可以在政府工作完成之后进行问责,以提高政府工作的绩效。然而,对于政府行政绩效的评估工作,各级人大一般既无法参与,也没有行政绩效评估结果进行问责的机会,政府的行政绩效评估过程一般也不邀请各级权力机关参与,对于行政绩效评估结果也向权力机关汇报,更不需要获得各级权力机关的审核批准。从宪法的规定来看,权力机关享有监督政府工作的权力,这一权力逻辑的包含监督政府行政绩效评估工作。作为代表民意的机构,权力机关对政府行政绩效评估工作的参与既是符合宪法规定的,同时权力机关的参与又具有多种无法替代的优势。权力机关的参与相对于公民个人的参与来说,具有组织上的优势,更容易集中民意,同时考虑到权力机关在宪政中的有权地位,权力机关的参与也能够对政府行政权力的行使形成有效的制约,保证政府行政绩效评估走向实效化的道路。

第二,引入政党组织作为政府行政绩效评估的法定主体,发挥政党组织的应有作用。中国实行的是中国共产党领导下的多党合作与政治协商制度,这一制度既能保证中国共产党对中国的核心领导作用,同时也能够发挥其他政党组织的积极作用。然而,在现行的政府行政绩效评估体制下,除中国共产党之外的其他政党组织对政府行政绩效评估工作的参与程度非常低,一般仅限于召开政协人大会议期间,参与的方式也限于向政府工作提建议,对于政府行政绩效评估的整个过程,包括行政绩效评估的结果,其他政党组织都缺乏参与的资格或机会。从中国政党组织的实际构成群体来看,其他政党组织的构成人员一般以知识分子为主,拥有良好的专业知识结构,对政府行政绩效评估工作可以发挥很好的智力支持作用,同时也提有效提高政府行政绩效评估工作的专业化和科学化程度。引入政党组织作为政府行政绩效评估的参与主体,不仅可以体现多党合作与政治协商会议制度的实际作用,发挥民主党派的应有作用,也有利于政府避免官僚主义作风,有利于监督政府的日常工作,将民主党派对政府工作的监督提高到新的层次,促进政府持续提高提供公共服务的质量。

第三,建立公民参与平台,促进政府行政绩效评估工作的民主化。根据宪法的规定,政府的权力源自于人民的授予,政府工作的最终目的是"为人民服务",民主是中国政治主流的意识形态观念。政府应当对人民负责,政府工作应当努力回应人民的需求,人民也有权利向政府表达自身的需求或建议。然而,在现行的行政绩效评估体制中,公民对政府行政绩效评估工作的参与程度非常低,甚至根本谈不上参与,公民既无法参与到政府行政绩效评估工作中,也无法获知政府行政绩效评估的结果。政府将行政绩效评估视为一项行政管理内部工作,与公民的参与或知情完全没有关系,这种状况与中国主流的政治意识形态明显不符,也不符合中国宪法的精神。只有将政府工作视为是对社会公众的管理,才会出现这种状况,如果将政府工作的性质定位于为社会公众提供公共服务,那么上述状况就可以得到显著改善。因为在这种理念下,政府工作的所有目标都是为社会公众提供公共服务,公民需求的满足程度才是政府工作是否有实效的标准,政府只有关注公民的真实需求,才有可能不断提高公民对政府工作的满意度。只有建立公民参与平台,保证公民对政府行政绩效工作的有序参与,才能保证政府获知公民的真实需求,才有在此基础上持续改善政府绩效水平。

第四,建立专家参与平台,提高政府行政绩效评估工作的专业化水平。政府行政绩效评估是一项专业化要求很高的政府行为,引入专家作为政府行政绩效评估的主体,能够有效提高行政绩效评估工作的专业化水平。专家评估一般被称为"第三方评估",不仅可以有效克服政府部门自任评估主体的固有缺陷,又能够从专业的角度,独立地对行政绩效进行评估,保证行政绩效评估过程的公正性,以及行政绩效评估结果的客观性。专家评估有公民评估不具备的优势,公民评估中最容易出现的问题是,公民容易将情绪性的倾向带入评估过程中,具有很强的任意性和主观性,而专家评估则完全从专业的角度入手,在评估地位上完全独立于政府或公民,以超然的社会角色参与到评估过程中,可以有效改善公民评估中情绪化倾向,以及政府内部评估中主观化倾向。在西方发达资本主义国家,独立于政府的第三方评估已成为一种趋势,如英国的审计委员会,美国的会计总署等,都是专家评估组织,在政府行政绩效评估中直到了非常重要的作用。

(二)完善行政绩效法律体系

到目前为止,我国还没有关于政府行政绩效评估的全国性法律法规,地方各级政府推行的行政绩效评估大多是自发或半自发的政府行为,虽然部分地区制定了地方性法规,但是只局限于政府行政绩效评估的某些方面,主要集中于经公共资源的使用方面,对于政府的其他工作则缺乏关注。因此,中国目前各级政府所进行的行政绩效评估,大多缺乏明确的法律依据,以政策性指导作为绩效评估的主要规范,原则性规定较多,可操作性规范太少。另外,由于缺乏全国性的规范,全国各级政府在进行行政绩效评估时往往各自为政,评估标准、评估方式方法以及评估结果的运用等方面存在着较大的差异,这导致了全国各级地方政府对行政绩效评估的态度差异,一些涉及民生较多,受公众关注较高而且在发达地区的政府部门开展行政绩效评估的压力较大,一些不太受公众关注的行政组织则不太关心行政绩效评估工作,觉得评估完全没有必要,对上级行政组织提出的评估要求持无所谓的态度,即使强制要求,就以走过场的形式来应付。由于缺乏全国性的统一规范,全国各地的政府行政绩效评估活动也严重缺乏持续性,行政绩效评估与行政领导的人个偏好存在着密切的关系,如果行政领导重视,那么,行政绩效评估工作就开展得好,有效性也交高。如果行政领导本身不重视,那么,行政绩效评估就可能会演变成"认认真真走过场"的形式主义活动。也就是说,目前中国各级地方政府的行政绩效评估活动带有很强的盲目性和随意性,受行政领导个人意志的影响较大,各级地方政府往往采取"运动"的做法来对待政府行政绩效评估工作,将行政绩效评估作为一项具有时效性的政府工作,而不是一项长期的政府工作,一阵风式的评估工作结束之后,随着行政领导关注点的转变,行政绩效评估工作也不再受政府部门的关注。因此,要保证行政绩效评估工作的正常开展,提高行政绩效评估的长期性和有效性,就必须出台全国性的法律法规,以规范全国各级政府的行政绩效评估工作,引入专业化的评估标准,提升政府行政绩效评估的专业化水平,引入公民等多主体参与机制,提高政府行政绩效评估的民主化程度,使政府绩效水平的提高真正回应公民的真实需求,形成政府绩效评估的长效机制。从根本上说,我国的行政绩效评估工作水平不高的主要原因之一,就是制度化水平低,这一点不仅与中国建设法治社会的治国理念不符,同时也是制约中国各级政府行政绩效评估工作长期筹备于低谷的主要因素。西方国家政府行政绩效评估工作水平较高,一方面与这些国家长久的法治传统有关,另一方面也可能与这些国家的理性化文化紧密相关。西方国家存在着社会分工专业化和科学化的文化传统,在政治上存在着分权制的传统,这是西方国家行政绩效工作水平高的主要原因之一。中国不存在这样的文化传统,但是这并不意味着中国不可能提高行政绩效评估工作的水平,中国必须立基于自身的文化传统,从中国特有的国情出发来设计行政绩效评估的法律制度,发展出具有中国特色的政府行政绩效评估制度体系,以制度性的保障来促进政府不断提高行政绩效评估工作的水平。

(三)完善行政绩效法律制度实施的配套机制

1.完善行政责任制度

政府行政绩效评估是一项旨在提高政府服务大众水平的工作,体现了政府行为的"公众本位"和"结果本位"的价值取向。从政治意识形态的角度来说,政府行政绩效水平的提高,是政府应尽的义务,政府应当为些承担责任。然而,在目前中国各级政府的行政绩效评估工作中,仅仅将行政绩效作为一项改善政府行政管理水平的内部工作,对于绩效评估结果较好的地方政府予以奖励,而对于绩效评估结果差的地方政府则基本不予惩罚,也就是基本上不用为绩效评估结果承担任何类型的责任。这种倾向非常不利于政府行政绩效评估工作的开展,这也是许多地方政府不重视行政绩效评估工作,或行政绩效评估工作流于走过场的重要原因。在现行的行政责任体制下,政府只对违法行为或造成了实际损害的有过错行为承担相应的责任,不对绩效水平低下但没有任何违法或过错的行为承担责任,也就是说,"政府无错就是有功"是目前行政责任体制的常态。要促进政府的行政绩效评估工作,就必须完善行政责任制度,将行政责任的承担扩张到绩效评估工作,对行政绩效评估工作的全过程都应当设定相应的行政责任,唯有如此,才能形成行政绩效评估工作的制约机制,促进政府不断提高行政绩效评估工作的水平。

2.完善适合于中国国情的分权体制

公共权力结构上的分权制在中国似乎是一个讨论的禁区,很多理论家一谈到分权制,就以西方发达资本主义国家的"三权分立"制作为典型代表。而实际上是这是一种明显的误解,公共权力的分权制不任何国家都是存在的,即使在古代中国的封建社会皇权不受法律控制的时代,也存在着公共权力的分权制。因为从人类社会发展的历程来看,社会分工是社会进步的主要原因之一,公共权力的分权制体现的不过是公共治理领域的基本社会分工而已,将资本主义的观念与"三权分立"画上等号,是一种不负责任的贴标签的看法,是一种人为设置不必要禁区的做法。我们需要认真对待的不是需不需要分权的问题,而是如何分权的问题。经过几十年的实践,中国已经形成了自身特有的公共权力分权体制,我们设立了以全国人大为最高权力机构,以行政权力为主导,以司法权为辅助的宪政结构,实践证明这一分权体制是适合中国国情的。但是,中国国情是人口众多,社会处于转型期,行政组织宏大,纵向分权层级较多,导致这一体制下的分权制还存在着许多有待解决的问题。在政府行政绩效评估工作中,最为典型的问题就是,被考核的行政组织有"唯上"的倾向,这种倾向明显与中国目前过多的纵向分权有关,一级地方政府在横向权力上自主性不够,任何行政事务都受制于上级行政组织,导致行政绩效评估难以真正向社会公众负责,也就导致行政绩效评估结果无法真实体现社会公众的真实需求。要解决这一问题,就必须完善中国的分权体制,减少纵向分权的层级,同时扩大横向分权中地方政府的自主权,扩大公民对地方事务的决定权。通过公共权力的适当调整,就可以消除地方政府在行政绩效评估工作中的"唯上"倾向,使政府绩效评估工作的关注点集中于社会公众的真实需求。

3.引入市场竞争的规则,完善行政绩效评估的激励机制

传统的政府行政绩效评估工作具有很强的封闭性,基本上不对外开放,政府基本上垄断了行政绩效评估的整个过程,从评估标准的确定、到评估数据的取得与分析,再到评估结果的反馈与运用等都由政府一手掌握,社会公众和其他主体无法参与。西方国家的行政绩效评估工作的实践表明,在行政绩效评估中引入市场竞争的机制,在政府公共部门之间,甚至在公共部门与私营部门之间造就竞争态势,有利于打破政府部门的垄断心态,有利于政府行政绩效水平的提高。在现代社会中,政府工作已发生了根本上的转型,传统的政府一般从事行政管理工作,而在新公共服务理念支配下的政府主要从事提供公共服务的工作。政府提供公共服务工作与私营部门提供私人服务的工作,在满足顾客需求这一点上是一致的,但是私营部门所提供的服务存在着无数的竞争

者,是私营服务提供的效率高于政府公共服务提供的关键原因之一。正是认识到这一点,新公共服务理念中的一条重要原则是,在公共服务的提供中引入市场竞争的机制,打破政府垄断提供公共服务的传统观念,使公共部门与私营组织之间形成竞争关系,行政绩效评估不仅针对政府,也可以针对提供公共服务的私营部门。通过这种机制,既可以鼓励政府公共部门提供更好的公共服务,不断改善绩效水平,也可以形成对私营部门的激励与淘汰并重的机制,只有绩效水平最高的私营组织才有资格提供公共服务。

4.完善行政绩效评估结果反馈机制

政府行政绩效评估是一个完整的体系,从评估标准的设计、评估过程的实施到评估结果的反馈运用,每一个环节都有相应的功能,只有将行政绩效评估的各个环节视为一个整体,才能发挥行政绩效评估工作的实际作用,即持续改善政府行政绩效水平,满足社会公众的真实需求,提高社会公众的福利水平。如果不重视行政绩效评估结果的反馈与运用,那么政府行政绩效评估工作本身就会成为目的,为了评估而进行评估,评估仅仅为一种形式,一种摆设。重视行政绩效评估结果,主要体现在三个方面:一个方面是检验政府各部门是否达到了预期目标,获取实现了预期目标的成功经验,没有实现预期目标的原因,为改善行政绩效提供相应的建议;另一个方面,行政绩效的评估结果为政府预算提供了依据,为政府精简机构和人员、优化财政支出提供事实上的支持;最为重要的一个方面是,行政绩效评估结果的反馈与运用,与政府绩效水平的提高之间最终会形成一种正反馈机制,即行政绩效评估结果越好,政府行政绩效水平也会逐渐得到改善。

第八章　行政责任法

第一节　行政责任法的主要范畴

一、行政责任的概念

（一）责任

责任是一个多义词,在不同的语境中有不同的含义。因此,从语义上来分析分析责任问题是完全有必要的。然而,只要稍做考察,就会发现在不同的社会、时代和语言环境中,责任一词的含义存在着很大的不同,要从中发现一种人们普遍认同的定义似乎不可能的。尽管如此,根据维特根斯坦的看法,人们虽然很难确定一个词具有的所谓本质上的意义(同时也是唯一的意义),但是这个词的意义还是具有"家族相似性"的特征,也就是说,能够描述这个词的一些共同特征,尽管并非每一个特征能够在所有的意义上找到。这种观念也获得了英国哲学家卢卡斯的支持,他认为:"'责任'一词现在被广泛用于伦理学、政治学、神学和日常词语中,而且意义有很大的不同,但是只要我们考察该词的最初意义,就能发现'责任'二字在这些不同意义中却有着一些共同性。"①

在古代汉语中,并无"责任"一词,只有"责"和"任"单独地解释。在古代汉语中,"责"字明显是一个多义词,在《辞海》和《辞源》中,"责"字的含义主要包括以下几种:(1)求、索取;(2)非难、谴责。如责备某人等;(3)要求、督促。比如责成做某事等;(4)处罚、加刑。比如责罚某人等;(5)义务。比如做某事是某人的责任等;(6)(通假字)债。除第一和最后一种之外,"责"字的

---

① 王成栋著:《责任政府论》,中国政法大学出版社 1999 年版,第 1 页。

其他意义即使在现代汉语中也属常用。在现代汉语中,"责任"一词似乎已经替代了古汉语中"责"字的基本意义,"责"和"任"结合起来使用,更加强调这个词作为人必须为某些事情的属性。

现代汉语中,"责任"一词最常出现的领域当属法学、伦理学和公共管理学等学科。尤其是在法学中,责任一词一般都具有相对固定的含义。有学者认为,"责任"的基本含义一般可以分为以下三个方面:第一,责任意味着分内应做的事情,如"职责"和"尽职尽责"等。从社会功能学派的视角来看,此种意义上的责任实际上是一种社会角色责任,社会结构或系统为每一种社会角色都配置了相应的社会功能,一个人只要具备了某种社会角色资格,就必须实现上述功能;第二,特定的人对特定事项的发生、发展、变化及其成果存在着因果上的关联。例如"过错责任"和"举证责任"等。这种意义上的责任实际上是指,某一现象的发生与特定人的行为之间是否存在因果关系,比如某人有过错的行为是否直接导致了损害结果的发生,或者是由于某人由于没有实施某种行为而导致了某些其他后果的发生等;第三,因没有做好或履行上述两种行为而必须要承担的不利后果或强调性义务。如"刑事责任"和"赔偿责任"等。在这位学者的观念中,前面两种责任可以称为"积极责任",第三种责任可以称为"消极责任"。①

除了上述纯定义分析之外,还有学者对"责任"一词的含义进行了实证分析,通过对"责任"一词出现在各种文本中的含义进行归纳总结,来发现"责任"一词的基本含义。冯军在其著作在《刑事责任论》一书中,通过分析《法制日报》1993 年 4 月 1 日至 30 日出现的 76 例"责任"用语,归纳出"责任"一词至少包含三个方面的基本意思:第一,"责任"意味着"义务",与义务实际上属于同义词,比如"监管责任"、"侵权责任"和"赔偿责任"等;第二,"责任"意味着某人的行为有"过错",或者应当受到"谴责",如"查清原因及有关当事人的责任"等;第三,"责任"意味着某人或某些人应当承担的"处罚或后果"。②

上述两位学者虽然是从法学的角度来分析"责任"一词的含义,但是实际上两者的分析也可以应用于伦理学、政治学和管理学。无论站在何种学科的

---

① 参见张文显著:《法哲学范畴研究》,中国政法大学出版社 2001 年版,第 118 页。
② 参见王成栋著:《政府责任论》,中国政法大学出版社 1999 年版,第 4 页。

基础上，"责任"一词包含的意思无非是两个方面：一是有一些事情是人们的"分内之事"，是人们应当要去做或不做的，在这个意义上"责任"实际上等同于"义务"一词的意义；二是当人们没有做或不正确地做了"分内之事"，那么人们可能会因此而承受否定性的后果，比如受到责备、谴责甚至处罚等。但是，尽管如此"责任"一词在法学、伦理学和管理学中存在着结构上的共同性，"责任"一词在上述各学科中还是存在着一些特殊的用法，我们并不能完全混同其意义。在法律的层面讲，责任通常是指主体因违反法律规定而应承担的否定性后果。而伦理学中，"责任"等同于"义务"，是指主体因其角色、身份或地位而负有"分内之事"，即有义务去做或者必须要去做某些事情的义务。"如果一个人本可以采取另外的行动确没有采取，那他就是有责任的，他因此就会收到别人的赞扬或责备，抑或应该收到惩罚（义务责任）"。"在政治活动和公共管理中，责任最通常最直接的含义是指与某个特定的职位或机构相连的职责……这种责任意味着那些公职人员因自己所担任的职务而必须履行一定的工作和职能。责任通常亦意味着那些公职人员应当向其他人员或机构承担履行一定职责的责任或义务，这些人可以要求它们作出解释。而这些人自己又要向另外的人或人们负责。"①正是由于"责任"一词在各学科中存在着特殊的用法和意义，分析行政责任的概念或定义才有理论和实践上的意义。

（二）行政责任

行政责任是根据政府功能的不同来划分的一种责任类型，一般与立法责任和司法责任相提并论。从最一般意义上来看，行政责任是指与公共行政管理和行政法相关的一切责任，从性质上可以基本区分为政治、道德和法律责任等。也就是说，行政责任是与公共行政管理活动相关的，在法治的社会中，由行政法规定的一种责任，此种责任与立法机关在立法过程中的立法责任，以及与司法机关在司法活动过程中的司法责任存在着功能上的明显区别。有研究者认为："行政责任是政府及其构成主体行政官员（公务员）因其公权地位和公职身份而对授权者和法律以及行政法规所承担的责任。"②此种定义进一步明确了行政责任的基本性质，即由行政主体的"公权地位和公职身份"所决定

---

① ［美］米勒等著：《布莱克维尔政治学百科全书》，邓正来等译，中国政法大学出版社 2002 年版，第 701 页。

② 张国庆著：《行政管理学概论》，北京大学出版社 2000 年版，第 486 页。

的责任,在这个意义上,行政责任与公共行政权力的行使是紧密相关的,公共行政权力不意味着恣意,而意味着责任。但遗憾的是,此定义中使用了一个非常模糊的词"政府"。政府一词本身就包含了狭义和广义上的不同用法,从狭义上来说,政府仅指公共行政机关,而从广义上来说,政府是指政权机关,即所有的公共权力机构,在现代国家中,一般包括行政、立法和司法三大机构,政府的责任不一定就是行政责任。因此,行政责任可以基本界定为,是指行政机关及其工作人员因其公权地位或公职身份而应当承担的政治、法律和道德等方面的责任。

在责任的概念中,义务或当为之事是责任的本质要素。行政责任也是如此,区别在于行政责任的义务来源不同于其他类型的责任。一般认为,行政责任的义务来源于公共行政权力。公共行政权力是强制性的权力,是行政主体进行公共行政活动的基础,甚至可以说,没有公共行政权力也就没有公共行政活动。但是,值得注意的是,公共行政权力也是一种负担,行政主体享有的公共行政权力是不能放弃的,是必须要行使的,这一点与私主体所享有的权利存在明显的区别,之所以如此,是因为公共行政权力的存在必须以满足公共需求为条件的,否则公共行政权力就是多余之物。从这个意义上来说,行政责任可以理解为是"行政权力的责任"。具体而言,由于行政主体是行使行政权力的主体,因而行政责任的承担主体也是行政主体,即行政机关及其工作人员。在主流的意识形态观念中,公共行政权力来源于人民的授予,因此,行政责任的责任对象应当是权力的主人,即人民。在法治的社会中,人民一般通过法律法规来授予行政主体以行政权力,在间接的意义上,行政责任的责任对象也可以说政治或法律。从更广的意义上来看,由于公共行政权力广泛介入到社会管理中,满足社会的公共需求,因此,行政责任的责任对象也包含了社会价值观的维护与建构等方面。

行政责任可以从积极与消极的角度进行解读。所谓积极的行政责任更多是从政治伦理的意义上而言的,作为拥有公共行政权力的社会角色,行政主体应当遵循一定的政治制度,维护社会的主流价值观,履行自身的政治义务,服务于公共利益需求,对社会主流价值观保持快速和敏感的回应,积极促进公共目的的实现,创造更多的公共价值,实现社会公平和正义,推动社会繁荣、发展与进步。有学者认为,"行政责任不只是试图使政府不出错,更确切地说,行政责任所主要关注的应该是确保有效的行政行动。"①行政责任意味着行政主体负责任地行动,努力维护社会公共利益,不仅要在复杂的矛盾冲突中维护公共利益,而且要积极地推动公共利益的发展。因此,积极的行政责任实际上意味着行政主体不仅要正确地做事,也就是不做法律和道德所禁止做的事情,而且还意味着行政主体要做正确的事情,即做那些促使社会变得更好的事情。在这个意义上,行政主体的行政责任是一种伦理上的责任,政府有责任使受其治理的社会变得更好,而不是维持现状。

消极的行政责任实际上是指政府的职责,即行政主体根据法律法规的规定,充分履行法律法规授予的行政职能。行政职能意味着两个层面的意思:一是意味着行政主体享有特定的行政权力,行政主体应当合法合理地行使行政权力,不仅要从目的上体现公共权力的公共性,而且行使的过程也应当保证正当性。如果行政权力的行使以私利为目的,或者行政过程不正当,那么拥有行政职权的行政主体应当承担相应的行政责任;二是意味着行政主体承担着法定的行政义务,行政主体必须以自己的行为来履行此等义务。如果行政主体没有履行此等义务,或者履行此等义务不适当,则可能构成渎职。行政主体如果没有实现上述两个方面的行政职能,就可以认为行政主体是不负责任的政府,这可能既构成人们对政府进行道德评价的依据,也构成追究行政主体法律上的行政责任的前提。因此,消极的行政责任实际上包含了两个方面的意思:一是法律法规规定的行政主体的行政义务,二是当行政主体履行行政义务不当时可能承担的否定性的法律后果。

一般而言,消极的行政责任主要体现政府或行政主体的保障性方面,是行政责任的基本要求和行政底线,也可以说是法律对政府提出的最低要求,如果政府达不到此种要求,则社会治理根本就无法进行。而积极的行政责任则更多的体现政府的道德责任,政府除了遵守基本的政治和法律规范之外,还应当努力地谋求社会福利的最大化,从这个角度而言,积极的行政责任是政府责任的形而上学层面,具有规范性和抽象性。消极的行政责任实际上就是政府"必须"要做的事情,不做则违法,而积极的行政责任则是政府"应当"做的事

---

① [美]登哈特等著:《新公共服务:服务,而不是掌舵》,丁煌译,中国人民大学出版社2004年版,第118页。

情,如果不做,政府将失去治理的民心和基础。因此,行政责任是一个兼具事实与规范的范畴,事实性表达地是政府行为的约束与制约,规范性表达的是政府行为的角色与功能。罗森布罗姆对此进行了精辟的概括,他认为,"人们普遍认为公共行政管理者应该为其行为承担责任。新公共管理则进一步主张授予权能的公务人员应为结果负责。宪法明确无误地要求行政人员要对其侵害公民宪法权利的行为承担个人责任。行政伦理法则及其规范要求行政人员尽量避免出现一切不恰当的行为。外部的监控和责任同样要求行政人员履行个人的责任感。行政人员的行为侵害公民权利、社会福利乃至整个环境的可能性是如此之大,以致行政人员'照章办事'远远不够了。政府官员不仅不能推卸责任,更要善尽职责。责任是对政府各级人员的要求,而不仅仅局限于正式权威关系的上层。"[①]

除了从消极与积极的层面来对行政责任进行解读之外,还可以从法律、伦理和管理等方面来进行分析。研究的途径不同,行政责任的概念体系与逻辑结构也存在着重大的区别。从法律的层面来分析,行政责任的前提是规定法律责任或义务的外部规则的存在,法律强调的是明确性和标准化的行为模式,谨慎对待行政主体的自由裁量行为,要求行政主体必须在法律规定的范围内活动,违法的政府行为,即使在结果或目的上可能是正当的,也需要承担相应的行政责任。法律层面的行政责任一般被视为是行政责任的最低要求或门槛,违法则意味着行政制裁,即行政责任的具体承担。从伦理的层面上来分析,行政责任强调的是行政主体的任何行政行为都应当保持着"善意",即谋求公共福利的最大化的主观目的,行政主体不能够也不应当以自身的行为是合乎法律规定的来推卸其行为失当的责任,只要其主观上不是基于"善意",即使其行为是合法的,行政主体也应当承担相应的行政责任。从管理的层面上来分析,行政责任充当着管理工具的功能或作用。行政责任实际上构成了管理上的一种监督或约束机制,通过运用这种工具,可以有效改善管理手段,创新管理技术,提高行为绩效,促进任务导向和目标的达成,实现资源配置的高效率。从政治的层面上来看,行政责任体现的是政府的基本属性,在现代民

---

① [美]罗森布鲁姆等著:《公共行政学:管理、政治和法律的途径》,张成福等译,中国人民大学出版社 2002 年版,第 595 页。

主制国家中,一般承认政府的公共行政权力来源于人民的授予,行政责任的存在实际上是政府对人民负责理念的体现,行政责任的存在能够有效防止行政主体滥用人民授予的公共权力。

从管理学的角度来说,行政责任还存在着向谁负责的问题。有研究者指出,"公共管理者应向谁负责? 向民选的行政首长负责? 向宪法及法律负责? 向民选议员及其下属负责? 还是向职业的标准和伦理准则负责? 答案当然是我们须向以上所有方面负责。但是,这样的答案是因问题而定的;它是一种必要的答案,而不是一种充分的答案。"①这种提法实际上意味着,行政责任是一种多维度的责任,在不同的场合或语境中,行政责任具有不同的意义。还有研究者认为,"公共官员对一批制度和标准都负有并且应该负有责任,这些制度和标准包括公共利益,成文法律和宪法,其他机构,其他层级的政府,媒体,职业标准,社区价值观和标准,情境因素,民主规范,当然还包括公民。其实他们应该关注我们复杂治理系统的所有规范、价值和偏好。一种比较宽泛而且更适合的答案是,公共管理者应该向公民负责。在一个民主的社会里,我们有责任权衡宪法、法律问题与政治问题,有责任作出能使我们很好地理解政策执行的决策。我们有责任建立一种为公民承担道德责任的机关。"②这种解读强调的是行政责任的公共属性,强调行政责任与一般的企业行政管理责任的区别。企业行政管理责任只需要对资本意志负责,而行政责任则需要对社会大众负责,任何人都有资格或权力要求行政主体对自身的行为负责或承担责任。因此,行政责任的本质属性一定是民主性,即体现人民主权的基本原则,任何一种对行政责任的分析都不可能脱离这一属性的要求。

(三)行政责任的类型

1.对主权者的责任

对主权者的责任实际上也就是行政的政治责任。此种类型的行政责任以政治与行政二分为前提,在政治与行政不分的体制下,主权者同时履行政治与行政两种职能,也就不存在行政上对主权者的责任问题。在现代国家中,受人

---

① [美]弗雷德里克森著:《公共行政的精神》,张成福等译,中国人民大学出版社2003年版,第202页。

② [美]登哈特等著:《新公共服务:服务而不是掌舵》,丁煌译,中国人民大学出版社2004年版,第114页。

民主权政治理念的影响,政治与行政的二分是一种普遍存在的体制,虽然不同的国家采用了不同的区分方式。一般认为,在现代民主制下,享有国家主权的主体是人民(一种抽象的存在),政府的行政权力源自于主权者(即人民)的授予,主权者与政府之间是委托与授权的关系。作为行政权力的接受者,行政机关或组织有忠于主权者的基本义务,行政主体必须在主权者授予行政权力的范围内活动,行使行政权力的目的必须是服务于主权者需要。在法治国家中,主权者与政府之间的委托授权关系一般通过宪法性文件固定下来,在缺乏明文规定的国家,宪法性文件一般以宪法惯例或习惯的形式存在。在宪法性文件中,政府的地位地位、功能、角色和义务都得以确定,政府行为如果违反了宪法的规定,政府也就背离了忠于主权者的义务,政府就应当为此承担相应的责任。但是,政府承担此种责任的方式却存在着较大的差别。有些国家明确了追究政府政治责任的法定方式,比如一些发达的资本主义国家,行政的政治责任一般由议会启动追责程序,而不是由法院通过司法程序来追究,这也是行政的政治责任不同于法律责任的关键之处。通过议会来追究政府的政治责任的做法最早起源于英国,是由弹劾程序发展而来,后来在美国的政治实践中得到全面的发展,追究政治责任的手段非常的多样化,包括有质询、询问、国会调查、倒阁权、弹幼、政府预算审查,等等。与法律责任相比,政治责任通常不能由法律精确地加以规定;政治责任的追究相对于法律责任具有优先性;法律责任有专门的认定机关而政治责任不能仅以专门机关来认定,受到社会舆论的影响;政治责任与法律责任的承担方式很不一样,比如政治责任很少有需要金钱赔偿的。当然,两者之间也有联系:法治的完善日益将政治责任纳入到法治的轨道中来,政治责任的追究也必须符合正当的法律程序,两者之间在范围和方式上存在着一定交叉。① 在中国目前的政治体制中,行政政治责任与法律责任区分不是非常清楚,行政政治责任的追究与承担方式相对缺乏明确的规范性指导。

2.行政内部责任

现代行政组织一般都拥有韦伯所言的科层制或官僚制的组织结构。在这种组织结构中,具有明显的金字塔状结构模式,上下级行政机构之间等级森

---

① 参见张贤明:《政治责任与法律责任的比较分析》,《政治学研究》2000 年第 1 期。

严,职权划分明确,行政组织的工作人员如同现代工厂中流水线上的工人,职责清晰,每一个人都对特定的事项负责,但每一个人又无法单独决定事情的进展。在科层制或官僚制的组织结构中,组织效率依赖于每一个组成机构及其工作人员全面履行自己的义务,就如同流水线上的工人,每一个人必须要按照工作标准完成自己的工作,否则整个流水线都有可能无法运转。当构成行政组织的行政机构或工作人员违反工作规范或标准时,必须以惩罚的机制来对此进行管理,以促进行政机构及其工作人员按质按量的完成工作。由于行政组织行使的是公共权力,因此构成行政组织的行政机构及其工作人员承担责任的方式必须与私营机构存在着本质上的差别,在私营机构中完全是自主的管理活动,而在行政组织中却必然是由法律或法规明确规定的治理活动。因此,可以说行政内部责任的存在既是一种行政管理工具,同时也是一种法律上的责任。

从行政管理的角度来分析,行政内部行为是指行政机关及其工作人员在执行公务中对其内部事务所作出的处理行为。其特征主要表现为,主体之间的地位极不平等,作出行为的主体是行政机关及其工作人员(其中主要是领导),行为的直接相对人是行政机关的工作人员,间接相对人可能包括行政机关外的自然人或组织,双方之间的关系既是一般的管理与被管理关系,也是命令与服从的关系;行为一般发生在执行公务的过程中;行为的内容是行政机关的内部事务,主要与行政组织的管理活动相关。上述条件必须全部具备才是行政内部行为,如果行为的主要内容不是行政机关的内部事务,即使相对人是行政机关的工作人员,该行为也不是内部行政行为,比如公安机关对违反治安管理的警察的处罚就是如此,虽然警察是行政工作人员,但警察却并非是因为行政内部事务行使不当而承担责任。从行为的具体表现方式来看,内部行政行为可以分为作为和不作为两种形态,所谓不作为是指应当实施内部行政行为而消极不实施,比如不按规定确定公务人员的工资福利待遇等,而所谓作为是指应当不实施内部行政行为而积极实施,比如违反规定超越职权而行为等。从主流行政法学所采纳的分类标准来看,内部行政行为一般可以区分为抽象和具体内部行政行为,抽象内部行政行为主要是指与制定内部规范性文件有关的行政行为,而具体内部行政行为则是指与具体的行政内部管理行为相关的行政行为。而从行政管理学的角度来看,行政内部行为可以分为基础或人事关系内部行政行为与管理或工作关系内部行政行为,基础或人事关系的行政行为包括公务员的任命、调职等行为,管理或工作关系的行政行为包括上级对下级工作上的指令、训斥等行为。除此之外,由于行政组织科层制的特点,现代国家的行政官僚体系一般都比较庞大,因此也可以从行政组织的纵向结构来划分,将行政内部行为划分为上下级机关内部行政行为和本机关内部行政行为。

在很多的行政法学理论中,一般认为由行政内部行为引发的行政内部责任不是一种行政法上的责任,而仅仅只是一种行政机关或组织内部的纪律责任或道德责任,不需要或不可能上升到法律的层面。这可能是一种基于国情的现实性理解,但更可能是一种的误解,这种误解与中国几千年的文化传统密切相关,如果用意识形态的话语来表达,那么这种理解实际上是一种封建思想残余的表现。只有将国家视为君主个人所有的,行政就是实现君主个人意图行为总和的观点,才会将行政内部行为完全视为与法律无关,而仅仅只与组织纪律和道德有关的责任。在现代国家中,人民主权已成为国家基本或标准的立宪精神,一个国家的主权者是人民而非个人或其他少数人的组织,行政机关或组织与主权者的关系是授权委托的关系,行政组织行使主权者授予的公共权力,行政机关的任何事务,包括内部事务,都具有公共性,人民有权利知悉。因此,在这种前提下,行政内部责任实际上也是一种行政法的责任,而非仅仅是组织纪律责任或道德上的责任。

3.行政外部责任

行政外部责任是指行政机关及其工作人员在执行法律或从事行政管理的过程中,因违法或行为不当侵害行政相对人的合法权益而应当承担的一种责任,以及行政相对人因违反行政法律或行政管理规定而应当承担的相应责任。行政主体的主要法律职责在于行政执法和行政管理,将立法机构制定的法律主动执行到位,依赖于行政管理活动实现立法目的。立法机构所制定的行政法一般通过两种制度设计来实现其立法目的,一是为行政相对人设定相应的行政法上的义务,如果行政相对人违反相应的行政法上的义务,则行政相对人应当承担相应的行政责任。比如公民违反治安管理法所确定的义务,那么就应当承担警告、罚款或行政拘留的法律责任;二是授予行政主体相应的执法权力,使行政主体有可能将行政法实施到位。考虑到行政主体的公共性,一般还需要设定行政主体没有放弃相应职责的权利,也就是说,行政主体行使的执法权力,既是一种权力,同时也是一种义务,不得放弃。为了达到控制行政权力的目的,立法机构一般还需要设计多种行政监督机制,比如行政程序的要求,上级行政机关对下级行政机关的行政监督,以及允许公民提起行政诉讼,以司法机制制约行政权力的行使等。行政外部责任与行政外部行为紧密相关,是区分行政内部责任的关键所在。

中国行政法对于外部与内部行政行为的界定源起于《行政诉讼法》。根据该法的规定,内部行政行为不具有可诉性,不接受司法机构的司法审查,只接受行政主体的内部审查。学界对于行政内部与外部行为的区分亦有不同的意见。一种观点认为,行政主体与行政相对方是否具有从属关系是区分的关键。具有从属关系的为行政内部行为,不具有从属关系的为行政外部行为。另一种观点认为,区分两者主要应看行政行为所涉及的权利义务。如果涉及的是行政主体特有的权利义务,该行为必然是内部行政行为,反之则是行政外部行为。而在我们看来,内部行政行为是行政主体在内部行政活动中对行政组织内部及其工作人员与下级行政机关或工作人员间的工作关系。如上级行政机关对下级行政机关的命令、指示、批复等。另一类是行政机关与行政机关工作人员间的人事管理关系。如行政机关对其工作人员的奖惩、任免、考核、调动、加薪等。从上述定义可知,只要行政主体的行为涉及行政相对人的权利义务,而不是涉及行政主体内部的权利与义务,那么就是行政外部行为。行政主体或行政相对人违反行政法所规定的行政外部行为,那么就应当承担行政外部责任。

二、行政责任与相关概念的关系

(一)行政责任与行政监督

行政监督是指享有法定监督权的主体,依照法定的职权、范围和程序对行政主体及国家公务员行使职权活动进行监督的行政行为。行政监督具有以下特征:第一,监督主体特定。行政监督的主体有狭义和广义两种不同的看法。广义上的行政监督主体不仅包括行使法定监督权的国家机关,比如政府、人大和政协等,也包括无法定监督职权的社会团体、人民群众、企事业单位以及新闻媒体等。狭义上的行政监督主体主要是指有法定监督权的行政机关,在中国主要是指行政监察部门和审计部门。人大的监督被认为是一种政治上的监督,只有通过人大会议的特定程序才能启动或实施。持狭义行政监督观念的学者一般认为,只有拥有法定行政监督职权的主体所实施的监督才是具有法律意义上的行政监督,而其他类型的行政监督,由于缺乏相应的法律监督程序,而只可能是一种民主监督或舆论监督,不是法律意义上的行政监督。从法理上来分析,狭义上的行政监督存在着程序方面的一些问题,行使监督权的主体与被监督的行政机关都属于行政组织,实质上是一种内部监督,这就存在着"裁判员与运动员"身份叠加的弊端,违反了基本的程序正义要求。因此,从行政法学的发展趋势来看,行政监督的主体应当尽量引入行政组织之外的主体进行监督,才能符合程序正义的要求,同时也能提高行政监督的实效性。第二,监督对象特定。行政监督的对象,是行政主体及其公务人员,既包括国家行政机关及其公务人员,也可以是法律、法规授权的组织及其工作人员,还可以是接受行政委托行使行政职权的组织及其工作人员。行政监督并非是指行使行政权的行政主体对于行政相对人所进行的监督活动,此种活动虽然包含了监督的内容,但是实际上却是行政执法或行政管理活动。第三,监督内容特定。行政监督的内容,是行政主体及其公务员行使职权的活动,其中主要是行政行为。当然,考虑到行政主体行为的复杂性,行政主体的其他行为,比如行政事实行为、准行政行为以及其他行使行政职权的行为也是行政监督的内容。行政监督的范围不仅包括行政活动的合法性,也包括行政活动的合理性。其中行政活动合理性的监督问题,学术界有不同的认识,但是从相关法律的规定来看,行政监督应当包括对行政行为合理性的监督。

行政责任与行政监督存在着显著的区别。首先,行政监督强调地是对行政行为行使过程的一种制约,而行政责任则对行政行为行使完毕之后,因行政行为违法并造成了一定的损害后果时,由行使行政行为的行政主体或公务员来承担惩罚性法律后果的行为。两者在性质上存在根本的差别,一个强调对过程的监督,另一个强调对后果的归责,虽然两者的目的是相同的,即都是为了保证行政主体所行使的行政行为的合法性和合理性。其次,行政责任与行政监督存在着一定的因果关系。行政监督的结果产生行政责任,而行政责任的承担以行政监督作为前提。也就是说,行政责任是行政监督行为的可能结果,行政责任同时也是行政监督的手段之一。最后,行政监督与行政责任的表现形式不同。根据行政监督的类型不同,行政监督可以分为权力机关监督、上级行政机关监督和专门行政机关监督等三种,每一种行政监督都可以采取特定的监督方式,比如调查、询问、查档和审查,等等。而行政责任根据类型不同,表现形式完全不同于行政监督,比如行政政治责任就有弹劾、质询和否决等形式,行政内部责任有警告、记过、开除等形式,而行政外部责任则有赔偿、扣留等形式。

(二)行政责任与行政复议

行政复议是指行政相对人认为行政主体的具体行政行为侵犯其合法权益,依法请求上一级行政机关或其他法定复议机关重新审查该具体行政行为的合法性、适当性,行政复议机关依照法定程序对被申请的具体行政行为进行审查,并作出决定的一种行政行为。一般认为,行政复议具有以下性质:第一,行政复议是具有一定司法性的行政行为。行政复议首先是一种行政行为。因为行政复议享有行政主体的地位,复议机关所行使的复议权也是基于行政系统内部上下级领导关系而产生的层级监督权,是行政职权的组成部分,复议机关所作出的复议决定具有行政法律效力。这些特征表明,行政复议符合行政行为的所有要件,是一种典型的行政行为。但是行政复议又具有不同于其他行政行为的司法属性,因为行政复议所处理和解决的都是行政争议,都是行政争议和行政的解决机制,在行政复议中也存在三方法律关系,复议机关具有如同法院的相对超然的法律地位,在程序上也是司法程序类似。第二,行政复议是行政系统内部对行政进行监督和救济的制度。在行政法学研究中,通常区分行政监督和监督行政。行政复议由于监督主体和监督对象都是行政主体,所以它兼具了这两种行为的特征。一方面,从复议机关的角度来看,行政复议是一种由行政主体所实施的具有监督属性的行政行为,是由上级行政机关对下级或所属的行政机关作出的违法或者不当的具体行政行为实施的一种监督和纠错行为。另一方面,从被监督的行政机关的角度看,行政复议又是为防止行政违法和不当的发生而在行政系统内部所设置的一种监督制度,是国家行政法制监督的重要组成部分。对于行政相对人而言,这种监督行政的制度,又是一种重要的行政救济制度。

行政责任与行政复议存在显著的区别。首先,行政复议强调地是对行政行为行使过程的一种制约,而行政责任则对行政行为行使完毕之后,因行政行为违法并造成了一定的损害后果时,由行使行政行为的行政主体或公务员来承担惩罚性法律后果的行为。两者在性质上存在根本的差别,一个强调对过程的制约,另一个强调对后果的归责,虽然两者的目的是相同的,即都是为了保证行政主体所行使的行政行为的合法性和合理性。其次,行政责任与行政复议存在着一定的因果关系。行政复议的结果产生行政责任,而行政责任的承担以行政复议作为前提。也就是说,行政责任是行政复议行为的可能结果,行政责任同时也是行政复议的手段之一。最后,行政复议与行政责任的表现形式不同。根据行政复议的法律规定,行政复议主要采取确定或否决下级行政机关所行使行政行为的合法性或合理性为主要的监督方式。而行政责任根据类型不同,表现形式完全不同于行政监督,比如行政政治责任就有弹劾、质询和否决等形式,行政内部责任有警告、记过、开除等形式,而行政外部责任则有赔偿、扣留等形式。

(三)行政责任与行政赔偿

行政赔偿是指行政主体违法行使行政职权的行为造成公民、法人或者其他组织合法权益的损害,而由国家进行赔偿的行政行为。一般认为,行政赔偿具有以下性质:第一,行政赔偿是一种国家责任。所谓国家责任,就是由国家所承担的责任,是国家对自己的行为向公民、法人或其他组织所承担的法律责任。国家责任意味着国家也是一种法律主体,其与公民、法人和其他组织之间也存在着受法律调整的权利与义务关系。国家责任与人民主权或主权至上的国家原则并不矛盾,国家责任意味着国家是一种法律上的人格体,国家行为如果造成了公民、法人或其他组织的损害,国家这种法律人格体也应当承担相应的法律责任。人民主权是关于从国家或政府公共权力来源的理论或意识形态,国家权力来源于人民并意味着国家不用承担损害赔偿责任,反之,承担赔偿责任的政府更容易成为一个谨慎而负责任的政府。主权至上是调整从国家与国家之间的关系的理论,意味着每一个国家都是一个在法律上平等的人格体,每一个国家的主权都是平等的,虽然国家之间在事实上不可能是平等的。行政赔偿是国家责任,意味着其即不是个人责任,也不是机关责任,虽然引起国家赔偿的行为,是由国家机关工作人员实施的,但是赔偿责任却不是由工作人员来承担,也不是由具体的行政机关来赔偿,而是由国家来承担的,具体而言,赔偿费用从国库中支出。能够引起行政赔偿国家责任的行为一般分为两种情况,第一种情况是执行职务、行使职权的过错行为,如错误拘留行为,第二种情况是执行职务、行使职权过程中的事实行为,如拘留执行过程中的殴打伤害行为等。无论是法律行为,还是事实行为,其共同的特征是都发生在行政主体履行职务的过程中,行政主体履行职权的行为一般都存在过错,并且造成了行政相对人人身或财产上的损害。如果损害行为与履行职务无关,则不可能启动行政赔偿,而应当是民事赔偿;如果行政主体履行职务的行为是合法的,那么由此造成的损害是行政补偿行为,而非行政赔偿。第二,行政赔偿是一种赔偿责任。所谓赔偿责任,是对已经造成的人身或财产上的损失进行赔偿,必须以受害人的受到实际损害为前提,实质上是一种对损害的赔偿责任,而且是一种弥补性质或救济性质的责任,是对受害人所受损害或损失的弥补,是对已有损害和必然可能会发生之损害所进行的赔偿。从这个意义上来说,赔偿责任是一种财产上的责任,不包括人身上的责任,即使行政行为损害了行政相对人的人身权益也是如此。

行政责任与行政赔偿即有共同性,也存在着较大的差别。两者的共同性在于,行政责任和行政赔偿都是行政主体在过错行使行政行为之后需要承担的一种责任,从性质上来说,两者是相似的。但是,两者之间的差别更大:首先,担责的对象不同。行政责任担责的对象非常比较宽泛,而行政赔偿的担责对象仅限于受到损害的行政相对人。其次,担责的内容不同。行政责任的承担可能与行政主体任何类型的行政行为相关,而行政赔偿只与行政主体损害行政相对人的行政行为相关。最后,担责的方式不同。行政责任的具体承担方式非常多样化,政治、法律和道德上的担责方式都有可能,而行政赔偿仅限于金钱赔偿的方式。从逻辑上来说,行政赔偿与行政责任之间是包含与被包含的关系,行政赔偿是行政责任的具体表现形式之一,只是由于行政赔偿的特殊性,也可以将行政赔偿从行政责任中单列出来成为一种非常特殊的行政行为。

第二节　行政责任法的理论基础

一、社会契约论或委托代理观念是行政责任法的逻辑前提

"进步社会的运动,到此处为止,是一个从身份到契约的运动。"①从"身

---

① 梅因著:《古代法》,沈景一译,商务印书馆1959年版,第97页。

份"到"契约"的演进,包含着一系列意识形态观念的深刻变化。"身份"时代实际上也就是特权的时代,根据人的出身或地位的不同,人们所享有的社会权利和承担的社会义务也有所不同。不仅如此,在"身份"的时代,身份是与人的关系是永恒的,一个人基本上无法通过自身的努力来改变自己的身份。从"身份"到"契约"观念的转变,经历了漫长的社会演化过程。马克思认为,是经济基础的变化导致了"契约"观念的产生与发展,随着资产阶级在社会各阶级中逐渐占据优势地位之后,"契约"观念随之以一种官方意识形态的形式表达出来。对于"契约"观念的产生与发展,韦伯持有不同的看法。在他看来,是新教伦理的发生发展,导致了经济关系的改变,契约观念是适应经济关系的变化发展而来的。虽然对于契约观念的产生存在着不同的认识,但是契约观念本身所包含的内容却存在着基本一致的认识。一般认为,契约观念包含着以下几个层面的意识:第一,契约观念意味着契约主体之间在目的上的一致性。只有契约主体在目的上保持着一致,契约当事人之间才有进一步行为的基础。就政府统治的正当性而言,也可以通过契约观念进行合理的解释。政府的产生以及政府治理社会所需要的公共权力等都需要与政府治理的公众在目的上保持一致,否则政府治理就会失去正当性的基础。第二,契约观念意味着契约主体在某些事情上的一致意见。不管是对于公民还是对于政府,契约都是"合意"的结果,政府的治理不能超越这一范围,否则就有变成专制政府的可能。第三,契约观念意味着相互的承诺。在政府与公民的社会契约中,公民必须放弃部分的"自然权利",政府必然要承诺以维护社会公共利益作为自身行动的前提,双方才有达到契约的可能性。第四,契约观念意味着契约主体义务的存在。契约受"承诺必须获得遵守"原则的支配,在社会契约中,无论是公民还是政府,只要达成了社会契约,双方都有遵守承诺的义务,有要求对方遵守承诺的权利,任何一方违反契约都应当承担违约的社会责任。①

只有将社会契约观念作为政府公共权力来源及正当性的理论基础,政府的行政责任才有存在的逻辑前提。在一个受君权至上或者是君权神授观念支配的国家,是不可能形成政府行政责任制度的。在这种思想观念下,君权是即是最高统治权,也是不服从于任何世俗社会的权力,虽然在君权神授的观念

---

① 参见刘祖云:《论公共行政责任存在的逻辑前提》,《南京农业大学学报》2004 年第 7 期。

中,君权还需要受到神法的制约,但并不会形成政府在法律上的行政责任,只会产生政府在宗教的义务。而根据社会契约的观念,政府及其行政行为即享有一定的公共权力,也必须遵守法定的义务。无论是权力还是义务,从理论上来说,都源自于政府与公民之间契约。在社会契约论中,政府公共权力的正当性建立在公民的委托或授予上,政府的公共权力不能超越公民委托或授予的权限范围。特殊情况下,政府也许有超越公民授权范围的必要性,但此种必要性必须受制于政府公共权力的最高目的,即政府的公共权力不是为了维护政府的作为一个特权阶层而存在,而是为了维护社会公共利益而存在。因此,国家与政府的行为必须以契约所规定的内容为其行为的根本原则,如果政府行为超越或异化契约的内容,扰乱了社会的生活秩序和公共利益,那么政府就没有承担起自己的角色责任,"承诺必须得以信守"的原则就没有得到贯彻,政府也就丧失了统治或治理的合法性基础。

　　虽然社会契约论作为政府统治的理论基础已获得了广泛的认同,但是对于社会契约的具体内容及运作方式却存在着许多不同的看法。不同的国家由于坚持了不同的社会契约观念,国家的政府形式与社会治理也表现为不同的形态。社会契约的思想基本上可以区分为两大类:一类是以洛克在《政府论》中所表达的思想为代表,英美法系国家中的政府治理主要以此为理论依据,尤其是美国政府的组建与运作更是如此。另一类是以卢梭在《社会契约论》中所表达的思想为代表,欧洲许多国家的政府治理理论都以此为基础。马克思的社会主义理论由于大量借鉴了卢梭的社会契约观念,因此中国的政府治理理论也可以说受到了卢梭社会契约观念的影响。在卢梭的社会契约观念中,最重要的两个观念是"两次契约"和"公意"。卢梭认为,国家是通过人民两次达成契约而成立的。首先,自然人与自然人之间通过契约结成社会共同体,在形成社会共同体的过程中,个人意志被抽象成社会的"公意",公意是社会整体的意志,不是个人意志的简单结合,而是所有个人意志的抽象或共同的部分。公意实际上是个人运用理性的思维,超越个人的利益考量而必然会承认的个人意志,这种意志是每一个理性人都必然会有的意志。只有服从于公意的人才是一个理性的人,否则就是一个不受理性制约的野蛮人。其次,为了使公意能够得以在社会中贯彻实施,社会必须成立一个政府,以执行社会的公意。于是,人们必然会同政府签订了契约,由政府对社会进行治理,贯彻社会的公意。第一次契约行为是作为主权者的人民之间的行为,是主权至上的体现,第二次契约是主权者与作为治理者的政府之间的行为,它是以政府履行保护公民的政治自由、公民生命财产安全和维护社会公共利益为条件。如果政府行为违反公意,违反契约内容,那么政府行为就是"非正义"的,政府就会失去其统治的合法性基础。社会契约的缔结意味着政府在享有公共权力的同时,也负担了维护公共利益、服务社会、满足公众需求的义务。如果政府不能履行或不正当履行契约规定的义务,人民就可以从共同体中收回他们交出的全部权利,追究政府及其行政人员的责任,使其承担否定性后果。两种社会契约观念最大的区别在于对"公意"的理解,在卢梭的观念中,公意本身就具有绝对的正当性,因而也就具有至上性,执行"公意"的行为是不用承担任何责任的,则在洛克的观念中,"自然权利"是人不可被侵犯或剥夺的权利,任何政府或法律都应当尊重这一原则,即使是"公意",也是如此,因此,执行"公意"的行为,只要其侵犯了公民未交出的"自然权利",也需要承担相应的责任。

二、人民主权论是行政责任法的伦理前提

主权观念的源起与民族国家的出现紧密相关。在封建主义时代,国家通过领主权来解释。领主权首先是一种财产权,即领主对土地拥有的财产权利,其次才是人身权,即依赖于土地生活的人民对领主的人身依附性,同时领主也有保护农民的义务。一个国家的君主实际上就是一个国家中最大的领主。因此,在封建主义时代,一个国家的领土范围并不十分明确,国家与国家之间的关系也没有表现出法律主体之间的关系,任何一个领主都有可能为寻求保护而归属于某一君主。君主的统治权也是最高的和唯一的一种权力,教会也享有一定的统治权,实际上教会往往构成了对君主统治权的一种制衡力量,约束着君主的统治权。在这种条件下,是不可能出现现代意义上的国家主权观念的。但是,随着社会的发展,领主权逐渐地消失了,人们不再将归属于某一领主作为认定人身份的标准,而是将某一民族所具有的共同属性作为认定人身份的标准。民族国家出现了,在民族国家中,有几个明显区别于封建时代的特征。首先,土地不仅是一种财产,也是一个国家建立的基础。也就是说,土地至少具有两种性质,一种性质是财产权的对象,另一种性质是统治权的对象。其次,国家作为一种法律人格获得了广泛的赞同。国家被抽象为一种法律上

的人格体,拥有独立的法律地位,不受教会和其他国家的控制。国家既然是一种独立的法律人格体,国家就必然与其他法律主体一样享有权利,承担义务。国家所享有的权利就是所谓的主权。历史上第一个对国家主权概念进行明确阐述的是法国思想家博丹。他将主权定义为,"统治公民和臣民的不受法律约束的最高权力"。主权是一种统治权,法律源自于主权,因此主权不可能受到法律的限制。由于国家是一个独立的法律人格体,博丹认为,国家主权必然是不受任何外部权力限制的,在当时的历史条件下,主要是指来自于教会或其他强权国家的限制。另外,一个国家一旦成立,国家所享有的主权在时间上必然是永恒的。

在国家主权观念随着民族国家的出现而发展之后,对于国家主权源自于何处并没有获得统一的认识。一些保守的论者认为,国家主权源自于封建时代的领主权,主体上是一种财产权,统治权是依附于财产权的。由于君主是国家中最高的,同时也是最大的领主,因此国家主权应当是源自于君主的财产权。还有一些神学的论者认为,国家主权源自于父权,他们从《圣经》找到了相应的理论依据,认为君主是上帝的代理人,而人民都是上帝的子民,因此君主对人民或国家的统治是源自于天父对子民的权力。保守的和神学的国家主权观念受到了来自于洛克和卢梭等进步思想家的严肃批判。洛克在《政府论》中,以整整一篇的篇幅批判了国家主权源自于父权的观念,主张每一个都享有天赋的"自然权利",只是由于人民行使"自然权利"的不方便,人民才需要交出部分"自然权利",授予政府,委托政府组建国家对社会进行治理。洛克在此并没有提出国家主权的概念,只是阐明了政府统治权力的来源。正因为如此,洛克的国家理论存在着难以解决的困难,即国家与国家之间的界限没有办法根据社会契约来确定。卢梭的国家主权观念合理地弥补了洛克理论的这一缺陷。卢梭弥补这一缺陷的理论工具是"公意"。与洛克一样,卢梭也认为人享有天赋的"自然权利",不过人们并不是因为不方便而同意组建国家,而是由于人本身就是理性的,任何一个理性的人都会认同,组建一个国家对社会进行治理,比无政府的原初社会要好。基于理性,享有"自然权利"的人民会交出所有的权利,组建一个国家,国家即是人民"公意"的代表。由于"公意"并不单独隶属于某一个人,而是一种抽象的存在,国家也就成为独立于个人的一种人格体。在此基础止,卢梭认为,国家主权的意志是一个总的最高的意志,是一种抽象的存在,要将抽象的意志落实为实际的存在,不需要成立政府来实施国家主权的意志。政府掌握的立法权、行政权、司法权等仅仅是主权意志的派生物或附属体,政府的任何权力均不得违反主权的意志,并且必须接受公民的监督。国家主权始终是属于全体人民的,政府的权力来源于表现全体人民共同意志的法律,人民制定法律决定政体并赋予政府以权力,政府只是人民的服务者。概括而言,卢梭"人民主权论"的基本观点包含以下几个层面的意思:第一,人民主权是政府权力的伦理基础,只有承认人民主权,政府权力的来源才被认为是正当的;第二,政府权力是受限制的权力。政府是实施国家主权意志的机构,必须以服从主权意志为根本使命;第三,政府权力是负有责任的权力。政府权力必须对"公意"负责。卢梭的"人民主权论"在经过许多思想家和政治家的发展完善之后,已成为现代国家中主流的国家观念,诸如民主、宪政自由等观念都可以从中获得解释。只有在人民主权的观念下,政府的所有行为必须承担相应责任才有现实的意义,在君权至上或君权神授的观念下,政府责任的说法没有任何实际的意义。

三、新公共服务观念是行政责任法的技术前提

社会契约论和人民主权论分别奠定了行政责任法制化的逻辑前提和伦理前提。这两种观念对现代民主制国家的发展起到了非常重要的促进作用,在当时的历史条件下,这两种观念有力地反驳了封建或神权政治的意思形态,为资本主义的发展提供了思想武器。迄今为止,社会契约论和人民主权论的思想观念,还是一种非常主流的政法思想,虽然近现代的理论家发现其中存在着许多逻辑上的问题,也存在着一些乌托邦的成分。当代哲学家罗尔斯继受了社会契约论的理论传统,以更为抽象的方式论证了社会契约论存在的合理性。罗尔斯致力于将社会契约论完全建立在人类理性的基础之上,为此他提出了"无知之幕"的概念,认为所有理性的人在"无知之幕"下必然会与政府达成合理的社会契约,并借此对国家进行治理。在讨论一个合理的政治、经济和社会资源配置制度时,罗尔斯借用了现代经济学的理论工具,将"帕累托最优"的观念应用于社会资源分配制度的分析中,提出了著名的正义三原则。除了致力于在逻辑上完善社会契约论的理论之外,随着新制度经济学、信息和契约经济的发展,一系列用来分析私人自治领域的经济学工具,如委托代理理论、交

易成本理论、公共选择理论等,也被用来分析政府与公民之间的契约关系。新公共服务观念的兴起就与这一浪潮有着直接的关系,在微观经济学的理论架构中,消费者的需求是基本的逻辑起点,厂商的所有经济行为都应当以此为中心,一切以满足消费者的需求为核心,或者厂商所有自利的经济行为在最终目的上都应当是为消费者服务。在新公共服务观念中,政府的行为也应当是以服务于社会大众为其核心目标,政府的所有行为都可以被视为是向社会大众提供产品的过程,不过这种产品相对于厂商而言具有公共性。在这种情况下,用来分析厂商行为的经济学工具,也可以用来分析政府的行为。厂商的一些用来提高经济效率的管理措施,也可以为政府的行政管理行为所借鉴。因此,在社会契约论和人民主权论分别奠定了行政责任法制化的逻辑与伦理前提之后,新公共服务观念可以进一步地奠定行政责任法制化的技术前提。

在微观经济学中,各种经济合约中最为常见的一种合约是委托代理合约,这是一种基于信任并采取合约的方式来组织生产的经济关系。根据科斯的观点,厂商在组织生产的过程中,有两种基本的方式:一是自己组建工厂并进行管理,二是将生产活动的各个部分分别以委托的方式交给代理方来完成,委托方与代理方之间不存在直接的管理关系,而只存在合约关系。厂商决定以何种方式来组织生产的根本依据在于哪一种方式的效率更高,或者说社会成本更低。根据现代信息经济的一般观点,管理活动存在着管理规模效率递减的规律,当厂商的规模越来越大时,管理对厂商效率的贡献呈现出递减的趋势,当规模扩大到一定程度时,管理对效率的贡献就会停止,这时厂商就可能采用委托代理的合约来解决效率递减的问题。在政府行为中,也存在着与此类似的问题。第一个层面的问题涉及人民与政府之间的委托代理关系,这种关系一般涉及宪法的制定与修改。如果根据经济学上的委托代理理论来分析,可以大致认为,人民自行管理社会或国家是一种效率极其低下的管理方式,但是如果人民将管理事项委托给政府来行使,那么将会极大提高社会运转的效率,降低社会运转的成本。因此,大多数国家都采取的政府治理的方式,只有原始社会才采用无政府治理的方式。根据一般的经济学原理,这里也存在着委托代理效率的问题,有些事情由人民自治解决比委托政府来处理更有效率,只有自治解决缺乏效率的情况下,委托政府解决才会是理性的选择。因此,这个层面的问题首先要解决的是政府治理事项的范围,也就是公治与自治的合理范围,完全的社会自治与完全的政府治理都不是有效率的选择。这个方面的行政责任至少可以确定为两个方面:一是政府对于社会自治的事项不能干涉,如果干涉就应当承担相应的行政责任;二是政府对于人民委托治理的事项,必须根据宪法的规定(实际上也就是委托代理合约)进行治理,否则也应当承担相应的行政责任。第二层面的问题涉及政府本身的治理行为。政府对社会进行治理也存在着两种基本方案的选择:一是选择组织庞大的行政组织自行进行治理,二是将某些事项委托给社会组织进行治理。政府在这个层面上的选择问题,与厂商在市场中面临的问题极其类似,政府完全可以借用厂商对企业组织的管理工具进行管理,以提高政府行为的绩效。在这个层面,政府的行政责任主要体现在:一是提高政府提供公共服务的效率是政府必然的责任,此种责任不仅仅政治伦理上的责任,同时也是一种法律上的责任;二是政府应当对自己提供公共服务的行为承担相应的责任,如果履行不当将需要承担相应的行政责任。作为一项研究厂商经济行为的理论工具,委托代理合约在研究政府行为的行政责任的过程中,还存在一些难以解决的问题,主要是厂商的所有行为都是自利性的,而政府的行为却是公共性的,政府所提供的所有公共服务产品,必然是面向全社会提供的,不能区分对待,而厂商却有选择的权利,在某些情况下,厂商可以放弃向某些客户群体提供产品,也可以选择向特定的客户提供产品,但是政府提供的公共服务产品,既不能选择提供对象,也不能放弃其所提供的公共产品。解决这一困难的经济学理论是所谓的"公共选择"理论,由经济学家布坎南首先提出,并发展成为所谓的公共选择学派。公共选择学派将微观经济学中"经济人"概念引入了政治和行政的决策过程,发展出了政治和行政的决策理论。布坎南认为,"经济人"假设有以下三个基本前提:第一,经济主体的完全理性,借此他们可以明了自己的利益;第二,经济主体的完全意志力,这是经济主体坚持自己利益的必要条件。第三,经济主体的完全自利,第一与第二个"完全"都是为这个第三个"完全"的目标所服务。将"经济人"的假设应用于政治和行政决策领域,就可以将政治与行政的过程看做是市场的过程,在解决公共服务产品提供的过程中,提供者与需求者之间,需求者之间对于公共服务产品的供给与需求,都是一种受完全自利动机支配的过程。这一假设一个重要论断是,政府其实也是一个自利的经济主体,也会采用自利的行为来为自身谋取利益,也会采取使自身利益最大化的行为。但是,政府的这种完全自利的行为却与政府的提供公共服务产品的社会角色不符,为解决这一难题,就必须为给政府的行为加上某种负担,使政府在行政决策的过程中,不得不衡量自利的行为与承担相应责任之间的代价。只要行政责任规定的适当,行政责任的追究能够落实,那么行政责任的存在就能够有效地促进政府采取合理的行政行为。在公共选择中政治人和"经济人"就是同一类人,公共选择理论的宗旨就是把政治和市场两方面的人类行为纳入单一的模式领域中。①

综上所述,行政责任的问题在社会契约论和人民主权论观念的支配下,主要是一个政治问题,或者是政治伦理问题。在法治和宪政的前提下,行政责任也是一个法律问题。但是,社会契约论和人民主权论都无法为行政责任法制化问题提供一种更具操作性和技术化的理论支持,它们都属于宏大叙事的意识形态话语,对于启蒙人们的思想具有不可替代的作用。随着社会的快速发展,社会分工越来越复杂和精细,政府需要应对的事情越来越困难。在这种情况下,只有引入更为科学化的经济学理论,为行政责任提供一种更具操作性的理论支持,才能使政府的行为更为合理,使政府从治理向"善治"的方向发展,很明显,新公共服务观念所提供的一些理论工具,能够满足政府在社会治理方面的需要。

第三节　中国行政责任法的现状与完善

一、中国行政责任法的现状

在中国目前的法律体系中,并没有一部专门关于行政责任方面的法律法规。行政责任的规定散见于各种规范性文件中,在党的文件中、政府的红头文件中以及行政法律法规中都可以见到相关的规定。在中国主流的法学理论中,行政责任是一种与民事责任和刑事责任相提并论的范畴,一般被认为是一种否定性的法律后果。中国主流的行政法学理论认为,行政责任可以根据行政行为的性质区分为内部行政责任和外部行政责任。所谓外部行政责任是指

① 参见[美]布坎南著:《公共财政与公共选择》,类成耀译,中国财政经济出版社 2004 年版。

行政相对人因违反行政法律法规所应当承担的法律责任,主要是指行政处罚,比如警告、罚款和行政拘留等。所谓内部行政责任是指行政领导或公务员违反行政法律、法规或行政纪律所应当承担的行政责任,主要是指行政处分,比如警告、记过、记大过、降级和撤职,等等。概括而言,中国主流的理论体系中,行政责任在很大程度上就等同于行政处罚或行政处分。不仅如此,行政责任的承担者一般是指行政相对人、行政领导或公务员,不包括其他主体,比如行政组织等。行政责任制度的这种制度设计已经无法适应中国社会快速发展的需要,在社会治理实践中存在着一系列的问题,主要包括如下方面。

(一)行政责任范围狭窄,组织责任或纪律责任越俎代庖

在中国现行的行政体制下,行政责任主要是指对行政相对人或行政人员(包括行政领导和公务员)所给予的否定性后果,行政责任实质上与行政处罚和行政处分等价。从法理上来看,行政处罚和处分的实施必须满足以下几个前提条件:一是行为人实施了非法行为,也就是实施了法律所禁止的行为,二是此种行为造成了实际的损害结果,三是非法行为与损害结果之间存在着因果关系,四是行为人在主观上有过错。如果行为人实施的是合法行为,或者没有实际的损害后果,非法行为与损害后果之间缺乏因果关系,行为人在主观上没有过错,那么追究行为人的行政责任是不正当的。行政责任追究的这种原则,深受私法归责原则的影响。在民事领域中,对于人们自治的行为,责任承担一直处于"有损害有赔偿"与"无过错无责任"两大原则相互平衡的过程中。"有损害有赔偿"的归责原则注重保护受害者的利益,强调任何人为的损害都应当获得赔偿,以维护社会的基本正义或秩序;"无过错无责任"的归责原则鼓励的是行为人的创新性行为,或者是行为人无法认识、无法控制和无法预测的行为,强调创新性行为的风险必然性与社会必需性,人们不能因为自身无法掌握的行为而受到惩罚,因为这样的惩罚是没有任何实际效果的。正因为如此,民事行为的归责原则为了达到这两个原则之间的平衡,一般都要求责任承担必须满足行为的非法性、损害的实际性、因果性与主观过错性四个基本条件。应当说,民事责任归责的这种要求在私人自治领域是无可厚非的,而且也是必要的。因为私人自治领域最为重要的一个特征是自治性,行为人所做的所有事情都是其自主范围之内的事情,用法律术语来说,是行为人的权利,用伦理术语来说,是行为人意志自由的体现。行为人的行为是否积极,在道德上是否正当,是否有损于自身的利益等状况都是行为人自由决定的事情,别人既无权干涉,也没有正当理由去干涉。然而,在政府的行为领域中,政府对社会所进行的治理活动,却不是一种自治的事情,而是涉及公共性的事情,政府所实施的任何行为,不能如同民事行为人一般,可以随意的消极对待,人们对政府行为的有特定的伦理性要求,政府不能实施自认为有利于社会的事情,而必须实施人民所认可的有利于社会事情。也就是说,政府的行为必须达到社会满意的基本要求,达不到这一要求的,政府就应当承担相应的责任。然而,根据现行的行政管理体制或行政法制,行政责任的承担或追究仅限于政府及其工作人员的非法的、造成了实际损害后果的并且有过错的行为。这种追责机制不利于政府实施令人民满意的行为,反而会纵容政府采取如同民事行为人一样的自治行为,以自身的利益最大化为取向,对于自身有利的事情积极而为,对于自身不利的事情,只要不违法则消极对待。对于法律没有禁止但为社会主流道德不能容忍的事情,如果对政府自身有利,则政府会采取许多"灰色行为",来规避行政责任的承担,同时保证自身利益的最大化。

行政责任体制的这种现状带来了许多的社会问题,其中最为严重的问题就是政府行为的约束机制不健全,政府行政行为的绩效比较差,政府部门利益凌驾于社会公共利益之上。因为在这种体制下,行政组织只要做到不违法、不对造成实际的损害后果就基本上可以免于承担任何类型的行政责任。这种体制还会造成另一种常见的后果,即政府异化为一个与社会、与民争利的特权阶层,与政府为社会谋取公共福利的身份极为不符。为解决行政责任体制上的这些问题,在社会治理的实践中,中国政府发展出了一些应对的措施,主要包括党内的组织措施和行政组织内部的行政措施。党内的组织措施主要通过业绩考核、民主测评、党风建设、组织谈话和党内处分等方式,来确保行政领导和公务员能够积极履行行政义务,实现"善治"政府的目标。行政组织内部的行政措施主要通过量化考核、规范工作纪律和职务的任免等方式来保证行政组织目标的有效实现。客观地说,党内和行政组织内部的这些措施都极大地扩张了行政责任的内涵和范围,根据这些措施,行政责任不再局限于行政组织的非法行为和造成实际损害结果的前提,只要行政组织未达成党内或行政组织内部确定的行政目标,就有承担行政责任的可能性。即使未造成任何实际的损害结果,行为也属合法,但只要行政组织的行为与公众所持的主流道德观不一致,那么也有可能承担一定的行政责任。从积极的方面来说,党内和行政组织内部措施在很大程度上弥补了现行行政责任体制的不足,解决了政府在社会治理过程中存在的许多消极无为、敷衍了事的行为态度,对政府的行政工作起到了积极的促进作用。但是,以党内措施和行政组织内部措施来替代追究行政责任的措施,也有一些负面影响,有些负面影响还与现行的大政方针不符。

自建设社会主义法治国家入宪以来,法治已成为中国各级政府行为的基本准则。法治社会的基本要求是有法可依、有法必依、违法必究和执法必严,也就是说,在法治社会中,无论何种主体都应当依法而为,责任的承担也是如此,必须做到"责任法定"。但是,在现行政府的责任体制下,法定化的行政责任范围过于狭窄,导致党内责任和行政组织内部责任替代行政责任的大部分功能,使得行政组织的行政责任追究处于严重的不透明状态,即缺乏法定的程序进行追究,处理的过程公众也无法了解,更为重要的是,这些替代的行政责任追究,使行政责任的承担过程处于极其神秘的状态,与人治社会中官员责任的承担非常类似,严重背离了法治政府建设的基本目标。除此之外,党内责任对行政责任的替代,也不利于政府行为绩效的提高,造成党政不分的行政体制弊端,而行政组织内部责任对行政责任的替代,则可能使行政责任的追究与承担变得非常随意,成为行政组织可以自由裁量的行为,这与政府公共利益代表者的角色严重不符。

(二)行政政治责任缺位,责任承担流于形式化

在现行的行政体制中,行政责任局限于否定性后果的承担,在性质上主要是行政法上的行政责任,而对于与宪法或政治相关的行政责任则完全没有涉及,也就是说,行政政治责任完全被排除在中国当前行政责任法制体系之外。这可能与行政政治责任存在的内在矛盾有关。行政政治责任的理论基础是社会契约论和人民主权论,享有"自然权利"的人民在抽象意义上通过"公意"而成为国家主权的名义享有者,然而名义上的主权者并不能对国家进行实际的统治或治理,而必须将主权委托给政府行使。这种委托代理关系存在着难以摆脱的内在矛盾,一方面名义上的主权者"人民"极力想控制人民亲手创造出来的政府(霍布斯称为怪兽"利维坦"),但是作为作为国家主权抽象的享有者,却完全缺乏管理国家,治理社会的专业知识,也就是说"人民"与"政府"在治理国家的知识上处于完全不对称的状态;另一方面,作为治理国家和社会的政府,通过组建合理的行政组织,采取多种技术手段,可以获得治理国家或社会所需要的专业技术或技能。政府在治理国家或社会的过程中,都有极其相信自身判断的倾向,置名义主权者"人民"的意愿于不顾,在出现治理问题时,政府可能会借用"人民"专业治理知识缺乏的状态而拜你推卸责任。换句话说,政府与人间之间的内在矛盾实际上是委托代理关系所带来的知识或信息的不对称状态所引起的,这既是对政府的忠诚是一个挑战,同时也是对人民信任的一种挑战。

解决这种矛盾的一种方法是充分运用经济学和管理学的理论工具,将私人自治领域中解决委托代理关系中的信任与忠诚问题的方法运用于政府行政政治责任的追究与承担过程中。著名公共管理学家休斯认为,"责任并不是纯粹公共部门的概念。责任制最基本的含义是以其他人或团体名义行动的人要对其他人或团体汇报并对他们承担责任。换句话说,这是一种委托人—代理人的关系。在这种关系中,代理人代表委托人的利益执行任务并向委托人汇报他们的完成情况。一般说来,在等级制关系中或在委托代理关系中必须建立一定类型的责任机制,以确保被授权人的行为最终符合所有者的期望。事实上,只要存在某种性质的委托代理关系,责任机制就是需要的。委托—代理理论为理解行政责任关系提供了一个非常有用的理论视角,是分析行政责任的一个重要的理论工具。委托人和代理人的经济理论也是一个运用于公共部门特别是责任制的引人注目的理论。"①私人自治领域中,解决信任与忠诚的问题的主要方法依赖于自由竞争和完善的追责机制。在私人自治领域的委托代理关系中,也存在着委托人的不专业与代理人的专业之间,委托人的控制欲望与代理人的自我倾向之间的内在矛盾,但是在私人自治领域中,委托人与代理人的关系是自由的,委托人可以随时替换其不再信任的代理人,代理人必须在自由竞争的市场中累积很高的信誉才有可能获得委托人的信任。除了社会层面的因素之外,完善的法律追责机制也是必不可少的,在一般的信托法中,法律都要求双方尽最大的诚信行事,对于拥有专业知识的代理人,法律特别要求代理人应当合理披露其掌握的信息或知识,以帮助委托人作出决策。

---

① [美]休斯著:《公共管理导论》,彭和平等译,中国人民大学出版社2004年版,第1、265页。

至少从外在形式上来看,主权者"人民"与公共权力的实际享有者"政府"之间也是一种委托代理关系,则根据现代行政组织新的发展趋势来看,行政组织的上下级机构之间,以及行政组织与其委托的行使一定行政职能的其他社会组织之间也存在着委托代理的关系。这种委托代理关系与私人自治领域的委托代理关系在形式上的差别,可能主要在于,私人自治领域的委托代理关系使用明确的外在契约形式固定相互之间的关系,而在政府治理领域中,各种委托代理关系都处于一种模糊不清的状态,双方都承认相互间存在着这种关系,但是却对这种关系的具体内容是什么却没有一致的认识。在私人自治的领域中,委托人的目标相对单一,能够对代理人提出明确的代理要求,并亲自监督代理人按委托人的要求行事。而在公共治理领域中,作为委托人的"人民"是一个抽象的集体,相对于私人自治领域的委托人而言,作为委托人的"人民"很难形成对作为代理人的"政府"的明确指示,"人民"之间既存在着利益上的差异,有时候也缺乏使保持行动一致的动力。休斯指出,"委托—代理理论在公共部门中的运用结果与在私营部门中的运用结果相比较,在责任机制方面有一定的难度。我们难以确定谁是委托人或难以发现他们的真正的愿望是什么。公共服务的委托人——所有者——选民,但是他们的利益非常分散,以至于不可能有效地控制代理人——公共管理者。对于代理人来说,在任何情况下都难以确定每一个委托人可能希望他们做什么。没有对利润动机的严重影响,没有股票市场,没有可与破产相提并论的事情。如果委托人没有适当的手段确保代理人实现他们的愿望,代理人极少能付诸行动。"[1]

除了外在形式上的差异之外,私人行政与公共行政中的委托代理关系还存在着实质性的差别,即在公共行政领域中,政府的角色是垄断性的,没有其他组织或机构与政府存在着竞争关系,实际上人民与政府的委托代理关系是一种事实关系,从历史的角度来看,是一个国家经过长期发展演化逐渐形成的,人民事实上很难选择自己想要的政府。虽然意识形态层面不断地在强调社会契约论和人民主权论,不过现代的一些政治社会学家都从事实的角度否认了这种理论的真实性,这种理论的主要价值在于其为政府的统治提供了伦理上的正当性。既然如此,这就使得公共行政领域的代理问题比私人领域更

----

① [美]休斯著:《公共管理导论》,彭和平等译,中国人民大学出版社2004年版,第15页。

为严重,尤其是委托人与代理人之间的信息不对称状态。在私人领域中,委托人可以通过自由竞争的市场来平衡其与代理人之间的信息差异,自由竞争市场的存在也使得民事代理人无法在代理信息或知识上保持垄断性地位。而公共行政领域,人民想要保持信息上的平等地位,必然以付出极大的成本作为代价,作为委托人的人民对代理人的能力、素质、工作努力程度、行政技术和所面临的客观情势等方面信息的掌握上总处于劣势地位,这也就必然会加深委托人与代理人之间的内在矛盾,委托人对代理人的不信任程度很难改善,而代理人也必然会增加其机会主义行为的倾向。

面对政府可能的机会主义行为,作为代理人的"人民"还受制于集体行动的逻辑,无法如私人领域中的委托人一般采取相应的救济行动,来制止代理人的机会主义行为。所谓集体行动的逻辑是指,一个人或少数人为自身谋取福利的行动使全体或多数人的福利都有可能得到改善,福利得到改善的大多数人并不需要为此支付任何成本,这些人可以搭少数人的"便车"而改善自身的福利水平,由于人都是理性的,处于集体中的每一个人都有"搭便车"的想法,最终可能导致任何人都不会采取行动来维护自身的利益,而希望其他人站出来采取行动。在集体无法采取一致行动来保证政府行为的忠诚时,社会中的某些利益阶层可能会与政府部门形成独特的关系,政府可能最终为沦为为特殊利益阶层服务的行政组织。这是因为,"公共行政官员与某些特定服务对象长期形成的紧密关系是导致其曲解公共利益的另外一个因素……社会当中不同经济利益集团和社会团体均力图通过特定的政府组织提升自身的利益。如此一来,这些政府机构中的行政官员可能自觉不自觉地把他们所接触的那部分利益团体看做是社会中所有经济团体或社会群体的代表。多元的公共行政框架有一种产生某些条件的趋势,这是它的最消极的后果之一,因为在这些条件下,被少数强有力的、十分顽固的势力所推进的特定情景中的规定和价值观会在行政政策中一致受到偏爱。出于各种实际目的,行政管理者常常被一些组织严密、有纪律的私人势力所组成的封闭群体所包围,甚至被它们所俘虏。"①这就是管制经济中著名的政府"俘虏理论"。

---

① 　[美]尼格罗等著:《公共行政学简明教程》,郭晓来等译,中共中央党校出版社1997年版,第41页。

正是由于行政政治责任存在着上述深层次的内在矛盾,西方国家在各国的宪政体制下设计了诸多追究行政政治责任的制度,来消解行政政治责任承担中必然存在的内在矛盾,减少政府的机会主义行为。但是,在中国当前的行政体制中,行政责任局限于否定性的后果,行政政治责任还没有进入行政责任的内涵之中,也就是说,行政政治责任在中国被虚化了。在中国的政治意识形态中,我们既承认了人民主权的基本前提,同时又努力地在弱化人民与政府之间的委托代理关系或契约关系,将人民与政府视为是一体的,政府被称为"人民政府",这在很大程度上消解了政府的行政政治责任,因为政府的所作所为同时也是人民作出的,政府不会因为其行为不当而需要向人民承担"行政政治责任"。在行政管理的实践中,虽然也存在着"问责制",但是这种问责制既没有法律化,也不是经由人民而启动的,它更多地是行政组织内部启动的一种追责程序,处理过程和结果都保持着比较神秘的状态,很多时候追究行政政治责任只是表达了一种政治上的姿态,而没有真正落到实处。

(三)行政目标公共性难以确定,行政责任追究任意性较大

人是一种理性的动物,人与其他动物最大的区别就在于人的行为的目标性。马克思曾经指出,"蜘蛛的活动与织工的活动相似,蜜蜂建筑蜂房的本领使人间的许多建筑师惭愧,但是,最蹩脚的建筑师从一开始就比最灵巧的蜜蜂高明的地方,是他在用蜂蜡建筑蜂房以前,已经在自己的头脑中把它建成了。"①在私人自治领域中,私人行政的目标相对而言比较明确,如果是营利性私人组织,那么其所有的行为几乎都指向"营利",如果是非营利性组织,那么其所有的行为都指向"公益性"。行政组织或政府也是有目标的组织体,一般而言,行政组织或政府的行为目标被认为是"公共性",与私人组织的行政目标相比,行政组织目标的"公共性"存在着天然的模糊性和内在矛盾性。行政组织也是一个法律上的主体,它的运转需要经费的支持,在现代社会中,由于政府治理社会的难度与复杂性越来越大,行政组织有越来越庞大的趋势,使得这一点变得越来越明显。在某种意义上来说,行政组织绝对有自利的倾向,即获取最大的利益以保障其自身的良好运转,但是,行政组织本身却并不是一个对社会财富有贡献的实体,它的运转必须要依赖于其他生产性实体的支持,这

---

① 《马克思恩格斯全集》第 23 卷,人民出版社 1972 年版,第 202 页。

两者之间必然存在着利益上的冲突。考虑到政府是一个拥有行政权力的组织,在政府有自利性倾向的前提下,政府很容易就异化为打着"公共性"旗号的特权组织。事实上,政府获取运转经费的目标确实具有公共性,容易产生问题的地方在于如何确定政府所需运转经费的多少,对于政府过多获取运转经费的行为,很难用一个明确的标准来判断,也就基本无法迫使政府为此行为承担相应的责任。

就行政职能而言,政府或行政组织的行为的"公共性"也存有不少的疑问。在经济上主张放任市场自由的国家,认为政府或行政组织的公共性职能局限于维护国家安全和社会秩序稳定上,政府或行政组织不能对市场主体的市场行为进行干涉,当然也不能直接从事市场行为,政府或行政组织从事这种行为,那么政府或行政组织职能就不可能具备公共性,尤其是政府或行政组织直接从事市场经济行为时更是如此,它会直接将政府或行政组织异化为一个以营利为主体的机构,这就与市场中的其他私人主体没有任何实质性的差异。而在经济上主张凯恩斯主义的国家,则可能对政府的行为有完全不同的态度,在这些国家中,可能会认为政府或行政组织对市场的某些干预行为是政府或行政组织应当做的,政府或行政组织如果不为或不适当而为,则应当承担相应的行政责任。而在中国,实行的是社会主义市场经济体制,宪法中明确规定"以公有制经济为主体",政府或行政组织不仅是大量企业资产的实际拥有人,而且政府或行政组织还通过法律或政策等手段来参与国营企业的经营。在一些西方国家看来完全是私人组织自治范围之内的事情,在中国却被认为是政府或行政组织应当而为的事情。对于哪一种关于政府行政职能范围的观念是正确的,不是本书的主题,这些主题应当是政治经济学研究的范围,在我们看来,这种理论观念上的差异会导致一个在行政责任领域的严重问题,即对于政府或行政组织根据特定国家行政职能的要求而作出的行政行为,如果产生了负面的结果,政府或行政组织需不需要承担行政责任,如果政府或行政组织违反了国家行政职能的要求而作出的行政行为,产生了非常好的社会效果,那么政府或行政组织需不需要为此承担违法或违纪的行政责任。这是一个世界性的难题,不仅在中国,西方发达资本主义国家也面临着这样的难题,这也是行政责任问题难以完全法制化的原因之一。

现代行政组织的组织结构都具有如韦伯所言的科层制的特征,采用功能化结构模块,每一个行政机构以及公务员分工明确,专业化趋势非常明显,所有行政机构的设计与功能区分都是为了保证行政组织公共性目标的达成。正如前述,行政组织的公共性目标本身就存在着许多难以澄清的疑问,实际上即使行政组织的公共性目标是清楚无疑的,如何确保各行政机构及公务员的行为有助于实现既定的公共性目标也不是一件轻而易举的事情,这涉及韦伯所言的"手段—目的"理性的问题,也就是所采取的手段是否能够有效地实现既定目标的实践理性问题。在一个简单的机构中,这个问题也许不太严重,因为需要人们处理的信息量相对较少,信任与忠诚的问题可以借助于良好的人际关系得以解决,但是当一个组织变得越来越复杂时,维护组织良好运转而需要人们处理的信息量远远超出了人类的理性能力,而在一个宏大的组织体中,信任与忠诚的问题永远是一个无法解决的问题,机会主义行为是不可能完全避免的。

在这种情况下,为了避免上述情况的出现,政府或行政组织所能够采取的措施无非以下几项。首先,将行政目标制定得尽量清晰,保证每一个行政机构及公务都能够知道自己的行为内容,同时规定达不到相应要求的行为将承担一定的行政责任,也就是说,通过将工作内容精细化,并与约束机制相联系来解决行政机构可能出现的机会主义行为。但是,这种做法可能在简单机构中有效,而一旦实施于复杂的行政组织就可能水土不服。因为行政目标精细化的好处虽然非常明显,缺陷其实也是非常明显的,随着行政目标越来越精细化,行政目标的适应性也变得越来越差,它可能既无法适应多变的社会态势,也可能无法在所有的管辖地区得到完美的适用。在这种情况下,如果以此为依据追究行政组织及公务员的行政责任则可能适得其反;其次,行政目标精细化的最高目标是完全量化行政目标,将行政机构或公务员的工作任务简化为可用于精确计量的数字,这会带来另一个问题,那就是在复杂的行政组织中,量化的过程必然会忽略一些政府或行政组织行为过程中的一些重要因素,在政府或行政组织的行政行为中,有一些行为是根本无法量化的,而无法量化的行为往往又是非常重要的。行政目标量化可能使行政管理变得简单易行,但也有可能变得非常保守和僵化。另外,将行为目标量化还存在着一个比较严重的问题,即量化的目标与行政目标之间并不能保证一致性,比如如果将学习好的目标量化为考试成绩的分数,那么相信世界上将由此会少出现许多天才级的人物。行政目标量化也是如此,行政目标量化的过程可能会使政府或行政组织丧失许多有利改善社会公共福利的机会。

　　既然行政目标难以确定,那么追究政府或行政组织及公务员的未达成行政目标的责任就会变得非常困难。但是,追究政府或行政组织及公务员未达成行政目标的责任又是非常重要的,因为在缺乏这种制约机制的情况下,难以保证政府或行政组织及公务员的行为有良好的绩效,这对社会公共福利而言也是一种变相的损害。这个问题在中国尤其明显,在目前中国的行政体制下,对于政府或行政组织及公务员未实现相应行政目标的行政责任承担,还处于完全未法制化的阶段,我们有一个基本的政治原则来处理行政责任的承担问题,即"以人民满意还是不满意"作为衡量的基本标准。这种标准存在着一系列的问题,首先,人民满意是一个难以测量的指标,如果有些人民满意,而另一些人民不满意,那么这个标准就难以成为判断的基本标准;其次,人民满意还存在一个程度的问题,每一个人对满意的判断与其自身的生活标准或环境有直接的关系,一个人可能非常满意,而对另一个来说可能是非常不满意,这就使得这个标准更加缺乏实践性。由于这个标准存在着这种难以解决的问题,而使得在行政管理实践中,这个标准逐渐演化为以"社会舆论"作为判断的基本标准。社会舆论的形成明显与人们所接受的信息相关,因此舆论经常变化的,这也就导致了以此作为衡量标准的行政责任承担变得非常的随意,不仅责任承担上很随意,而且在责任的免除上也非常随意,这也就是在中国多次出现承担了相应行政责任的行政领导或公务员,只要在社会舆论不再关注时,就可悄然免除责任而重新复出的原因所在。

二、完善中国行政责任法律制度的建议

　　针对中国行政责任体制中存在的问题,传统的政治意识形态理论已显得力不从心,无法提出合理而有效地解决方案。传统政治意识形态理论,比如社会契约论和人民主权论等理论的优势在于论证公共权力来源与行使的正当性,对于公共权力具体运转的控制与实效等方面缺乏针对性的指导方案。近些年发展起来的公共服务观念,由于其广泛借用了经济学和公共管理学的理论工具,在实践方面借鉴了私人行政领域治理的经验,而受到了世界各国政府的欢迎,并成为政府治理理念的一种新潮流。实际上,中国当前的行政责任体

制也面临着同样的问题,在行政责任的追究与承担过程中,广泛使用的话语还是局限于政治意识形态话语,法律上的行政责任则范围狭窄,无法应对复杂的社会治理环境。因此,中国行政责任法律制度的完善除了要继续坚持政治意识形态方面的引导之外,还必须在技术层面坚持以新公共服务理念作为建构或完善行政责任法律制度的基础,具体而言,应当从以下几个方面着手。

(一)以新公共服务理念为导向,制定统一的行政责任法

新公共服务的基本理念是将行政相对人视为私营企业的客户,以行政相对人的需要为中心,衡量政府行为的合理性。为达此目的,在私营企业中,一般采取激励和约束机制相结合的原则,其中的约束机制实际上也就是责任机制,通过为行为人设定可考核的目标,来强化行为人的行为动机,促进行为人努力实现企业所设定的目标。在现行的行政管理体制中,行政责任局限于否定性的法律后果,与民事、刑事责任相提并论,对于政府或行政组织的完成设定目标的责任则完全没有法制化。在传统的行政管理理论中,无论是行政法,还是行政管理方式,强调的重点都在于"管理",即从上至下的威权式治理,行政责任主要是指行政相对人的责任,而非行政管理者的责任。而根据新公共服务观念,行政责任不仅指行政相对人的责任,更重要的是,行政责任的主要部分应当是指政府或行政组织在行政管理过程中的责任。为此,中国亟须制定一部统一的行政责任法,将行政相对人的责任与行政主体的管理责任统一起来,解决行政组织的管理行为缺乏责任承担的现状。在这部行政责任法中,首先要确立基本的立法精神是"服务",而非"管理"。所有的行政管理活动,所有为行政管理所需的行政法制,都必须以服务于行政相对人作为基本目标,这是判断政府或行政组织行为是否合法或合理的基本标准;其次,要成立专门的行政责任问责与实施机构,统一行政责任追究的法定主体。在中国目前的行政体制下,追究行政相对人的行政责任由各行政职能部门分别实施,并赋予了行政相对人以行政复议和行政诉讼的权利。应当说,这种安排对于行政相对人承担的行政责任而言是适当的,也符合民权快速发展的世界潮流。但是,对于行政组织及公务员的行政责任追究,则局限于党的组织或行政组织内部,没有纳入法制的轨道,有违"责任法定"的法治基本原则,与建设社会主义法治国家的目标不符。只有成立专门的行政责任问责机构,接管原属于党的组织和行政组织内部的追责职能,才能实现行政责任问责法制化;最后,应当制定统一的行政责任类型,保证行政组织及公务员对自身行为后果的可预期性。在现有行政体制下,各级行政组织及公务员对自身行为可能承担的后果严重缺乏可预期性,这既与中国的行政管理体制相关,更重要的是与行政责任类型未法制化相关。行政组织及公务员承担何种行政责任的任意性相当大,这取决于多种不可预测的因素,行政组织及公务员对自身行为缺乏基本的理性判断,无法按照一个理性人的标准来指导自身的行为。只有将行政责任类型法制化,才能给行政组织及公务员提供其行为决策的稳定而可靠的信息,保证行政组织及公务员作出相对理性的行政行为。

(二)完善行政责任追责程序,促进行政责任追究实效性与正当性的统一

在行政责任全面法制化的过程中,最为重要的一点是要实现行政责任追究的实效性与正当性的统一。然而,行政责任追究的实效性与正当性之间存在着深层次的内在矛盾,实现统一并不容易。行政责任追究实效性的理想状态应当是,任何应当追究行政责任的行为最终都承担了适当的行政责任。要实现这一要求,首先需要界定何为应当追究行政责任的行为,而这依赖于行政责任全面法制化的程度;其次,取决于追究责任的过程。在追究行政责任的过程中,无非两种主要的情况:一是有足够的证据证明行政组织及公务员违反了相应的行政义务,二是缺乏足够的证据证明上述行为。如果从实效性上来评价,当只有证据充分且合法的前提下才能追究责任时,与只需要必要的证据且对证据的合法没有过多的情况相比,后者的实效性更高。但是,如果根据后者的要求来追究行政责任,则与行政责任追究的正当性要求相背,如果根据前者的要求来追究行政责任,则不符合行政责任追究实效性的要求。解决这一矛盾的办法,根据世界各国的实践经验,只有依赖于制定良好的追责程序。一个良好的程序具有保证实体法目标实现的功能,从理论上来说,这种功能的实现实际就上韦伯所言的"手段—目的"理性,程序是实现实体法目的的手段。在行政责任追究过程中,最重要的是如何控制行政权力。首先,我们必须得承认,行政权力是行政组织实现追责功能所必不可少的要素,一个没有相应行政权力的行政追责组织,就如同一只没有牙齿的老虎。其次,我们也得承认,行政权力本身也是极容易带来严重负面影响的。这一点古今中外许多的理论家都做过许多精彩的描述,比如,孟得斯鸠指出,一切有权力的人都容易滥用权力,这是万古不易的一条经验。有权力的人们使用权力一直到遇到界限的地方才休止。而阿克顿勋爵更是如此形容公共权力,"权力导致腐败,绝对权力导致绝对腐败"①。马克思则认为,"人来源于动物界这一事实已经决定人永远不能完全摆脱兽性,所以问题永远只能在于摆脱得多些或少些,在于兽性或人性程度上的差异。"②

应当说,到目前为止西方社会,尤其是美国社会发展出了一种非常重要的控制行政权力的机制,即所谓的"正当程序"规则。"正当程序"规则发挥效用的前提是权力之间的相互制约,也就是说,将公共权力按照不同的功能进行区分,分别由不同的行政组织掌握,掌握不同公共权力的行政组织之间对于行政行为的实施存在着相互制约的关系。"正当程序"的规则正是根据这一原则,来设计行政组织在实施行政行为过程中所应当遵循的基本程序,通过合理的程序设计,既能够保证行政特定职能的行政组织及公务员享有特定的行政权力,同时又能够对行政权力进行适当的控制。当一个社会已经进入了成熟的受"正当程序"规则控制时,行政责任追究的过程就能够大体上实现实效性与正当性的统一。

从政治文化演化的过程来分析,中国自古以来就不具有通过"正当程序"控制行政权力行使的传统,中国传统政治文化中对行政权力的控制主要通过威权主义的,以上级控制下级、一级控制一级的方式来实现的。在这种传统体制下,也有控制行政权力的程序,不过这种程序中由于控制与受控制的主要不具有平等性,很容易出现"官大一级压死人"和"官官相护"的弊病,因为下级无论如何都缺乏与上级进行相互控制的权力和措施。从根源上来说,这与中国传统政治权力一贯采用纵向分权的结果。这种分权的最大优势在于能够使国家法律与政策快速地上传下达,在特定情况下能够集中力量办大事,其最大的缺点在于权力难以控制,享有行政权力的行政组织及公务员容易抱团而形成特权阶层。因此,中国当前行政追责程序的构建,应当在坚持纵向分权的前提下,还要注重同级机构之间的横向分权。具体就行政责任追责程序而言,就应当注意将行政责任追究过程中行政各种不同职能的部门相对独立性,比如行使调查权与决定权的机构应当相对独立,初审机构与复审机构之间应当相

---

① ［英］阿克顿著:《自由与权力》,侯健等译,商务印书馆 2001 年版,第 342 页。
② 《马克思恩格斯选集》第 2 卷,人民出版社 1972 年版,第 140 页。

对独立,行政责任执行机构与决定机构应当相对独立,等等,唯有如此,才能保证行政责任追究的实效性与正当性的统一。

(三)提高行政责任追究的公众参与度,增加行政责任追究的透明度

中国行政责任追责体制中的另一个问题是将行政责任的追究与承担视为党组织或行政组织内部的事情,与行政相对人承担的行政责任存在明显的区别。中国主流的行政法学理论也承认了这一点,在行政责任的分类上采取了内部与外部的区分,对于外部行政责任的承担,目前的行政法允许行政相对人提起行政复议和行政诉讼(目前只能针对具体行政行为),而对于内部行政责任的承担,法律上的规定就只有《公务员法》中所规定的否定性法律后果,对于其他类型的行政责任,则主要是通过行政管理的手段来实施的。这种对待行政责任追究的封闭性态度,虽然有政治意识形态方面的理论支持,其中主要是人民与政府之间的一体化理论,但是从实践层面来考察,则很难体现出政府在承担相应行政责任的过程中表现出与人民的一体性。在当今世界,公众参与至政府行为决策的过程已成为一种潮流,美国学者托马斯认为,"今天,政府作出公共决策的方式发生了重要的变化。人们已经不能接受这样的观念,即政府的公共政策是由那些掌握权力,声称代表公共利益,但拒绝公民参与政策过程的少数人制定的。"[①]公众参与到行政责任追究与承担的过程中,至少具有以下方面的优势:首先,能够提高政府问责行为的透明度,增进公众对政府的信任;其次,公众参与到政府问责的过程中,也能够提高政府问责的正确性;最后,也是最重要的一点,公众参与到政府问责的过程中体现了"人民主权"的政治伦理,体现了尊重人民政治权利的宪法原则。在某些特定的情况下,公众参与即使不会增进公众对政府的信任,也对政府问责的正确性没有什么帮助,但是保证公众参与本身却是极有价值的,因为这尊重了公众作为一个国家公民的基本权利。

在中国目前的行政责任追究体制中,公众参与的程度还比较低,大多数情况下只局限于行政责任问责结果的公开方面,对于行政问责的其他方面,则基本上没有公众参与其中。行政问责的这种状况,既与中国政治意识形态的观

---

① [美]托马斯著:《公共决策中的公民参与:公共管理者的新技能与新策略》,孙伯瑛等译,中国人民大学出版社 2005 年版,第 1 页。

念不符,也不利于改善行政问责的实效性和正当性,而对于增进公众对政府的信任度方面更是帮助甚少。要改变这种现状,在行政责任法制化的过程中,我们应当注重增加公众参与行政责任追究的程度,通过合理的制度设计,保证公众对行政责任追究的参与程度,同时消除公众参与所可能带来的负面影响。

主要参考文献

[1][英]波普尔著:《科学发现的逻辑》,查汝强等译,中国美术出版社 2008 年版。

[2][美]库恩著:《科学革命的结构》,金吾伦等译,北京大学出版社 2003 年版。

[3][德]蒂堡、萨维尼著:《民法对于德意志的必要性——帝堡与萨维尼论战文选》,朱虎译,中国法制出版社 2009 年版。

[4]姜明安主编:《行政法与行政诉讼法学》,高等教育出版社 2009 年版。

[5]应松年主编:《行政法与行政诉讼法学》,法律出版社 2009 年版。

[6][德]康德著:《纯粹理性批判》,蓝公武译,商务印书馆 1965 年版。

[7][美]劳埃德著:《法理学》,许章润译,法律出版社 2007 年版。

[8]卓越、赵蕾:《加强公共服务绩效评价的思考》,见《21 世纪的公共管理:机遇与挑战(第三届国际学术研讨会文集)》,2008 年。

[9]潘鸿雁:《公共服务社会化:政府、社会组织、社区三方合作研究》,《中共中央党校学报》2009 年第 4 期。

[10]陈昌盛、蔡跃洲著:《中国政府的公共服务:体制变迁与地区综合评估》,中国社会科学出版社 2007 年版。

[11]孙晓莉著:《中外公共服务体制比较》,国家行政学院出版社 2007 年版。

[12][法]狄冀著:《公法的变迁》,郑戈译,辽宁文艺出版社 2004 年版。

[13][美]沃伦著:《政治体制中的行政法》,王丛虎等译,中国人民大学出版社 2004 年版。

[14]曹建光著:《公共服务的制度基础——走向公共服务法治化的思考》,社会科学文献出版社 2004 年版。

[15][美]罗森布鲁姆等著:《公共行政学:管理、政治和法律的途径》,张成福译,中国人民大学出版社 2004 年版。

[16][美]费斯勒著:《行政过程的政治:公共行政学新论》,陈振明译,中国人民大学出版社 2004 年版。

[17]湛中乐著:《现代行政过程论——法治理念、原则和制度》,北京大学出版社 2005 年版。

[18]张千帆、赵娟、黄建军著:《比较行政法:体系、制度与过程》,法律出版社 2008 年版。

[19][美]施瓦茨著:《行政法》,徐炳译,群众出版社 1986 年版。

[20]杨建顺著:《日本行政法通论》,中国法制出版社 1998 年版。

[21]应松年、朱维究著:《行政法总论》,工人出版社 1995 年版。

[22]张焕光、胡建森著:《行政法学原理》,劳动人事出版社 1989 年版。

[23]福克思著:《政治社会学》,华夏出版社 2008 年版。

[24]张成福、党秀云著:《公共管理学》,中国人民大学出版社 2001 年版。

[25][美]奥罗姆著:《政治社会学导论》,张世青等译,上海世纪出版集团 2006 年版。

[26][美]泰罗著:《科学管理原理》,胡隆旭等译,中国社会科学出版社 1984 年版。

[27][美]霍贝尔著:《原始人的法》,严存生等译,法律出版社 2006 年版。

[28]《毛泽东选集》第一至四卷,人民出版社 1991 年版。

[29]夏金华著:《墨子论决策方法》,《行为科学》1999 年第 2 期。

[30]郭道晖:《论立法决策》,《中外法学》1996 年第 3 期。

[31]《马克思恩格斯全集》第 23 卷,人民出版社 1975 年版。

[32]《马克思恩格斯全集》第 9 卷,人民出版社 1961 年版。

[33]李德顺著:《价值论》,中国人民大学出版社 1987 年版。

[34]吴志雄:《"高起点"莫成"大失误"》,《人民日报》2000 年 5 月 22 日。

[35]吴畏:《投资失误警钟为谁而鸣》,《改革先声》2000 年第 4 期。

[36]沈小平:《决策失误的"学费"该谁付?》,《中华合作时报》2000 年 2 月 2 日。

[37][美]约翰·罗尔斯著:《正义论》,何怀宏译,中国社会科学出版社 1988 年版。

[38][美]E.博登海默著:《法理学—法哲学及其方法》,邓正来、姬敬武译,华夏出版社 1987 年版。

[39]陈瑞华著:《刑事审判原理论》,北京大学出版社 1997 年版。

[40]乔革宇:《略论行政决策的科学性和民主性》,《郑州航空工业管理学院学报(社会科学版)》2002 年第 2 期。

[41]许崇德、皮纯协主编:《新中国行政法学研究综述》,法律出版社 1991 年版。

[42]杨惠基著:《行政执法概论》,上海大学出版社 1998 年版。

[43]翁岳生著:《行政法与现代法治国家》,台湾详新印刷公司 1979 年版。

[44]王沪宁:《论 90 年代中国的行政发展动力与方向》,见《当代中国思想解放大争论》第 2 卷,南方出版社 1998 年版。

[45]缪勒著:《公共选择理论》,中国社会科学出版社 1999 年版。

[46]郭渐强等:《机构改革与行政执行》,《求索》1999 年第 1 期。

[47][美]奥斯本、盖布勒著:《改革政府:企业家精神如何改着公共部门》,周敦仁译,上海译文出版社 2006 年版。

[48]张馨:《论政府预算的法治性》,《财经问题研究》1998 年第 11 期。

[49]漆多俊著:《经济法学》,武汉大学出版社 1998 年版。

[50]杨紫烜著:《经济法》,北京大学出版社、高等教育出版社 1999 年版。

[51]蔡茂寅:《财政法第一讲预算的基础概念》,《月旦法学教室》2003 年第 5 期。

[52]王玮著:《政府预算改革:我国构建公共财框架的关键》,《首都经济贸易大学学报》2001 年第 5 期。

[53]张德泽著:《清代国家机关考略》,中国人民大学出版社 1998 年版。

[54]《康有为政论集》上册,中华书局 1998 年版。

[55]故宫博物院明清档案部编:《清末筹备立宪档案史料》,见《御史赵炳麟奏整理财政必先制定预算决算表以资考核摺》,中华书局 1979 年版。

[56]麦履康、韩璧主编:《政府预算》(修订本),中国财政经济出版社 1987 年版。

[57]徐孟洲:《论中国经济法制与和谐社会之构建》,《法学杂志》2005 年第 6 期。

[58]王保树主编:《经济法原理》,法律出版社 2005 年版。

[59]土雍君著:《全球视野中的财政透明度:中国的差距与努力方向》,《国际经济评论》2003 年第 4 期。

[60]马蔡深著:《机制重塑:深化公共预算管理体制改革的总体思路》,《公共经济评论》2003 年第 6 期。

[61]杨磊著:《美国预算体制及启示》,《人大研究》2004 年第 3 期。

[62]刘剑文、熊伟著:《中国预算法的发展与完善当议》,《行政法学研究》2001 年第 4 期。

[63]《现代汉语词典》(增补本),商务印书馆 2002 年版。

[64]王志荣编著:《信息法概论》,中国法制出版社 2003 年版。

[65]刘恒等著:《政府信息公开制度》,中国社会科学出版社 2004 年版。

[66]邹志仁著:《信息学概论》,南京大学出版社 1996 年版。

[67]杨寅主编:《公共服务政府与行政程序构建》,法律出版社 2006 年版。

[68]杨建顺:《确立公民权利意识,推行服务行政公开》,《行政法学研究》1998 年第 4 期。

[69][法]卢梭著:《社会契约论》,何兆武译,商务印书馆 2003 年版。

[70]胡鞍钢著:《中国:挑战腐败》,浙江人民出版社 2004 年版。

[71]吴根平著:《WTO 与我国政府信息公开》,《社会主义研究》2002 年第 6 期。

[72][美]曼昆著:《经济学原理》,梁小民译,三联书店 1999 年版。

[73]张明杰著:《开放的政府》,中国政法大学出版社 2003 年版。

[74]*U. S. National Performance Review*, 1993, http://www.acts.poly.edu/cd/npr/npintro.html.

[75]蔡立辉:《政府绩效评估的理念与方法分析》,《中国人民大学学报》2002 年第 5 期。

[76]施能杰:《政府的绩效管理改革》,元照出版社 1999 年版。

[77][美]波波维奇著:《创建高绩效政府组织》,孔宪遂、耿洪敏译,中国人民大学出版社 2002 年版。

[78] Gulick, Luther. *Science, T'alues, and Public Administration. The Science of Administration*, edited by Luther Gulickand L. Urwick, New York: Institute of Public Administration, 1937.

[79][德]马克斯·韦伯著:《经济与社会》(上),商务印书馆 1997 年版。

[80]程情:《行进中的服务行政理论——从 2001 年到 2004 年我国服务行政——研究综述》,《中国行政管理》2005 年第 4 期。

[81]李军鹏著:《公共服务型政府》,北京大学出版社 2004 年版。

[82][美]休斯著:《公共管理导论》,彭和平译,中国人民大学出版社 2001 年版。

[83]张文显著:《法理学》,高等教育出版社 2008 年版。

[84][美]彼得斯著:《政府未来的治理模式》,聂露译,中国人民大学出版社 2001 年版。

[85]陈天祥:《政府绩效评估指标体系的构建方法——基于治理过程的考察》,《武汉大学学报》2008 年第 4 期。

[86]蔡立辉:《西方国家政府绩效评估的理念及其启示》,《清华大学学报》2003 年第 1 期。

[87]张康之:《限制政府规模的理念》,《行政论坛》2000 年第 4 期。

[88]崔运武、高建华著:《服务行政:理念及其基本内涵》,《学术探索》2004 年第 8 期。

[89]Ammons, D.N., 1995. "Performance Measurement in Local Government." In D.N. Ammons, *Accountability for Performance: Measurement and Monitoring in Local Government.* Washington DC: international City/County Management Association. Quoted from Bemstein (2000).

[90]孙亚菲:《政绩观之变——官员优劣的重新认识》,《南方周末》2003 年 10 月 30 日。

[91]卓越著:《公共部门绩效评估》,中国人民大学出版社 2004 年版。

[92]郑志龙:《走向地方治理后的政府绩效评估》,《中国行政管理》2009 年第 3 期。

[93]王成栋著:《责任政府论》,中国政法大学出版社 1999 年版。

[94]张文显著:《法哲学范畴研究》,中国政法大学出版社 2005 年版。

[95][美]米勒等著:《布莱克维尔政治学百科全书》,邓正来等译,中国政法大学出版社 2002 年版。

[96]张国庆著:《行政管理学概论》,北京大学出版社 2000 年版。

[97][美]登哈特等著:《新公共服务:服务而不是掌舵》,丁煌译,中国人民大学出版社 2004 年版。

[98][美]弗雷德里克森著:《公共行政的精神》,张成福等译,中国人民大学出版社 2003 年版。

［99］张贤明著:《政治责任与法律责任的比较分析》,《政治学研究》2000 年第 2 期。

［100］梅因著:《古代法》,沈景一译,商务印书馆 1959 年版。

［101］刘祖云著:《论公共行政责任存在的逻辑前提》,《南京农业大学学报》2004 年第 7 期。

［102］［美］布坎南著:《公共财政与公共选择》,类成耀译,中国财政经济出版社 2004 年版。

［103］［美］尼格罗等著:《公共行政学简明教程》,郭晓来等译,中共中央党校出版社 1997 年版。

［104］［英］阿克顿著:《自由与权力》,侯健等译,商务印书馆 2001 年版。

［105］［美］托马斯著:《公共决策中的公民参与:公共管理者的新技能与新策略》,孙伯瑛等译,中国人民大学出版社 2005 年版。

后　记

　　一年多前的一个月明之夜,李燕凌教授邀约我漫步于浏阳河畔。

　　那晚,我们谈到学院的法学学科建设。他嘱咐我带着一班年轻教师集中精力主攻宪法与行政法,并梳理一下这些年的研究,形成一些文字性成果。说实在的,我一直对宪法与行政法倾注了大量心血。但是,作为一个既无行政管理实践经历,亦无行政法学司法实践的年轻人,我深感无从入手。不过,那晚的散步确是一个重要转折。李燕凌先生是一位热情胜于盛夏的学者,他在谈及新公共管理运动与传统公共行政的根本冲突时,兴奋地倾吐了自己的见解。在他认为,不管是传统公共行政中强调公平、正义这些基本教义,还是新公共管理运动强调科学管理的各种绩效追求,矛盾冲突的根本则在于对公共管理和公共服务基本价值的统一认同。李燕凌教授提出,不论是传统的公共行政,还是标签意义上的新公共管理运动,现代公共管理活动必须、也只能以公法为规范前提,在中国特色社会主义法治文明建设中,依法行政是公共服务的基本前提。在我的推动下,李燕凌教授的这些观点深深吸引了法学理论基础深厚的多位法学系年轻教师。公共管理实践应当以一个国家的公法为规范前提,公法研究应当注重一个国家政府的治理实践。这一基本理念成为大家共同研究公法体系的思想基础。在李燕凌教授的倡导和主持下,法学系多位老师组成了研究团队,对公共管理与公法的交叉研究进行了多次探讨,对公共服务作为公法精神的观点达成了共识。李燕凌先生亲自主持讨论确定丛书书名、写作提纲,多次修改章、节、目的安排,甚至对许多观点和文字进行重要修改。可以说,有关公共管理方面的理论阐释,多源于他的思想。

　　这三本公法系列丛书终于可以付梓了,作为作者之一,真是感慨万千。将一个学术上的新观点变成理论上的新成果非常艰苦。对于公共管理与公法交叉研究这样一个全新课题,我时刻有如履薄冰、驾驭维艰之感。一年多时间里,我与李燕凌先生不断地相互鼓励。此外,我的同事、好友江万里、江虹和涂小雨三位年轻博士研究生,给予我们许多重要的讨论并贡献了他们许多智慧。我和李燕凌教授还向湛中乐教授、肖北庚教授、陈运雄教授、廖秀健教授、陈叶兰博士、罗晓霞博士做过多次讨教,得到他们无私帮助。人民出版社洪琼先生和编辑们的包容、悉心及严谨,更是深深感动我们。在此一并表示感谢!

澈澈的浏阳河,愿你稍作缓流,聆听一只自由鸟的歌唱。

贺林波

2012 年 10 月 8 日夜

责任编辑:洪　琼

图书在版编目(CIP)数据

公共服务视野下的行政法/贺林波　李燕凌 著. -北京:人民出版社,2013.6
ISBN 978-7-01-011872-7

Ⅰ.①公…　Ⅱ.①贺…②李…　Ⅲ.①行政法-研究-中国　Ⅳ.①D922.104

中国版本图书馆 CIP 数据核字(2013)第 053540 号

公共服务视野下的行政法
GONGGONG FUWU SHIYE XIA DE XINGZHENGFA

贺林波　李燕凌　著

人民出版社 出版发行
(100706　北京市东城区隆福寺街 99 号)

北京新魏印刷厂印刷　·　新华书店经销

2013 年 6 月第 1 版　2013 年 6 月北京第 1 次印刷
开本:710 毫米×1000 毫米 1/16　印张:22
字数:330 千字　印数:0,001-2,000 册

ISBN 978-7-01-011872-7　定价:56.00 元

邮购地址 100706　北京市东城区隆福寺街 99 号
人民东方图书销售中心　电话 (010)65250042　65289539